世界一流企业需要世界一流的财务管理体系，世界一流的财务管理体系需要世界一流的司库，司库体系建设有利于促进财务管理数智化转型升级，并成为切入点和突破口，促进业财深度融合，推动企业管理创新与组织变革，不断增强企业价值创造力、核心竞争力和抗风险能力，夯实培育世界一流企业的管理基础。

——张庆龙教授

企业司库

理论与实务

张庆龙　方汉林　包恩伟
编著

中国财经出版传媒集团
中国财政经济出版社

图书在版编目（CIP）数据

企业司库理论与实务：国内首部关于企业司库的专业著作 / 张庆龙，方汉林，包恩伟编著. -- 北京：中国财政经济出版社，2023.5

中央国有企业司库建设参考用书

ISBN 978-7-5223-2208-7

Ⅰ. ①企… Ⅱ. ①张… ②方… ③包… Ⅲ. ①企业管理—资金管理 Ⅳ. ①F275.1

中国国家版本馆CIP数据核字（2023）第082452号

责任编辑：陈志伟　　责任印制：史大鹏

封面设计：MXK DESIGN STUDIO Q:1765628429　　责任校对：胡永立

企业司库理论与实务

QIYE SIKU LILUN YU SHIWU

中国财政经济出版社 出版

URL：http：//www. cfeph. cn

E-mail：cfeph@ cfeph. cn

社址：北京市海淀区阜成路甲28号　邮政编码：100142

营销中心电话：010-88191522

天猫网店：中国财政经济出版社旗舰店

网址：https：//zgczjjcbs. tmall. com

北京时捷印刷有限公司印刷　各地新华书店经销

成品尺寸：175mm × 250mm　16开　27.25印张　445 000字

2023年5月第1版　2023年5月北京第1次印刷

定价：120.00元

ISBN 978-7-5223-2208-7

（图书出现印装问题，本社负责调换，电话：010-88190548）

本社图书质量投诉电话：010-88190744

本书编委会

主　　编： 张庆龙　方汉林　包恩伟

参编人员：（姓名不分先后，按照章节排列）

云莉娜　中国联合网络通信集团有限公司财务部资金管理处副经理

暴永宏　中国联合网络通信集团财务有限公司结算业务部经理

周小莉　中国联合网络通信集团财务有限公司金融市场部副经理

张鑫易　中国联合网络通信集团财务有限公司结算业务部资深主管

马　磊　中国联合网络通信财务有限公司结算业务部资深主管

李　勇　中国五矿集团财务总部高级经理

于　艳　中国国际电视总公司资金主管

王晶亮　国家能源集团财务公司票据业务主管

杨智超　中国移动通信集团财务有限公司项目经理

刘　强　安徽建工集团股份有限公司财务部部长、资金共享中心总经理

王肖阳　供销集团财务有限公司审计部经理

孙宁一　供销集团财务有限公司职员

曾名华　中交第一航务工程局有限公司副总会计师兼财务经理

胡晓华　中交华北财务共享中心部门负责人

茹哲峰　山西焦煤集团财务有限责任公司副总经理

李　帅　山西焦煤集团财务有限责任公司职工

杜　冰　天津津燃公用事业股份有限公司财务总监、总法律顾问

郭　晨　南方鼎元资产运营有限公司计财部总经理

郝燕燕　北京建工国际建设工程有限责任公司审计部长
徐广鑫　国家能源集团财务公司战略业务主管
于　青　光大科技有限公司财务数字化专家
陈　琪　光大科技有限公司财务咨询总监
张梦竹　中国电子科技集团有限公司财务部资金处副处长
谭　舰　中国电子科技财务有限公司司库部副总经理、结算部副总经理（主持工作）
刘子墨　中国电子科技财务有限公司司库部业务经理
王雪晗　中国电子科技财务有限公司司库部业务经理
胡国新　中国中铁武汉电气化局设备公司财务部长
董兴荣　《财资中国》杂志社主编
丁奕丹　中国财政科学研究院
钟志鹏　中国财政科学研究院
乌英嘎　中国财政科学研究院

序言 PREFACE

如果你要问我，2022年对于国有企业来说，在财务领域里的大事是什么？我觉得主要是中央企业加快司库体系建设与世界一流企业财务管理体系建设这两个文件的发布。我认为这应该是国有企业世界一流财务管理体系以及司库体系建设的元年。也因此明确了国有企业尤其是中央国有企业打造世界一流财务管理体系，以及加强资金管理，打造世界一流企业司库体系的建设目标。

国资委通过1号文件将司库体系建设作为中央国有企业数字化转型升级的切入点和突破口，是国资委针对当前数字化转型的技术背景，以及国有企业打造新动能、构建新发展格局的重要时期，国内外复杂严峻的经济形势，提出的重要战略决策部署。它有利于中央企业落实新发展理念，实现高质量发展。相信在中央国有企业的引领下，地方国有企业会随之在不久的将来也会迅速开展司库体系建设。

早在2012年，我在研究企业财务共享服务，参加一次国际会议上发现，国外的世界500强企业财务共享服务中心竟然在其职责范围内有一个出具司库报告的职责。由此掀起了我的好奇心，此时，恰好赶上国际上最早的司库管理协会——英国企业司库协会（ACT）进入中国，希望开展相关的合作。于是我组织了由北京国家会计学院与英国企业司库协会共同举办的“走在时代前沿的首届企业司库论坛”。虽然，早在2009年中国石油就已经启动了司库项目建设，但其真正完成一期建设是在2012年。当时，作为一个全新的概念，国内众多国有企业集团对于这个概念其实还很陌生。甚至许多同志将其等同于资金集中管理或者财务公司。2015年我在英国曼彻斯特大学访问期间，拜访了英国企业司库协会，参加了由其组织的2015全球司库协会年会，随后走访了康明斯集团和TESCO集团的司库部门。这使得我第一次感受到了司库将是未来跨国企业财务转型的一个重要方向。回国后，2019年我翻译出版了英国大学本科使用的一本司库推荐教材《企业司库操作实务》（Rajiv Rajendra）。该书是目前在国内较为系统的介绍司库实务的一本专业书籍，广为中央国有企业建设司库体系建设时普遍使用。但该书仍然存在不符合我国实际情况，知识体系较为简单的问题。这期间，我与中国石油的司库专家王增业同志在《中国注册会计师》杂志上连续撰写了7篇司库文章，系统介绍了司库的历史演进、司库发展的现状，以及司库的一些典型案例。这也算是国内较早介绍司库体系建设的系列文章。

时至今日，国资委通过1号文件发布后，我又系统的学习了该文件，2021年、2022年我先后在《财会月刊》杂志通过10篇系列文章系统分享了我的一些深入思考和学习体会。并为财务公司协会、中国总会计师协会管理会计分会、中国联通、大唐集团等众多国有企业及协会授课20余场。尽管如此，我发现实务部门仍然缺少一本系统的介绍司库理论体系以及实践体系的专业书籍。为什么会形成如此现实？我想主要还是源自于司库体系的学科交叉性较强，金融学科与财务管理学科均有所涉及。到底如何系统撰写？如何自成一套体系？其边界其实很难划分，结果可能就是不伦不类，贻笑大方。但我还是冒着极大的风险，历时一年多时间，组织众多实务部门编写完成了《企业司库理论与实务》一书。

我认为，司库体系的建设除了前面提到的背景因素外，还应该将其纳入财务转型的视野中，这样才能与当前的世界一流企业财务管理体系建设，与中央国有企业集团财务共享服务中心建设相互整合，实现一体化建设。当前来看，企业集团财务转型沿着两条平行的专业主线在展开。一条主线是从解决会计核算问题的视角展开。在这条主线上，通过对传统的企业内部会计职能的转型，构建了共享型会计、业务型会计和战略型会计的演进路径。其实质是改变了会计组织的传统职能结构，形成战略型、业务型、操作型的组织结构。其未来演进的方向是从金字塔型走向纺锤型。另一条主线是沿着资金管理的主线，使得传统财务的资金管理向资本管理，向战略层面的金融资源配置转型。其组织职能结构与会计组织相互匹配，也形成了战略型、运营型与操作型三种结构的划分，而不是传统的资金流动性收支和结算管理。

对于财务转型的第一条主线来说，始于财务共享服务中心的建设，重点在于如何使众多会计人员摆脱大量核算工作，将工作的重点转向业务服务和集团战略决策提供支撑。我认为其实质就是财务会计到底如何向管理会计转型。这期间我写了一本书《财务转型始于共享服务》，我认为，这一目标的实现需要经历两个阶段。首先，应积极建设财务共享服务中心，并融入连接、共享、平台、智能的思维，通过少量分布式共享服务、会计核算引擎和财务机器人等智能技术的运用，解放当前的“会计生产力”，提供高效、优质、低成本的会计服务。其次，在摆脱传统财务会计工作后，通过设计各类业务服务场景、挖掘业务人员的服务保障需求，重新思考会计的工作重点，实现会计部门的职能转型。在传统会计人员向业务型会计转型的过程中，并不是所有财务人员都有能力实现这种转换，还需要进行必要的人员调整和增补，以构建满足胜任能力需求的新型复合业务团队。最后，要根据顶层设计，实现战略型会计职能的新升级。战略型会计团队承载了企业集团战略管控落地的重要职能。需要在企业经营分析、绩效考核、预算管理、风险管理、税务筹划、成本管理等方面形成专业化的服务能力。这一能力的建设应当先在企业集团总部构建专业化团队，并逐渐下沉，在分子公司实现与业务型会计的融合。时至今日，财务共享服务中心的使命基本完成，已经开始利用数字化转型的技术，实现前中后台的划分，并逐步开始打造财务数据中台，通过可视化技术以及管理会计报告逐步实现支持决策、服务业务的目标。

财务转型另一条不可或缺的主线直面了当前财务管理中传统资金管理相关的问题。要实现这条主线的财务转型，可以从优化传统资金管理的效率着手，从简单的资金集中管理升级为集团司库管理体系，在司库管理体系中提高集团在资金运营、风险管理方面的能力。司库体系的建设不仅是职能的转型，更是资金管理的组织架构的调整。它需要站在集团层面的高度，设置司库长这一职务，并剥离会计部门，整合资金处室、海外资金中心、金融处室，实现资源统筹安排。单纯的依赖于财务公司建设司库，显然具有诸多的局限性，其受制于二级子公司的地位，建设完成的并不是集团型司库，而是司库型财务公司，显然这需要从理念上在集团层面首先进行更新和宣传。当然，任何一种转型都是一把手工程，财务转型也不例外，它需要财务部门的同志具有良好的沟通协调能力，抓住世界一流企业财务管理体系建设以及司库体系建设的政策红利，加快推进财务转型，不断总结西方国家传统财务共享与司库建设的经验，以丰富我国的财务管理与管理会计的理论与实践。

本书的完成，需要感谢众多实务部门的财务负责人，财务公司高级管理者、专注于司库信息化的浙江保融科技公司、浙江西湖财资科技研究院等众多实务部门的参与写作，以及国资委、财务公司协会领导的大力支持，使得本书得以顺利完成，保证了该书将理论与实务相互结合。既有理论研究的深度，也有实务应用的可读性。本书由中国财政科学研究院、广东财经大学粤港澳大湾区资本市场与审计治理研究院首席专家张庆龙教授，浙江保融科技股份有限公司总裁方汉林先生，浙江西湖财资科技金融研究院院长包恩伟先生共同主编完成。参与本书编写的还有来自中国联通、中国五矿、国家能源集团、中国电子科技集团、中交集团等众多央企及地方国有企业的大力支持和参与写作。我们在此一并都表示感谢，感谢他们为本书的辛勤付出和努力。本书具体章节安排如下：张庆龙教授、中国联通云莉娜共同负责了第一章的编写工作；张庆龙教授负责第二章、第三章、第四章、第五章、第六章、第七章、第八章、第九章、第十章的编写工作；方汉林、包恩伟负责了第十一章的编写工作；中国五矿集团李勇负责第十二章、第十三章的编写工作；中国国际电视总公司于艳负责第十四章的编写工作；国家能源集团王晶亮负责第十五章的编写工作；中国移动杨智超负责第十六章的编写工作；中国联通周小莉、张鑫易、马磊共同负责第十七章的编写工作；中国财政科学研究院丁奕丹、钟志鹏、安徽建工集团刘强共同负责第十八章的编写工作；供销集团财务有限公司王肖阳、孙宁一共同负责第十九章的编写工作；中交集团胡晓华、曾名华，安徽建工集团刘强共同负责第二十章的编写工作；山西焦煤集团茹哲峰、李帅，天津津燃公司杜冰，南方鼎元资产运营有限公司郭晨，北京建工郝燕燕共同负责第二十一章的编写工作；中国电子科技集团张梦竹、谭舰、刘子墨、王雪晗共同负责第二十二章的编写工作；国家能源集团徐广鑫，光大科技有限公司于青、陈琪，中国财政科学研究院乌英嘎共同负责第二十三章的编写工作；《财资中国》杂志社主编董兴荣、中国中铁胡国新、中国联通暴永宏共同负责第二十四章的编写工作。

感谢以上参与编写者的共同努力，才使得本书得以面世。由于编写者水平不一与资料不足等各种原因，书中难免存在不足，恳请广大读者批评指正。意见请回复邮箱 zhixing1818@126.com。

目录 CONTENTS

01 第一章 企业财务转型视野中的企业司库

近些年来，我国国有企业改革正如火如荼地展开，国家提出了一系列改革要求，包括压缩和优化管理层级、加强资金监管、提高资金管理水平等。企业集团出于自身资金调拨与统一调配的需求、提高资金管理效率与效益的需求、加强财务风险管理与保证流动性安全的需求、国际化发展与决策支持的需求，开始进行司库资金管理模式的探索。

司库这个专业术语已经沿用了几百年，第一次记载是由词语“tresorie”衍生而来，译为“存放财宝的房间”。后来，这些财宝逐渐演变为企业所拥有的货币和资产，这些货币和资产成为能够为股东、客户、员工和合作伙伴等在内的利益相关者创造价值的来源。企业司库管理在西方的实践起步较早，从现有的资料分析来看，西方国家司库管理的历史可以追溯到第二次世界大战后，成型于20世纪70年代，成熟于20世纪90年代。司库管理在数十年实践过程中，普遍为大型跨国企业所采用，成为广泛采用的一种资金管理模式，如通用集团、壳牌公司、英国石油公司、西门子、三菱、eBay、苹果、马士基等跨国公司都建立了自己的全球司库管理体系。司库管理部门的卓越表现成为企业成功的关键因素，它可以评估企业何时、如何投资其资产，并且确保企业有足够的资金来支持企业的日常运营。从流动性管理到风险管理，掌握资金信息的司库管理部门在许多重要决策中都会发挥作用。当前，大型跨国公司为了促进资金使用效率的提升、将资金成本和风险维持在合理的低水平，纷纷成立了垂直化的司库管理职能部门，通过高效的银企直联等方式，在全球建立起了资金池。甚至从事企业司库管理的财务人员正在进入一个范围更广的全球战略框架内，例如跨国企业的资产、负债、现金流等问题，每一个问题都意味着司库可能会面临不同的监管和市场环境，而如何确保这些境外资金得到动态监测，实现看得到、管得住，成为司库体系在全球运作中目前遇到的突出问题。

反观我国，虽然少部分已经走出去的企业集团进行了司库的有益尝试，但是大多数企业集团仍然把资金管理工作的着力点放在存量资金的集中管理上，一定程度上忽视了资金计划与预算、投融资管理、债务水平管理和风险管理，资金的全球动态分布管理以及信息系统的建设，实现战略层面的金融资源配置的公司少之又少。而真正的司库体系建设既涉及理念的转变，又涉及利益格局的重新调整与监管部门政策的突破等问题，建设难度与复杂性极大。如何在新的历史时期与新技术发展的新阶段，推动资金管理向司库管理转型，从被动向主动创造价值与战略服务支持转型，从事后走向事前，通过信息系统实现资金管理可视、可控、可调、可回，更好地保障集团战略目标的落地，这些显得尤为关键。学术研究方面，通过“中国知网”总结相关的理论研究，以司库为篇名共搜索涉及71篇论文，硕士论文12篇，年代集中在2012年之后发表。可见，司库管理在我国的实践和理论研究仍然处于探索和发展阶段，探索司库相关问题的研究具有重要的实践意义和理论意义。

一、什么是企业司库管理

根据目前关于司库管理的研究成果，字面意思上理解其实很简单，司库就是存放资金的地方或者掌管资金的岗位。司库在大型企业集团的应用，使得这一概念得到了深化发展，资金管理拓展到整个金融资源。例如，张瑞君和于涛（2010）指出，企业中负责金融资源管理的组织，是企业司库的建设主体，司库在总体上对集团的金融资源运行过程进行反映和分析，并给出评价和做出决策，当然这些都以司库信息系统为基础。徐莹（2012）认为，不论是从组织定位的角度，将司库视为集团资金管理的一个部分，还是从业务活动的角度，将司库视为资金管理过程，本质上司库就是对企业的金融资源进行的一系列管理活动的总和。

无论是理论研究还是企业实践，很容易混淆企业司库与企业司库管理的概念。其实质是混淆了司库的组织特性与管理特性。企业司库是在企业财务管理的组织中与会计部门平行的组织体系。其最高负责人称之为司库长，对企业的总会计师或者CFO负责。而司库管理是一种管理活动，其核心是资金的管理活动，并且以金融资源的合理配置和资金的集中管理作为工作重心，为了达成战略目标，实现价值创造，集团在当前资金集中管理达到一定水平后，进一步融入信息化、数字化和智能化的手段，以及更符合管理现状的制度流程设计，实现资金管理能力迈上新台阶。

为了更进一步地认知企业司库管理的概念，我们须将其与现实中的资金管理和财务公司进行比较，以对司库有更加深入的认识。

（1）企业司库管理的外延要大于资金管理。资金管理的范畴主要局限在资金管理传统的基础职能，其目标是确保企业拥有足够的资金存量以满足日常经营管理的需要，到期偿还债务。例如，资金管理表现为在不同主体之间调配资金、避免资金链断裂等活动，具体业务涵盖了账户管理、流动性收支管理、资金预算管理等。而司库管理则更加广义，其涵盖的内容比传统的资金管理的范畴要大得多，除上述职能外，其更加突出落实集团战略导向与创造价值的能力。例如，司库要为集团的某项经营战略目标的实现提供资金支持，并且通过提供相关信息，帮助管理者做出更好的决策，同时识别和应对风险。更高水平的司库管理还将控制范围扩展至全球，推动集团在“走出去”的过程中实现全方位、实时的资金监督和管控。尤其是当企业经营规模扩大、金融产业逐渐布局、信息技术不断发展，司库管理还将衍生出更多新的内容。

（2）司库对比于财务公司更有利于发挥协同管理与战略性的资源配置功能。财务公司是我国特殊监管的产物，在国外又称作内部银行。财务公司突出体现了资金的集中管理功能与多项金融服务功能。其核心经营目标着眼于通过发挥支付清算与结算功能、资金融通功能，不断扩大对分子公司的覆盖面，从而迅速提高存贷款规模。当然，银监会的监管政策也对财务公司不断进行的业务拓展形成了一定的制约。例如，财务公司不能吸收关联关系信托公司和证券公司存款，不得向企业集团内部的小贷公司、融资担保公司、保理公司、融资租赁公司等机构提供融资等业务。这些导致了财务公司与集团内其他金融机构开展业务受阻，协同受限。虽然从财务公司的现实运作来看，它对于避免集团“存贷双高”、缓解企业外部投融资约束、破除资金管理系统信息孤岛等方面都起到了积极作用，但是对于集团整体资金管理的组织设计、人力资源配置、绩效评价等管理职能仍是弱项，难以站在集团战略层面协同解决问题。同时，作为一个独立运营的组织，财务公司本身也可能存在缺乏管控、部门壁垒以及产生大量非增值活动等问题。对比而言，司库管理则将资金作为运营要素而不是作为辅助要素进行管理，它虽然仍具有财务公司、结算中心的业务操作职能与基础服务职能，但司库在为集团战略层面提供的业务支持上，具有财务公司所不具备的优势，可以帮助集团实现对金融资源的整体管控、促进金融资源的合理配置、从多方面防范资金管理风险。司库在进行资金的存量预测、流量管理时，也要关注其在金融市场和货币市场中所面临的风险。例如，金融工具价格、利率、汇率变化带来的市场风险，来自其他交易方的信用风险等。此外，司库组织结构体系带来了资金管理组织架构的转变，使之与会计功能系统相对应，其中战略型财务对应战略与决策支持层、业务型财务对应业务操作层、共享型财务对应基础服务层。这是一种将集权与分权相结合的资金管理模式，与财务公司模式下的分权为主有着明显的不同。

二、从企业财务转型视角看待司库体系建设

自上而下还是自下而上是经济学里围绕着政府与市场在社会经济发展中的地位和作用及其相互关系进行改革讨论的一个热点话题。企业司库体系的建设是自上而下由集团主导，还是自下而上在财务公司基础上建设企业司库体系，这也同样是一个值得探讨的话题。为此，我们从以下三个方面进行论述。

（一）财务转型的动因

“为什么进行财务转型？”是个老生常谈的话题。从外部来看，陈虎（2016）认为，我国企业的经营范围已经踏着全球化的步伐走向全球市场。然而，全球化经营同样带来了更加难以把握的外部环境和更加激烈的竞争，企业不得不对战略定位、管理模式、组织架构等内容做出改变。此时，财务部门可以基于更全面的视角、更高的战略定位，为企业提供决策支持服务，使企业更

好地对新的环境做出反应。新的要求促使财务必须主动转变自身定位，构建适应全球化战略下的财务管理新模式。从内部来看，田高良认为，传统的会计工作是交易信息不断被压缩的过程，交易信息从原始凭证到记账凭证再到财务报表的过程中，复杂的信息被简化为由会计科目所表示的最小数据集。但这一过程使得财务不再掌握业务过程数据，形成业财的分离。财务转型的目的正是要提高自身对业务的这种把握和支持能力。

可见，不论是外部环境的变化，还是企业自身发展，都对财务管理提出了更高的要求。在新的历史时期，数字化、平台化、生态化等商业模式的创新、管理会计大发展政策的出台、金融服务的创新、数字科技的赋能、双循环发展战略的新格局、企业财务管理价值创造的要求、精细化管理变革的要求等内外部因素成为驱动财务转型的新动因。它要求企业应尽快提高业财融合程度，推进企业内外一体化、虚实一体化。企业应打破原有的组织架构，促进数据、技术与资金等的资源优化配置和要素互联，在业务类型与业务规模不断扩张的同时，加强资金的集中运作与内部金融资源的共享，提高资金集中的范围与效率，在防范风险的同时支持业务的创新发展，做到高效的资金结算、有效的风险防范和合理的资源配置。

（二）财务转型的路径

当前来看，企业集团财务转型沿着两条平行的专业主线在展开。一条主线是从解决会计核算问题的角度展开。在这条主线上，通过对传统的企业内部会计职能的转型，构建了核算型财务、业务型财务和战略型财务的演进路径。另一条主线解决的是出纳的问题，传统财务的出纳职能通过财务转型逐渐演变出流动性资金管理、理财与风险管理以及管控金融资源支持的另一条路径。具体来看，对于财务转型的第一条主线来说，集团会计方面问题的解决，重点在于如何使众多会计人员摆脱大量的核算工作，将工作的重点转向对业务和集团战略提供支持。这一目标的实现需要经历两个阶段。首先，积极建设财务共享服务中心，并融入连接、共享、平台、智能的思维，通过少量分布式共享服务、会计核算引擎和财务机器人等智能技术的运用，解放当前的“会计生产力”，提供高效、优质、低成本的会计服务。其次，在摆脱传统财务会计工作后，通过设计各类财务服务场景、挖掘业务人员的服务保障需求，重新思考财务的工作重点，实现财务部门的职能转型。在传统会计人员向业务型财务转型的过程中，并不是所有财务人员都有能力实现这种转换，还需要进行必要的人员调整和增补，以构建满足能力需求新型复合业务团队。最后，要根据顶层设计，实现战略财务职能的新升级。战略财务团队承载了企业集团战略管控落地的重要职能。需要在企业经营分析、绩效考核、预算管理、成本管控等方面形成专业化的财务管理能力。这一能力的建设应当先在企业集团总部构建专业化团队，并逐渐下沉，在基层单位实现与业务财务的融合。

财务转型另一条不可或缺的主线直面了当前财务管理中与出纳相关的问题。要实现这条主线的财务转型，可以从优化传统资金管理效率着手，从简单的资金集中管理升级为集团“大司库”管理体系，在司库管理体系中提高集团在投资理财、资金运营、风险管理方面的能力。对于解决出纳问题的这一主线来说，最终进化升级完成后将形成以司库长领衔的一套独立的组织与运作体系，也就是所谓的司库管理体系的组织架构。经过财务转型，未来企业集团所构建的财务组织架构体系如图1-1所示：

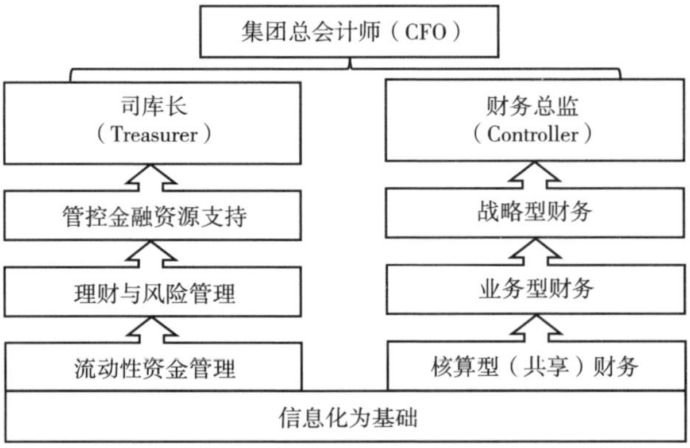

图1-1　财务转型后的财务组织架构图

企业财务管理工作由集团总会计师（CFO）整体负责，会计部门和财务部门为集团财务部的下属部门，由财务总监（Controller）和企业司库长（Treasurer）分别负责，其他下属岗位按需求进一步设置。对财务总监而言，其主要职责是利用财务报表核算体系、司库管理体系、企业会计信息系统，生成并提供相应的会计信息。其中，会计信息的需求包括满足外部监督需要、投资者和债权人等利益相关者的需要，更重要的是内部经营管理的需要，协助总会计师（CFO）更好地进行决策制定。当前财务共享服务中心的建设正是把对外提供的标准化、格式化会计信息生成工作，通过流程再造和自动化完成，进而将会计工作的重点转到对内提供决策信息上来。对司库长而言，企业司库管理的职能包括资金流动性管理、内外部融资管理、长短期投资管理、全面风险管理、银行等金融机构关系管理等。总体而言，集团的财务管理体系和司库管理体系，推动了集团财务管理组织架构的进一步变革，逐渐形成了由战略预测与决策、资金集中管理与运营、流动性操作组成的三层管理体系。同时，体系当中的流动性操作层面职能，则与财务会计基本核算、记账功能一样，由财务共享服务中心处理。司库管理体系也可以实现基础操作层面人力资源的释放，使得原来的资金管理人员有精力和能力去发挥与集团业务和战略更加紧密相关的职能，提高司库对于企业金融资源管理的价值。

会计核算体系的转型与资金的流动性管理活动的转型重新构建了企业集团财务组织架构体系，实现了战略层面的集权与分权的划分，"集中的更集中、分散的更分散"理念最终促进了业财体系的融合与财务转型。

（三）以企业财务转型的视角正确认识司库体系建设

正确认识企业司库，还可以从集团财务转型的视角重新看待，而不能单纯地就司库论司库。必须看到，集团整体的财务转型，离不开司库体系的建设。为什么从财务转型视角来认知企业司库体系的建设？笔者认为，从当前我国已建立企业司库的集团公司来看，大多采用了基于财务公司的路径自下而上地建立司库体系。从建立的结果来看，更多地体现为司库型财务公司，而不是真正的企业司库。财务公司以集团二级子公司的地位统筹整个集团的资金及金融资源管理体系，显然力不从心，更无法发挥战略层面的计划与统筹金融资源配置职能。究其原因，在于财务公司的地位使得其无法有效处理与集团财务部门的资金处室、金融处室、资本运营处室、财务共享服务中心等分散的资金管理职能之间的关系问题，从而导致司库型财务公司发挥的作用有限。加之受外部监管政策的限制，海外资金难以集中管理，在财务公司基础上建设的司库职能发挥极其有限。而从财务转型的视角看待司库体系的建设，有利于自上而下从集团财务转型顶层设计的角度进行司库体系的设计，统筹整合现有分散的资金管理职能，真正实现独立的司库体系建设的目标。综上所述，笔者认为，司库体系建设自上而下的变革要优于自下而上的变革。

三、企业财务转型视野中的司库体系建设需要处理好几个关系

（一）企业司库与财务部其他金融职能的关系

现实中，企业司库所统筹的金融资源管理职能散落在企业集团财务部门所管辖的各个职能部门之中，司库体系的建设如何统筹这些金融职能至关重要。目前来看可以选择的处理方式有两种：集中管理与分散管理两种模式。集中管理是从顶层设计上由集团司库中心统筹管理，进行战略定位的划分和职责分工，发挥各自业务资质的专业化服务能力。分散管理模式则缺乏统筹管理，职责边界模糊，与目前的现状极为一致，缺点是协同能力低、容易产生内耗和资源浪费。从司库在财务转型中的定位来看，建设完成的司库管理平台作为集团资金管理统一平台，应集中管理所有资金及金融业务，承担着基础现金管理的所有职能；同时，司库还是集团公司唯一的资金筹融资渠道和与外部金融机构合作的唯一通道，承担着高级司库管理的所有职能。前者以流动性管理、账户管理为主，后者则更具有战略导向，发挥投融资、风险管理、利率汇率管理、战略层面的金融资源配置等更高层次的职能。为此，企业司库应集中集团财务部所有分散的金融板块职能，实现基础司库和高级司库职能的划分。

（二）企业司库与财务公司的关系

通过前面关于什么是企业司库的分析，我们已经了解企业司库与财务公司具有明显的差异性。即便如此，我国企业司库的建设仍然离不开财务公司，甚至需要基于财务公司的现有业务来搭建司库管理体系。长期以来，财务公司在集团中的定位是对资金进行结算、归集和监控，并一直在资金集中管理的基础上开展金融服务。从现实功能来看，在财务公司基础上建设企业司库具有得天独厚的优势，除了具备会计、金融、信息技术等方面的人才优势以外，还具备司库管理需要的信息化平台，同时又是企业集团内分子公司，在协助集团进行资金集中管理的实践中积累了丰富的业务经验，具备相应的专业知识和能力。因此，基于财务公司为平台的司库成为众多企业集团的最优选择。但是，受制于二级子公司的组织地位以及监管的限制，又难以发挥集团司库的金融资源统筹与战略规划的高度。为此，企业司库体系建设既要依赖于现有的财务公司，又要充分认识到财务公司的局限性。目前来看，大多已经构建司库的企业集团选择实施了集团司库管理中心、财务公司、海外财资中心、分子公司“四位一

体”的资金管理运作机制。这种一体化的运作机制是在集团公司总会计师的领导下，集团的司库管理中心负责政策制定、监督、考核、统筹境内财务公司与境外财资管理中心两个重要机构；财务公司在集团授权下具体负责专业管理与平台建设；境外财资中心负责对境外子公司的资金实施集中管理；分子公司财务部门则负责具体执行。

（三）企业司库与财务共享的关系

在我国，随着企业集团规模体量逐渐扩大，其管控能力要求和管控难度愈发增加，这已经成为共识。财务共享服务中心作为会计核算集中化、标准化的作业工厂，有利于提高会计核算的效率，加强业财数据标准的规范性与财务管控能力，发挥规模经济效应，同时释放更多的财务资源从事更有附加值的管理会计工作，为业务型财务和战略型财务功能的实现，创造了组织架构基础、信息技术基础和数据支撑保障。财务共享服务中心作为集中化、标准化的作业工厂，有利于提高司库运行的效率和提升司库管理的业务规范化能力，有利于司库管理的运营和战略金融资源配置的高级司库管理功能的发挥。集团司库管理的信息系统平台与财务共享服务中心信息系统的连接，改变了过去有制度、难落实的问题，有利于过去分散处理的各项管理漏洞通过标准化的作业手段予以避免，提高业务处理的准确性和执行力。在集团司库整体业务运作架构的设计下，财务共享服务中心在组织定位当中居于业务操作层，财务共享服务中心可以承接财务公司或集团司库管理体系中的部分流程，并主要集中在交易管理的流程之中，尤其是那些相对标准化、且业务量和发生频率都很高的资金交易类流程。二者的联系具体包括资金计划、资金集中结算和数据共享三个方面：（1）财务公司根据分子公司或业务单位的预算，进行资金计划的编制、调整和审批，由财务共享服务中心进行执行控制，包括定向支付、计划管控、余额控制和支付预警等。（2）财务共享服务中心完成相关审核、控制业务后，由司库系统通过银企直联等方式，进行资金集中结算。依托财务共享服务中心，健全业务预算和资金预算的勾稽关系，剖析厘清交易细节，增加预算分解和层级管控功能，促进资金管理参与经营发展全过程，实现业务控制预算、预算控制支付的现金流闭环管理。（3）司库管理信息系统可以对接财务共享服务中心的强大信息资源，对集团分子公司产业链信息流、资金流和物流实施有效监控，充分利用好财务共享服务中心，推进数据共享，用数据还原业务和管理全过程，挖掘数据资产价值，并借助数字化手段实现资金管理内涵拓展和功能延伸，为集团经营管理、财务管理决策提供数据支撑。

但是，对于初建以及并不完善的财务共享服务中心来说，司库体系的建设面临着协调二者之间的关系问题。如果将司库管理范围中的资金计划、资金集中结算、数据共享全部交给财务共享服务中心去完成，其显然难以胜任，并且会出现因相互扯皮及效率低下，发生支付风险等问题。负责原有职责的财务公司会认为这种行为削弱了自身的权力以及组织地位，拒绝交出相应的权力。然而，这并不意味着司库建设与财务共享服务中心之间不存在关联性。事实上，财务共享服务中心的服务可以提升整个司库管理运行的效率，为释放高级司库管理职能提供了重要的基础条件。甚至未来走出去的跨国公司更需要财务共享服务中心的保驾护航。一项典型的应用是在财务共享服务中心设置资金作业线，建立资金的全球支付工厂，实现账户集中管理和统一全球支付。财务共享对于司库体系建设的意义毋庸置疑，前面提到的问题主要是由于目前财务共享服务中心建设所处的生命周期阶段还难以胜任。这就需要集团公司的CFO站在整个集团财务转型的角度，使司库建设与财务共享服务之间在业务流程、组织架构上实现合理设计，形成良性互动，并将为司库服务所发挥的职责纳入绩效考核之中，提升其服务能力。司库部门也应从未来转型发挥增值功能的视角利用好财务共享服务中心的服务，提高司库管理的运行效率。

（四）企业司库与财务供应链之间的关系

财务供应链的概念来自企业集团化发展、全球采购以及生产外包等经营模式。集团企业为了节省运营成本、更好地适应变化无常的市场环境，通常选择集团化发展、参与大范围分工协作和外包的方式，避免大量的资金投入。然而这种运作模式同时也会削弱企业供应链的资金使用效率。例如，在新兴市场国家投资建设新厂房、购买新设备通常需要承担更高的资金成本；作为供应商可能受到来自下游客户转嫁的库存成本；分工运营迫使企业交付时间延长，运营成本增加等。这种运作方式使得企业资金流和现金管理变得更为复杂，因此财务供应链的重要性也愈显突出。

基于司库管理体系，企业可以借助供应链管理的理念管理企业现金流。一般的企业ERP系统财务管理模块只能提高内部财务管理流程的自动化程度，但对于企业之间的财务往来仍需要人工完成，许多重大的电子采购行为还未实现付款等资金流程的自动化。企业可以通过建立司库管理体系以库存管理、供应链管理的理念管理现金储备，从而构成财务供应链，解决企业分工、全球采购和外包中存在的财务管理问题。

从实现方式上看，企业建立司库管理体系可以通过以下方式完善财务供应链的运作：

第一，推动资金业务流程的电子化和自动化。在司库管理系统的业务流程中，使用OCR技术替代繁重的数据录入工作、采用电子发票等，通过无纸化来为财务流程的自动化打下基础，使资金管理流程更加规范和标准。

第二，重视流动资金管理。当司库管理实现了财务流程的自动化，就可以加强财务供应链中各个部门之间的联系，从而排除付款链的不确定性，根据日常应付、应收账款的准确信息来帮助企业优化现金管理。同时能改善信贷决策，并有机会寻求外部融资渠道。

第三，对财务供应链的关键业务流程进行价值分析，消除无效和非增值服务作业，推动司库管理工作从操作交易向资金运营转变。具体实现方式包括利用新技术对关键财务流程进行重组再造；借助财务共享服务中心处理司库管理中规范、大量、非关键财务流程，如应收应付、费用报销、工资津贴处理等；或者通过业务流程外包的方式节省流程处理成本，聚焦于核心业务活动。

02 第二章 企业司库的角色与职责范围

一、企业司库的角色定位

企业司库在集团中的角色定位是一个复杂的决策问题。大多数情况下，它会受到公司的规模与复杂程度、行业的运作和发展阶段、母子公司所在国家、投资者的性质、企业面临的风险的性质与规模、公司的信用实力、财务主管的经验与素质、企业历史、文化和组织结构、企业发展的生命周期与阶段、行业性质等多种因素的影响。

举个例子，在职能定位方面，司库的角色很大程度上取决于个体企业和组织类型。建筑工程公司可能会在长期债务或者资金融资时需要具有税务技巧的司库；零售和消费者组织可能会需要具有贸易谈判技巧的司库，他们可能需要与交易目标公司谈判；制造公司可能需要营运资本的专业知识以加速采集和收款流程；全球性跨国企业可能会重点关注跨国的资金管理运作技能。此外，对于中小型的企业集团，司库更多地发挥服务或者管控的角色，大型企业集团则期望其发挥服务与管控并重，并在此基础上与战略结合创造价值。这样就使得司库在不同环境下呈现出不同的角色定位。

一般而言，企业集团的CFO负责企业的全面财务管理工作，其下设财务部门和司库部门，分别由财务总监和企业司库长负责，他们的下面再设置有若干岗位。司库长要和财务总监一起向CFO报告。

财务总监的主要职责是根据外部监管需求、利益相关者需求及企业内部的管理需求，通过各种会计核算的信息系统功能提供他们所需要的信息，以供首席财务官进行决策使用，这是一套财务管理信息系统。其具体职责是充分利用财务报表核算体系、司库管理体系为管理的各种需求提供信息决策支持。对于跨国和大型的企业集团来说，为了更好地发挥这种信息决策功能，增加其价值的创造能力，许多跨国公司和跨地域的大型企业集团会将其中的核算职能逐步外包给财务共享服务中心去完成，这使得更多的会计核算人员从低附加值、重复程度高、劳动密集型的工作中解脱出来，去从事更具价值的业务型财务和战略型财务，并积极研究各个层次管理者的需求，向他们提供决策所需要的信息。

企业司库则从资金管理的角度负责流动性管理、全面管理企业财务风险、安排企业内外部融资、进行短期和长期投资、管理企业与银行及其他金融机构的关系，制定和执行企业司库管理的政策和程序，这是一套财务管理的理财职能系统。企业司库管理系统结合财务管理信息系统的组织架构特征与变革，也逐步构建了一套战略决策层、操作层、基础流动性管理层的组织架构体系。并且，对于许多跨国公司和跨地域的集团公司，也开始将基础流动性管理的职责外包给了财务共享服务中心去完成，这时的财务共享服务中心充当了“支付工厂”的角色，大大释放了企业司库基础操作层面的人员，提高了现金的可见性，这使得企业司库管理的运作与业务和战略决策层面更加结合，能够更加释放企业司库的价值创造功能。

与会计行业相比，司库还是一个崭新的职业，并不广为人知，人们对它的了解也知之甚少。但自全球性的金融危机以及我国政府部门的政策推动以来，司库部门及其行业引发了人们的关注。事实上，司库管理人员所从事的工作不同于传统的会计、财务管理工作，其所从事的是一种战略性的财务管理，该部门的决定直接影响一个企业的盈亏以及财务状况。司库作为集团资金管理的最高级形式，通过集团内资源的整合和风险管控，可以实现生产经营、投融资决策、业务协同、风险管理的一体化应用，以更好地为集团的战略发展服务。司库管理的视野需要扩展至全产业的范围。从决策侧、业务侧、管理侧、运营侧进行多方位考量，既为企业抵御内外部风险，又能在市场中发现增长商机，从战略的高度，担当起价值创造的职责。普华永道《全球司库对标调研报告》

（2019）提出，司库职能正在转变为更广泛组织的战略顾问角色，专注于传统职能之外的价值增值活动，如营运资本管理和并购支持。《全球司库对标调研报告》（2022）指出，司库人员需要重新定义现有角色，并在打造未来人才时，应将数字化作为核心，人工智能、机器人自动化流程和数据分析等技术正广泛利用以用于执行关键任务，做出决策和降低风险。可见，司库职业正在随着集团管理活动的拓展呈现出多种角色。追溯历史，依据发挥价值的不同，我们可以将其按照交易家、管控家、运营家、金融家、战略家的路径逐渐升维。

（一）交易家

作为交易家，司库管理人员主要承担交易处理为主的简单职能，确保业务运营的顺利开展。核心关注资金结算和交易管理，主要职能集中在现金管理、统收统支、账户管理等基本日常交易活动。与企业发展生命周期相对应，在企业司库管理体系发展的初期，司库管理人员的角色主要以交易家为主，其目标是实现企业资金集中管理，留存必要的资金以确保企业的正常经营活动，支持基础交易稳步运行。

（二）管控家

作为管控家，司库管理人员主要负责识别和预测风险，保证对资金的安全控制和合规管理，实现资金监控的实时化、可视化，同时提高资金的整体使用效益，其功能逐渐从现金交易扩展到流动性管理和营运资金管理等方面，进行集团整体资金预算并实现集中管控。当企业规模迅速扩大，分支机构数量增加、分布范围更广，集团对于内外部资金需求更为迫切，亟须依靠司库人员作为管控家，提高财务管控能力，并且强化面向中长期的资金计划及资金预算能力。

（三）运营家

作为运营家，司库管理人员主要负责运营优化、流程再造和数据分析，以提升运营效率和控制经营成本。在司库管理体系发展的转型阶段，企业通过流程再造和制度体系的完善，采用降低司库运营成本的思维，转变资源投入方向，将用于经营操作的资源逐渐转向实现企业财务资源的保值增值，服务于企业经营发展战略。此时，企业司库可以借助流程再造和标准化大大提升企业财务流程效率，得以解放出更多司库管理人员从事更高附加值的工作，从而促进司库管理职能的转型。

（四）金融家

作为金融家，司库管理人员可以统筹资源配置，促进资本结构合理化，强化资本运作和产融结合。随着规模的扩大，企业开始在规范运营的基础上，灵活调动内外部资源，以寻求新的业务发展增长点。业务发展需求促使企业司库管理人员改变重点，转向实现金融资源统筹管理、加强内部控制和风险管理建设上来，以支撑业务运营和集团战略，这也对司库管理人员的金融业务知识和能力提出了更高的要求，财务人员需要实现自身从会计、财务向金融人才的转变。

（五）战略家

作为战略家，司库管理人员已经成为集团管理层的战略业务合作伙伴，在业务上重点关注资金运营、投融资管理、风险控制等职能。作为战略家，司库人员不仅能满足企业灵活高效的财务资金运转，更能主动为企业业务发展提供决策支持，致力于为企业战略实现赋能。未来，司库管理的职能将逐渐从交易处理、运营分析向战略配合转变，从“金字塔”升级为“纺锤形”“倒金字塔”结构，以尽量减少交易执行和处理的时间，将更多司库管理资源集中在流动性管理、现金流预测等运营家职责和资本管理、风险管理等战略家职责。

二、企业司库的职责范围

虽然针对不同特征的企业集团的司库角色定位不同，不同的角色定位会导致司库的职责范围不同，但其大体的职责范围还是一致的。

关于企业司库的具体工作职责，世界上最为著名的两个资金管理的行业协会团体：美国的AFP协会组织（The Association for Financial Professionals）、英国ACT协会组织（Association of Corporate Treasurers），分别有着不同的论述。AFP认为，企业司库是面向企业和其他机构的综合性财务和金融服务，具体包括：①财务规划及财务分析；②流动性管理；③企业投融资决策；④风险管理与养老金管理；⑤内外部银行关系管理；⑥制定和执行司库政策与程序等职责。ACT所定义的企业司库职责涵盖了下面五个核心要素（见图2-1）：①公司理财；②资本市场与融资；③现金与流动性管理；④风险管理；⑤司库运行与控制。

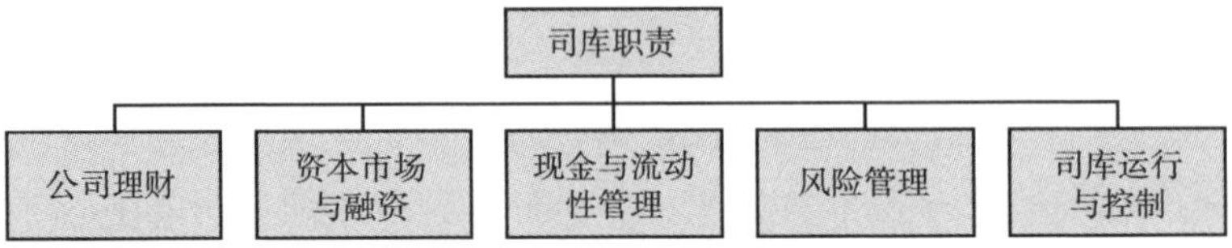

图2-1 司库的职责范围

两个协会关于企业司库的具体职责差异主要表现在公司理财职责上。根据ACT的论述，公司理财是关于企业发展战略与计划、制定投资决策，并对公司价值产生积极影响的实践活动。其主要的任务包括：降低公司的加权平均资本成本；确保公司的价值被投资者公允评估；确保投资者能够从公司获取与其所承担风险相对应的回报。在许多企业中，公司理财确实变成司库的职责，但是其主要还是发生在一些较少收购与兼并的企业之中。在其他企业中，由于公司理财是一个非常专业的职能，其复杂的战略计划往往花费大量的财务管理时间，因此，其通常需要由专业的律师和金融专家制定。

随着企业规模增长、业务复杂性增加、国际业务快速发展以及国内外金融市场的不断变化，集团性企业也迫切需要整合传统的、较为分散的资金管理组织和职能，为企业战略提供支持。2022年1月，在国资委发布的《关于推动中央企业加快司库体系建设进一步加强资金管理的意见》中，明确了中央企业建设高水平司库体系的紧迫性和必要性，通过司库管理体系这一手段，严格防范资金风险，全面提升财务管理精益化、集约化、智能化水平。根据上述文件要求，中央企业要把银行账户、资金集中、债务融资、资金预算、资金结算、票据管理、应收款项清收、借款担保、境外资金管理、供应链金融服务、战略决策分析管理11项职能等作为司库管理的重点，这11项职能总体而言可划分为操作类业务、运营类业务和战略决策类业务三大类（见图2-2），不同类型的职能具有不同的建设重点和要求。

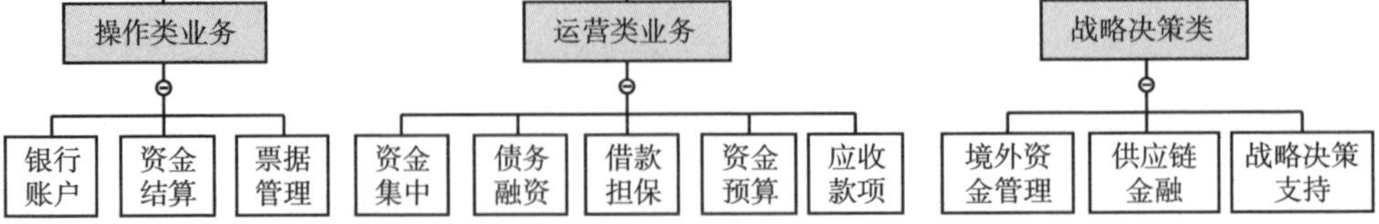

图2-2 司库管理体系职能划分示意图

对于银行账户、资金结算、票据管理等操作类业务，国资委要求作为司库管理的重点，固化管理要求和规范操作流程。通过账户授权以及司库系统与银行系统互联互通，实现银企直连账户实时监控，对信息系统覆盖有难度的账户通过管理规范和信息登记方式加强管控；建立管理标准来规范业务，同时建立标准系统接口来采集子企业层面的交易信息和实施监控，其中尤其要注意与财务共享服务中心在结算流程上的对接与统筹。

对于资金集中、债务融资、借款担保、资金预算、应收款项等运营类业务，国资委同样要求作为司库管理重点，纳入信息系统，实现穿透监测。集团企业需要梳理境外企业所在地区政策，以及自身账户、资金情况，开展境外资金池的设计和搭建，实现境内外资金池互联互通；打通债务融资、企业借款、资金预算、融资担保、授信在司库系统的管理链接。

国资委提出有条件的企业要进一步将战略及资源配置类业务纳入司库体系，增强供应链金融服务、战略决策支持和境外资金管理等能力，全面提升资金等金融资源的管理水平。中央企业需要做好相应的战略规划和风险管控，并与集团已有的金融板块业务在战略层面形成有机整合。对于决策支持模块，需要在集团完成司库系统操作类、运营类业务功能，以及与核算系统、子企业其他资金系统及外部机构系统互联互通基础上，在系统实施的过程中前瞻考虑决策数据埋点，并在司库运营过程中不断优化补充。

03 第三章 司库职业与胜任能力

一、司库成为一种职业

根据百度百科的定义，职业是参与社会分工，利用专门的知识和技能，为社会创造物质财富和精神财富，获取合理报酬，作为物质生活来源，并满足精神需求的工作。司库在西方作为一种职业已经存在40多年，而我国虽然并未出现专门的司库职业，但从事资金管理工作的专门人员却早已有之。

（一）国外司库职业发展及行业组织

20世纪50年代，在国外跨国公司中，司库管理作为资金集中管理的一项辅助职能，司库管理人员仅仅承担一些常规的现金管理工作。到了80年代，司库管理人员的现金管理职能扩展到更广泛的领域，由公司现金管理领域迈向综合管理领域。尤其是随着金融市场自由化、货币市场快速发展，司库的功能变得日益重要，逐渐成为公司一体化管理的重要部分。此时，企业司库不再隶属于会计部门，而成为独立的专业化管理机构，出现了专职的司库管理岗位。这一时期，司库职业管理标志性的事件是1979年英国ACT（Association of Corporate Treasurers的缩写）协会的成立。同年，美国成立了NCCMA协会（后更名为AFP，The Association for Financial Professionals的缩写），这标志着欧美国家司库管理职业体系的正式形成，由此迈入了全球司库管理的快速发展阶段。

ACT是唯一拥有“皇家宪章”的专业财务机构。ACT起源于20世纪70年代波动的金融市场，拥有国际上广泛认可的国际注册司库管理师认证体系，并引领全球行业的发展，在全世界具有极强的影响力。该协会目前已经制定出了企业司库从业者的职业胜任能力框架，该框架反映出当前各种利益群体对司库职业的真实声音，培养、支持并引导未来的司库从业人员，致力于为司库从业者提供专业引领和后续支持服务。协会成立逾40年以来，通过资格认证、培训和思想领导力已经为全球提供了卓越司库实用技能，并在国际社会中获得了快速和持续的发展。英国ACT认为，司库工作与其他财务职能不同，其重点在于现金、风险和金融市场。其使用的工具和系统以及在运营和战略层面与商企互动等方面十分复杂，因此司库人员需要具备一些非常专业和有难度的技能。一个合格的司库从业人员应该具备三项技能：商务技能、行为技能与技术技能。其中商务技能包括财务管理技能、知识及信息管理技能、计划和项目管理技能。行为技能包括商业动机和组织能力、自我认知与管理能力、影响能力、合作沟通能力。技术技能内容最为丰富，涵盖职业背景知识（企业背景与会计、税务监管背景）、道德与公司治理知识、风险管理技术、公司理财技术、司库运营技术。根据英国ACT（2014）的调查表明，司库从业人员30%的时间用于战略性事务，30%的时间用于处理职能性事务中，风险管理能力是司库从业人员最应该具备的技能。作为司库从业人员应该具备的能力，按照重要性进行排序，依次是：风险管理［包括外汇、利率、商业（包括传统的保险）、大宗商品、运营和养老金风险］、流动性管理、现金管理、司库运营、长期融资、金融市场与金融工具、公司理财、司库政策与报告、自动化系统及其解决方案。对于一个年轻的司库从业人员来说，最容易欠缺的技能包括（排名前五位）金融市场与金融工具、公司理财、风险管理、长期融资、司库政策与报告。

AFP全称“The Association for Financial Professionals”，总部位于华盛顿特区外，区域性总部位于新加坡，是致力于推动财资和金融成员及其组织取得成功的非营利性专业协会。AFP经过多次调整和更名，其发展历程本身也反映了司库管理职能的不断演变。AFP前身为1979年成立的NCCMA（National Corporate Cash Management Association，全国企业现金管理协会），并于1991年更名为司库管理协会（Treasury Management Association）。同年，司库管理协会最终更名为金融专业人才协会，并与衍生品最终用户协会（End-Users of Derivatives Association）合并。目前，作为财资和金融领域的认证机构，AFP设立并管理注册司库专业人士（Certified Treasury Professional，CTP）和注册企业财务规划与分析专业人士（Certified Corporate Financial Planning and Analysis Professional，FPAC）证书，在全球范围内树立行业卓越标准。AFP的使命是通过认证、培训推动财资未来发展，并培养未来的财资领导者。除了职业认证外，还包括培训、提供行业资讯和见解，重点关注风险、投资、现金管理等，开展行业峰会等职能。

作为一种职业，美国AFP认为，企业应该结合所处行业或自身业务的实际情况，制定适宜的行为准则。行为准则是企业财资人员开展财资活动的行动指南。通过行为准则可以明确区别可接受和不可接受的行为，借此鼓励符合道德标准的行为。AFP所界定的行为准则内容包括：（1）保守秘密。保守秘密是指企业财资人员不得将认为需要保密的信息透露到企业之外。这些信息包括银行账户信息、公开披露前的公司财务信息、信贷协议、系统密码、客户与供应商信息等。（2）利益冲突。行为准则严厉禁止任何引发利益冲突或可能造成利益冲突的行为发生。例如，对员工当前和潜在的银行以及供应商索要和接受礼物的行为。（3）外部活动。在一定范围内企业员工可以参与公司外部的商业活动或投资，但从事该活动时，不得影响公司业务的开展或与员工的基本岗位职责产生利益冲突。一般来说，员工的对外商业活动或者投资应该由管理层进行审查。（4）员工行为。在职司库的员工行为或者个人习惯不应对公司产生负面影响。（5）合规。（6）保护举报人。这是一种风险管理文化。司库人员如果发现管理不当行为，或董事会认为高层管理人员没有按照符合股东的最佳利益方针的行为行事时，员工可以自由上报，而不会产生重大的个人或者职业上的风险。

从现有的资料来看，英国ACT关于司库人员能力素质的论述相对较为系统，为我国企业构建司库从业人员的胜任能力框架提供了丰富的参考资料。美国AFP则更多地局限于职业道德的行为技能层面，但其从职业道德层面也为我国企业司库从业人员提供了系统的参考。此外，普华永道在其《全球司库对标调研报告》（2022）指出：战略思维、业务伙伴能力、技术亲和力是司库职业三个重要特质。与以往任何时候相比，司库人员都需要成为一名数字化顾问，随时准备支持最高管理层和企业的整体战略。德勤在其全球司库调研中，指出员工是司库管理职能的关键推动者，数字化能力、控制和业务连续性弹性是保障司库业务顺利开展的关键因素。未来司库人员不仅需要具备专业知识，还要具备领导能力、风险管理能力和技术技能（2022—2023中国司库报告，2022）。从这些专业组织近期的研究成果来看，司库人员的胜任能力要求已经开始关注数字化能力的要求及专业知识。

（二）国内司库职业发展及行业组织

与英美等西方国家相比，企业司库管理在我国的发展缓慢。从国内来说，企业集团的司库管理实践起步较晚，资金管理经历了一个由资金归集到集团财务公司再到财务公司司库化发展的历程。《关于推动中央企业加快司库体系建设进一步加强资金管理的意见》（国资发财评规〔2022〕1号），要求强化人员和资金保障，加强人员培训和人才队伍建设，确保司库体系按时建成、高效运行并不断完善，我国司库职业发展将进入快车道。但也必须承认，目前国内对于司库管理体系的搭建尚处于摸索阶段，各种做法也不尽一致，主要是以集团的资金处室或财务公司作为牵头部门组成工作组开展司库搭建工作。

当前，我国从事企业司库管理人员的现状与外资企业，尤其是一些已经建立完善司库体系的跨国公司相比具有很大差别。与国外相比，我国企业司库人员大多来自会计部门，其知识与技能背景大多局限于会计和财务管理方面，缺少资本市场、融资管理、战略管理、公司治理、风险管理等方面的专门知识与经验。加之，我国企业司库管理工作责权不明确，业务条理不清，造成司库人员的工作职责局限于现金管理与流动性风险管理，难以真正发挥企业司库部门服务于管控、服务于战略的目标。司库人员在金融业务知识、数据分析与预测、IT技术应用和需求分析及企业战略制定支持等高阶能力上仍有欠缺，实现企业司库管理价值定位存在一定困难。由于我国司库管理体系发展的特殊性，除了中国人民银行、银保监会等监管机构外，相关行业组织集中在财务公司领域的财务公司协会，以及来自香港的相关专业协会。其中，财资市场公会（The Treasury Markets Association，TMA）于2005年通过香港财资市场论坛的制度化和与ACI–香港金融市场公会合并而成立。TMA的主要职能包括促进市场之间的合作和协同作用以提升香港财资市场的专业性和整体竞争力，从而维持国际金融中心的角色。财资市场公会的使命是通过以下职能，进一步提升香港财资市场的专业性和竞争力：（1）为财资市场制定适当的守则和标准；（2）促进市场和产品开发；（3）提高市场从业人员的专业性；（4）推动香港成为亚太区财资市场业务的首选枢纽。

二、司库职业胜任能力框架

职业能力是指人们从事某种职业或完成某项工作任务需要具备的知识、技能和行为特征。它反映的是“人——职业——组织”匹配的核心问题（王会莉，2022）。20世纪70年代，职业能力模型成为提升组织竞争力的有效工具，其在提升个体与组织绩效方面的有效性得到了实践的验证。企业司库人员的职业胜任能力是指在企业中，完成司库职责，达到履职要求所需要达到的既定标准的胜任能力。根据美国哈佛大学的戴维·麦克兰德（David McClelland）教授著名的胜任能力“冰川模型”，我们认为，企业司库从业人员胜任能力框架设计的目的在于找寻驱动司库这个岗位高绩效的各种因素，期望通过对比胜任能力模型所列出的胜任能力要求，找寻司库从业人员努力的方向，将司库职业培训与人才开发的重点集中在解决司库职业所缺乏的胜任能力上，真正将模型应用于实践。“冰山模型”所提出来的知识、能力、社会角色、自我概念、特质和动机六个要素中，仅有知识和能力要素是处于显性的，是易于被培养、开发和评价的要素，其他要素则属于隐性的，难以被培养、开发和评价。从模型应用于实践的角度来看，我们倾向于将司库从业人员胜任能力要素定位为知识和技能。当然根据英国ACT协会的观点，司库已经逐渐发展成为一种职业，这种职业必然存在区别于其他职业的职业价值观、行为操守，这一点从美国AFP协会关于职业道德认知的重要性也可以看出来，为此，我们可以将它概括为司库从业人员的职业道德。因此，企业司库从业人员胜任能力的框架设计包括三部分：即司库职业知识、司库职业技能、司库职业道德。在数智化转型背景下，构建以“资金业务前台+数据共享中台+决策支持平台”为特征的司库管理平台逐渐成为司库数智化升级的重要举措。企业希望通过司库推动业财融合，建立数字化枢纽中心，并借助数据挖掘、分析建模、可视化等技术，实现智能化的现金与流动性管理，提升司库管理和金融服务的效能。此时，必然对司库从业人员的知识、技能发生新的变化和产生新的要求。如何理解这一变化，掌握这一需求，也成为新时期司库职业胜任能力框架应该考虑的背景因素。

（一）司库职业知识

知识具有分类的复杂性和多样性。陈洪澜（2007）总结了十大知识分类方式，并认为，当今的专业知识有许多都是随着社会的自然分工而形成的。吴刚平（2013）从教学的视角将知识分类为事实性知识、方法性知识和价值性知识。当前课堂教学的主要问题在很大程度上源于教师秉持的单一的事实性知识观，导致学生的方法性知识和价值性知识缺失。目前来看，司库职业所掌握的知识既不同于传统的会计专业、财务管理专业，也不完全等同于金融行业所需要的知识体系.从企业司库的职责范围来看，其涉及的内容横跨会计、管理、金融、经济学等多个学科领域，这不是一个简单的会计、财务管理专业背景或者金融专业背景所能承担的。甚至它将随着司库职责的拓展，呈现出更多的知识胜任能力需求，应属于交叉型和复合型知识体系范畴。从司库职能发展的方向来看，它开始从传统管控中心职能走向服务中心职能，管理的视野扩展至全产业链的范围，从决策侧、业务侧、管理侧、运营侧多方位考量，既要为企业抵御内外部风险，又要在充满风险的市场中发现增长商机，从战略的高度，担当起价值创造的职责。这时我们思考需要什么样的人力资源知识体系去提供这些服务。更何况数智化时代，司库管理人才团队已不再满足于具备基本的交易处理职能，而是建立在会计、金融、业务、IT与数据、战略之上的更具前瞻性视角的价值创造职能。杰出的司库管理人才还应具备基础的风险管理能力，成为“通财务、善金融、懂数据、知业务、强管理”的复合型知识管理人才。对此，笔者曾在《企业司库人员的胜任能力框架研究》（2015）一文中，根据国际会计师联合会（IFAC）2003年在《成为胜任的职业会计师》报告中提出的职业知识分类：一般知识、会计与相关知识、信息技术知识、组织与经营知识等，将司库从业人员的知识分为基础知识、应用知识、环境知识。基础知识，是指通过普通的国民教育所能获得的基础、广泛的一般知识，能够为学生从事司库职业生涯提供必备的核心基础知识。应用知识，是指在执行具体的司库业务时，为达到最恰当有效的实务标准、履行职责并进行合理的职业判断所必须具备的综合应用知识。环境知识是指司库所涉及的金融监管制度、货币政策、国际会计准则、资本市场相关法律、政策及所属行业的特殊业务知识。数智化时代，司库职业知识体系需要在应用知识上补充大数据以及人工智能在司库体系建设中应用的知识，以帮助未来司库从业者综合能力的横向扩展，成为同时具备横向综合性和纵向专业性的“T”型人才。

一方面，在综合能力的横向扩展方面，需要着重培养数据思维、提升信息技术能力。在执行资金运营分析、预测现金流量、制定投融资决策时，获得大量数据支撑，依靠智能数据分析的方法获得洞察，并且具备相应的数据治理能力；同时司库管理人员需要主动应用新兴数字化技术，例如设计流程自动化机器人执行大量重复的司库操作、部署云技术增强司库管理平台的可扩展性和使用便捷性等。

另一方面，在专业素养纵向精深方面，应做到会计、金融等专业能力的进一步精深，并且及时更新，跟进金融市场的动态以及各类金融工具的创新应用。经过上述两个方面的提升，企业财务人员将从单一的出纳型交易人员，升级为复合程度高、专业能力强的新型司库管理人才，不仅精通金融知识、熟悉财务专业，更能够实现业财融合，并具备数字化技术和能力，为司库创造价值提供了人才保障。

（二）司库职业技能

技能是指个体运用已有的知识经验，通过练习而形成的智力活动方式和肢体的动作方式的复杂系统。毋庸置疑，知识与技能是相辅相成的，它们共同构成了认识世界、改造世界，认识自我、发展自我本领的主体结构。就其分工而言，两者各有侧重，如果说“知识”是思想的本领，那么“技能”就是行动的本领；如果说“知识”的价值在于用思想认识世界、认识自我，那么“技能”的价值就在于用行动改造世界、改造自我。

司库从业人员的从业技能是在从业知识的基础上，运用知识的能力。从业技能也是司库从业人员胜任能力的核心，具备相应的技能是开展司库工作的前提条件，如何更好地把知识运用到司库工作中、如何通过司库工作整合已知和未知的知识是比掌握知识本身更重要的技能。

根据技能在传统教育理论中的划分结果，按其性质和特点可以分为：智力技能和操作技能。智力技能是指在头脑中对事物分析、综合、抽象、概括等的智力活动。操作技能是指由大脑控制机体运动完成的动作、本领。针对司库人员从业技能，我们认为其智力技能主要包括：分析判断能力、理解业务的能力、规划与设计能力、问题识别及解决能力、逻辑推理能力、应变能力、压力管理能力、系统思考能力、组织领导能力。司库从业人员的操作技能主要包括：沟通能力、团队协作能力、组织协调能力、职业持续发展能力、影响他人的能力。数智时代的企业司库一方面可以利用新技术的手段在操作层面上减少大量基础工作，推动原来从事财务公司的人员向更具有附加值的业务内容转型。另一方面企业司库可以利用推进业财融合所形成的数据中心，在战略、预测、风险管理与决策层面发挥作用，这无疑对从事司库的职业人员业务能力提出了更高的要求，不仅需要司库专业人员的横向拓展，更需要司库职业人员纵向精深。这其中应具备的决策支持能力、资源整合能力与数据运营能力，将成为发挥司库创造价值的主要能力。具体来看：

1.决策支持能力

企业司库管理人员要能够从资金流动性、债务融资、资金风险、金融市场投融资管理等大类出发，梳理各相关数据指标，并据此整合司库各类相关业务系统数据，通过指标全面反映司库运行情况的同时，有力支持企业业务分析和战略决策。

2.资源整合能力

近年来，整合集团资源，创造集中价值的司库模式逐渐成为大型企业集团司库管理的主要趋势。随着企业不断发展，企业资金管理精细化水平不断提升，对进一步加强内部财金资源的集中运作和共享有着强烈的需求。同时，司库管理业务领域也拓展到了投融资、外汇、全球金融资源共享、衍生品、风险及对冲、金融机构关系管理等方面。司库管理人员需要以价值创造为目标对财金资源整合运营、促进境内境外、现金票据、内外部资源一体化管理，为企业提供强有力的战略支撑。

3.加强数据运营能力

随着司库智慧化转型，数据驱动逐渐代替经验驱动，通过AI、大数据、云计算等科技手段构建敏捷、高效的司库管理模式，且数据化经营的内涵不断丰富，为集团各项业务带来不同层次的变化：（1）夯实司库管理的基础，通过流程数据化再造、去手工化提升企业司库运营效率；（2）通过数据看清业务往来关系，解决业务短板，辅助经营优化；（3）通过数据化运营，充分利用数据挖掘价值，引领财务数字化发展，助力企业实现智慧化转型。

4.加强管理创新力

人工智能、大数据、RPA等先进技术在企业司库管理中发挥着重要的作用，满足了企业日益多元化、专业化和精细化的业务管理升级的需要。企业资金管理系统在数字化技术的加持下，形成强大的计算能力，全面释放数据价值，提升了财务支持业务与决策的效能。而技术带来的数据可视化，在实现企业对内部所有数据实时监控的同时，指导企业科学调整运营策略，不断提高企业的风险管控能力和创新能力。

（三）司库职业道德

职业道德是同人们的职业活动紧密联系的符合职业特点所要求的道德准则、道德情操与道德品质的总和，它既是对本职人员在职业活动中的行为标准和要求，同时又是职业对社会所负的道德责任与义务。司库从业人员的职业道德直接影响司库部门的声誉，因此，需要司库从业人员在从事司库专业活动时应该注意持续关注自身的职业形象，以表现出自身的专业胜任能力。其职业道德内容包括：①专业胜任。即司库从业人员应该注意持续地获取从业知识与技能、诚实履行专业职责，并符合法律、监管、技术实践的标准和要求。②保密。对在业务活动中知悉的信息要注意保密，更不能直接或者间接通过第三方利用这些信息获取非法利益，当然，如果有法律要求的情况下，必须按照要求及时披露这些信息。③正直诚信。在所有交易中保持诚信和准确，不从事任何有损公平和专业水准的活动，避免利益冲突，不得滥用金融工具扰乱金融秩序，在保密的原则下真实披露所有影响交易的相关信息。

04 第四章 中外司库的比较与启示

在全球经济一体化的发展过程中，企业集团通过跨国经营融入全球化市场，开辟了一条做大做强的快车道，反过来也促进了经济全球化的发展。跨国经营模式下，集团企业经营范围扩展至全球，面临的外部环境更加不稳定、更加复杂，企业集团的组织架构和管理模式也产生了相应的变革。不确定性的环境对集团的金融资源配置、资金风险管控带来了更多困难。资金管理水平对企业发展战略的实施造成深刻的影响，可以说是企业生存与发展的重要基础条件，传统的以现金管理为内涵的资金管理认知已无法为跨国经营提供决策支持。20世纪60年代，国外跨国公司开始探索利用司库对企业金融资源进行管理，推动企业实现各类资源的有效整合和优化配置，实现资金的集中管控，巩固和提升竞争优势，提高财务管理服务于集团战略、促进战略落地的能力。70年代，美国经济受次贷危机的影响产生衰退迹象，金融机构的监管开始放开，司库管理的功能在金融市场自由化与货币市场迅速发展的背景下显得尤为重要。出于重要性的考虑，司库组织开始独立出来，从隶属于会计部门演变成与会计部门平行设置。此时，相应的行业协会组织［包括英国的企业司库协会（ACT）、美国的国家现金管理协会（NCCMA）］相继成立，司库作为一种职业开始在欧美流行。20世纪90年代至今，西方发达国家的企业建立的司库管理体系不断优化，日趋成熟的全球司库中心与区域性的司库管理中心开始发挥战略导向的资金集中管理和资源配置功能，经营和操作层面的功能变得逐步减少。通过信息化、数字化所建立起来的集团司库管理数字平台更是通过收集资金交易的信息流，与业务流、资金流相互协同，通过建模技术、多层次的分析实现决策支持。并且，随着全球市场不断增长，市场不断增加，新技术的加持和赋能，司库系统还在不断发展进化。

虽然，司库在我国古代的历史上就有所记载，但直到20世纪末才出现真正现代意义上的司库，并且按照发展历程，可以划分为资金归集、结算中心、财务公司，再到财务公司的司库化发展几个阶段。1987年，东风汽车工业成立了我国第一家财务公司，标志着我国司库管理的萌芽。促进内部资金融通、推动产业结构调整是财务公司的两大重要职责，从而提高企业整体竞争力。回顾财务公司的发展历史，其改革是在防范金融风险、承担经营压力、寻求优化提升中发展起来的。根据《中国企业集团财务公司行业发展报告》(2021)，截至2020年末，财务公司整体年末表内资产规模7.82万亿元，行业营业净收入1 373.81亿元。此时，财务公司行业的发展势头逐渐趋于缓和，规模增长速度减缓，机构增长数量暂时中止，行业已经由高速增长的规模扩张发展阶段进入比较成熟的平稳发展阶段，发展的瓶颈开始出现。尤其受利率市场化改革的影响，财务公司风险管理模式将发生重大变化，利润空间受挤压明显，市场竞争更为激烈，财务公司亟须向司库管理模式转型。2004年，东风汽车开始探索资金集中管控，成为继国内第一家财务公司后，第一个大型企业司库管理建设项目。但是由于政府监管政策尚未完全放开，并且财务管理的重点长期以来都放在财务会计，存在一定的管理思维定势，因此司库管理的理念无论是在政府监管方还是企业集团中，都没有受到重视和广泛的接受，仍处于部分企业集团进行探索和尝试的阶段。当前，我国经济正在迅速融入整个世界经济体系当中，参与度不断增强，对世界经济增长的贡献也越来越大。随着国内经济结构的变革，以及国内企业高质量发展的要求逐渐提高，大型跨国企业集团正积极落实“走出去”战略，通过海外并购、在海外设立分支机构、参与海外工程建设等方式不断深化国际化程度。随着不确定性的加剧，世界进入了“乌卡时代(VUCA)”，国际竞争加剧，全球经济环境难以预料，跨国公司资金管理面临着比以前更加复杂的外部环境，流动性、汇率、利率等风险都更加明显，需要集团企业积极识别、量化并采取措施将风险控制在合理的范围内，同时有效配置各类金融资源。为了实现国际化发展目标，国内企业集团必须对如何充分利用全球金融资源进行合理的规划，并且面对日益增长的金融风险采取有效的识别、量化、规避和防范的措施。2008年发生全球性金融危机，给跨国企业集团敲响了警钟，要求其必须进一步提高资金的管控和经营能力，以及风险的防范能力。不得不承认，与海外跨国企业集团的金融资源管理水平相比，中国跨国企业集团在技术和管理方面还存在较大差距，资金结算、投融资、风险管理等能力还需要不断改进和完善，以提高国际竞争力。此时，随着金融市场体系逐渐成熟，企业信息技术应用不断深化，司库管理作为一种新型资金集中管理模式逐渐成熟和完善（张庆龙，袁琳，2015），它有着丰富的管理内涵，能够显著提高管理效益增加企业价值，同样受到国内企业集团的推崇和仿效。此时，财务公司逐渐承担起集团整体资金计划和管理的职能，开始从服务和管理两个角度履行司库职能，同时职能还在不断延伸。财务公司将自身纳入企业司库管理体系建设的整体规划中，并通过综合手段提升运作效率和管理能力，有助于实现集团资金池的功能。根据中国财务公司协会的调查，截至2017年底，明确建立司库管理制度，或将司库管理工作列入“十三五规划”的财务公司已有82家。“十四五”期间，受新冠疫情及逆全球化的不稳定因素影响，在政府主导下，我国企业面临着稳增长、防风险的主基调，坚决有力防范化解各类风险，控制好资产负债率，加快建设世界一流企业等成为大型企业集团面临的主要任务。此时，推进司库管理体系建设更显迫切性。但是，不同的金融市场背景、监管环境、企业发展需求，孕育出了不同的司库管理目标和模式。我国企业司库管理与国外跨国公司相比较仍存在一定差异。分析其中的差异性，有利于加深对于企业司库管理的全面认知，通过先进司库管理模式的建设经验，有利于学习并吸收国外企业司库管理建设的经验，加快建设符合我国国情、具有中国企业特色的企业司库管理体系。

一、中外司库管理差异的比较分析

（一）司库产生的背景与监管环境的差异

国外司库的产生与发展受企业内部业务发展需求和外部市场环境冲击双重作用。从内部来看，国外跨国集团司库主要是在激烈的市场竞争中为了加快商品流通、促进商品销售而设立，本质上是帮助企业更好实现业务目标的一种手段。这类司库一般依附于制造厂商，主要在销售或消费环节发挥作用。例如，GE Capital Service（通用资本服务公司）最初成立的目的就是帮助电器经销商促销GE生产的冰箱、电炉等电器产品。此外企业集团发展到一定规模也是司库体系建立的重要背景因素。根据新制度经济学的观点，外界环境的变化是新制度产生与发展的重要前提条件。从外部来看，面对整体金融市场环境的变化，司库开始逐渐衍生出更多职能。伴随着全球资本和货币市场的波动，跨国企业集团利用司库体系进行头寸管理、融资管理、金融机构关系管理，以此来减少市场波动带来的损失。20世纪80年代后，资本主义国家和地区金融市场的开放为金融发展带来了契机，司库管理所实现的功能类型开始向外拓展，例如现金流预测、现金持有水平优化、投资管理、并购、年金、保险、市场和报表风险管理等。20世纪末，流程再造的兴起进一步带来了司库管理的流程和组织变革，将分散的司库管理职能集中起来，释放更多的组织资源进行金融资源的管理与配置工作，司库成为独立运营的专业机构，而非隶属于原先的会计部门。从外部监管环境来看，西方发达经济体金融市场较为成熟，金融政策限制相对较少，具备比较完善的司库支撑体系与运作配套。不仅如此，越发达的金融市场具有更加多样的金融工具和更加丰富的金融产品，也就能够催生出前面所谈到的更丰富的司库服务职能。总结来看，层次丰富、结构完善的监管规范与强大的市场功能使得“市场”这只看不见的手能充分发挥调控作用，能够更好地体现出司库的价值。国外企业的司库常常作为内部职能部门或附属机构，其运营过程也相应地被视为是企业的自主商业决策。在这一监管理念下，司库提供的金融服务被看作企业集团的内部管理，即使存在金融风险也属于企业内部经营风险的一部分，理应由企业集团自行承受，并且这些风险可以由企业集团通过内部机制予以规避，不会造成实质性的外部风险，所以相比于银行机构，其受到的监管更少。

对比而言，我国的企业集团司库的建设是政府主导型的发展模式，其产生和发展带有更强的政策性。在高度集中的计划经济时期，我国就采用了完全型的资金管理制度，与西方资本主义国家的个别型资金管理制度存在显著的差异性。即使是改革开放后发展起来的财务公司也是以行政主导的方式建立的。只有在政策指引下的强制性制度变革，才能实现短期内财务公司的大规模批准和设立。由此可见，财务公司的建设发展很大程度上来自政府法令引起的强制性的制度变迁（杜胜利等，2001）。此后，政策导向性、阶段性也成为财务公司发展所呈现出的明显特征。由于我国尚未全面开放金融体系，金融市场还处于发展阶段，真正实现司库管理的集团企业仍占少数。相对而言，更倾向于通过财务公司履行类似司库的职能，作为企业集团司库的运行平台。由于这类机构主体的特殊性，我国财务公司作为非银行金融机构受到的金融监管更加严厉和广泛，需要取得相应的牌照资质才能从事相应的业务，同时银保监会对其进行全面的方向引导和业务管理，并进行监督和稽核，无法充分发挥完整的司库职能。例如，由于受到跨境现金流动的限制，以及货币管制，我国企业建立的司库无法像国外跨国公司一样设置不同币种的资金池，资金的跨境流动仍然受到限制，跨国企业集团需要借助监管部门的特定政策或业务资质实现境内外人民币外币资金池的统筹，难以达到境内外沉淀资金的最优使用目标。当然也应当看到，正是在监管部门的大力支持下，我国跨国企业集团才得以不断探索、创新走向世界。在不断深化改革过程中，国内企业集团财务管理的不确定性不仅来自汇率和利率的市场化改革，还来自资本市场的波动与起伏。目前，司库管理正在政府部门的宣传和推动下，为更多企业集团所认识和接受。应该看到，面对全面深化改革、进一步扩大开放的宏观背景，处于“走出去”过程中的中国企业国际竞争力不断增强，金融市场正在逐渐规范化，更好地支持实体经济的发展，金融监管部门、企业、金融机构等主体正在探索符合我国新发展阶段的资金管理模式。未来，司库管理将成为增强企业价值创造能力、风险抵御能力和核心竞争能力，培育世界一流企业的重要突破口之一。

（二）司库部门组织架构设置与实施平台上的差异

从资金管理部门的设置看，成立司库管理部门是大型企业集团的常见做法。司库管理部门在组织架构上与会计部门属于平行关系。集团通过单设的司库管理部门，或是将司库作为总部职能部门，或是作为独立法人单位、分支机构，集中统一管理集团资金，呈现出垂直管理的特征。例如，通用电气公司利用统一、垂直管理的司库平台，对集团所有的资金业务进行统筹管理，包括收支结算、现金池、投融资业务等，各级的司库都受集团集中管理，与相应业务板块保持独立。

一直以来，我国企业的财务部门更偏向于“会计思维”而非“金融思维”，财务管理实际上以会计核算、预算编制等内容为主，资金和司库管理并没有得到应有的重视。受前面谈到的政府主导的监管政策影响，国内跨国企业集团在设立司库组织架构时往往关注境内、境外两方面的监管因素，具体的机构形式取决于国内外监管与集团自身情况，而无法以统一的形式实现。中央或地方国有跨国公司的资金管理体系，通常由集团总部职能部门和各下属单位资金管理部门组成，但下属单位仍保持对资金管理部门的管理和控制，这种模式被称为"虚拟司库"（廖筱燕，2019）。如中国石油的司库管理架构采用的便是以集团资金部为管理主体、集团资金部与分子公司资金部门共同作为运营主体。在具体的组织架构的设计上，由于在集团层面财务组织架构里没有专门独立设置的司库部门，造成司库的职能在集团呈现的形式就是分散、不统一的。虽然财务公司资金管理相对集中，但受到外部监管政策和二级子公司法人地位的影响，也难以真正发挥整个司库管理的职能。

除了司库组织架构的设计之外，选择一定的实施或操作平台是跨国公司实施司库管理的有效途径。国外跨国公司的司库实施平台多种多样，包括建立法人实体、成立共享服务中心、建立支付工厂等功能中心、国际司库中心等多种形式。司库实施平台的选择，是综合考虑了金融监管政策、运作效率、成本费用、管控能力等诸多因素后的结果。例如，在不允许净额结算的国家或地区，倾向于成立内部银行而非支付工厂或共享服务中心；如果跨国公司拥有大量境外业务，则更适合在某区域金融中心城市设立内部银行或国际司库中心。上述司库管理平台在我国跨国公司中均有应用，但比较而言，我国企业更倾向于成立财务公司实现司库管理功能。事实上，我国企业建立的财务公司融合了现金池、共享服务中心、支付中心、国际司库中心、内部银行等功能，是一个独立的法人机构，它借助专业化的人才队伍，获取相应的金融牌照，凸显出司库管理的职能设计和业务范围特征，能够满足不同条件下企业司库管理的要求，成为集团公司实现司库功能的首选（王岩玲等，2014）。数据显示，中国跨国企业集团按照海外资产排名，前20名中有80%通过财务公司履行司库管理职能（张剑等，2018）。但是，目前的组织架构下，财务公司需要获得集团总部的更多职能授权，才可以实现更加统一、有效的司库管理。

（三）司库管理发展阶段与职能差异

王岩玲等（2014）将国外司库的发展历程分为"司库1.0版""司库2.0版"

和“司库3.0版”三个发展阶段，Petr Polak（2018）进一步提出了“司库4.0”的概念。“司库1.0版”主要通过人工、分散的方式运营，工作方式和内容相对零散、简单、不成体系。随着信息技术的发展，“司库2.0版”建立起了司库管理系统（TMS），通过信息系统实现收支结算等基础功能的集中管理。随着各类新一代数字技术在资金管理中的应用，司库进一步发展到“司库3.0版”阶段。这一阶段，司库管理承担起集团财务转型的重要任务，强调与业务部门、财务共享服务中心通力合作，并且利用数字技术拓展经济与金融的边界，使司库逐渐发展成为一种平台范式，在开放的生态中提供金融支持服务。进入司库4.0阶段，司库管理最重要的将是新的金融法规、信息技术的发展以及全球化的业务运营方法，实现更高程度的自动化和集中化，提供更多自动分析报告，关注内部控制以及整合性的多功能IT解决方案。

对于我国企业而言，司库管理体系建设的起步相对较晚，主要以资金集中管理为起点，逐渐发展成为财务公司，并基于财务公司进行司库化职能的扩展（张庆龙，袁琳，2015）。总体而言，我国大多数进行司库管理的企业目前处于发展初期，正在由司库2.0向司库3.0迈进。未来，功能更加健全的司库3.0和更加智能化的司库4.0是企业建设司库管理体系的主要方向。

国外进入现代司库管理的时间较早，经过长时间的发展后，已经从传统的现金管理逐渐升级，拓展出更加具有战略型、价值性的高级司库职能。目前，司库管理整体职能涵盖现金及流动性、营运资金、投融资、风险管理、金融机构关系管理以及决策支持六大模块。特别是随着信息技术的发展，司库在数字化时代下赋能企业战略决策的职能逐渐突出。传统的司库管理呈现出明显的“金字塔型”职能分部，底层超过八成的部门设置和人力资源投入到基础操作性的工作中，而从事更高价值的资金业务分析、战略决策支持工作的只有不到两成。相比而言，更加先进成熟的司库管理职能呈现出“倒金字塔”的结构，从事事务性工作的占20%，分析型工作的占30%，高达50%的资源都投入到进行资金管理决策和战略分析当中。总体而言，国外司库的管理职能更加全面，价值创造能力更强。

对国内企业而言，企业司库管理的理念尚在普及和推广，企业对司库管理职能的认识比较简单和片面。作为我国集团公司司库最佳平台的财务公司虽然也实现了部分司库的功能，但绝大多数仍集中在传统的资金管理功能，收支、结算、存贷款等，偏重于交易业务服务和流动性管理，对于更强大的金融资源配置以及决策支持功能发挥仍然有限。不仅如此，受金融政策管制、金融配套服务不完备的影响，许多司库管理的基本职能在我国财务公司当中仍得不到很好的发挥，特别是部分实现金融资源价值的功能仍然受到限制。在经济发展、金融环境和国际竞争的多重压力下，监管方、金融机构和企业都应通过制度设计、模式创新等方式，充分挖掘财务公司的平台优势，强化财务公司的司库功能，实现财务公司从“交易家”“管控家”向“金融家”和“战略家”的角色转变和价值升维。

（四）从事司库管理人才储备上的差异

从西方来看，司库是一种职业，从事司库的专业人员应具备履行职责所需要的专业胜任能力。对此，英国企业司库协会认为司库工作的重点在于现金、市场和风险，合格司库管理的从业人员应该具备商务技能、行为技能与技术技能。美国的AFP协会则更加强调了司库从业人员的职业道德。从企业司库的职责范围来看，司库管理更需要复合型人才，其知识储备应包括会计、财务管理、金融、经济学、信息技术等多个领域（张庆龙，于梅，2015）。为保障司库工作有效开展，相关人员应具备足以履行司库职责的专业素质和胜任能力，并应随着司库职责的拓展而不断提升。

国外司库管理经过多年的发展，储备了能够胜任司库管理工作的人才。但是，我国司库管理人才更多的是从会计部门调配，其专业知识和工作经验都偏向于账务处理、报表编制、预算管理，以及一定程度上的控制和分析工作。相对而言，参与资本市场、制定投融资计划、识别并管理风险是一般财务人员的弱项。不仅如此，由于司库在我国企业的运用时间并不长，实践中存在工作责权不明确，业务条理不清晰等问题，司库人员的工作职责跳不出现金管理的范畴，或者仅仅执行简单的流动性风险管理，难以真正发挥企业司库部门为战略目标的实现提供服务与管控的决策支持作用。对比而言，西方的司库管理更注重集团战略决策层面的工作，包括配置金融资源、防范金融风险等，这远远不是传统的会计，甚至财务管理工作所能企及的。同时司库人员需要与企业内外部的利益相关者打交道，这对一个组织的生存和成功至关重要。而这项工作不是后台性的，是多元化的，需要具备相应胜任能力的人才，相比而言我国这类人才十分缺乏。

二、中外司库管理比较后的启示

（一）跨国公司的发展是司库管理体系建设的重要助推因素

从国内外典型企业司库管理的案例总结来看，司库管理产生于跨国公司全球化经营下的资金管理需求，例如通用集团、壳牌公司、IBM、西门子，中国石油、华为集团等跨国公司的司库体系。如果单纯的是在国内业务，财务公司、内部银行或其他金融机构也可以一定程度上满足其业务需求。跨国企业集团开展司库业务，主要源于国内、国外金融市场、政治经济形势、交易币种汇率等因素的不断变化，使跨国企业的全球化发展、客户信用风险与外汇风险的管理难度不断加大，传统的资金集中管理并不能满足复杂的管理要求。此时，跨国公司面对遍布全球的经营业务，产生了在世界范围内进行资源合理配置的需求，而如何实现资金等金融资源的有效配置，成为全球化战略能否实现的关键一招，它对大型企业在全球或国家、地区范围内的金融资源调配能力提出了极高的要求。在实施全球化战略的过程中，全球司库管理体系有助于跨国公司突破地域时空限制，统一调配全球人、财、物、技等资源，提高资金管理和业务经营的一体化程度，实现战略目标。目前来看，国际一流的跨国公司进行全球资金管理，首选的是司库管理模式。中国企业在“走出去”的过程中，面对的是世纪疫情影响深远，逆全球化思潮抬头，单边主义、保护主义明显上升，世界经济复苏乏力，局部冲突和动荡频发，全球性问题加剧的一个世界动荡变革期。因此，为了使我国企业在“走出去”的过程中迈出更加坚实的一步，必须强化金融资源的管控能力，构建起完整的司库管理体系。尤其在当前国务院国资委提出要加快培育具有全球竞争力的世界一流企业，在这样的背景下，司库体系的建设更具有十分重要的现实意义和紧迫性。

（二）监管环境的不断优化是我国司库体系建设的重要制度保障

对比国外宽松的金融监管环境，我国的限制条件较多。典型代表就是具有部分司库职能的财务公司，依托财务公司建设起来的司库体系更会受到来自于外部金融监管部门的监管，金融服务业务范围受限。为此，建议我国的监管部门应该明晰财务公司与其他金融机构的关系定位，协调所有监管制度的关系，赋予财务公司发挥金融职能、履行集团司库管理职能的空间，适度放开财务公司部分业务的门槛和业务资质，允许其开展跨境业务，并可以设立海外分支机构，以有利于全球司库体系的建设。财务公司自身也应该加强主动协同的作用，承担起集团资金管理平台的职能，为自身不断赋能，提高效率与决策能力。

（三）组织架构和人才是未来我国司库体系建设与可持续发展的重要障碍性因素

西方跨国公司的发展历经一个多世纪，其高效的财务组织架构已经逐渐成型，其中司库部门平行于财务部门并直接向首席财务官汇报，作为专门的资金管理部门，其组织架构具有相对的独立性，统一集中管理各类金融资源。其在人才的需求与培养方案上具备复合型，不仅要求掌握金融和财务知识，更强调对业务的了解和数据技术的掌握。而我国国有企业集团的跨国公司发展起步相对较晚，国有企业集团呈现出条块分割、缺乏柔性的特征，加之，由集团主导，内部金融机构只增不减，造成职能重复，随着业务发展，内部竞争和低效的问题凸显，受制于人员机制的设置和调整问题，司库体系的建设难以摆脱重复投入和效率低下的弊端。因此，还需要明确并处理财务公司与司库、现有金融机构的关系，司库与现有财务部门和财务共享服务中心的关系。目前来看，在中央国有企业集团开展司库体系建设过程中，财务部门仍是组织、控制、监督资金运动以及正确处理和协同各种组织关系的核心部门，如何划分财务公司与其他金融机构的职能定位、处理好国内国外的资金管理的统筹问题、建立运行有效的协同考核与发展战略将是司库体系建设中的重要障碍性因素。此外，数字浪潮的冲击下，单一陈旧的人才格局也不能适应司库时代的到来，复合型的人才团队才是司库建设的关键。司库体系的建设也有利于推动财务人员的转型，真正从资金走向资本、资源配置，在更高的战略层面统筹金融资源，实现最佳配置和金融服务。

05 第五章 企业司库管理体系建设的成熟度模型与功能模型

自20世纪50年代现代司库管理体系萌芽以来，司库管理正不断形成更完备的体系，延伸出更多样化的职能，如今正在向更好地实现企业战略、创造价值的方向转型。我国企业引入司库管理模式的时间较短，发展水平参差不齐，有的企业已经建立了集团总部统一计划、统一平衡和统一调度的司库管理体系，而有的企业刚开始引入司库管理理念，经验较缺乏。整体而言，我国企业司库管理存在体系构建不完善、功能发挥不足等问题，原因之一在于没有论述清楚不同发展阶段应“建设一个怎样的司库”，从而给企业在建设司库管理体系的过程中进行能力评价和职能定位带来困难。因此，需要综合国内外实践经验，将司库管理体系建设的成熟度划分为不同发展阶段，为企业不断改进司库管理体系提供一个引导性的框架。对此，笔者认为可以采用能力成熟度模型这类管理工具，帮助企业进行成熟度评价、发掘改进机会。

1987年，美国卡内基梅隆大学软件工程研究所首次提出能力成熟度模型的概念，并形成了首个用于评估软件开发的能力成熟度模型（Capability Maturity Model，简称CMM）。由于源自软件行业，能力成熟度模型最初仅运用于评估软件开发过程，进行可持续的改进和优化。而近年来，成熟度评价的方法被创新性地应用于其他领域的建设和持续改进中，形成了软件工程、项目管理、知识管理、客户关系管理、IT服务管理等多种能力成熟度模型。这类模型通常将评价对象的成熟度按照从低到高划分为四个到五个级别，在每个级别中对不同要素的成熟度进行定性或定量的描述。在达到下一个成熟度级别之前，必须完成较低级别的活动和过程，为向上级转移创造条件。司库管理体系的建设与发展是一项系统性工程，涉及组织、人员、流程、信息技术等多个关键要素，同时也是一个持续优化的过程。如果将处于不同发展阶段和发展程度的司库管理体系按照科学的方法进行划分，就能够得到司库管理体系建设的成熟度模型。

然而，当前针对司库的研究侧重于其定义、功能的介绍，对司库能力成熟度评价的研究较少。现有的研究为了区分司库的不同发展阶段，根据其演变的历程和特征将其划分为“1.0”“2.0”“3.0”“4.0”等模式（Polak et al.，2018），或根据其职能表现将其概括为交易支持型、专业服务型、战略价值型司库（EY，2022）。这类划分总体描绘了不同成熟度司库的发展阶段，但存在一定不足之处：一方面，划分方法较为主观，缺乏科学的理论模型支撑，对不同成熟度下司库的关键要素的分析不够细致，仅描述了功能上的区别；另一方面，较少结合企业发展的生命周期和财务转型的大背景，说明每种成熟度的适用范围。此外，《关于中央企业加快建设世界一流财务管理体系的指导意见》（国资发财评规〔2022〕23号）指出，要“加强司库管理体系顶层设计，科学制定总体规划，完善制度体系和管理架构”。现有的成熟度划分，较少考虑不同阶段司库管理体系顶层设计和构建的情况，对于实际建设实践的指导效果有限。

本章借鉴了当前对司库管理体系成熟度的初步划分，综合国内外实践经验，选择合适的能力成熟度模型作为理论基础，构建起司库管理体系建设的成熟度模型。

一、能力成熟度模型概述和选择

上文提到，能力成熟度模型逐渐从软件开发领域延伸到多种管理领域中。随着企业信息化发展，以及企业数字化转型进程的加快，针对企业IT服务管理（ITSM）的成熟度模型的重要性愈发突出。本节将对IT服务管理的典型成熟度模型进行介绍，并说明选择该模型为理论依据来构建企业司库管理体系成熟度模型与功能模型的原因。

（一）ITSM成熟度模型的基本理念

IT服务管理成熟度模型主要用来评估组织的IT服务管理水平。20世纪80年代，英国中央计算机与电信局（CCTA）首次提出了IT服务管理（IT service management，简称ITSM）的概念，它强调IT应从“以技术为中心”转向“以服务为中心”，变得更加专业化和流程化，对服务结果有明确、合理的评价标准（陈锐等，2008）。ITSM成熟度模型的正确设计和有效应用，可以实现企业对IT服务管理的持续监控，判断所处的成熟度等级，明确其存在的问题和改进方向，实现IT服务管理的持续优化（黎慧玲等，2014）。

在众多模型中，由德勤发布的ITSM成熟度模型吸收了其他模型的优点，将IT服务管理能力分为5个等级，分别是初始运作（Chaotic）、被动管理（Reactive）、稳定运营（Stable）、主动管理（Proactive）和价值驱动（Value Driven）。这5个等级进一步被划分为3大阶段，分别是流程标准化（Process Standardization）、业务调整（Business Alignment）和战略整合（Strategic Integration），如图5-1所示（Cusick，2019）。

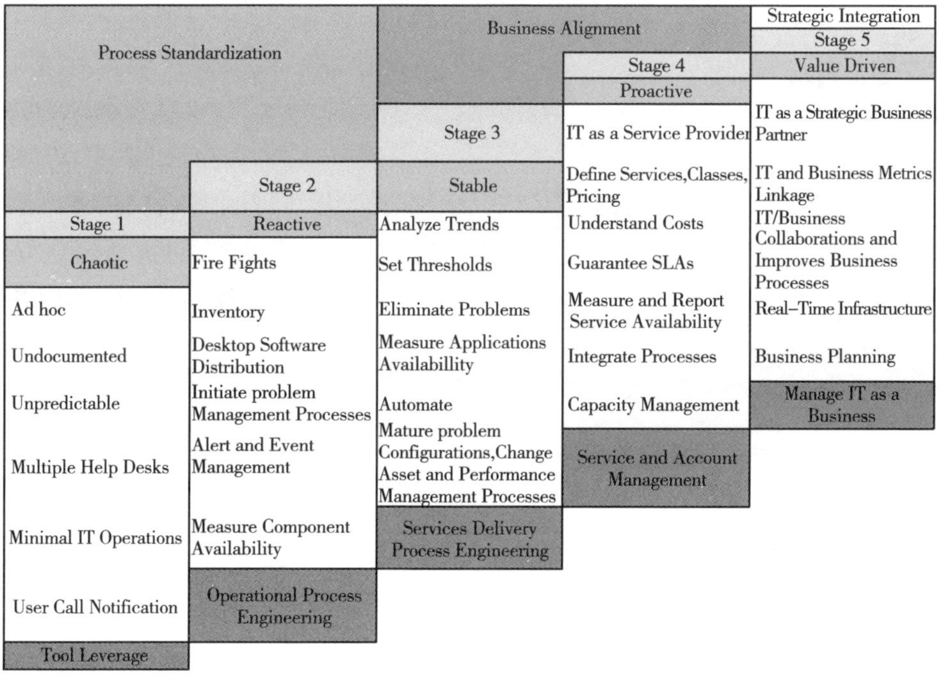

图5-1 ITSM成熟度模型示意图

具体而言，该模型对每个级别的定义和成熟度描述如下：

1.初始运作（Chaotic）

在该等级中，流程或功能往往是临时的，组织无法对将要发生的问题进行预测，或者已经认识到问题存在并且需要解决，但没有相应标准化的程序、流程或功能。在组织内分配的资源很少，所使用的工作方法往往取决于个人能力或在个别项目上应用。

2.被动管理（Reactive）

在该等级中，通常开始遵循某些程序，但因人而异，高度依赖个人的技能、经验、能力和知识，因此很可能出错。组织内能够衡量绩效并至少向内部利益相关者报告，开始使用信息系统和自动化工具来提高效率。但整体而言，改进的重点仍是具体的工作，但较少考虑对于实现组织战略的指向性。

3.稳定运行（Stable）

在该等级中，相关的流程或功能已得到系统的梳理，并且已经实现标准化、制度化，为员工提供指南和培训。尽管大部分工作仍然是被动的，但开始注重主动经营，会通过信息系统对相关指标进行数据监控，当指标低于某阈值时会进行警报。

4.主动服务（Proactive）

在该等级中，IT作为服务提供商，相关活动都以服务为中心，具有与业务战略相一致的目标和指标，将重点更多地放在客户和服务成果上，而不是仅仅考虑技术。有资金可供投资，有资源可用于防止故障或性能下降，资金和资源有合理的时间规划和分配。同时，使用更多的自动化工具来实现高效运营，持续测量和监控业务绩效。

5.价值驱动（Value Driven）

在该阶段，IT流程或功能具有与整体战略相一致的价值创造目标，并且已经经过制度化成为参与流程或职能的每个人日常活动的一部分。系统可以保留绩效数据和利益相关者反馈，并针对趋势和改进潜力进行分析，以确保服务和活动保持相关性和有效性。此外，组织建立了一个自发的持续改进过程，IT以集成方式用于自动化工作流程，提供高效率的智能化工具，使组织快速适应环境的变化。

（二）选择ITSM成熟度模型的原因

之所以选择ITSM成熟度模型作为构建企业司库管理体系成熟度模型与功能模型的理论基础和参考，主要出于以下两点原因：

第一，从ITSM成熟度模型本身的理念来看，它与司库管理体系功能升级的要求不谋而合。司库管理体系作为企业资金管理的升级版，已经从单纯负责交易处理、确保资金安全的后台支撑部门，演化为负责资金价值创造、金融资源部署的战略支持部门。对于IT服务管理而言，其目的是促使IT服务提供商不仅仅专注于部署技术和人员，而是侧重于保证所提供服务的质量，并专注于提高客户满意度。ITSM成熟度模型对于不同成熟度的划分，衡量的正是对于IT帮助企业实现战略目标的能力。换句话说，如果 IT 服务提供商不能为客户和最终用户提供主动的增值服务，那么尽管拥有庞大的基础设施和最新的技术，其服务仍然处于低水平。也正因如此，ITSM成熟度模型将5个等级划分为流程标准化、业务调整和战略整合三大阶段，这体现出业务转型升级的理念。借鉴该理念，对司库管理体系而言，如果司库最终的价值仅仅停留在处理交易业务，没有实现金融资源的有效配置和战略决策支持，即使其拥有较高的司库系统建设水平，也仍处于低成熟度等级。因此。本部分对于企业司库管理体系成熟度的判断，最核心的标准是其为企业战略服务、创造价值的能力，需以此来划分不同的成熟度等级。

第二，从司库管理体系建设本身来看，信息系统是重要的关键要素之一，需要基于ITSM的方法实现管理升级。当前，我国企业集团已经经过较长一段时间的财务信息化建设，在各类建设项目中涵盖了与资金管理相关的信息系统部署。这表明，企业司库管理体系的信息系统建设已经跨越了以硬件设备和应用软件采购为主的基础设施建设阶段，需要开始考虑IT的服务管理能力。而且，当前企业的IT环境日益复杂，尤其是在资金与金融这样信息密集度较高的体系中，传统的IT管理（系统管理、网络管理等）显然已不能满足IT运维管理流程化、自动化及规范化的要求（张亚军等，2013），且不同级别的司库管理信息系统在功能和成本上均有所差别。因此，需要基于ITSM的理念，建立

ITSM成熟度模型，寻求IT与业务最大程度的整合，用IT驱动业务，提高司库管理体系的运维水平。

综上所述，本部分借鉴ITSM成熟度模型，构建企业司库管理体系的成熟度模型与功能模型，具体阶段划分将在下文进行介绍。

二、基于ITSM理论的司库成熟度模型和功能模型

参考ITSM成熟度模型，本部分将企业司库管理体系的成熟度划分为5个等级，分别是初始运作的交易型司库、被动管理的管控型司库、稳定运行的运营型司库、主动服务的金融型司库和价值驱动的战略型司库，整体划分为流程标准化、业务调整和战略整合三大阶段，在发挥的核心功能上呈现出逐渐升维和完善的趋势，如图5-2所示。

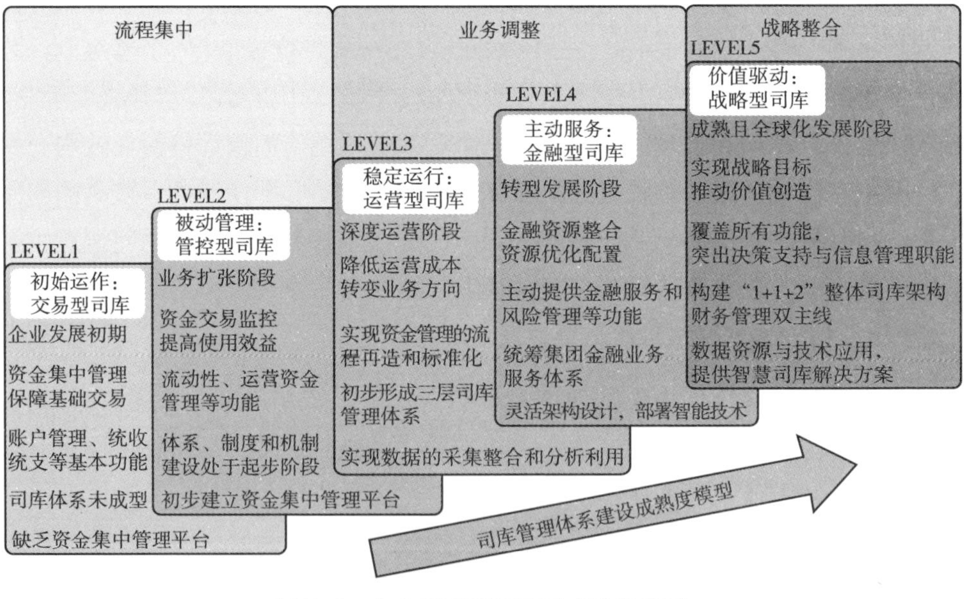

图5-2 企业司库管理体系成熟度模型

根据ITSM模型，本部分界定了不同等级司库管理体系的适用范围、目标与核心功能，并且对其他要素的建设情况加以划分，特别是组织体系、流程制度和信息系统建设情况。企业可以借鉴该模型进行等级评价，以使管理者获悉

本单位司库管理体系所处的能力等级与阶段性评价结果。下面对每个等级的具体内容展开阐述。

（一）初始运作：交易型司库

1.适用范围、目标与核心功能

与企业发展生命周期相对应，交易型司库一般处于企业发展的初期，其目标是实现企业资金集中管理，确保企业留存的资金能够满足企业正常运营，支持基础交易稳步运行。从功能上看，交易型司库核心关注资金结算和交易管理，以满足企业日常资金交易支持为主，覆盖现金管理、账户管理、统收统支等基本功能。具体而言，交易型司库通过备付金或统收统支模式实现资金的归集。备付金模式下，集团给每个分子公司核定一定的备付金额度，超过部分上存集团，分子公司在额度范围内可自由使用备付金，确保支付后备付金在核定额度内；统收统支模式下，实施措施主要包括账户标准化设置、收入按日集中、支出计划管控、资金融通调剂以及融资统筹管控，所有分子公司资金先归集到集团公司，然后集团公司根据整体资金安排确定各分子公司的资金支付。

2.司库管理体系构建

在企业集团发展初期，其财务管理体系及信息系统均处在逐步规划建设阶段，司库管理体系实际上仍是狭义的资金管理概念，资金运营行为不活跃，更多发挥后台支持部门的角色，对分子公司的资金管控力相对较弱。正如ITSM成熟度模型中处于初始级别的服务管理一样，此时的司库管理也同样缺少完善的管理政策制度和管理体系，缺乏标准化、制度化的流程设计，资金管理的水平依赖管理人员自身能力。在该阶段，下一步的目标应是制定司库体系建设方案，修订司库管理制度，构建司库管理机制。

3.信息系统建设情况

在信息系统方面，由于处于初始运作阶段，交易型司库的信息化仅支持企业集团的收支两条线与资金池管理，主要采用手工或银行现金池方式进行资金归集。在手工归集下，分子公司通过柜台转账、网银转账等传统汇款方式，把资金汇入指定归集账户，然后由集团统一调配使用；或者经过较少的系统投入，通过网上银行的现金池功能实现资金的归集与下拨。

整体而言，在该阶段集团尚未构建以统一、集成、高效的资金集中管理平台和风险管理信息平台，资金信息流分散在不同的信息系统中，仍处于手工再加工阶段，影响资金顺畅高效运作与对资金流量、流向、存量的在线监控，最主要的目标是加大信息技术的投入和部署，初步建成能够上线运行的司库信息系统，实现企业银行账户和资金流动的信息动态归集和穿透监测。

（二）被动管理：管控型司库

1.适用范围、目标与核心功能

管控型司库一般处于企业集团业务扩张阶段，此阶段企业规模迅速扩大，分支机构的数量增加、分布范围更广，集团面临更多内外部资金应用需求，亟须提高财务管控能力，并且强化面向中长期的资金计划及资金预算能力。

管控型司库的建设目标是实现资金交易安全监控与资金情况可视化监控，提高资金的整体使用效益，其功能逐渐从现金交易扩展到流动性管理和营运资金管理等方面，通过集团整体资金预算，设立结算中心或财务公司的方式实现资金集中管控。在具体手段上，一方面，由集团总部根据战略指引，结合中长期预算与年度资金预算，编制集团现金流预算，对分公司、子公司支出及投融资活动进行资金管控；另一方面，进一步加强资金集中管理，通过设立结算中心（含内部银行）、财务公司或二者相结合的方式，实现资金归集和集中结算。具体选择何种模式，则取决于企业的资金规模等情况。财务公司与结算中心两种机制的不同源自公司属性与部门属性、金融机构属性与非金融机构属性的不同。当企业集团规模和资金规模变大时，财务公司的金融机构属性可带来业务许可、资金成本、行业地位、企业信誉等方面的帮助，低资金成本和机制运行成本的优势逐渐显现（周骏等，2020）。

2.司库管理体系构建

参考ITSM成熟度模型进行判断，管控型司库的管理体系、制度和机制建设处于起步阶段。一方面，企业开始对资金管理流程进行梳理，但可能并不全面，仍然存在新的业务没有进行制度规定，只能根据管理经验进行处理的情况。当产生重大缺陷时，采取的解决措施具有“临时性”“救火式”特征，即只有在出现了问题之后，才会去被动地解决问题；另一方面，企业尚未对司库管理体系的业务架构进行科学的顶层设计，或者即使设计了科学性也较差，未能厘清财集团总部与各类管理部门或组织在实施司库管理过程中各自的职责与管理重点，缺少独立的纵向垂直管理的司库组织体系，导致在分工方面出现重叠或者真空，相关部门或组织的专业资金运营能力与集团财务部门的指导作用不能有效结合。对于成立了财务公司的集团而言，未能准确定位财务公司在集团整体管理架构中所在的实际层级，与集团管理中枢、相关职能部门、其他金融机构或类金融机构、财务共享服务中心之间如何划分职责界面、实现共同发展仍有待进一步探索。

3.信息系统建设情况

管控型司库基本建立了资金集中管理信息化平台，能够通过信息化手段固化资金业务流程和标准，及时、高效开展资金集中管理相关业务，在线实现资金预算的编制、资金结算、资金调度、模拟计息、实时监控、风险管控、资金效益与效率分析等。具体而言，司库管理体系在集团内部实现资金集中管理平台与其他信息系统的初步集成，包括核算、预算管理等财务管理信息模块，以及计划、合同、物资管理等其他业务信息系统，推进资金与业务、产业链有效协同；对外与银行等金融机构的相关信息系统对接，通过第三方资金管理软件结合银行的银企直连功能进行资金归集，实现多家银行在同一个平台上操作，自动实现银行账户核对与资金收付信息核对。

但是相对而言，受数据标准的统一程度、信息系统的集成程度，以及新兴数字技术运用程度不足等问题，管控型司库仅可以进行较为粗放的资金计划、资金预算管理，产出基于交易流水的基础资金报表，但无法支持深层次、多维度的经营分析；风险管理方面，也只是通过设置风险指标等方式进行被动式监控，实现基本的提示和报错功能，难以做到前瞻性的分析和预测。

（三）稳定运行：运营型司库

1.适用范围、目标与核心功能

运营型司库是司库管理体系从资金交易转向价值创造、从被动管理转向主动和前瞻服务的重要过渡阶段，主要适用于进入深度运营期的企业。此时企业为了降低管理成本、进一步提高资金使用效益、提高集团整体资源的整合价值、克服“大企业病”现象，开始通过流程再造、调整集团和财务组织架构的方式实现管理优化，司库管理体系也不例外。

运营型司库的核心目标是通过流程再造和制度体系的完善，降低司库管理体系的运营成本，转变资源投入方向，将用于经营操作的资源逐渐转向实现企业财务资源的保值增值，服务于企业经营发展战略。一方面，通过业务流程再造等手段，协同业务部门、财务部门、IT部门实现资金数据、流程、系统的端到端打通，加速企业资金流、信息流的流通速度。借助流程再造和标准化大大提升企业财务流程效率，得以解放出更多司库管理人员从事更高附加值的工作，从而促进司库管理职能的转型；另一方面，在流程标准化的基础上搭建完整的司库管理体系框架，明确企业司库体系愿景目标，构建司库体系框架运营模式和管控模式，并匹配相应的政策制度、流程规范以保证落地。

2.司库管理体系构建

在ITSM成熟度模型的稳定运行等级中，组织已经定义了IT服务管理标准化的条例和基本的制度，并根据组织目标明确组织架构、流程角色和职责。运营型司库阶段，企业已初步形成以集团总部为资金管控中心、以财务公司或类似资金管理机构为资金运作平台、分子公司为资金运营责任主体的三层司库管理体系。其中，集团总部承担管控、监督的职责，负责构建完善的司库管理体系，制订权责清晰的管理制度与业务流程，建立规范、畅通的资金运作机制；各类资金运作平台开展资金结算、融通等业务，扮演企业集团“结算中心、资金池中心、票据池中心”的角色；分子公司承担本单位资金安全管理和规范运作的职责，负责执行资金管理制度与业务流程，监控本单位的资金流量、流向与存量，确保资金安全（唐忠良，2013）。但与此同时，集团对司库管理体系的控制机制仍有需要完善之处，特别是汇报机制和考评机制。集团对资金运作平台实施间接的管理和监督，管理特点仍是间接的、事后的、被动的占比更大，考评体系尚未建立，没有与薪酬挂钩。

3.信息系统建设情况

从应用功能上看，一方面，运营型司库基于统一的资金集中管理信息化平台，将分子公司及所属单位全部银行账户与资金结算、资金调度、票据池、投融资等业务纳入监控范围，实现在线监控资金流向、流量与存量，自动实施资金、账务、营销、金融机构账户数据的相互稽核，并且满足ITSM成熟度模型稳定运行级“持续的数据采集，有报警和阈值监控”的要求，对资金异常信息进行分析并及时采取有效措施，实现对资金风险进行事前、事中、事后的全过程管控；另一方面，受职能发挥的局限性，有价证券、应收账款、担保及债券等金融资产，以及投资、汇利率风险管理以及影响融资及企业信用的银企关系、信用评级等管理较为分散，大多未纳入司库体系统一管理范畴。同时，根据ITSM成熟度模型的要求，该等级下信息系统应能够“保存并使用整合的数据进行计划、预测和趋势分析”。因此，运营型司库开始基于平台中沉淀的大量司库管理数据，探索为企业集团提供客观的经营成果分析，进而为企业集团，甚至产业或行业领域提供趋势分析、精准预测。

从系统集成上看，运营型司库的信息系统建设仍滞后于业务运营系统，与业务系统集成度不足。各子模块功能在不同管理阶段基于不同层面的管理诉求分别建立，集成度不高。而且由于涉及更多的集成方、差异化的标准与安全性的要求等，与外部金融机构、第三方的工具与资讯信息的集成难度较大。

（四）主动服务：金融型司库

1.适用范围、目标与核心功能

金融型司库一般适合处于转型发展期的企业集团。转型发展期的企业集团经过管理升级和战略调整，开始在规范运营的基础上，灵活调动内外部资源，以寻求新的业务发展增长点。此时，金融服务改革、产业结构升级等外部因素，以及企业全球化发展、业务出海等内部因素结合，也促使企业司库管理改变重点，转向实现金融资源统筹管理、加强内部控制和风险管理建设上来，以支撑业务运营和集团战略。另外，金融型司库也只有企业集团具备一定的资金体量规模，其金融职能才能发挥出规模效益，甚至成为利润中心。

金融型司库的目标是实现企业金融资源的整合和最优配置，帮助企业提升金融资源的统筹调配能力，及时合理地对资源进行整合，在优化资金成本的同时，实现最优配置和一体化协同运营。参考ITSM成熟度模型主动服务等级的特征，金融型司库相对于低成熟度等级的司库，其功能特点体现在以下三个方面：

（1）司库管理的职能进一步扩展，以提供金融服务为中心，出现更多投融资模式和途径。企业资金管理逐渐拓展到投融资管理、外汇管理、供应链金融、金融机构关系管理等多方面，在关注资金短期流动性健康程度的同时，注重资金预测、投资效益、融资成本、资本运营质量和资金风险管理等；

（2）从被动的管控转向了更具主动性和前瞻性的金融服务。在金融型司库中，企业可结合业务经营情况、收支计划、融资预算等搭建资金动态预测模型，并根据实际情况不断矫正，对短、中、长期的资金使用需求和头寸情况进行准确预测，实现前瞻性管理；

（3）司库管理体系加入了风险控制框架，包括财务公司层面的内部控制和风险管理机制，以及企业集团对财务公司采取何种管理控制模式来对其风险进行管理和控制（袁琳等，2015）。并且配备专职的岗位或团队进行管理，有系统的规章制度与量化考核体系，工作开展和业务运行都能够通过合理的评价体系给出相应的量化结果。

2.司库管理体系构建

为了提高对金融资源的整合和配置能力，金融型司库事实上合并了原有的财资管理职能以及集团其他金融板块的管理，并实现基本现金管理职能与高级司库管理职能的划分。当然，这一全面司库管理体系的建立不可能一蹴而就，需要处理好发挥金融职能的财务公司与集团内金融机构与类金融机构的关系，为建设金融型司库奠定基础。

从战略定位上看，金融型司库中财务公司与集团内其他金融机构在战略上是协同关系，采取高度统筹的管理模式。两者通常置于集团统一规划之下，具有清晰的顶层统筹设计和战略分工，可发挥各自专业化服务能力，关系较为顺畅。具体而言，可分为以下两种情况：

一是集团为金融产业的统筹管理主体，依据其各自优势业务资质将两者设立为并列职能，且对各金融机构职能划分清楚，将其定位于服务产业，企业集团内金融机构之间能够实现有效协同。

二是集团将财务公司作为金融服务产业的核心，高度聚焦产业服务，以此构成以财务公司为主体发展或孵化金融业务的模式。此外，根据集团战略定位的不同，财务公司与集团内其他金融机构还会呈现相互协同、股权管控和委托管控等多种关系。

3.信息系统建设情况

根据ITSM成熟度模型，在主动服务等级中，强调“IT作为服务提供商”，对于信息技术的部署更多地考虑如何为客户提供更好的服务、提高自身服务能力上。应用到司库成熟度评价中，司库管理系统无论是架构设计还是应用功能上，都更加突出服务的特征，具体而言：

从架构设计上看，金融型司库建立具有高度弹性的系统框架，可以应对复杂、业务成熟度参差不齐、需求不断变化迭代的需求场景。强调“微服务”“松耦合”，使得不同功能模块既可以单独落地也可以协同工作，新的功能扩展也可以在较小代价下无缝对接到已有功能模块，从而满足企业快速试错、快速迭代的发展需求（Deloitte，2021）。

从应用功能上看，金融型司库开始尝试根据金融资源配置的目的，部署相应智能技术，例如搭建多场景资金预测模型，实现具备前瞻性、科学性的资金动态预测，辅助管理层排布行动计划；或者基于风险敞口预警模型，对各种风险的计量和定量分析、定量测试，对超过风险预警上限的重大风险指标实时生成并报警。

（五）价值驱动：战略型司库

1.适用范围、目标与核心功能

战略型司库是企业司库管理体系成熟度的最高级，对应业务和管理成熟度较高、信息化程度较高，以及具备全球化资源配置能力的大型集团公司。根据ITSM成熟度模型，战略型司库实现了价值驱动，作为集团的战略业务合作伙伴，将司库管理体系建设和战略发展目标有机结合，其最终目标是推动集团战略目标的实现和价值管理。

战略型司库基本覆盖上述所有司库管理职能，而且特别突出战略决策支持与信息管理职能，实现司库对业务决策支持能力的进一步强化。战略型司库可以从资金流动性、债务融资、资金风险、金融市场投融资管理等大类出发，梳理各相关数据指标，并据此整合司库相关各类业务系统数据，通过指标全面反映司库运行情况的同时，有力支持企业业务分析和决策。同时，战略型司库可能出现一定程度的外包，使司库管理体系专注于战略方面的工作，而将运营问题完全交给服务提供商。

2.司库管理体系构建

战略型司库作为最高成熟度等级的司库管理体系，应明确司库管理的职责界面划分，按照“统一部署、集中管理、垂直管理”的理念，结合司库管理总体目标，采用“一套体系、一个中心、两个平台”（“1+1+2”）架构进行布局，即在集团司库委员会的集中领导下，建立全球统一的司库管理体系，设立司库运营管理中心，搭建境内境外两大资金管理平台，采用自上而下的垂直管理模式。

在职能结构上，战略型司库管理体系与集团财务管理部门形成各司其职又相互联系的双主线财务管理局面，企业司库管理体系与财务部门是一种平行关系，二者的侧重点不同。司库管理体系侧重于从优化传统资金管理效率着手，在此基础上融入企业对金融资源的管控能力，实现资金主线转型的价值最大化；财务部门则从信息决策的角度发挥决策信息支持和信息反映职责。虽然司库平台与财务部门各司其职，但二者又存在协同关系，司库管理体系需要利用好财务共享服务中心解决从事操作层面活动人员的释放问题，然后再利用管理会计的预算管理、资产负债表、财务分析、绩效评价等工具来正确发挥、优化司库管理的决策功能，增强司库在战略层面的价值。

在治理结构上，要形成集团司库委员会和司库运营管理中心——境内外资金管理平台——集团各产业集群（所属各级公司）“三位一体”的司库管理组织。集团司库管理委员会要负责制定司库管理战略和政策，统筹协调司库管理工作并开展监督考核；境内外资金管理平台要发挥资金归集、资金结算、资金监控和金融服务等作用；产业集群负责资金等金融资源的具体运用，分别对应总部统筹、平台实施、基层执行三个层次，如图5-3所示：

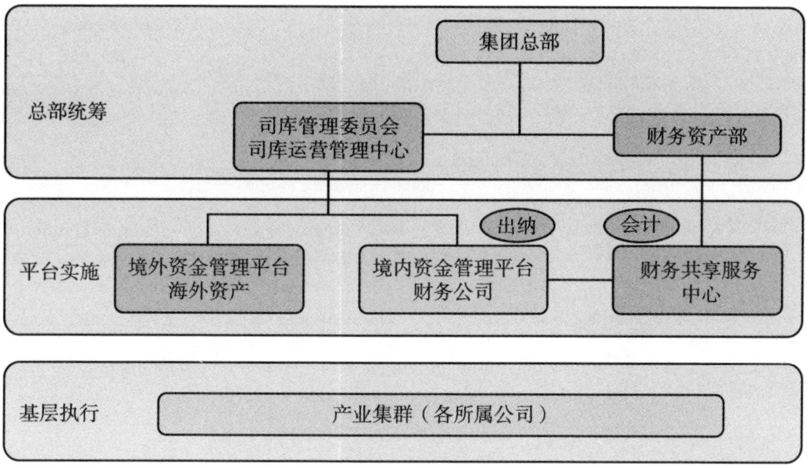

图5-3 战略型司库管理体系架构

3.信息系统建设情况

根据IT服务管理的理念，企业的IT建设应从“以技术为中心”转向“以服务为中心”，从“功能导向”转向“价值导向”。对战略型司库的信息系统建设而言，在新兴技术和内外部数据的赋能下，从主流资金管理信息系统转向了智慧司库解决方案，提升信息系统在支持管理决策和提升风险管控上发挥的价值，降低规范业务流程所占用的系统资源，如图5-4所示：

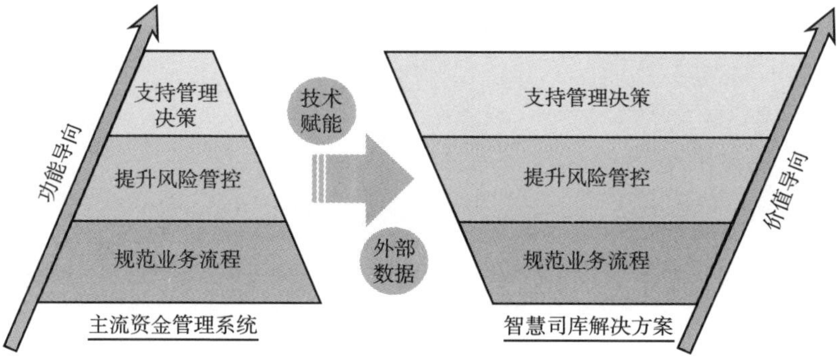

图5-4 战略型司库信息系统建设理念（Deloitte，2021）

基于该理念，战略型司库信息系统应具有高度一体化和集约化的特点，以实现管控一体化、流程系统化、功能全面化、风险可视化和分析实时化目标。

首先，企业应充分利用司库信息系统与其他信息系统互联互通形成的数据资源，建立集团统一的数据仓库和数据集市。在此基础上，应借助大数据、AI、机器学习等智能化信息技术深度挖掘司库管理数据价值，追寻业务数据与司库数据潜在关系，构建数据驱动的风险监控模型、投研分析决策模型、经营分析模型，并通过持续的执行结果输入、影响因子导入等，进行预测模型的调整与优化，进一步增强经营活动分析精度、财务风险管控力度，实现司库管理体系对企业经营战略的决策支持。

06 第六章 企业司库管理体系建立的内外部驱动因素分析

司库有助于集团实现资金集中管控、提高集团金融资源使用效率。未来，在国家政策的推动下，大型企业集团建设司库管理体系的意义将进一步凸显。尤其对于国有大型中央企业而言，重构自身金融资源管理体系的需要更加迫切，从而加强资金的集约、高效、安全管理。司库管理体系建设的驱动因素是司库管理的重要理论问题之一，它不仅可以解释现实中司库管理体系建设的原因，更有助于管理者提高战略定位，明确司库建设的目标和方向。当前有关企业司库管理体系建设的驱动因素研究集中于企业内部需求和外部环境影响两个角度。从内部来看，企业市场扩张中的资金管理需求推动了司库管理体系的建设，包括资金调度、财务风险管理、资金管理效率和经济效益、决策支持需要等（徐莹，2012；黄良贤等，2020）；从外部环境看，响应政府监管部门要求、新兴技术的运用、金融衍生品市场的成熟也推动企业改变和丰富资金管理的手段，并实现司库的数字化和智能化转型（张瑞君等，2015；刘粮等，2019）。当前，不确定性成为全球经济发展的显著特征，金融环境更加复杂，要求企业实现资金的精细化管理。在新的发展阶段，建设司库管理体系并非简单被动地响应政策号召，相反，应该厘清其背后蕴含的深层次动因，以便更好地明确司库管理体系建设的重点和未来发展方向。

从组织变革的视角看，早期司库的建立本质上是企业为了满足内部管理效率提升的要求而进行组织结构变革的结果。现代组织发展的早期，M型组织架构下形成专门的司库管理部门，使企业对资金活动进行集中统一的管理。随着外部环境的改变，组织变革开始从架构、流程等运营层，深入到组织身份核心层，组织只有通过身份的变革才能在复杂的环境中明确自身的定位。同时，司库管理的对象也从单纯的资金扩大到包括资金、实体等在内的金融资源，需要组织在明确资源基础特征的前提下提升资源管理能力。因此，本部分将以组织身份变革和企业资源基础理论作为理论分析的切入点，帮助读者厘清企业司库管理体系建设的内外部驱动因素，帮助企业明确司库管理体系建设的本质要求。

一、企业司库管理体系建设驱动因素的理论基础分析

（一）企业资金管理组织身份变革理论

司库管理体系建设是企业为应对外部环境冲击，变革资金管理组织身份的需要。组织身份（Organizational Identity）是组织成员对于“作为组织，我们是谁”“我们为什么存在”“我们与其他组织的根本区别是什么”等问题的集体认知和信念（Albert et al.，1985；Clark et al.，2010；刘云，2014）。早期理论认为，核心性、独特性和持久性是组织身份的三大特征，组织身份能够反映组织的本质属性，使组织与其他实体区别开来，且不需要或不能随时间和情景的变化而改变。随着研究的深入，学者们发现组织身份应具有动态性特征，它会随着外部环境、组织内部的变化（如组织架构调整等）而发生改变（Gioia et al.，2000；Hatch et al.，2002）。并且，组织也会主动对其身份进行有计划的变革，以此来应对复杂多变的竞争环境（He & Baruch，2010），由此产生了对于组织身份变革的研究。

学术界普遍认为，变革是组织面对经营环境的变化所做出的应对方式，而实现组织变革的重要前提是组织身份的变革（Tripsas，2009；Kjaergaard，2009；Irwin et al.，2018）。尤其是在颠覆性环境下，各类组织面临的外部环境已发生了根本性改变，组织不得不通过“身份变革”来应对颠覆性环境带来的挑战，越来越多的学者开始重视运用组织身份及组织身份变革理论，来解释组织的生存与发展问题（Cayla et al.，2012）。

对于企业的资金管理组织而言，当外部环境动态性、不确定性特征进一步凸显，传统的组织身份已经无法满足发展的要求，必须进行组织身份变革。目前，许多企业的资金管理组织仅仅专注于职能单一的资金交易处理，实现账户统一管理、资金集中结算的功能，而面对金融市场波动、企业流动性紧缺、融资难、融资贵等问题仍有较大的功能缺口，更无法通过投资管理、决策支持等职能为企业创造价值。根据Reger（1994）的研究，组织当前感知的身份与理想身份之间的认知距离会形成组织身份的缺口，身份缺口则会引起组织身份变革。当外部环境不确定性增强，且企业经过资金集中管理具备一定司库建设基础，为企业带来了最大的克服认知惯性、进行组织变革的动机。此外，Voss（2006）也指出，旨在提升组织财务绩效的一些行为也会引起组织身份的变革。当前财务转型的主流，是从被动向主动创造价值与战略服务支持转型，更加突出落实集团战略、创造企业价值的能力。因此，企业司库建立是资金管理组织身份变革的体现，以应对外部环境的变化对资金管理带来的新要求。

组织身份在本质上既是一种心理认知活动，即组织成员对“我们是谁”的主观理解，也是一种制度性声明，决定了组织战略层面的目标和运营层面组织架构、流程的设计（杨勃等，2020）。企业建立司库管理体系，无论从财务人员的主观理解上，还是客观的职责设计与运行上，都需要突破传统的财务管理或资金管理范畴，否则难以带来效果。以财务共享服务的建设为例，部分企业建设共享只是形式上的转型，但在财务人员认知、工作重点上仍然没有摆脱原先的组织身份，最终变成了企业的“会计加工厂”，难以发挥财务转型的作用。对司库管理体系建设而言，外部经济、政治、技术等环境的变化是推动自身组织身份变革的契机，使资金管理组织在人员身份、组织架构、业务流程上都向现代企业司库的资金管理模式靠拢，从而帮助企业应对颠覆性环境、保持竞争优势。

（二）司库管理体系与资源基础理论

资源对组织发展至关重要，属于战略管理研究的范畴。独特的资源可以减少组织对外部环境的依赖，形成自身持续的竞争优势（张琳等，2021）。Penrose（1959）指出，可以按照资源的差异分析企业成长，将企业有效性界定为能够成功获取关键资源、整合不同资源以及管理资源的能力。Wernerfelt等（1984）将资源定义成为特定组织带来优势或者劣势的各种有形和无形资产，相同行业内、不同企业间的资源差异成为解释竞争优势来源的关键。随后，Barney（1991）将资源定义为组织掌控的有利于其构思战略、实施战略从而提升效率和效力的各种要素集合，资源只有符合价值性（Valuable）、稀缺性（Rare）、因产生条件独特和社会复杂性而难以模仿（Imperfectly Imitable）以及不可替代性（Non-Substitutable）四种特征，才可以作为竞争优势的基础，构成了“VRIN框架”。

从资源基础理论的视角看，企业竞争优势的来源之一就是金融资源，金融资源的配置可以带动其他各类资源的合理配置。对于微观企业主体而言，金融资源包括以下三种：（1）基础性核心金融资源，包括各类金融资产和金融负债，其中最典型的是货币资金、应收账款以及借款、应付账款等，也可以称为财务性金融资源（王增业，2014）；（2）实体性中间金融资源，主要是各类金融机构，以及由这类主体而形成的金融工具和金融制度等；（3）整体功能性高层金融资源，即前两种金融资源协调配合运作而产生的经济金融功能（白钦先，1998，2006）。

作为资源基础，金融资源本身符合“VRIN框架”。从价值性来看，资本或货币资金反映了集团的价值累积，通过投入、借贷等形式可以促进企业的扩张，提升企业价值；从稀缺性上看，国家对集团的融资活动、成立金融机构有严格的法律约束和制度规定，不能任意、过度利用金融资源；从难以模仿性上看，如银行关系、客户和供应商的信用关系是企业通过长期经营获得的，具有社会复杂性，竞争对手不可能完全模仿；从不可替代性上看，能够对人力资源、物化资源等企业内其他资源产生激发、引导、调节、推动、扩展和配置作用，别的资源不可能拥有和具备（曹洪香，2011）。

但是，仅仅判断金融资源是否满足资源基础的要求是不够的，近十年来，资源基础理论的研究问题由“资源或能力是否会影响组织获得竞争优势、如何影响组织获得竞争优势”，转变为“组织应该如何有效地管理资源、编排资源才能获得竞争优势”。根据上述分析，金融资源作为企业有价值、稀有、难以模仿、不可替代的资源，需要特定的组织安排和机制设计，对人员、组织、流程和信息化建设进行有效的管理和编排，才能更好地发挥其作用。

因此，司库承担起了配置企业金融资源的核心任务。在资源基础视角下，财务管理的对象已经突破了“资金”的范畴，逐渐扩大为对“金融资源”的管理（张瑞君等，2015）。司库管理要摆脱传统的资金管理职能，构建起对企业资金等金融资源进行实时监控和统筹调度的先进管理体系，以保持企业的竞争优势的不断形成和金融专有优势资源的不断使用。

（三）组织身份变革与资源基础理论整合分析框架

本部分将组织身份变革与资源基础理论相结合，构建整合分析框架（见图6-1），探究传统资金管理职能升级和企业司库管理体系的建设驱动因素问题。当前对于财务转型的理解，应该深入到实现组织身份变革、明确组织的资源基础的层面。在该视角下，建立司库管理体系核心动因是在外部经济、技术、社会等环境的影响下，变革资金管理组织的身份，使一般的资金管理组织进化成为企业司库。转型后的司库与原先的资金管理组织最大的区别在于开始站在集团整体角度考虑如何通过配置金融资源，发挥金融资源的价值性、稀缺性、难以模仿性和难以复制性，提升组织持续竞争优势、减少组织对外部环境的依赖。资金不再仅仅作为企业经营的辅助要素，而是作为运营管理的对象，以价值最大化和专业化管理为目标，真正发挥资金的“金融”职能；同时，跳出资金管理本身，将信用管理、银行关系等影响资金成本与收益的因素纳入管理范畴，扩大金融资源的管理范围（王增业，2014）。

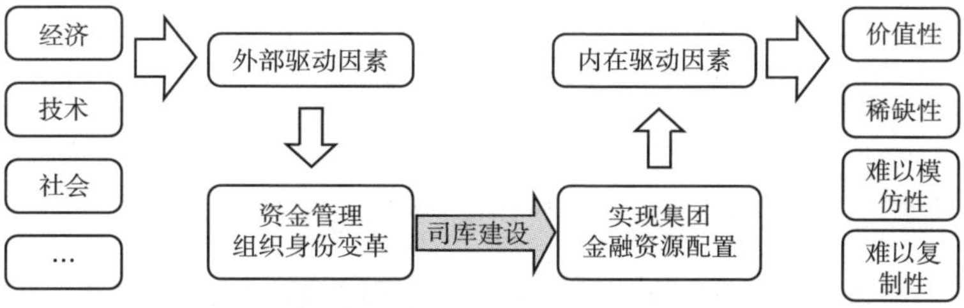

图6-1 组织身份变革与资源基础理论整合分析框架

回顾国外跨国公司司库管理模式的产生与演进，可以发现司库的组织身份和管理重点发生了多次转变，逐渐演化出当前的司库管理模式。在发展初期，集团一般在财务部门设置资金管理职能，还没有形成专门的资金管理组织，管理内容也较为简单。随后，集团设立与会计部门平行的资金管理部，进行简单现金核算。自20世纪70年代起，金融市场监管放宽、金融工具的创新、流程再造的兴起，司库逐渐改变自身的组织身份，开始从收支结算、流动性管理逐渐扩展为配置和决策企业金融资源。

因此，在组织身份变革和资源基础理论相结合的分析框架下，企业建立司库，本质上是在外部环境冲击的影响下，调整自身的组织身份，并在战略规划下统筹管理所有金融资源。下文将基于上述分析框架，分别具体阐述企业司库管理体系建立的外部和内部驱动因素。

二、外部驱动因素：变革组织身份以适应颠覆性环境

（一）应对全球市场变化，支持企业“走出去”

全球化背景下，中国企业需要建立司库管理体系，帮助自身更好地落实“走出去”战略，实现全球金融资源的动态管控。在改革开放的大背景下，我国企业开始跨出国门进行全球化经营，并在此后的四十多年中不断深入，以适应经济全球化的新形势，满足国民经济发展的需要。Jie Fu（2017）指出，“走出去”的战略决策本质上是一套中国企业在国外寻求或部署企业资源的复杂战略选择。在这一过程中，国际化的企业需要以全球化的视角思考经营环境的变化、资金筹措方式、生产布局、营销方案等，需要建立一套内部机制，通过这套机制使企业具备统一且强有力的战略指挥中枢，以协调配置全球资源。司库是作为该战略指挥中枢的重要载体之一，境外业务规模大的企业需要基于司库开展境外企业银行账户的开立、注销的统一管理，通过境外银企直联等方式，实现对银行账户的全球动态监控（王岩玲等，2014）。企业为了更好地进行跨国经营，需要司库承担起合理调配全球金融资源的“新身份”。

当前，全球经济环境不确定性增强，金融环境复杂，需要基于司库建立有效防范和规避金融风险的策略。中美贸易摩擦长期存在、全球新冠疫情的暴发等宏观因素使经济全球化发展雪上加霜，全球市场竞争加剧。国内方面，随着金融市场改革的深入，利率和汇率的市场化同样给集团财务管理带来了不稳定、不确定性因素，企业需要同时把控产品市场、利率市场、外汇市场、货币市场带来的诸多风险。在此背景下，如何利用司库管理体系实现金融风险的防范和规避，成为“走出去”战略需要解决的重点问题。企业需要基于司库，形成金融产品、金融工具、金融创新三位一体的风险管理体系，帮助企业更好地

应对全球市场变化，更好地支持中国企业“走出去”。

（二）加强债务风险防控，防范化解重大风险

风险并非孤立存在的，全球市场波动和金融冲击风险会随着经济社会各部门间的联系进行传递，较大的外部风险加强了风险外溢和跨境传递效应，使得微观企业主体的资产负债率较高，企业部门面临明显的债务风险（李伟等，2018）。国际清算银行的数据显示，中国非金融企业杠杆率在其他主要经济体中处于较高水平，特别是在2018年达到151.60%，远高于同期美国、日本、韩国、欧元区等国家或地区的同类企业。此外，传统企业在转型过程中暂时未形成新的竞争优势，容易影响企业投资效率和偿债能力，而企业维持经营的方式往往倾向于借新还旧、累计债务等，进一步造成收益降低、杠杆增加。

我国企业部门杠杆率的整体情况导致宏观杠杆率提升，增加了经济运行的风险。对此，党的十九大报告中将“防范化解重大风险”作为三大攻坚战之一，在企业层面应将制度建设作为基础，以此将资产负债率维持在合理水平，严控企业的高风险活动，如债券发行、非主业投资等。为了强化企业资金管理和债务风险防控，国资委大力推动中央企业司库管理体系的建设，以此来全面提升企业抗风险能力。企业需要基于司库管理体系，根据科学的负债率和债券融资管控要求，对年度融资总额和银行授信业务进行统一管理，有效控制带息负债规模，防止短贷长投。总之，为了贯彻党中央的决策部署，守住企业不发生重大风险的底线，需要充分发挥司库在投融资、风险管理、金融机构关系管理等方面的职能。

（三）顺应金融科技趋势，推动财务数字转型

面对资金管理技术的变革，企业需要基于司库管理体系建设的信息系统，积极部署、整合人民银行等监督机构的资金管理技术，探索数字技术在企业金融领域的应用，实现财务管理的数字化转型。当前，几乎所有发达国家的资金管理技术都已引入中国，并得到各类监管机构的使用。例如中国人民银行主导建设的支付清算系统极大地促进了企业的资金集中管理。除此之外，TCP/IP协议、SWIFT等文件传输体系、网上银行的发展以及“互联网+”在资金管理领域的应用等，使企业的资金管理组织突破传统的职能定位，始终将资金管理

与技术变革应用相联系，从单纯的资金集中管理逐渐走向以技术应用和系统建设为重心的司库职能。

当前，以大数据、人工智能、云计算、5G等为代表的新兴数字技术成为企业数字化转型的催化剂。企业借助数字技术可以更高效地整合资源，例如人工智能就为实现资产配置、征信、保险、大数据风控等金融行业全新的变革创造了客观条件和现实基础（薛莹，2020）。数字技术的更新迭代及其在金融领域的应用，极大地改变了金融资源的配置模式。资金从实物性的资源逐渐变成了数字化的信息，资金等金融资源的流动本质上也只是网络和信息系统中的数据传输，这不仅使得结算和交易的效率大大提升，更推动着金融资源配置方式和手段的转型。对此，企业需要主动把握新一轮信息技术革命和数字经济快速发展的战略机遇，准确把握司库新的组织身份：一方面，丰富司库管理体系的职能，将流动性、投融资、风险、银行关系管理等职能进行整合；另一方面，加快数字科技赋能，推动司库管理体系的数字化和智能化建设，将司库的建设和数字化升级纳入财务数字化转型的整体战略当中，实现数据标准的统一，打造最完备的财资“数据底座”，最终使其成为促进财务管理数字化转型升级的切入点和突破口。

（四）实现金融服务创新，助力集团产融结合

金融归根结底是要为实体经济服务的。随着金融市场体系更加完备和成熟，需要企业基于司库扩展资金管理高级职能，统筹集团金融产业，强化集团金融资源的配置和风险管控，助力集团实现产融结合。当前，我国对于金融监管政策的整体基调以严为主，但同时为了实现加强监管与支持创新之间的平衡，国家对于能够支持实体经济、防范金融风险、保护消费者合法权益的金融创新仍然持积极态度，并且出台了相关政策予以规范和引导，例如支持供应链金融服务模式的创新、推动银行定向增加贷款并降低利率水平，通过再贷款、再贴现等方式加强对普惠金融的支持力度等；“十四五”规划纲要指出，要增加对制造业企业的中长期贷款以及科技型企业的直接融资、扩大信用贷款、技改贷款的规模，以支持特定行业或企业类型的发展。

在金融为实体经济服务的认知下，集团公司根据自身多样化的金融服务需求，同时为了促进企业集团整体资源的充分利用，实行了“产融结合”战

略，通过设立财务公司和参股证券、保险、基金公司的形式，以推动集团产业和金融板块之间资本的转化与融合。在产融结合的战略下，企业司库管理体系的建设核心就是拓展金融管理职能。集团公司应将司库组织身份定位于金融资源的联通渠道，使其成为资金融通和与外部金融机构合作的唯一通道，合并原有的财资管理职能以及其他金融板块的管理，使资金管理组织具备高级司库的所有职能。集团作为金融产业的统筹管理主体，应基于司库管理平台，依据优势业务资质将各金融机构职能划分清楚，将其定位于服务产业，最终使企业集团内金融机构之间实现有效协同，使金融资本成为产业发展的坚实后盾。

三、内部驱动因素：管理金融资源形成持续竞争优势

在外部环境的影响下，司库新的组织身份，是作为企业全部金融资源的集中调配平台。该平台将突破金融资源原有的分工界限和配置模式，使其价值性、稀缺性、难以模仿性和难以替代性特征得到更好的体现，培育出企业的核心竞争能力。

（一）减少非增值价值链环节，提升价值创造能力

金融资源的价值性（Valuable）需要利用司库管理体系执行更多能够创造价值的资金管理活动来体现，可以从资金管理活动价值链和资源基础理论中的知识资源两个角度进行分析。

从价值链的角度分析，面对当前资金管理职责局限于结算、流动性管理等非增值事务性环节的问题，应推动企业建立司库管理体系，视资金为价值创造的运营要素，消除或改进非增值活动，提高投融资、分析管理等创造价值工作的比重。《2020—2021 中国司库报告》（2021）调研结果表明，企业财务转型最强的内部驱动力来自企业财务管理价值创造要求变高。然而，我国大多数的大型企业集团的资金管理模式仍然是财务公司或资金集中管理中心，收支结算和流动性管理是其核心，仅仅将资金管理视为保障措施，是价值创造的辅助活动。基于价值链理论，资金管理活动根据增值与否进行划分：对于不增值活动，需要通过司库管理平台和共享服务中心的建设和协同，优化内部交易流程，消除与外部银行价值链当中的不增值活动；对于增值活动，则可以发挥司

库配置金融资源的优势。例如，投资管理从集团整体战略、长远利益而非单个单项出发，将资金配置到回报率高的环节；融资管理结合长短期资金来源的可靠性、灵活性和成本最优需求，综合决定资金筹措的规模、渠道、方式和结构等。

从知识资源的角度看，目前企业对财务创造价值的能力要求不断提高，需要司库提供更多的财资数据，实现司库服务于战略决策。Kogut和Zander（1992）指出，知识本身也可以作为一种资源，知识基础观是资源基础理论的一项重要分支。进入数字化时代，企业核心竞争力很大程度上来自其掌握的数据与知识，体现在企业财资管理中，提供金融知识资源是司库管理体系建设的重要驱动力。首先，从组织架构上看，目前许多企业都在推动成立财务BP或业务BU的形式，促进司库更加融入到业务部门，形成内部生态一体化，发挥专业优势，为业务部门乃至整个公司提供战略决策支持和事前经营预测；其次，从人力资源上看，决策支持信息还来自企业集团各部门的金融专业人才，需要通过统一的司库平台将汇聚财务公司、证券、信托、基金公司中的财务管理、资本运作、金融投资方面的人才，利用他们在宏观经济、行业经济和资本市场方面的研究数据和宝贵经验，为企业在投融资、资本运作方面提供专业咨询服务（王志明，2015）；最后，从信息系统上看，决策支持需求推动企业不断增强和完善司库信息系统功能，全面挖掘数据价值，对资金头寸、融资成本、利率汇率等进行多维度、全方位的分析研判，开展关键业务和历史记录的大数据分析，总结资金收支波动的规律，优化资金预算管理、债务融资方案等。总之，价值创造的需求推动企业建设司库，基于自身掌握的财资数据与专业分析能力，赋能业务部门和管理人员，实现财务价值创造能力的提升。

（二）提升资源配置效率，降低资金交易成本

稀缺性（Rare）是资金作为金融资源的又一典型特征。没有进行资金集中管理前，企业资金分散于各分子公司当中，资源配置的效率低下，且面临较高的资金交易成本。金融资源的稀缺性促使企业加快建设司库管理体系，解决分散模式下企业在融资、资金调度、资金回笼等方面存在的种种问题，具体而言：

第一，在融资方面，融资渠道单一、融资成本较高是大多数企业普遍面临

的困境，需要利用司库体现出集团作为整体的信用优势，加大统筹融资力度，实现合理的融资成本。由于我国资本市场仍在完善，信息不对称广泛存在于资金需求方与资金供给方之间，使得融资约束问题突出，融资渠道不够畅通，且成本较高。对此，司库为了拓宽金融资源的来源，可以从集团整体层面进行主体信用等级的管理，提高集团信用等级，开展融资利率市场化竞价，多渠道、多品种、多方式降低融资成本，扩宽融资渠道，实现带息负债综合融资成本率不高于同行业平均水平，降低加权平均资金成本。

第二，在资金调度方面，有的企业资金集中管理能力不足，导致资金调度不合理，亟须资金的分支机构因贷款承担较高的利息支出；而有资金盈余的分支机构却手持大量现金，收益较低，整体呈现出“存贷双高”的情况。《2020—2021中国司库报告》(2021)调研显示，企业资金管理转型中最突出的金融诉求是流动性管理服务/现金池/票据池/资金池(70.36%)。上述问题促使集团企业依托司库平台，建立跨账户、跨单位、跨区域的“资金池”，及时做好分支机构资金的定期归集，利用“资金池”加强分支机构之间的资金余缺管理，加强资金的控制和归集。财务公司作为司库管理的重要载体，具备一定的信息优势，对集团分子公司的了解程度较高且相对容易，使甄别监督的成本相对比较低，在向集团内企业发放贷款过程中可以大大消除信息不对称，实现在集团内部调剂余缺，节约融资成本。

第三，在资金回笼方面，资金链断裂已经成为许多集团企业面临的重大风险之一，特别是企业存货、应收账款大量增加占用营运资金、面临大量逾期担保，以及在高财务杠杆下进行盲目扩张与多元化发展。究其原因，主要来自企业对供应商和客户的信用管理政策不合理，以及对资金的使用缺乏整体动态管控。加强对供应商和客户债权债务等关键信息的统一管理和资金使用计划的需求，推动了司库管理体系的建设。企业可以基于司库管理体系建立起供应商和客户信用管理机制，将资信审查、信用评级、准入管理、预付、赊销账款的期限和比例通过司库管理系统流程进行固化，从而避免企业违规垫资或变相垫资，提高资金周转率，减少违约损失；同时，做好集团资金预算安排，维护资金链安全和平衡；建立年度预算确定总盘、月度计划滚动调整的资金动态管控机制，保障生产经营的资金需求。

（三）管理金融机构关系，形成独特竞争优势

上文提到，实体性中间金融资源主要是指各类金融机构。与金融机构的关系是一种具备“异质性”特征的资源，是企业金融资源难以模仿性（Imperfectly Imitable）的集中体现。企业在长期经营过程当中，会通过特殊的企业文化、在供应商中的良好声誉、在客户中的优质口碑，以及企业经理的人际关系网络，形成与银行等金融机构、供应商和客户之间的特殊关系，为企业有息或无息负债创造有利条件，获得个性化的银行金融服务或来自供应商和客户的信用支持。这种优势资源往往是企业在长期的历史条件下积累起来的，具有较强的路径依赖，与企业存在竞争关系的同行业对手往往需要花费较长的时间来培育这类资源，正是金融资源的这种异质性造成了企业竞争力水平存在差异性。

但是，当前企业对金融机构关系的管理较为零散，缺乏统一的职能部门对其进行系统化管理，基本上是靠企业基层业务人员与银行客户经理、供应商或客户业务人员对接完成。这种关系模式存在业务分散、关系不稳定的缺点，一旦产生人员流动则可能需要重新培养，并且将双方关系局限于基础业务层面。因此，亟须通过司库管理体系，对金融机构关系进行整合，促使双方相互了解、相互依赖、相互控制，建立长期密切的联系，发挥金融关系资源的优势，克服信息不对称，提高金融资源配置效率。

对银行关系而言，银行作为企业外部资金的重要来源，当企业面对数量较大的银行时，如何结合业务需求，选取一定的指标制定个性化的筛选标准，从而挑选出最适合自身的银行开展业务，同时进行后续关系评价，成为提高资金运营效率、维持银行关系良好持续发展的关键。企业通过集团司库层面系统地管理银行关系，可以将内部资源与外部银行资源互联互通，实现内外部金融资源的高效配置。通过统筹银行关系管理，一方面是引入银行长期限、低成本的资金，降低企业融资成本，更好地服务企业主业发展；另一方面通过与银行的战略合作，在原有业务基础上，引入综合性、创新型、个性化金融服务，挖掘并满足企业更深层面需求，实现多层级、全主体覆盖，提升企业的价值创造能力。

对供应商和客户关系而言，需要基于司库管理体系为集团提供供应链金融

服务。当前，生态化、融合化发展是产业金融的突出特征，企业经营环境从单向流动的价值链，转变为一个网状协作的商业生态系统。司库作为一个平台，能够以开放生态的思维最大限度整合各方资源，一方面帮助企业获得来自上游供应商的资金（应付账款）、中游集团内部的资金（其他应付款）和下游客户的资金（预收账款）；另一方面立足行业“链长”地位，整合上下游业务流、资金流和信息流，发挥数据和服务支撑作用，引入优质金融资源，搭建供应链金融服务平台，精准对接供应链实体企业特别是中小企业在生产、流通、交易等各环节的金融需求，提供优质高效的供应链金融服务。总之，为了更好地实现内外部金融资源的配置，需要企业基于司库管理体系，识别自身的独特金融关系，并进行系统、积极地培育、维护与提升，长期保持内部资源的异质性。

（四）加强合规控制管理，保护企业资金安全

资金是企业经营的生命线，是最难以替代（Non-Substitutable）的资源，因此加强合规控制、保护资金安全是资金管理的重中之重。然而，传统管理模式下的资金往往由于分散、管理链条长等原因缺乏监管，再加上缺乏有效的货币资金内部控制设计与执行，缺乏对资金的流转和使用的监督检查，导致资金运用不合规，使得分支机构过度借款、盲目投资、随意担保情况较为严重，甚至产生资金舞弊、侵占公司资产的情况。因此，企业为了保障金融资源的安全性，需要重塑资金业务的内部管理流程，严格防范资金的舞弊风险和合规性风险，加强对账户、交易活动的实时监控，及时掌握资金存量和异常变化。

对资金安全的保护需求是司库管理体系建立的重要内部驱动因素之一。对于资金舞弊风险，企业需要基于司库建设过程中的流程梳理，明确银行账户、资金、票据、网银、客户信用等关键要素的控制措施和控制标准，把申请、审批和执行等关键环节和管控标准、阈值等关键信息嵌入司库管理系统，并且做好用户权限的审核审批，以及账号、用户、密码的管理；对于资金合规性风险，需要在资金支付流程中嵌入合规性预警机制，从付款金额、付款频次、付款用途、付款对象等多维度设置预警参数和控制阈值，建立资金支出分级授权审批制度，严格控制支出范围和审批程序。

综上所述，从组织身份变革和资源基础理论相结合的视角来看，企业司库管理体系的建立受外部和内部驱动因素的共同影响，主要是为了变革组织身份以适应颠覆性环境，并在新的身份下管理金融资源形成持续竞争优势。在内外部因素的作用下，当前建设企业司库的核心是关注企业战略型价值创造，尤其是金融资源的有效配置，从传统的交易职能向管控与服务并重转变，并且重视运用数字技术赋能，实现业财数据的打通，构建起内外部价值链协同共生的司库生态系统。

07 第七章 企业司库管理体系设计的关键要素分析

企业司库管理体系的建设本质上是资金管理的流程再造和组织变革。自从1993年流程再造（BPR）理论成型后，全球大型企业集团掀起了业务流程重组的热潮，跨国公司开始采用流程再造的思想，优化提升传统的资金管理模式。原有的资金管理模式是分散、临时和被动的，管理效率较低，而且资金流向的跟踪采用手工方式进行，管理者往往只能在事后获得相关信息，滞后性较强，难以及时应对资金风险。在流程再造的理念下，集中化的资金管理取代了传统的分散管理模式，并且出现了比一般资金管理更为丰富的司库管理理念，内容不仅仅包括收支结算和流动性管理，而是扩展到统筹配置整个集团企业的金融资源。

然而，作为一项系统性变革，流程再造项目的失败率极高，这促使理论界和实务界共同寻找一个成熟的、整体的可居于领导地位的BPR方法论。早期的调研发现，近七成的流程再造项目都以失败告终（Bashein B. J等，1994），高失败率使学者们对流程再造的成败影响因素格外重视。因此，BPR的影响因素和方法成为一个重要的研究分支。李爱民（2006）总结BPR方法研究主要包括两个方面，分别是BPR关键成功因素研究和 BPR 框架模型研究。国内外众多学者们通过案例研究和总结，提出了诸多关键因素以及各类因素所构成的框架模型，为流程再造和组织变革提供切实可行的方法论。本部分将从司库管理体系建设作为流程再造的基本判断出发，基于流程再造的关键成功因素和模型框架相关理论，分析企业司库体系设计的关键要素，为司库相关的理论研究和实践活动提供借鉴意义。

一、研究现状与基本框架设计

流程再造的关键因素和框架模型主要是通过案例研究和提炼得出的，逐渐形成了以战略规划、组织人员、流程设计、信息技术等要素为核心的框架模型，其中影响力较大的有：Kettinger（1995）提出了包括五个因素的BPR的框架模型，分别是流程、管理、人员、信息技术、组织，并指出流程再造的核心是流程，包括组织间、组织内部跨职能、职能内部三种流程，并且涉及管理、人员、信息技术和组织四个子系统；Earl et al（2000）通过案例研究提出了“流程对应模型”，分析流程变革、信息系统、战略规划之间的关系，指出四个领域构成了整个企业变革的要素，分别是战略、流程、信息系统以及变化管理和控制，并实现各要素之间的整合；俞东慧（2005）将BPR 实施过程中必须考虑的因素分为五个方面，分别是战略、流程、人员、组织结构、信息技术。Mansar 和Reijers（2007）提出的BPR 实施框架包括客户、运营观、行为观、外部环境、组织、信息、技术七大要素。

针对企业司库管理体系设计的关键要素，基本符合上述流程再造关键要素的逻辑，是流程再造方法论在司库管理领域的具体应用。例如，张瑞君等（2010）认为，司库体系构建的关键要素包括组织创新、流程优化、制度设计和系统集成，将流程优化比作企业集团司库管理的“道路”，将制度设计比作“交通规则”，并且通过系统将道路、交通规则以及相应的信息进行集成，另外还应将理念创新作为司库体系构建的基础；徐莹（2012）通过管理平台、管理模式、运行保障、应急预案和风险控制五方面的内容构建起了企业司库建设的体系；林建勇等（2014）总结中石油集团司库建设的要素，包括理念创新、组织架构、制度设计、系统集成及风险管控五大方面。史美娜（2017）以铁路企业为例，指出企业司库管理体系构建包括组织架构和管理模式、制度及流程优化、信息系统集成三大要素。袁磊等（2019）将司库建设的关键要素总结为四个方面，分别是文化建设、组织架构设计、流程设计以及应用场景，构成了“智慧司库大树”，其中企业文化是土壤，人和组织架构是树根，资金流程是树干，枝叶则代表的是各类司库管理的应用场景。

通过上述文献回顾可以看出，从研究方法上看，学者根据实践案例总结的方式，提炼流程再造应把握的关键要素，并在司库管理体系的设计中进行了具体的应用；从理论框架上看，说明了司库管理体系设计的关键要素及其关系。然而，现有研究对于各要素的解释并不详尽，对于各类要素之间的关系研究尚有欠缺。而且受到司库管理体系建设的内外部驱动因素的影响、司库管理职能的转变以及技术条件的变化，在当前环境下需要考虑的关键要素也有新的变化。未来，企业司库管理体系是一整套融合了战略支持、资源统筹、效能提升的综合性管理体系，建设司库的核心目标之一是实现财务的主动价值创造，需将司库置于整个产业生态链中思考整体资源配置，并且注重智能技术的应用和数字化升级。因此，有必要重新运用流程再造理论继续深入探究当前企业司库管理体系设计的关键要素。

企业司库管理体系的建设作为一种管理变革，仍须服从流程再造理论的精髓，否则失败可能在所难免。本部分采用流程再造关键因素和框架模型研究的基本方法，从实践案例和现有研究中总结出司库管理体系设计的关键要素。笔者认为，在新的内外部环境下，司库管理体系设计涵盖七大要素，分别是：职能定位、组织架构、管理模式、人力资源、流程设计、信息技术、赋能要素，并从司库管理体系建设的步骤和各要素的统筹关系，说明七大要素之间的关系，如图7-1所示：

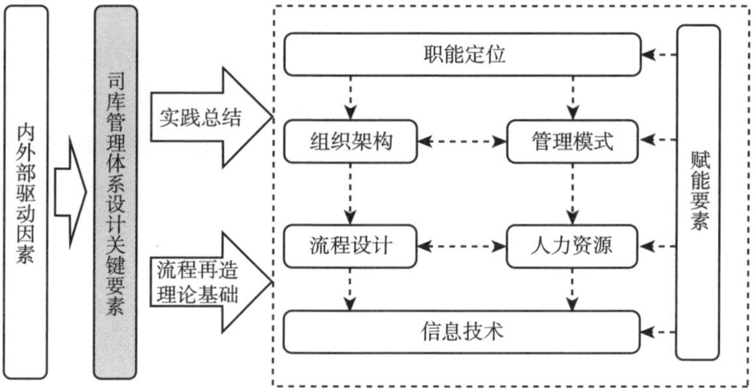

图7-1 企业司库管理体系设计的关键要素

首先，企业司库管理体系的职能定位是设计和统筹其他关键要素的起点，它根据企业集团的战略目标明确司库管理体系在集团资金管理活动中的定位，通过履行具体职能实现战略目标；其次，需要在职能定位下，明确司库管理体系的组织架构，选择具体的管理模式，二者具有一定的关联关系，例如企业若采取财务公司这种司库管理模式，则需要在集团层面设计相应的组织架构关系；再次，企业需要详细梳理所有司库职能的相关流程，包括相应的风险管理流程，并在流程优化的基础上确定司库管理人才的能力要求和岗位职责，设计对应的评价标准（叶勤，2004）；最后，将司库管理功能的实现和流程的运作通过信息系统固化，并广泛采用多种新兴数字技术提升司库管理体系的能力。此外，由于司库管理体系的建设已经从内部资金活动扩展到外部生态链当中，鉴于司库实现集团金融资源配置的核心驱动因素，需要广泛借助外部力量优化司库运营，例如更丰富的金融产品体系、各类金融机构关系管理、与客户和供应商的信用管理、司库管理系统的数据积累等，本部分称之为赋能要素，它可以影响上述多个关键要素，并实现优化，下文将对其详细展开。

二、企业司库管理体系设计的关键要素

（一）选择合适的职能定位

司库管理体系的职能定位是根据企业财务管理战略目标而确定的，在分析不同的职能定位之前，需要明确司库所能实现的职能以及发展趋势。随着企业司库管理的发展以及企业认知的加深，司库管理的职能也在不断深化和延伸。前文曾指出，现金及流动性管理、营运资金管理、投融资管理、风险管理、金融机构关系管理以及决策支持与信息管理构成了企业司库管理的主要职能。当前，现金及流动性管理是司库管理最核心的职能，目的是实现资金的安全、高效运转。其次是营运资金管理和投融资管理。企业通过资金计划与调拨管理加强对资金周转周期的管理和优化实现，降低资金占用成本，实现最优的资金决策。融资管理主要是帮助企业合理筹集自身所需资本、选择合适的融资渠道和产品。未来，相较于目前的职能范畴，司库管理体系在风险管理、资本结构管理、供应链金融管理、银行关系管理以及技术与数字创新等职能的重要性愈发突出。

明确了司库的全部职能后，根据司库履行的主要职能及其产生的价值和收益不同，司库管理体系的职能定位沿着交易型、管控型、运营型、金融型、战略型的路径逐渐升维（见图7-2），具体而言：交易型司库承担交易处理为主的简单职能，确保基本业务运营的顺利开展；管控型司库可以通过对资金的归集、动态预测和风险管理，提高集团财务管控的水平；运营型司库通过流程再造、自动化、银行账户架构优化和数据分析等，实现司库的高效运营；金融型司库表现为对企业金融资源的配置，履行筹融资管理、风险管理等职能；战略型司库将参与投融资等各类决策活动，并广泛部署和利用各类新兴数字技术，以此来影响企业发展战略与计划的制定。

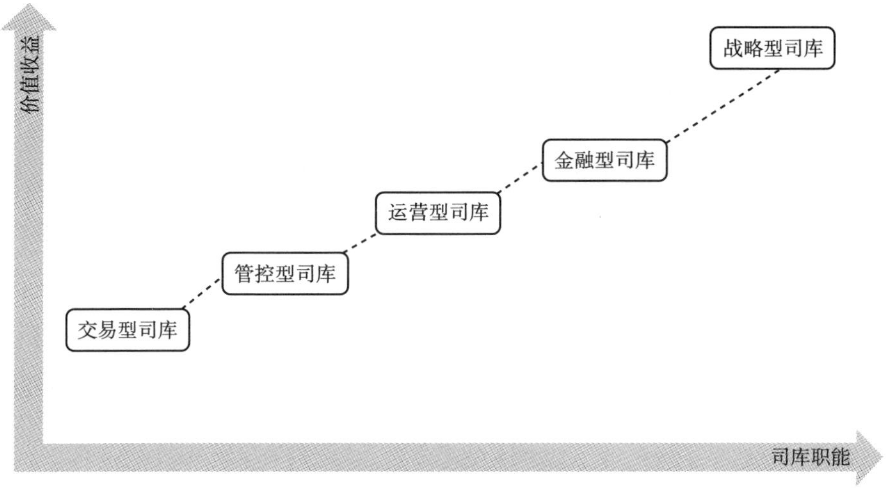

图7-2　企业司库的职能定位

企业究竟应如何选择自身司库管理体系的职能定位？这是一个复杂的决策问题，受多种因素影响。从宏观上看，涉及集团所处的国家或地区政策背景、经济运行的整体情况与风险程度、行业性质及生命周期等；从微观上看，涉及公司自身规模特征、发展阶段、组织架构、运营情况、历史文化，乃至财务管理人员的能力与水平等因素。由于司库建设的根本目标，是帮助企业实现战略目标，因此应首先从经营层面出发，分析集团的发展战略、发展阶段和运作模式，研究司库在其中扮演的角色，进而明确其他要素。

在初始期，企业的业务活动并不复杂，但同时控制机制相对薄弱，企业资金管理的重点在于完整的交易记录以及对资金安全的监管。此时企业尚无成熟的司库战略，或形成职能简单的交易型司库；处于发展期的司库根据企业业务情况调整自身职能，进行资金集中管理来加强集团管控，同时逐渐开展内外部融资的工作，此时则需要建设成管控型或运营型司库；处于成熟阶段的司库职能进一步从资金的运营扩展到内外部金融资源的决策与配置，利用包括信息化在内的各种手段提高预测能力，控制资金风险。在这一阶段，集团企业应该选择金融型司库模式，将资金集中、投融资管理、风险管理等职能融为一体，并逐渐升级为战略型司库。综上所述，设计企业司库管理体系需要明确企业的战略和发展情况，确定与之相适应的职能定位。

从当前的现状来看，大部分企业对司库管理体系的职能定位首先是运营型，承担推动运营优化流程再造和数据分析的角色，以提升运营效率和控制经营成本；其次是金融型，即进行传统资源配置，从而促进资本结构合理优化，强化资本运作和产融结合；最后是管控型，发挥识别和预测风险的作用，保证对资金的安全控制和合规管理。而在升级路径的两端，交易型和战略型相对较少，说明虽然目前多数企业司库部门已经迈开转型的步伐，已经不满足于职能单一的交易型司库管理体系，但离发挥战略价值仍有一定的距离。

在数字化、智能化时代，企业的资金管理模式和管理技术也应当进行相应的升级，而这些转变的前提是调整资金管理理念，将资金管理的核心职能从一般的交易事项处理转移到资源配置和价值管理上来。企业应将司库管理放在与战略同等的位置，从管控型向运营型、金融型乃至战略型司库进阶，使司库在实现基本的资金运转职能之外，还可以赋能企业业务发展，发挥财务在集团资源配置中应有的作用。

（二）设计相适应的组织架构

明确了司库管理体系的职能定位后，需要据此设计相适应的组织架构。根据钱德勒的“结构跟随战略”观点，企业组织结构的调整是企业根据技术、市场环境变化实施一定战略的结果，而组织结构的调整本身就是企业内部资源的重新组合（叶勤，2004），同时，彼得·德鲁克指出自发演变的组织架构更倾向于带来混乱和摩擦，影响组织整体表现，也就是说自发演变的组织只会造成“熵增”。因此，需要进行人为的分析和思考，才能设计出适应企业发展的组织架构。企业司库组织架构的设计需要从集团整体出发，考虑多个主体，包括集团总部的职能部门、集团设置的功能机构，以及独立运作的法人机构等，包括财务公司、财险公司和保理公司及其他资本运营模块等。组织架构设计的目的正是协调上述主体，发挥协同效应，更好地达成集团战略目标。

当前，司库管理体系的组织架构主要可分为职能制、事业部制和控股企业制。其中，职能制司库组织架构主要表现为集团财务部门，或平行、隶属于财务部门的专门部门，例如资金部、司库/库务部、金融处等。职能部门可以合理有效地进行组织控制，监督资金运动，是目前企业司库最主要的组织架构形式，可以实现资金管理的高度集权，但缺乏相应的灵活性；事业部制的司库管理体系按照不同的管理模式，可分为结算中心、内部银行、现金池模式等形式，这类组织架构的特点是分支机构或子公司财务相对独立，拥有资金的经营权和决策权，可以实现各分支机构资金的有效使用和控制；控股企业制主要是指财务公司模式，它拥有独立法人资格，作为整个集团资本运作的平台，为各分支机构提供金融支持。从发展的历程来看，原有的司库组织的功能大多分散在财务体系内的资金和金融管理部门，管理较为被动。未来，考虑到集团资金管控能力、资金运营成本和金融资源配置要求，集中模式将成为司库管理组织架构的优先选项。

然而，集团公司的组织层级较多，设置完全集中并归属集团管理的资金管理部门具有较大难度，需对整个集团内部组织架构和相应考核制度进行调整。因此需要综合考虑组织架构建设的原则和需求，理顺集团本部资金职能部门、相关事业部、控股公司等主体之间的关系，建立起多方协调、高效运作的司库管理组织架构。首先，无论具体选择何种组织架构，企业都需要设立独立于传统财务会计的职能定位和组织，以满足司库职能的专业化发展要求；其次，司库组织架构应适应企业当前的生命周期，实现内部高效的信息传递，从而提高组织内部的运行效率，减少集团的财务风险；最后，企业司库组织设计除了具备明确的职能界限的要求之外，也需要考虑打破不同部门之间的组织边界和信息壁垒，体现“柔性”特点，提升组织的敏捷性和灵活性。

在上述建设原则下，未来企业需要在集团总部合并资金处、金融处的相关资金集中管理的职能，设置集团司库部门、分支机构资金管理部门、财务公司“三位一体”的司库管理组织架构，由决策支持、管理操作和执行服务三个层面构成。其中，企业集团总部的司库管理部门位于决策支持层，其主要职能为确定集团资金管理战略、进行司库管理模式的设计、决定投融资策略、制定相关司库管理制度、统筹金融资源配置决策等，其定位类似于集团的中央银行；组织架构中集团各分支机构、子公司的财务或司库管理部门位于管理操作层，负责本级及以下财务资金管理的具体工作，例如账户管理、结算管理、票据管理等，执行集团总部的具体业务指示；不同的司库管理模式下，会形成各类事业部或控股公司，这类组织属于执行服务层，负责为集团内各主体提供相应的金融服务，包括但不限于资金结算、内部信贷、风险管理等，集团需将三个层面的组织统筹协调，形成完整的司库组织架构体系。

在企业数字化的趋势下，企业司库组织架构将在实现对财金资源统一管理的同时，培育敏捷组织。例如，可以组建以业务项目为中心的“敏捷部落”，按照具体项目伸缩团队成员数量、动态调整司库职员的职能范畴，发挥相互配合、合作协同的优势。总之，企业需要创新司库管理的组织架构，实现司库管理体系与集团整体组织架构的协同发展。

（三）确定具体的管理模式

企业建立司库管理体系，除了设计相应的组织架构之外，还需要明确具体的管理模式。司库的管理模式是指在司库建设理念的指导下，由司库组织、管理方法和工具、相关信息系统组成的实施或操作平台，在整体组织架构中位于执行服务层。根据集团资金集中结算和融资渠道的不同方式来划分，当前司库管理的通用模式主要是集中式管理，常见的集中式司库管理模式包括结算中心、支付工厂、现金池、票据池、资产池、共享服务中心、国际司库中心、财务公司、金融控股集团等。不同的管理模式也反映出不同类型的组织架构，支付工厂、结算中心、现金池等模式是一种功能中心，共享服务中心、国际司库中心等属于分工协调中心。有的则需要建立法人实体，如财务公司、保险公司等金融控股公司。企业应该综合评价自身的发展规划、管理水平、财务状况和经营现状，确定具体的司库管理模式。

不同的管理模式既有联系也有区别，具体而言：（1）结算中心和支付工厂的共同作用是通过系统化、标准化的工作流程提高对资金流的透明度、工作效率，同时通过资金集中调配使资金使用效益得到提升，并控制资金成本。其中，企业通过设立在集团或控股公司内部的结算中心，为集团成员提供资金结算、调拨等服务，其本质是在集团内部引入银行管理的方式进行统一结算、集中融资。支付工厂则囊括了集团对内对外整体的账户管理和收支结算职能。（2）现金池、票据池和资产池是一种建立在企业集团内部，对相关业务对象进行集中管理的工具。现金池对集团分子公司账户的资金头寸通过实际资金转移或虚拟银行账户的方式进行集中，由集团总部控制主账户，完成资金的集中统一收支，防止某一个分子公司出现资金链断裂的情况；票据池统筹集团内企业存量票据，针对票据的顺转、错配、融资、交易等流程对各地区公司票据的集中管理，建立起统一管理、统筹运营的内部票据市场；资产池是针对资产证券化，确定金融资产的配置情况，主要考虑因素包括资产类型、规模、期限构成、行业风险情况等。（3）共享服务中心应将司库的基础流动性管理等事务性工作从原业务单元中分离出来集中完成，释放企业司库基础操作层面的人员，防止在相同的职能中投入重复的资源，提高业务处理效率；企业的全球化经营若需要在不同的区域乃至国家或地区设立区域中心，则可以通过国际司库中心，将财务和资金管理的不同流程和职能进行共享，实现全球范围内资金的最佳配置和高效流动。（4）财务公司将支付工厂、结算中心、现金池、共享服务中心或国际司库中心等功能融为一体，在功能定位和业务范围上承担起司库的职责；同样作为独立法人机构，金融控股集团则融合了收支、融资、保险等诸多职能，实现集团更进一步的产融结合。

面对多种司库管理模式，企业建立司库管理的系统平台应综合考虑多种要素，例如行业资金运作的特征、财务管控模式、企业资金结算、票据和资产管理的实际需求。在此基础上，还应结合司库管理的组织架构，确定集团总部、分支机构或子公司、各类管理平台以及平台间各自承担的职能。总之，在明确了司库管理体系的组织架构后，需要确定具体的管理模式，搭建管理平台，实现司库管理体系的完善与升级。

（四）配备复合型人力资源

企业司库管理体系的建立，必然会改变企业集团原有的资金管理模式，在调整相应的组织架构和管理模式后，会涉及人员的重新安排。从人力资源管理的角度来看，构建企业司库管理体系，需要在司库人才的招聘、培训、职业发展、考核等环节建立和按照一定标准进行管理，总体而言包括两个方面：一是司库人才胜任能力的重新设计，二是司库人才岗位职责和绩效评价体系的设计。

在司库人才胜任能力框架设计方面，张庆龙和于梅（2015）根据英国ACT协会和美国AFP协会关于司库人员胜任能力的框架，结合“冰山模型”等胜任框架设计基本理论，提出企业司库从业人员胜任能力总体框架，涵盖知识、技能和职业道德三个方面，反映了我国企业财务人员从会计走向金融、根据司库职责的拓展培养综合胜任能力的趋势。在此基础上，近年来经济发展模式发生巨大转变，特别是数字经济的发展，需要人才发展实现同步升级，司库人才胜任能力框架也得到进一步丰富。而新的发展要求下，高技能人才极为稀缺，尤其缺乏跨界融合型人才（张辉，石琳，2019）。在财务领域，随着重复性强的低技能人才逐渐被机器取代，同样缺乏复合型、国际化高端会计人才，在具备数据分析和预测技能和跨职能部门知识和运用能力的人才尤为稀缺。

因此，在基本的司库人才胜任能力框架上，司库管理人才需要成为同时具备横向综合性和纵向专业性的“T”型人才。一方面，对于综合素质而言，需要着重培养数据思维、提升信息技术能力。在执行资金运营分析、预测现金流量、制定投融资决策时，获得大量数据支撑，依靠智能数据分析的方法获得洞察，并且具备相应的数据治理能力；同时司库管理人员需要主动应用新兴数字化技术，例如设计流程自动化机器人执行大量重复的司库操作、部署云技术增强司库管理平台的可扩展性和使用便捷性等。另一方面，对于专业素养而言，应做到会计、金融等专业能力的进一步精深，并且及时更新，跟进金融市场的动态以及各类金融工具的创新应用。经过上述两个方面的提升，企业财务人员将从单一的出纳型交易人员，升级为复合程度高、专业能力强的新型司库管理人才，不仅精通金融知识、熟悉财务专业，更能够实现业财融合，并具备数字化技术和能力，为司库创造价值提供了人才保障（杨妮妮等，2021）。

除了司库人才胜任能力框架的升级之外，企业司库管理体系需要具备明确的人才岗位职责和合理完善的绩效评价机制，从而更好地落实主体责任、提升人员素质，并起到对人力资源的管理与激励作用。根据司库组织架构，司库人员的岗位职责同样涉及决策支持、管理操作、执行服务三个层面，应分别确定各岗位的能力需求，并制定相应的岗位职责说明书；在设计评价指标时，应注意职能分类差异化、具体可度量、定基准合理预测的要求。首先，根据岗位的业务特征和能力需求，制定相应的关键绩效指标，并经过专家评估论证后确定。例如，是否具备研发潜力、有无研发成果，是对于研发类岗位的主要考核指标；但对于业务拓展类型的岗位，则更倾向于考察其业务执行效率、成本控制能力、目标完成度等；其次，在指标度量方面，定量指标需明确取数依据及计算规则。定性指标可进一步分解为工作质量、工作完成度、工作效率要求及里程碑事件，指标权重按照任务完成的难易程度、具体目标等要素差别化设计；最后，通过定期的持续优化机制，判断指标的合理性并进行适当调整，防止出现不合理、不公平的情况。

（五）进行系统的流程设计

前文曾指出，减少非增值价值链环节，提升价值创造能力是司库管理体系建设的内部驱动因素之一。企业司库管理体系复杂的职能、组织架构和人员安排能否高效协同运作，有赖于效率高、价值强的业务流程进行串联和协调。因此，全面梳理资金业务流程、进行系统地流程设计是企业在建设司库管理体系过程中核心工作。从内容上看，司库管理体系的流程涵盖内部和外部各类业务流程的方方面面，内部包括司库组织与下属机构，以及下属机构之间的所有资金管理活动，外部包括企业与客户、供应商、商业银行、第三方支付机构等主体的资金往来。这些流程都需要站在集团整体司库管理的高度，将流程现状与企业战略、信息技术情况进行对标，实现全面的梳理和优化。

司库管理体系的流程设计应当体现出满足业务需求和风险控制双主线。在满足业务需求方面，应确定司库与各业务部门之间的协作模式，不仅要制定司库与业务部门的沟通机制，明确决策、分工和执行流程，还要打破信息孤岛和部门闭合的运作模式，实现业务部门与司库的信息互通和数据互联。对此，企业可以通过以下步骤（见图7-3）进行流程梳理和优化：第一，整理当前资金

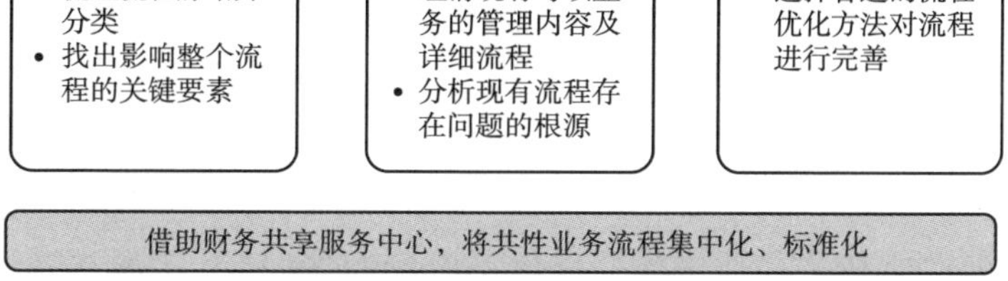

图7-3　企业司库管理体系业务流程优化步骤

管理相关流程的大致脉络并进行分类，形成大的模块画像，梳理出业务序列。对当前业务流程全面、准确、细致地梳理，找到影响流程效率和价值的关键节点，是对司库流程进行设计和优化的前提；第二，对各项业务流程及管理内容进行更为细致的梳理，分解具体的业务内容，找到进行流程优化的关键要素。根据上述梳理，识别流程中存在的问题及产生问题的原因，对流程进行优化改造，提升流程运行的效率和价值；第三，根据合适的流程优化方法对流程进行优化完善。例如通过ESIA分析法，对流程进行消除、简化、整合或自动化操作，使能够产生增值的流程活动占更大比例，并在流程中嵌入功能和人员的角色。最后，可以通过小范围试点、专家论证等方式测试新流程的有效性，并将相关业务规则嵌入信息系统设计当中。除此之外，司库流程梳理还可以借助财务共享服务中心，将共性的业务流程集中化、标准化，形成逻辑统一的作业流程，在财务共享服务中心，根据不同的司库职能形成特定的业务集群，最大限度地实现银行账户、内部委贷、资金余额、款项收付、票据结算等职能的集中。

在风险控制方面，企业司库的流程设计需着重考虑资金运作以及金融资源配置过程中的风险因素，完善风险管理流程。首先，建立包括风险的识别与分解、风险管理目标的确定、风险管理方法的选择、风险管理的实施与修正和风险管理结果评估的完整流程，从而实现风险闭环管理；其次，将风险管控提升到集团整体战略决策层面，在各个层面、各个部门形成统一的风险管理目标和机制；最后，利用信息技术实现风险的全过程、自动化监控。全过程是指对从收入到支出的全程控制，涵盖账户管理、客户管理、合同管理等方面，自动化则可以将资金收付等流程中的识别、预警工作交由计算机完成，根据明确的规则设定进行自动检查、传递、确认。

经过对业务和风险管理流程的系统性梳理和优化，应综合组织架构、管理模式、人力资源等要素，形成统一的规章制度和工作指引，使相关工作由人控制转变为由制度控制，并及时更新，为企业司库活动的顺利开展提供制度保障。

（六）应用先进的信息技术

信息技术的应用是企业司库管理体系设计的落脚点，其重要性集中反映为两点：第一，先进的信息技术可以减少组织层次、降低管理成本，成为落实流程再造的重要手段和工具。现代管理理论之父巴纳德（Chester I. Bamard）在1938年提出“信息传递、协调意志、目标一致”是组织成立的三个要素，且信息传递为首要要素；第二，信息系统成本和技术发展程度是影响企业选择是否建设司库管理体系的重要因素。一般而言，小企业考虑信息系统成本的因素，不会建立专门的司库管理系统。但随着云技术的推广和应用，信息系统的管理、运行及维护成本大幅下降，很多中小型企业也开始搭建自己的司库管理（王岩玲等，2014）。司库管理体系设计中信息技术的应用主要体现在建立司库管理系统、实现内外部系统数据集成和新兴技术的应用三大方面。

第一，建立司库管理系统是司库管理体系应用信息技术的集中体现，其应该满足三个层面的要求：一是人工效率很低或无法实现的业务通过信息化方式实现，提高司库工作的效率；二是夯实资金运营基础，更好地满足集团财金资源配置的管理诉求以及风险可视、可控的管理要求；三是司库信息平台应加强数据共享、融合的建设，以实现数据可视化、预测实时化等目标，提高决策支持能力。面对上述要求，借鉴国内外先进司库建设经验，以原有资金管理系统为基础，从系统设计、软件功能、硬件设备、数据结构等方面，科学制定建设规划，实现管理功能的全覆盖，可以将司库管理信息系统划分为业务交易层、资源配置层、决策管理层3个层次和结算管理、营运资金、理财管理、风险管理、决策支持5个核心子系统，如图7–4所示：

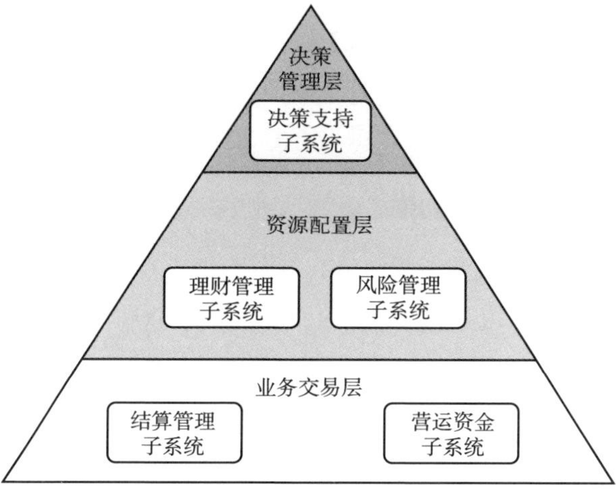

图7–4 企业司库管理系统整体规划

其中，结算管理子系统和营运资金子系统构成了业务交易层，履行的核心职能主要是账户管理、收支结算、票据管理、资金调配、外汇交易等交易型职能；资源配置层包括理财管理子系统和风险管理子系统，主要实现融资、投资授信担保集中统一管理，以及流动性、汇率、利率、信用等风险的过程管控；决策支持系统处于决策管理层，是司库管理指标体系的集中体现，通过各类主题分析为集团提供流动性决策、投融资决策以及风险管理决策。

第二，在各类信息系统建设的基础上，企业司库管理体系还应实现司库管理系统与企业其他内部系统、外部系统数据的对接与共享，使其成为一个内外数据无缝对接的资金集中管理平台。对内部系统而言，司库需要集成企业ERP、费用控制系统、财务公司信息系统、财务共享服务中心等；对外部系统而言，需要基于统一的数据接口，实现与银行、SWIFT、第三方支付机构的互联互通，实现内外业财一体化。除此之外，司库管理体系要以一种开放生态的思维最大限度整合各方资源，充分融入集团内各业务部门及集团外产业链合作伙伴的业务中，通过建立数据库、制定数据治理规则、完善数据分享机制等方式，形成生态闭环，推动司库管理向平台范式发展。

第三，企业司库管理体系还应积极部署新兴数字技术，发掘技术在司库管理中的创新应用场景，以提升工作效能、加强运行保障。首先，司库可以借助人工智能、RPA等技术，打造自动化的资金业务处理、可视化的过程监控、智能化的风险控制以及智慧化的资源配置决策，实现资金高效高质量运营、前瞻性分析和监控预警，提升司库的价值创造能力；其次，除了功能提升类型的技术以外，在司库管理系统的网络安全和运行保障方面，企业也应使用数字化签名、授权认证、加密传输等手段，确保数据安全，并根据司库持续稳定运行的要求，设计完备的灾害应急预案，提升系统运行的稳健性。

（七）充分利用好赋能要素

“赋能”来自于人力资源管理中的“授权赋能（Empowerment）”概念，并在发展中逐渐取代了授权赋能概念（孙新波等，2020）。赋能是指借助组织、流程的合理设计和信息技术的有效应用，帮助企业的组织或个人更好地完成工作目标，有效达成组织的使命和战略目标。赋能方式和手段是赋能研究的重要分支，主要研究重点在赋能的过程以及采用何种手段或工具实现赋能，例如技术赋能、数据赋能、网络赋能等。根据赋能的定义，新兴技术在司库管理体系中的应用正是金融科技为传统企业资金管理赋能的过程，但赋能的手段或工具不仅限于技术。打破边界、生态发展是数字经济背景下企业转型的重要方向，资金管理的边界也从组织内部或传统的金融市场逐渐延展至整个生态圈的金融资源，部分数据也将在整个生态圈中流动，司库运营呈现出“生态化”和“数智融合”的特征。因此，司库管理的赋能要素也从技术要素向外扩展，金融关系和数据成为重要的赋能要素，在设计企业司库管理体系时应加以考虑。

对企业司库而言，金融关系是指本企业集团与商业银行等金融机构的间接金融关系，以及与投资方的企业、基金等社会组织或自然人的直接金融关系，包括证券发行、交易关系以及产权交易关系等。未来，在整个生态链中，“价值共创”成为企业与各个金融关系主体的共同追求，它突破了金融关系主体之间简单的交易关系，开放了组织边界，通过利益相关的主体间不同层次的互动形成共生关系。在这种关系中，与各类金融关系主体的良性互动将为企业司库管理体系赋能。例如，商业银行作为企业司库管理中的关键合作伙伴，能够帮助企业提高财经资源在生态系统内的配置和流转效率。从企业选择合作银行的原因来看，应考虑产品多样化、高性价比、售后完善、服务便捷性、响应快，以及具有品牌力等重要因素。同时对于商业银行而言，也要重新思考和研究企业需求的变化，以新的金融服务诉求为中心，完善产品与服务体系，助推企业司库金融生态的良性发展。商业银行在设计司库产品时，也需要综合考虑不同的客户需求，设计出更加多样化、功能更完善的产品体系，尤其需要关注企业的流动性需求，提高不同期限的信贷产品，并完善线上线下等不同服务渠道，加快客户响应速度和整体的服务效率，从而提升企业客户的体验，增强客户黏性。

数据赋能是指创新数据的运用场景及技能和方法，充分体现数据要素的价值。司库管理流程的信息化程度越高，将在运行过程中产生并积累更多的数据资源。在数字化时代，积累的数据资源是司库管理价值提升的源泉所在，司库管理体系能否实现、在多大程度上实现为企业提供决策支持，为行业乃至产业提供趋势分析和预测，实现数据赋能，取决于企业能从数据中获得多少有价值的信息和洞见。因此，基于司库管理信息系统的建设，企业应进一步考虑在内部建立起企业集团的财资大数据中心；在外部实现与产业链、资本市场主体的数据共享，形成服务诸多主体的大数据交易中心，实现更大范围的生态合作与数据赋能。总之，在数字经济时代下，企业司库管理体系应突破原有的组织边界和数据壁垒，借助金融关系和数据赋能机制，实现不同主体之间的数据系统互联互通，进而带动整个生态的价值创造。

综上所述，企业司库管理体系的建设具有循序渐进性，优秀司库管理体系的共同特征是在适应企业战略的职能定位下，实现组织架构、管理模式、人力资源、管理流程和信息系统等关键要素的合理决策和管理创新，处理好各要素之间的关系，并充分发挥金融关系和数据要素对企业司库体系建设的赋能作用，升级集团的资金管理机制，促进财务转型目标和集团整体战略规划的实现。

08 第八章 中央国有企业司库管理体系建立的基础条件分析

SWOT模型最早应用于竞争战略分析领域，后逐渐延伸到项目管理中，作为项目决策、风险识别和管理的技术工具。SWOT模型分别识别和研究与项目密切关联的各种主要内部优势（Strength）、劣势（Weakness）因素和外部机会（Opportunity）、威胁（Threat）因素，再将各类因素在矩阵中进行排列组合，根据相应的组合选择不同的战略（金丽丽等，2007）。司库管理体系是中央国有企业加快建设世界一流企业的重要战略举措，作为一项系统工程，司库管理体系的建立从完成的时间要求来看具有紧迫性，从内容上看具有复杂性。从实践上来看，目前虽已形成若干国有企业司库建设的典型案例作为示范引领，但“碎片化”的变革实践容易呈现出一定“政策推动导向”和“被动适应导向”，容易因时间紧迫性和基础条件的矛盾性出现政策执行应付的心理状态。为确保中央国有企业结合自身现状，正确执行这一政策，需要分析中央国有企业司库管理体系建立的基础条件，帮助中央国有企业加强顶层设计，科学制定总体规划，确定工作目标与突破口，为更好地准确把握司库体系建设的总体要求提供方法论和可行性分析的理论基础。本部分运用SWOT模型分析了中央国有企业司库体系建设的基础条件，以期为中央国有企业司库体系建设做好下一步规划打下分析基础。

一、优势分析（Strengths）

（一）财务转型为司库管理体系建立创造条件

基于价值的管理理念下，企业财务管理体系正在为公司价值提升发挥更大的作用（汤谷良等，2003）。财务管理逐渐从以核算为主向资源整合、决策支持和价值管理的战略型财务转变（何瑛等，2008）。近年来，中央国有企业在世界一流企业的建设目标下推进财务管理模式转型，完善财务信息化建设。特别是财务共享服务中心的建设与数字化转型在中央国有企业加强财务管控、提高运营效率、挖掘数据价值、保障战略实现等方面发挥了积极作用，是实现财务转型的重要举措。已经建立的财务共享服务中心为司库管理体系的建立创造了条件：

（1）财务共享服务建设需对集团内业务流程进行梳理和优化，在此过程中企业已经对自身原有的资金管理流程进行了梳理、合并、统一、再造，提高集团内部的信息传递和资金流转效率（中兴新云等，2019）。

（2）财务共享服务中心能够满足司库建设对于现代化财务信息平台的要求（冯淑玉，2016）。由于财务共享服务中心信息化程度更高、业务量更多、数据量更丰富，可以成为集团资金管控、投融资决策、风险管控的一体化平台（秦荣生，2016）。

（3）财务共享服务中心可以承接一般交易类职能，从而使司库承担高级管理职能。财务共享服务中心可以处理标准化程度、业务量和发生频率高的交易类职能，同时为司库提供更多的管理口径数据。司库便能够聚焦于金融资源统一配置、财务风险集中管理、提供战略管理决策信息等更为复杂但价值创造能力强的高级职能。总之，中央国有企业大力推动以财务共享服务建设为核心的财务转型，为司库管理体系建立创造了条件。

（二）集团资金集中管理体系为司库管理体系建设奠定基础

近年来，中央国有企业大力推进资金集中管理，通过完善资金管理制度、强化资金预算约束，实施不同程度的集团层面资金集中，包括资金、账户、计划、结算和融资等的集中。中央国有企业大多形成了总部集约管控、子分公司集中实施、金融产业专业协同的资金集中管控架构。从已经建立资金集中管理体系的中央国有企业情况看，主要分为两类：（1）通过财务公司或资金结算中心实现集团一级资金集中管控和统一运作；（2）通过资金池或网银系统实现企业二级资金集中，集团可以查询或监控资金运转情况。财务公司是在企业集团进行资金集中管理的重要载体，许多中央国有企业以财务公司为平台进行对内资金收入逐级归集和对外统一支付。

经过多年的建设与运行，中央国有企业的资金管理体系为司库管理体系建设奠定了基础，主要体现在：（1）建立了资金管理技术平台，大幅提高资金集中管理效率。中央国有企业实现对各类账户信息和资金的归集管理，不断提高资金集中度，有助于司库管理实现银行账户统一、加强资金集中与结算规范；（2）扩宽融资渠道，为企业发展提供融资保障。中央国有企业通过银行授信、融资计划建立了银行关系基础，并开展融资租赁等新融资模式，为司库加强债务融资、借款与融资担保管理打下基础；（3）逐步建立起集团资金风险控制体系，确保账户资金集中受控、资金流动过程管控、合理调控融资规模，为司库强化资金管理风险防控创造了条件。

笔者认为，中央国有企业司库管理体系建设不是推翻现有的资金管理体系重新建设一套新的资金管理架构，而是在现有资金管理体系的基础上不断提高集团整体的战略性金融资源配置能力，优化当前的资金管理运营能力，整合所有金融资源，加强权责的划分，通过有效的资源整合和数据贯通，发挥资金管理的协同效应，提升资金价值创造能力与金融服务能力。原有的集团资金管理体系为新的司库管理体系奠定了重要的建设基础。

（三）产业链优势有助于发挥司库金融服务功能

伴随着能力的提升与金融资源形态的不同，司库在发展的不同阶段通常以不同的形式服务企业集团。在发展早期主要利用资金集中优势提升资金整体使用效率，服务于集团内部分子公司。到了中后期，服务对象则扩展到产业上下游中小企业，以集团整体的金融资本促进全产业链条企业运营资金循环周期缩短，并协助企业集团拓展产业链条，促进产业资本向民生行业和国家战略的创新领域集聚。中央国有企业的特性使其处于相关产业链中的核心位置，更有助于发挥司库管理体系在提供金融服务方面的作用。

中央国有企业大多是行业龙头企业，有规模庞大的利益相关者，产业链中的融资和个性化金融服务需求巨大。特别是当前各产业链中的中小企业在国际环境复杂多变、新冠疫情多点反复的现状下，面临成本与需求的双重压力，亟须作为产业链核心的中央国有企业提供信用扶持、控制上下游风险传导。2021年7月，国资委指出应将国有资本引导至重要行业和关键领域，确保产业链和供应链安全，保障前瞻性的战略性产业发展；关于加快司库体系建设的意见也指出有条件的企业要利用行业链长优势，有效满足实体企业特别是中小企业的金融服务诉求。

如果企业集团没有形成完善的产业链，司库管理将难以在外部金融市场上找到突破口，实现有效的产融结合。而中央国有企业恰恰能够基于在各行业产业链中投资规模大、辐射范围广、带动能力强的特点，充分利用对于产业链利益相关者的相对信息优势，以集团司库为核心平台，向集团产业链上下游精准输送金融资源，提供个性化更强的金融服务，满足产业链内利益相关者的金融需求（常青，2019）。除了供应链金融服务之外，还可以通过加强票据使用与高效管理、应收款项清收管理，增加集团金融价值创造能力，保障产业链稳健、通畅。

二、劣势分析（Weaknesses）

（一）司库管理的高级职能缺失或不足

司库管理的职能具有层次性。张瑞君等（2010）认为司库管理职能包含基本现金管理和高级司库管理职能，基本现金管理以满足交易和收付为目标，包括账户、收支、流动性管理等职能；高级司库管理则更具战略导向，涉及投融资、风险管理等职能；毕马威（2022）也将司库职能分为操作类业务、运营类业务和战略决策类业务，运营和战略决策类高级管理职能是司库管理体系区别于传统资金管理体系的主要体现。

当前，中央国有企业面临司库管理高级职能缺失或不足的问题。从现状来看，中央国有企业司库管理体系仍集中于基本现金管理或操作类职能，如账户管理、资金结算等，而在运营和战略决策类业务上发挥的作用不足，缺乏集团层面资金管理的统一管控与资源配置。司库管理仍然承担着“大出纳”的职能，较少关注司库管理体系如何通过投融资管理、量化风险、配置资源等方式实现价值创造。

造成司库高级管理职能缺失的原因既有战略定位因素，也有运行能力因素。一方面，司库作为世界一流财务管理体系的组成部分，其最终目的同样是“支撑战略、支持决策、服务业务、创造价值、防控风险”。若企业对司库的定位不清晰，司库管理体系容易变成仅是对资金集中管理的总结提升，而在高级管理职能上缺乏考量，最终难以满足管理需要；另一方面，由于操作类业务智能化程度不足，执行效率低，大量人力资源用于日常操作，司库从操作向运营类和战略决策类业务转型困难。《中央企业全球司库数智化白皮书》调研显示，当前企业司库仍将80%的资源投入于审核、结算等经营操作层面的工作，这与西方发达国家企业集团司库将30%的资源用于分析和50%的资源用于战略决策仍有较大差距。

除此之外，由于司库管理理念的缺陷，可能导致司库即使存在高级管理职能，但发挥的效果也有限，主要体现在：（1）司库主要关注反映现金流量的指标，例如资金集中度、资金预算和实际的偏差等，而对于现金节约、资金结构配置优化等存量管理相对不足；（2）资金配置决策没有考虑内部资本市场的风险与报酬水平，使司库成为集团内资金缺口的兜底者，进行“平衡调配”和“交叉补贴”，难以通过差异化实现资源有效配置；（3）业务与财务的分离造成司库更多集中于账户管理、资金控制等职能，侧重于监督而没有实现对业务的服务，例如跟踪资金使用情况、优化资金配置等。

（二）境外企业资金管理能力有限

中央国有企业积极推进全球化战略，加快“走出去”的步伐，在海外的业务规模、资产规模、营业收入和投资收益持续增长，集中管理境内外、本外币资金管理的需求也日益凸显。现代司库管理体系正是在大型跨国公司国际化经营的背景下发展起来的，根据德勤的研究，世界一流企业能够建立起全球司库组织，基于“国际司库中心”或“全球司库中心”提高司库的国际化程度与管理半径，特别是多地域、多币种、多重银行关系的统一管理（王岩玲等，2014）。

相比于西方发达国家的大型跨国公司司库管理体系，中央国有企业在境外资金管理上仍存在不足，主要体现在：一是账户资金管控覆盖面及信息化手段不足。依托主办银行网上银行系统无法满足资金预算、实时监控、大额资金审核及预警、账户资金统计分析等管理需求，特别是事中和事前管理的信息化手段不足。二是海外公司融资平台功能有待进一步发挥，境外项目融资模式单一，尚未纳入境外项目发起、立项、开工等相关制度流程，境外融资参与程度低、融资统筹功能尚未有效发挥。三是对境外金融风险管控体系有待完善，利率风险管理策略尚未明确，经营和投资项下的汇率风险管理机制尚不健全，对境外资金、资本及汇率市场剧烈震荡还缺乏实战与应对经验。

（三）资金管理系统信息化建设滞后

信息技术是司库管理体系设计的关键要素，仅有方案的设计，没有信息系统的投入作为保障，会影响实施的效果。中央国有企业在资金管理体系建设过程中已经建立了各类资金管理信息系统，但从优化资源配置、实现科学决策、强化风险控制的要求来看，还存在以下障碍性因素：

第一，信息系统建设缺乏顶层设计，导致系统缺乏战略高度与统一体系，造成信息化建设过程当中出现数据贯通不畅、“烟囱林立”的突出问题。由于建设起点不同、系统选型不同，中央国有企业存在资金结算系统、资金预算系统、银行账户系统等资金管理系统独立运行、独立存储数据的情况；同时，尚未实现司库管理系统与ERP、共享服务中心等内部系统和外部金融机构系统的数据联通与共享。

第二，核心系统架构设计老旧、功能不全，运营性能偏低。司库管理的核心系统功能包括银行账户、资金结算服务、资金预算、票据集中等，原有资金管理系统由于技术原因性能偏低，特别是银行账户的直联率、资金结算服务的管控力和及时率、资金预算的平衡力以及票据集中的运作力均有不足。加之，中央国有企业资金管理系统建设有一定基础，在进行司库管理系统的应用和技术架构设计时，应考虑利用原有系统的可行性，同时确保系统平台的安全性与未来可扩展性。

第三，各类应用系统数据标准不统一，数据治理水平有待完善。集团已经大力推进基础应用系统的持续建设和完善，但仍存在各类应用系统数据标准不统一、汇聚数据不全面、缺乏有效数据分析手段和工具等问题。如何进行数据全面整合和有效利用，成为未来司库管理体系建设的重点任务之一。

（四）缺乏满足司库建设要求的复合型、应用型人才

普华永道全球司库对标分析研究显示，司库管理专业知识是所有司库人才必备的，此外还需要具备战略思维、业务伙伴能力、技术亲和力，同时还需要具备类似职位或司库管理其他方面的经验。可见，当前企业对司库人才的需求体现出了应用型特征，对司库人才不要求完全掌握技术，但需要具备与业务紧密合作、利用技术解决问题的能力，从而达成企业战略目标。当前，中央国有企业的司库管理体系建设依赖企业原有财务会计人员，相对而言难以满足上述要求，主要表现在专业知识陈旧，欠缺金融、资本市场和风险管理等知识；由于难以招聘到合适的具备司库管理相关经验的人员，使中央国有企业司库建设过程中面临着专业能力欠缺、项目推动力度不足以及未来人才团队培养困难等挑战。

三、机会分析（Opportunities）

（一）建立司库管理体系具备政策支持

中央国有企业加强资金管理、建立司库管理体系的根本动因是建立与世界一流企业相匹配的财务管理体系，提高我国经济竞争力。在此目标下，企业加强资金管理、建立司库管理体系具有诸多政策支持，为企业建立司库体系创造了条件、指明了方向。

为了加强企业集团资金管理，早期监管部门曾下发一系列政策文件，为司库管理体系的建设打下了基础。例如，2000年中国人民银行颁布的《企业集团财务公司管理办法》促进了财务公司的发展，使其成为企业集团资金集中管理的重要模式；2006年国资委在《中央企业总会计师工作职责管理暂行办法》中对总会计师推行资金集中管理的职责做出了明确规定；2006年财政部颁布的《企业财务通则》和2007年颁布的《企业内部控制规范》均明确支持有条件的企业实施资金集中管理；2014年《关于中央企业进一步促进财务公司健康发展的指导意见》将服务集团资金集中管理作为财务公司的基本定位；2019年

发布的《跨国公司跨境资金集中运营管理规定》促进了跨国公司跨境资金集中管理。

在2013年发布的《关于印发中央企业做强做优、培育具有国际竞争力的世界一流企业要素指引的通知》的引导下，未来中央国有企业的改革方向是打造一批世界一流企业，实现高质量发展、构建新发展格局的重要支撑。世界一流企业必须具备世界一流的管理能力和管理体系。为此，2022年国资委连续发布有关推动司库体系建设和世界一流财务管理体系建设的指导意见，进一步表现出国家对中央国有企业完善司库建设的重视程度，且内容更系统、目标和方向更明确。这些文件的发布都为中央国有企业建设司库管理体系提供了难得的政策支持。

（二）建立司库管理体系契合中央国有企业发展战略

当前我国经济发展在需求端乏力、供给端面临冲击，加之新冠疫情和外部环境复杂严峻带来的不确定性，稳中求进是中央国有企业的工作总基调。对此，国资委对中央企业2022年工作提出了八个方面的重点任务，而司库管理体系的建设契合其中多项任务，主要包括：

（1）司库助力企业稳健经营。“稳”字代表中央国有企业要控制好资产负债率，保障传统主营业务的稳定，降低成本、节省开支，保证充裕的现金流。对此，资金管理应以提高使用效益、保障资金供应、规避债务风险为主，确保建设和生产经营资金需要，这些恰恰是企业司库管理的主要职能。

（2）司库助力企业稳健开展境外投资和生产经营。中央国有企业在“走出去”过程中面临着资金集中管控、结算业务、结售汇业务、资金跨境流动、汇率风险规避等需求。建立全球司库管理体系有助于强化境外企业资金管理，实现全球资金统一管理目标，适应中央国有企业国际化发展战略。

（3）司库助力企业防范化解各类风险。中央国有企业在维护经济稳定中发挥带头作用，避免发生重大风险事件。中央国有企业加强资金管理、防控债务风险，需要通过司库体系实现对资产负债率高、资金链脆弱的分支机构进行重点监测，避免发生债务风险。

总之，建立司库管理体系与中央国有企业未来几年的发展战略契合程度较高，一定程度上可以提高司库管理体系建设在中央国有企业中的战略定位，清除司库管理体系在建设上的障碍。

（三）金融体制改革为企业司库功能发挥提供机会

近年来，我国金融体制改革作为供给侧结构性改革的重要环节不断推进，实现金融调控和监管体系的不断健全，提升金融服务实体经济和防控风险的能力。一系列政策文件和措施加快推进我国利率汇率市场化改革，建立起健全的货币调控政策，不断完善金融监管组织和普惠金融政策体系，并加速金融业对外开放。

金融领域的深化改革是以更好地服务实体经济为目的，在此背景下有助于中央国有企业司库发挥专业化和技术平台优势，科学运用金融工具，升级内部资金管理，优化产业链资金流转，具体表现在：

第一，司库作为中央国有企业内部金融平台提供的服务比外部金融机构更加直接和高效。在普惠金融的导向下，更有助于中央国有企业司库管理体系实现产品创新，提供面向全产业链的金融服务，加强产业链核心企业和上下游企业的信用传导（吴振宇，2021）。

第二，新一轮金融体制改革呈现出明显的科技引领特征，金融科技的应用也是金融改革的重点。袁磊等指出，企业司库可以为金融科技的创新应用提供场景，丰富金融科技在产业端的应用。金融科技的发展有利于司库提升内外连接、优化金融资源配置的能力（陈雨露，2020）。

（四）新兴技术为司库管理体系建设赋能

大数据、人工智能等新兴技术为在财务管理领域的广泛应用为中央国有企业司库管理体系建设提供了强大的技术支持。借助新兴技术手段，司库正在迈向数字化与智能化的“智慧司库”，满足中央国有企业资金管理可见、可控、可优化、可预测的同时，帮助企业识别数据资产价值，实现数字驱动决策。普华永道（2022）的一项调研显示，在未来2到3年，与司库管理相关性最大的技术包括数据分析、RPA、人工智能和区块链等。其中，数据分析和人工智能主要用来增强对现金流或各类风险的预测，RPA和区块链则可以用来提升付款和交易等一般流程的处理效率。

国资委对司库体系建设的要求是利用人工智能技术持续挖掘数据价值，以数据的应用来增强决策支持、经营分析和风险管控能力。可见，未来新兴技术对中央国有企业司库管理体系的支持作用主要体现在大数据和人工智能技术的运用上。一方面，大数据扩展了企业司库的管控范围，过去企业集团只能集中使用分支公司的内部数据，而现在则可以对集团内部各信息系统以及外部的各种数据进行采集处理，由此形成“数据湖”，使集团公司对所涉及的外币汇率与利率升降、发展趋势预测等变得更加可行（袁磊等，2019）。另一方面，在数据汇集的基础上广泛部署人工智能技术，例如回归预测用于未来现金预测、知识图谱用于信用风险识别、聚类算法用于风险控制领域等，可以实现多维度资金头寸实时监测、多层级资金集中程度分析、模型化投融资业务分析、全口径资金预算执行分析。总之，大数据和人工智能等新兴技术将助力中央国有企业司库管理体系实现价值创造能力的提升。

四、威胁分析（Threats）

（一）司库建设面临复杂性高与产品力不足的矛盾

中央国有企业司库管理体系建设无论是从建设内容、建设要求还是建设步骤上均具有较高复杂性：（1）从建设内容上看，司库建设体系庞大、涉及理论范围广，涵盖目标制定、模式选择、职能和岗位、制度体系、流程设计和运行环境设计等多个方面；（2）从建设要求上看，世界一流水平的司库管理体系必须具有复杂的业务和场景支持能力、深度的业财融合能力、安全高效的新技术引入、可靠和稳定应用部署、规范和标准化数据治理，以及更多自动化和智能化场景运用；（3）从建设步骤上看，中央国有企业司库管理体系建立首先要金融全景规划；其次要区分内部复杂性、管控强度和需求迫切程度进行分层实施；再次要确定不同的阶段性目标，确保每个阶段均有成效；最后还需要通过敏捷迭代的方式丰富应用场景。国资委对中央国有企业的要求“时间紧、任务重”，加之中央国有企业体系庞大、结构复杂，使得建设难度进一步提升。

然而，司库建设在近年才受到各个企业的重视，以往的需求欠缺使得司库建设的供给能力较低，司库建设面临复杂性高与产品力不足的矛盾。面对司库管理体系建设的复杂要求，相关服务和产品能力难以迅速满足需求，存在高级管理职能欠缺、企业个性化设计不足等问题。朱梅胤（2018）为，当前企业司库建设服务的提供者主要可分为以下三类：（1）综合型企业服务商。这类服务商在产品的性能和稳定性上具有优势，目前正积极发布司库建设相关产品。但同时，这类服务商的标准化产品的功能相对单一，较宽泛的业务范围也使得其提供产品的个性化能力不强，难以针对企业需求进行精准设计；（2）近几年兴起的成长型服务商。这类服务商主要提供基于SaaS平台的标准化资金管理系统解决方案，一方面难以满足中央国有企业专业定制化的要求，另一方面中央国有企业出于信息安全考虑，对SaaS服务的接受度并不高；（3）技术型垂直服务商。这类服务商在资金管理系统建设上的经验较为丰富，具有定制化和差异化优势，但在规模上存在一定差距，各自具备不同的特点和优势，难以提供完整和全面的方案。总之，不同的服务商在产品体系、功能覆盖度、咨询服务能力等方面均存在差异。毕马威（2022）的研究指出，目前市面上新开发的司库信息系统产品仍有提升的空间，无论是研发运维能力还是产品成熟度上均处于完善阶段。中央国有企业建立司库管理体系不仅仅是搭建一套系统，更需要匹配相应的管理和运维能力，并且满足数据治理的要求。因此，司库建设的技术、产品力、专业性等方面是中央国有企业不可回避的问题。

（二）基于财务公司建设司库管理体系尚存障碍

从目前国内企业集团司库建设的经验来看，在财务公司基础上建设企业司库是一个好的选择。但企业司库的建设必然连接到企业集团的战略层面，涉及到集团公司与财务公司的关系问题，这与财务公司作为集团的二级企业的地位有着密切的关系。理论上，集团司库管理体系以财务公司为载体，财务公司需要站在集团高度，统筹集团全局，制定出符合集团要求的司库发展战略。此时，集团需对财务公司进行充分授权，使财务公司代表集团整体发挥司库职能，即使不改变财务公司的股权层级，也应将其管理层级提升至集团职能部室的高度。如果以财务公司为基础搭建司库，则财务公司的职能应实现扩展，纳入资金战略制定与实施、全球资金池管理、全球风险管理等职能，使其定位进一步从“四大平台”向统筹集团金融资源的司库转变，并根据新增职能制定完善相关管理流程及制度。如何正确认识并有效处理集团与财务公司的关系问题是中央国有企业司库管理体系建设的一个障碍。

（三）面临外部监管所形成的障碍性因素

在现有政策下，大多数企业建立在财务公司基础上的司库管理体系会受到来自外部监管方的诸多限制，且不同部门政策未实现有效衔接（朱梅胤，2022）。财务公司当前面临多个主管部门的监管，包括银保监会、中央人民银行、国家外汇管理局、中国证券监督管理委员会等。

不同监管部门出台相关法规和政策，使得司库实现资金归集、发挥金融服务职能受到诸多限制，较为明显地表现在：（1）银保监会出台的《流动资金贷款管理暂行办法》《个人贷款管理暂行办法》《固定资产贷款管理暂行办法》和《项目融资业务指引》等，使金融机构发放的大部分流动资金贷款、固定资产贷款必须由银行受托支付，不得委托财务公司进行受托支付，企业的贷款资金绝大部分无法归集到财务公司（孙晓斌，2020）；（2）人民银行和银保监会并无明文规定限制上市公司参与资金池，但证监会于2003年颁布的《关于规范上市公司与关联方资金往来及上市公司对外担保若干问题的通知》以及深交所的《深圳证券交易所信息披露业务备忘录第37号——涉及财务公司关联存贷款等金融业务的信息披露》等规定，都直接或间接地限制了企业集团上市公司的资金归集。集团上市公司在参与基于委托贷款而来的资金池开展业务时，只能以从资金池借入资金，而不能向资金池里借出任何资金（姜洪源，2019）；（3）境外资金难以有效实施集中管理。按照《企业集团财务公司管理办法》三十一条规定，财务公司不能从事离岸业务，只能在规定的项目下从事资金跨境业务。加之受所在国家、地区的外汇管制，多数企业无法以财务公司为平台对境外资金进行集中收付、跨境结算，境外资金难以集中管理。外部监管所形成的障碍性因素是中央国有企业在建设司库管理体系，特别是基于财务公司建设司库时需要考虑的问题。

（四）境外资金管理存在诸多不确定性

中央国有企业在实施“走出去”战略过程中，面临着巨大的风险和不确定性。特别是在国际形势变化剧烈的当下，为中央国有企业境外资金管理带来诸多挑战，需要综合考虑国与国关系和政策变化、地缘政治纷争、贸易壁垒、汇率变化等风险，这些风险也为中央国有企业司库管理体系在建设过程中带来诸多不确定性。

一方面，地缘政治风险可能使司库跨境业务受阻。在俄乌战争的背景下，以美国为首的西方国家宣布禁止俄罗斯部分银行使用“环球银行金融电信协会”支付系统（SWIFT）。当前，司库管理体系实现跨国资金转移支付时需要借助SWIFT系统，以确保跨境资金转移支付的真实性、完整性、及时性和保密性。虽有一些可替代的跨境金融信息传递方案，例如中国跨境银行间支付系统（CIPS）和数字人民币，但从普及程度和建设进度来看，仍不能真正取代SWIFT。因此，中央国有企业在建设全球司库管理体系时，特别是针对境外资金管理相关业务，为了避免未来可能出现的安全与制裁问题，需要考虑如何实现自主可控。

另一方面，境外资金管理涉及的政策种类繁杂，给企业理解和把握带来诸多不便。由于中央国有企业海外机构所在的不同国家存在政治、经济、社会、法律、人文等多方面的差异，因此在全球司库管理体系的建设中，需要深入把握所在国的政策法规，包括现金、银行、外汇、财税、汇率、经济等多个方面，并充分考虑不同国家的政治稳定性、监管环境、时差和贸易保护问题，这些因素将导致司库管理体系建设的难度进一步提升。

五、SWOT分析后的策略选择

根据SWOT模型的分析方法，需将优势、劣势、机会和威胁要素结合起来分析，将分析的结果填入“SWOT矩阵”，并形成四种不同的战略选择，如表8-1所示。四种战略选择分别是优势与机会结合的“增长型战略（SO）”，优势与威胁结合的“多元化战略（ST）”，劣势与机会结合的“扭转型战略（WO）”，以及劣势与威胁结合的“防御型战略（WT）”。由于SWOT模型本是用来分析企业竞争优势和战略选择的，由此形成了四种战略选择。对于项目管理分析而言，四种战略的区别主要在于企业可根据各种因素的轻重缓急或影响程度，制定相应的行动计划，最终发挥优势、克服劣势，利用机会、化解威胁。

表8-1 中央国有企业司库管理体系建立SWOT矩阵

	优势(S)	劣势(W)
	1.财务转型为司库管理体系建立创造条件 2.集团资金管理体系为司库管理体系建设奠定基础 3.产业链优势有助于发挥司库金融服务功能	1.司库管理的高级职能缺失或不足 2.境外企业资金管理能力有限 3.资金管理系统信息化建设滞后 4.缺乏满足司库建设要求的复合型、应用型人才
机会(O)	**增长型战略(SO)**	**扭转型战略(WO)**
1.建立司库管理体系具有政策支持 2.建立司库管理体系契合中央企业发展战略 3.金融体制改革为企业司库功能发挥提供机会 4.新兴技术为司库管理体系建设提供支持	建立数字化、智能化、全球化的司库管理体系 探索并优化关键绩效指标设计与评价 建设开放的资金生态圈环境	注重司库管理职能的扩展 进行司库信息系统的重新规划、架构升级 重视数据治理的建设 明确数智化时代司库执业能力的新变化与新要求
威胁(T)	**多元化战略(ST)**	**防御型战略(WT)**
1.司库建设面临复杂性高与产品力不足的矛盾 2.基于财务公司建设司库管理体系尚存障碍 3.面临外部监管所形成的障碍性因素 4.境外资金管理存在诸多不确定性	平衡建设过程中"破旧"与"立新"的关系 构建运行机制与保障措施 重视不确定环境下的司库建设 争取监管部门的支持	聘请专业顾问 进行基于财务公司建立司库体系的可行性分析 开展司库管理体系方案和系统架构设计

国资委指出中央国有企业要分类确定工作目标，对于司库体系建设尚在起步、已有基础和较为成熟的中央国有企业提出了不同层次的要求。根据SWOT矩阵，中央国有企业可以根据自身的内部优势、劣势，外部环境的机会和威胁，结合司库管理体系建设的成熟度分析，决定司库管理体系建设未来的发展战略，包括：

（一）增长型战略

"增长型战略"适用于已经建立较为成熟的司库管理体系的中央国有企业，需要重点关注优势和机会两种因素，充分利用自身的内部优势去赢得外部的机会，基于原有的资金管理体系或司库管理体系，进一步推动司库的数字化、智能化和全球化，实现全球资金管理线上运行、资金运作统一调度、资金风险整体防控；探索并优化关键绩效指标设计与评价，利用绩效指标的激励进一步提高司库的资源配置能力；积极推动资金生态圈环境建设，发挥自身在产业链上的优势，加强与上下游中小企业的合作。

（二）多元化战略

“多元化战略”适用于司库体系建设有一定基础，但在职能升级、信息系统升级、全球化运营方面存在一定阻碍的中央国有企业，即重点关注优势和威胁因素，考虑如何利用自身的优势去化解外部的威胁和不利的变化，在建设过程中注重平衡“破旧”与“立新”的关系，能够保证在现有的建设基础上高起点起步，避免重复建设，并构建运行机制与保障措施；重视不确定环境下的司库建设，特别是在新冠疫情和国际局势变动下司库管理体系建设的风险；同时加强对有关资金监管政策的研究，争取监管部门的支持。

（三）扭转型战略

“扭转型战略”适用于开展了一定资金集中管理建设但司库体系建设尚处于起步阶段的中央国有企业，需要借助此次司库管理体系建设的机会大幅提升资金管理水平，目的是抓住机会，克服管理上的劣势。这类中央国有企业应注重司库管理职能的扩展，持续加强全球资金集中管理；进行司库信息系统的重新规划、架构升级以及数据治理的建设；明确数智化时代司库执业能力的新变化与新要求，建设一支强大的司库人员队伍。

（四）防御型战略

“防御型战略”适用于尚未建立起完整司库管理体系的中央国有企业。“防御”并非指不采取措施，而是认识到司库体系建设的紧迫性，聘请专业顾问，从最基础的工作开始入手，进行基于财务公司建立司库管理体系的可行性分析，开展司库管理体系方案和系统架构设计，完成远景规划和实现路径分解，使司库管理体系搭建和系统建设目标明确、任务清晰、操作可行。

09 第九章 中央国有企业司库体系建设策略选择：保守还是激进

保守与激进的论争最初发生在历史学领域，主要是中国近现代思想史领域，迅速扩展到文学、哲学、经济学、社会学等人文社会科学领域。国资委在《关于推动中央企业加快司库体系建设进一步加强资金管理的意见》（2022）中要求：2023年年底前所有中央企业基本建成“智能友好、穿透可视、功能强大、安全可靠”的司库信息系统，所有企业银行账户全部可视、资金流动全部可溯、归集资金全部可控，并将司库体系建设分成尚在起步、已有基础、较为成熟三类。2022年年底前初步建设成能够线上运行的司库信息系统，实现境内企业银行账户和资金流动的信息动态轨迹和穿透监测，并以此作为最低要求。事实上，我国的中央国有企业普遍具有股权复杂层级多、业务多元化、产业链条长、业务板块多、下属企业板块资金规模与流转特点不同等特征，从大多数中央国有企业的司库体系建设现状来看，仍处于初级阶段；还存在着管控能力弱、账户集中管理不完整、集中度不高、风险管理滞后、信息系统建设程度低的问题。如果要在2年内建设完成，各中央企业将面临巨大的挑战。大多数中介咨询公司所实现的顶层设计方案显然有些激进，而有些公司仅是在财务公司层面进行了信息系统本应进行的优化，又显得有些保守。到底是保守还是激进，既是一种策略的选择，又意味着后面实施过程具体路径的选择。因此，策略选择问题值得进行探讨。

一、保守还是激进：应该考虑哪些核心因素

（一）集团财务管控力度因素

肖春尧（2011）提出了企业集团集权与分权安排的影响因素：企业集团财务战略、企业规模大小、集团管理水平、分子公司空间集中分散程度、各分子公司之间的投资关系与业务关系、成本与效益的考量等。财务集权还是分权更是一个复杂的财务管控问题，它往往与企业的所有制、组织架构模式、企业规模大小、经营范围、企业文化、最高管理者的性格、财务管理能力等诸多因素相关。过去，我们在财务管控集权和分权的问题上容易出现的怪圈是"一集就死，一放就乱"。集权好还是分权好不是绝对的，适合于企业自身的特征就是最好的，甚至有的企业集团的财务管控采用了集权与分权相互结合的混合模式。因此，策略选择还是需要根据企业集团内部各分子公司的具体情况，确定集权和分权的范围和程度。

司库建设的实质是资金的集中管理问题，这种集中已经从单纯的财务公司层面的资金集中管理转移到了控股企业与被控股企业不同层面的资金统筹与配置，甚至覆盖到了所有的金融资源，并实施集中统一配置。企业集团的财务管控到底集权还是分权，将影响到司库体系建设采用保守还是激进的态度。集权型的企业集团往往具备较好的组织基础、制度基础与文化基础，控股企业具备绝对的权威性，被控股企业自主权变小，仅具有业务执行权而不具备财务决策权。因此，控股企业掌握了集团大部分财务资源和财务决策权，被控股企业仅负责执行，财务权力很小。此时，集团管理层会倾向于采用较为激进的策略实施司库体系建设。而分权型企业集团往往缺乏统一的制度基础，缺乏集中的组织基础和文化基础，虽然控股企业仍然处于主导地位，但被控股企业拥有一定的财务自主权，与控股企业处于协商关系。因此，分权型财务管控的企业集团在司库管理体系建设问题上往往会采用较为保守的策略，会循序渐进地推进变革。

（二）一把手重视程度因素

代彬、翟誉皓（2022）研究认为，抱有"雄心壮志"的企业管理者对新事物、新技术具有更敏锐的认识洞察能力，与之相应的是快人一步的执行力和更强的风险承担能力。Tian和Wang（2014）认为经理人如果面临的巨大业绩压

力会令其变得目光短浅，更有可能牺牲企业的长期发展，阻碍企业的数字化转型。这些研究表明了最高管理层在企业中的核心作用。企业司库对于最高管理层来说，大多是新鲜事物，数字化与智能化的司库体系建设更成为未来司库建设发展阶段的最高级阶段。以一把手为核心的管理层是否能够接受这一工具和先进理念值得商榷。司库管理体系的建设是一把手工程，重视程度较高的一把手会采用较为激进的变革策略，并要求以集团、财务公司、具体分子公司为建设主体，会要求在集团层面应做好顶层设计工作，注意从战略目标、组织架构、部门协同、流程再造、数据贯通、技术创新应用、风险管控、绩效评价等方面做好设计与总体规划，然后再实施具体变革和信息化落地工作。对司库体系建设工作不重视的一把手会存在应付检查的心理，往往采用较为保守的司库建设策略。此时，财务公司顺理成章地会成为建设主体，在财务公司层面做一些功能的优化。如果进行较大的变革，财务公司二级子公司的地位会使得建设结果最终还是停留于自身业务范围体系和信息系统的完善，缺乏统一的顶层设计与规划，难以实现司库体系建设真正目的。

（三）财务转型与财务管理创新因素

由于国有企业缺乏激励与约束机制的结合，缺乏风险与收益的对称性，使得高管层的管理容易出现短期行为，这必然使得高管人员对风险大、创新强、具有长期性的工作缺乏主动性和积极性。而中央国有企业复杂的组织层级关系与股权关系会为组织变革带来消极的影响，从而增加组织变革成本，降低变革的效率，更会出现短期行为。财务转型作为企业组织变革的内容之一，会受到来自企业内部外部因素的共同影响。当前，以财务共享服务为切入点的财务转型已经普遍在中央国有企业展开。从转型的视角来分析，企业司库建设也是财务转型在资金管理方面转型的重要组成部分。对此，笔者曾在《财务转型视野中的企业司库管理研究》一文中指出：企业司库体系建设应该纳入财务转型的视野，并应该在司库体系建设中正确处理好集团司库管理部门与财务部门其他资金管理职能、与财务公司、与财务共享服务的关系，以为司库管理建设扫除障碍，顺利实施。因此，财务转型在组织变革、流程再造、业财融合等方面的变革程度将影响到企业财务管理的创新环境与变革基础，进而影响到司库体系建设的策略选择问题。财务转型彻底与财务创新程度高的中央国有企业，更容易选择较为激进的策略。反之，则会选择较为保守的策略。

（四）新技术的应用因素

技术变革被看作商业模式创新实现的重要触发因素（Winterhalter等，2017），虽然并不一定依靠新技术，但新技术的研发却能催化商业模式的变革与演化（Schneider等，2013；Velu，2015）。“大、智、移、云、物、区”等新一代信息技术的蓬勃发展，在改变会计流程、组织、职能与工作方式上，为财务转型和财务管理创新发展提供了强有力的赋能与助推。在科技变革与政策推动背景下，通过智能技术赋能企业司库管理，实现企业司库管理的数字化和智能化转型升级逐渐成为其未来发展演进的重要趋势。新一代信息技术在企业管理与财务转型上的应用情况反映了最高管理层对于新技术所引发的经营理念、发展方式和商业逻辑创新的认知态度和思维惯性。这种认知态度与思维惯性同样会影响司库体系建设的选择策略问题。新技术应用较好的企业会从数智型司库规划入手，提出较为激进的司库体系建设策略；而对于新技术应用认知较差，思维惯性较为保守的企业集团会选择较为保守的司库体系建设策略。

（五）人才储备因素

优秀的人才是促进一个企业的创新发展至关重要的决定性因素。一个企业的基础运作与未来发展，都需要依靠人才作为支撑。司库体系建设需要配备一支较强专业性和技术性的司库型人才队伍，将信息系统与业务系统相对接，实现基础数据的收集加工和分析，确保资金安全性、准确性。尤其在数字化的驱动下，各种新兴科技在司库领域的应用越来越普及。如何将这些数字技术更好地运用到司库管理中，帮助企业打造集高效运营、风险可控、多维立体可视为一体的司库管理体系，需要司库团队一方面加强人才专业能力的纵向精深，另一方面加强人才综合能力的横向拓展。即在更加深入地掌握财务、金融及其他综合专业知识外，还应重点提升数据分析能力、创新与战略思维和科技平台运用能力，从而能够与企业IT部门、业务部门等进行高效配合与对接，有效整合分散、孤立的数据，不断挖掘数字技术的商用价值。如果财务公司的关键性岗位被集团产业型人才所占据，缺乏专业金融知识和实践经验，风险管控意识较薄弱，就难以支撑激进型司库体系建设策略，因此会更倾向于保守型的司库体系建设策略；如果企业专业化团队和人才储备较为充足，精通金融专业知识且具备实践经验，就可以支撑激进的司库体系建设策略。

二、中央企业司库体系建设策略选择

（一）规划应结合企业实际情况，避免规划与实施两张皮

企业司库体系建设的路径首先要进行司库规划的设计工作。无论是自行设计还是聘请第三方咨询机构设计，都要考虑企业集团所处行业特征、企业发展战略、业务布局、资金管理模式、管控现状、资金管理重点、资金管理部门地位、资金管理的组织现状、金融与技术的人才储备情况等因素进行个性化和符合企业实际情况的规划设计。避免拿来主义、照抄照搬其他标杆企业的规划设计思路。缺乏个性化的司库规划设计会形成规划与实施的两张皮问题，结果往往过于乐观、激进，而实际情况却差之毫厘，谬以千里。从规划的方向来看，司库体系建设要思考和解决以下三个问题：（1）要建大司库还是小司库；（2）要建成的司库部门是成本中心还是利润中心；（3）司库的职能定位是什么。

如果采用激进的司库体系建设策略，司库范围会界定为大司库体系，建成利润中心，职能定位为战略型司库。即将集团所有涉及司库业务的组织、职能、制度、流程、系统纳入规划范畴，从价值增值视角将司库管理融合于业务，并贯穿于企业整个经营过程，发挥主动价值创造的作用，使其不仅能满足企业集团整体高效灵活的资金运转需求，还能主动为企业发展提供决策支持，致力于为企业集团发展战略的实现赋能。保守型的企业司库体系建设策略则会将司库定位于传统的运营型、管控型与金融服务型司库，会以财务公司为核心建立司库型财务公司，缩小司库建设范围，使得司库部门成为典型的成本中心而不是利润中心。

（二）应重视组织架构设计对企业司库体系建设效果影响

司库组织架构设计是司库管理体系建设和有效运行重要的组织保障。如果采用积极激进的司库体系建设策略，企业集团会在组织架构设计上考虑建设组织架构和运行组织架构两个维度。其中，建设的组织架构主要由建设小组组成，具体可由领导小组、工作小组、咨询小组、信息化实施小组四个部分组成。可由一把手挂帅，相关部门的一把手组成的司库管理体系建设领导小组，负责具体规划、沟通协调及统一决策的相关事宜，注意通过文件的形式明确司

库建设的意义及推广的价值。工作小组可由总会计师领导，财务部门具体牵头落实相关具体工作，联合资金处室、金融处室、资本运营处室制订明晰的工作实施方案，明确目标与时间规划、细化措施、压实责任，配备人员和资金保障，加强培训和人才队伍建设。咨询小组与信息化实施小组作为第三方，应该注意加强配合，实施咨询基础上的信息化，以流程再造、数据标准化与贯通、业财融合为手段，加强数智化运用，以资金一体化运作为目标，统筹设计实施方案。在司库运行小组方面，应在组织架构的设计上协同资金、资本、金融、规划、国际、风控、信息等多部门的协同联动。应建立完善集团总部、平台公司、分子公司“三位一体”的司库管理组织体系，梳理内部管理职责，厘清集团总部财务部、财务公司、资金中心、共享中心在司库管理中职责边界。具体来看，如果采用激进的司库体系建设策略，应构建集团司库管理中心、财资平台公司（包括境内财资中心与境外财资中心）、财务共享服务中心、分子公司等“四位一体”的运行组织体系。具体职责划分如下：

（1）集团司库管理中心。

合并所有与资金、资产、资本相关的集团处室组成集团的司库管理最高决策机构。对司库战略、司库政策、工作目标、能力建设策略、重大规章制度进行决策。提出司库战略、管理、重大决策及业务政策、管理体系即规章制度建设方案，统筹协调司库信息化建设与金融资源配置，对司库业务、风险、绩效进行归口管理，并实施监督与考核等工作。

（2）财资平台公司。

司库境内外的运营专业服务机构和执行机构。统一资金收付、专业顾问服务、数据与信息服务、结算服务、信贷服务、投资服务、融资辅助服务、资金服务、票据服务、银企服务、内部资金池、结售汇代理服务、重要事项备案，财务顾问、执行集团资金、账户管理、风险管理、资金运行监控、境外资金管理与金融服务等管理要求。

（3）财务共享服务中心。

中心工作是资金统一收付的执行机构，作为统一的资金的支付工厂，进行合规控制和费用控制。具体体现为财务政策执行、费用控制、报销、报账、总账凭证、核算、财务报表业务。随着财务共享服务中心的成熟发展，其在资金统一收付、账户集中管理、银行资源集中协调等方面的经验已经十分成熟。如果将财务共享服务中心与司库管理系统进行对接，其完全可以发挥一个“支付工厂”的角色，增强资金的可视性和流动性管理，加强对资金支付时效的管控。此外，财务共享服务中心还可以通过信息系统集中风险管理的流程，解放司库管理的人员时间和精力，从事司库资金增值的管理，而不是停留于对支付流程的管理和监督。财务共享服务中心的数据集中优势还可以针对司库管理的决策提供数据分析支持服务，这将大大提高司库管理的效率。

（4）分子公司。

分子公司是资金需求提出单位，负责提出资金需求（资金收支申请、提出资金需求，担保申请、对账申请、融资报备等），发起收支申请、重要事项备案，遵循公司财务政策向执行提出服务需求。

此外，对于拥有跨国业务的中央国有企业还会在激进的司库体系建设策略的影响下，建立全球统一的司库管理体系，同时设立境内、境外两个财资中心管理平台，采用自上而下的垂直管控模式，对银行账户、资金归集、资金结算、融资管理、短期投资等资金业务实行集中、统一管理。境内将以财务公司作为资金管理平台，设立分公司和延伸柜台；境外通过搭建“总部——区域——国家中心”的三层架构提供全球金融服务。在确定境外资金平台的总部和区域中心时，还会根据各个区域业务覆盖及数量、业务规模，各国税收政策、经济环境、金融服务成熟度等条件，确定各个区域中心总部的备选国家及所服务的国家，构建涵盖全球业务的资金管理服务网络。

如果采用保守司库体系建设策略，会考虑现有财务组织架构的利益格局，避免较大范围因变革而引发的负面影响，不会采用大范围的组织架构整合和确定职责分工。会交由财务公司负责，并在财务公司层面从功能完善、优化的角度朝着司库型财务公司的组织架构去构建。

（三）应认识到业财融合是司库体系建设迈向更高阶段的重要基础和前提条件

王竹泉等（2022）认为，财务数据生成于业务活动，再反馈到业务活动中，这种相辅相成的关系决定了业务和财务始终是不可割裂的系统。从司库系统本身来看，不论是传统的现金及流动性管理功能，还是高阶的投融资管理、风险管理及智能财务决策等功能，无一不体现出业财融合的理念，司库系统本质上是业务活动和财务活动的桥梁。业财融合是司库体系建设迈向更高阶段的重要基础和前提条件，它有利于将司库管理前置于业务管理之中，对于现金流量和风险敞口提前进行预测并采取相应的决策。业财融合有利于司库加强集团内部单位的协同能力，统一数据标准，实时反映资金业务信息，辅助资金调配和管理决策，发挥司库的数据价值。业财融合较好的企业集团，会采用较为激进的司库体系建设策略；反之，则会选择较为保守的策略，且建设的效果大打折扣。

（四）应在人才储备培养上侧重于横向拓展与纵向精深

激进型司库体系建设的策略会在战略型价值创造的引导下，改变传统司库的“金字塔型”职能分布，更加凸显战略决策职能。同时，要求以智能技术有效协助企业应对更加严格的资金监管，在满足企业资金可视、可管、可用的同时，更加注重风险管控，通过数字化赋能及平台一体化实现“预警、避险以及增值”的目标。这就决定了司库人才必须具备多元化能力，包括战略思维、数据运营能力、数字化工具运用能力、技术创新能力等多项核心技能。战略思维成为未来企业司库首要的必备技能。另外，优秀的企业司库人员应该是具备“知金融、善财务、懂业务、强数据”能力的复合型人才，即在具备精深的经济金融、财务会计等专业能力的同时，还要具备业务知识、数据分析与预测、IT技术应用和需求分析等高阶能力。司库人员不仅要会运用机器人、云技术、SaaS等数字化手段实现管理目标，甚至还要具备更多的IT管理和数据治理能力，如帮助管理数据从原系统转移到大数据系统；与企业内部IT、业务部门，乃至外部产业链、资本市场等配合与对接，有效整合分散孤立的数据，建立大数据聚合中心等。因此，数据运营能力、数字化工具运用能力和技术创新能力便成为司库人员需要加强的横向综合能力。如果企业在金融业务知识、数据分析与预测、IT技术应用和需求分析及企业战略制定等高阶能力的支持上缺乏相应的人才，则只能采用保守型的司库建设策略。

（五）应做好保障及支撑体系建设

司库体系建设无论是保守还是激进，都应注意做好保障和支撑体系建设，其中：

第一，做好司库理念的宣传与创新。企业集团管理团队司库理念的创新意识是司库体系构建的文化基础。司库管理是企业集团、分子公司、商业银行等利益相关者构成的价值链的管理，因此企业管理团队需要注重用价值链理论分析企业金融资源活动的价值链，围绕企业集团战略目标，依托信息技术实现司库管理。

第二，做好制度体系建设。依据企业发展战略，企业集团设计与司库体系相配套的管理制度和实施细则，营造全面统一的司库管理制度环境。在此制度下，企业集团各分子公司应按照统一的制度体系对资金等金融资源进行预测、预算、反映、控制、审批和分析，并通过激励机制、考核机制确保企业金融资源的保值增值。

第三，做好流程体系建设。企业集团金融资源配置的协同效应，很大程度上取决于其业务流程和管理流程是否合理完善。从司库组织以及集团分子公司、商业银行等的内、外部价值链的金融资产运营流程，到利率和汇率等风险管理流程，都需站在管理的视角，结合企业发展战略和信息技术进行流程优化。管理团队进行司库体系的流程优化时，一方面要设计、优化具体流程，另一方面将各种流程嵌入共享数据库，强化集团各分子公司按照统一的流程运作。

第四，做好信息系统落地实施。企业集团将根据司库管理需求设计的组织制度流程等嵌入司库信息系统，构建支持司库管理的信息平台，该信息系统为司库组织与集团分子公司的金融活动提供支持，企业集团各分子公司在经营过程中按照统一的规范将金融资源运作信息，通过网络实时传递到司库系统，司库组织将金融资源管控的触角延伸至企业。收入源头和支出末端实现信息流与资金流同步一致，从而降低企业集团的财务风险，提高金融资产的使用效率。

10 第十章 财务公司与中央企业司库体系建设

作为最贴近实体产业的持牌金融机构，财务公司的功能和服务内容是司库管理的重要内容，以财务公司为基础搭建司库体系具备显著优势和可行性。在实施过程中，财务公司在夯实自身业务能力、风险管理体系、信息系统建设基础上可以深刻理解司库管理的内涵，对司库组织、流程、制度以及信息系统等关键要素设计提供有效支撑。从集团整体目标出发，对企业集团融资、投资、运营管理、资金分配、外部金融市场等各环节提供良好的金融服务，为上中下游产业链提供金融服务，真正成为企业集团资金资源管理乃至财务管理的助手、参谋与设计师。通过组织创新、流程优化、制度设计和系统集成构建完整的司库管理体系，打通企业集团金融资源的内部壁垒，完成对内部金融"孤岛"的治理，使企业集团金融信息交流通畅，实现金融资源的合理配置和价值增值。

一、国有企业集团财务公司的现状

财务公司是为集团发展提供金融服务、助力集团建立司库管理体系的重要平台。我国的财务公司承担了部分司库管理的职能，其功能定位和业务范围具有明显的司库型财务公司特征。2006年修订的《企业集团财务公司管理办法》指出，财务公司是"以加强企业集团资金集中管理和提高企业集团资金使用效率为目的，为企业集团分子公司提供财务管理服务的非银行金融机构”。2022年1月8日印发的《关于推动中央企业加快司库体系建设进一步加强资金管理的意见》指出，要依托财务公司等平台建立司库体系，发挥资金归集、资金结算、资金监控和金融服务等作用。可见，财务公司的现实发展情况、职能定位与发挥对于企业司库管理体系建设起到关键作用。

我国的财务公司兼具“产业性”“金融性”和“企业性”三重特征（杜胜利，2001），受到宏观经济环境、货币金融环境、政策环境、集团自身所处行业与经营情况等多种因素影响，具体而言，“产业性”体现在财务公司附属于企业集团，受企业集团主营产业经营周期和行业兴衰的影响；“金融性”体现在财务公司受金融环境波动的影响，接受金融监管机构的监督和管理，其中政策与制度是影响中国财务公司产生与发展的主要因素，监管部门制定的一系列财务公司政策法规，决定了财务公司职能定位的演变；“企业性”体现在财务公司大多依托于企业集团，提供各项金融服务，不能脱离企业集团的战略发展和经营管理目标，但同时作为独立法人也需要谋求自身的生存与发展。

在上述因素的影响下，自1987年中国人民银行批复同意设立东风汽车工业财务公司以来，经过30多年的探索，我国企业集团财务公司取得了较大的发展并且初具规模，各项业务平稳发展，积极发挥服务企业集团、产业链上下游企业和实体经济的职能。近年来，面对国内外形势日益复杂、宏观经济增长乏力、金融风险波动增强，特别是新冠疫情的冲击，集团和所属企业以及财务公司的经营面临着诸多不利因素，当前我国财务公司的发展可谓机遇与挑战并存。本部分基于《中国企业集团财务公司行业发展报告》公布的2016—2020年相关数据，以及中国财务公司协会官方网站公布的2021年部分行业数据，对各类因素影响下财务公司发展现状的分析，找到当前制约财务公司功能发挥和职能转型的主要问题，并提出相关建议，以推动财务公司转型发展，更好地提供增值金融服务，助力集团实现产融结合和建设企业司库管理体系。

（一）研究框架设计与理论基础

在进行数据分析之前，有必要基于相关的理论基础，构建文本的研究框架。上文指出，财务公司的发展受到多种因素的影响，我们可以进一步将其划分为外部宏观环境（包括经济、金融、政策环境）、中观行业环境以及微观企业环境，外部环境对财务公司的影响机制可从多个理论视角得以解释，如图10–1所示。

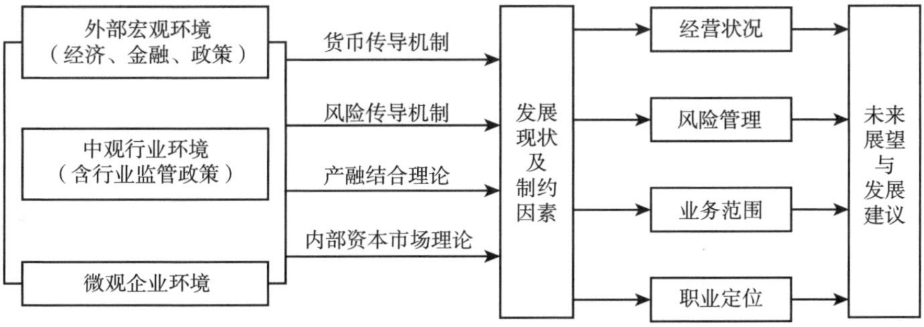

图10–1　研究框架和理论基础

首先，货币政策传导机制是财务公司经营发展受外部环境特别是金融和政策环境影响的主要途径。货币政策的传导主要分为货币渠道和信用渠道两种，分别代表“货币观”和“信用观”。其中货币渠道包括利率途径、非货币资产价格途径、汇率途径等；信用渠道包括银行贷款途径和资产负债表途径等（周英章等，2002；孙明华，2004）。财务公司作为非银行金融机构，一方面，中国人民银行通过存款准备金、再贴现再贷款、公开市场操作等货币政策工具影响货币供应量及利率，进而影响财务公司融资成本、信用能力和行为，根据政策信号快速调整资产负债结构和信贷业务策略，并对集团下属企业的经济活动产生影响；另一方面，货币政策在实际运行过程中由于产权制度、管理偏差等问题，容易出现递减效应和时滞效应，财务公司可以凭借其“产业性”和“金融性”特征，从政策承接能力、信息传递路径、内部决策机制及集团经营考核等角度，将集团体量、牌照资源和信息对称优势转化为货币政策覆盖面和传导的优势（邱健熙，2020）。

其次，风险传导机制是财务公司受外部环境影响的重要途径。风险具有传导性特征，在风险产生后，风险源经由一定的传播载体或节点，由系统内风险向外界放出，或部分风险转嫁出去（石友蓉，2006）。在市场环境中，由于经济系统存在直接或间接的关联性，导致了风险传导的普遍存在性，在社会分工日益精细、企业合作更加密切的现代社会更加凸显，风险会经由宏观层面的经济系统或产业链条传递，或由中、微观层面的供应链和业务活动传递（叶建木等，2005）。财务公司以其“产业性”“金融性”等特征，广泛受到风险传递的影响。例如，从宏观层面上看，受经济下行因素影响，机械制造、建筑建材等行业面临较大的下行压力，导致所属相关行业企业集团的财务公司不良贷款增加，资本充足率不足，面临一定信用风险；从中微观层面上看，在财务公司从事的产业链金融服务中，一旦其中的某个环节出现问题，整个供应链很有可能断裂，而由于中小企业财务制度不健全，难以判断其真实信用情况和资金用途，也为信用风险的产生提供了“温床”（王定祥等，2021）。总之，由于风险传导机制的存在，财务公司必须综合考虑自身所处的风险环境，判断风险管理现状。

再次，根据产融结合理论，财务公司的职能设置和业务发展重点同时受到经济政策和集团需求的影响，特别是强调财务公司作为金融中介，应以服务集团为经营宗旨，为企业集团提供金融支持。20世纪30年代，随着大型企业集团开始进入金融产业领域，产生了现代产融结合理论的研究（张文，2010）。产融结合是金融企业与工商企业在资本、资金、人事安排上的直接结合的产物，金融资本和产业资本的结合可以降低交易成本，有助于集团通过转移公司的资源和资金，实施多元化发展以提升竞争力。财务公司作为非银行金融机构，是产融结合的重要形式，通过整合集团分子公司多项金融业务，对集团资金实行专业化运作，增加了产融结合和金融服务手段。当前，产融结合的宏观导向是推动金融资源向实体经济企业集聚，集团也需要财务公司作为沟通企业集团和外部金融机构的桥梁。宏观政策导向与集团发展需求共同促使财务公司建立“主业金融服务平台、产权金融平台、供应链金融平台以及行业金融平台”（胡晓，2013），进一步强化金融服务功能。

最后，内部资本市场理论解释了企业集团在面对外部资本市场时，选择财务公司等形式进行金融资源配置的原因，反映了企业集团层面自身融资和交易需求对财务公司职能的影响。李慧（2013）指出，集团内部资本市场通过发挥放松融资约束、优化资本配置、节约交易成本、改进公司治理等功能，促使集团通过财务公司形式完成内部资本聚集与配置。与外部资本市场相比，集团通过设立财务公司可以更有效地获取有关分子公司的经营和资金供求信息，减少信息不对称问题，降低交易成本，更有助于将金融资源投入资本使用效率较高的企业。此外，通过财务公司所从事的投融资、管理咨询等具体金融活动，各子公司可以加强与集团其他分子公司间的联系，有利于构建集团内部共同的价值观和行为准则，实现集团内部的关系型治理。总之，内部资本市场的需求促使集团通过成立财务公司进行金融资源管理，也在一定程度上决定了其职能和业务发展重点。

根据上述研究框架，我们将根据财务公司的多种外部影响因素及其影响机制，从经营状况、风险管理、业务范围、职能定位四大方面，利用相关数据的统计结果和变化趋势，分析我国财务公司的发展现状。

（二）环境影响下的企业集团财务公司的发展现状

1.增长势头趋于缓和，增长边界开始浮现

（1）机构数量整体减少。

从机构数量上看，近年来财务公司数量结束了快速增长的趋势，总体数量保持稳定，机构数量的变化情况如图10-2所示（数据源自中国财务公司协会统计，如无特殊说明，本部分后续数据均来源于此）。可见从2016年至2021年，财务公司数量从236家增长到255家，但增长速率逐渐减缓，2020年首次出现财务公司数量减少的情况。财务公司的数量减少一方面由于新设立财务公司逐渐减少，2020年新设立财务公司仅4家；另一方面是在当前央企重组的大背景

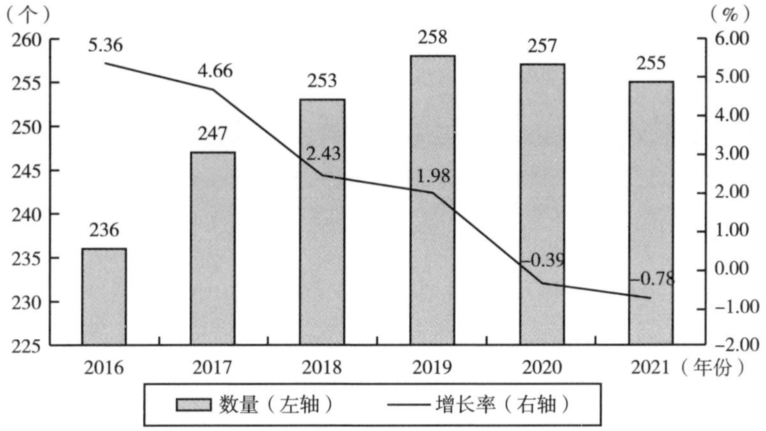

图10-2　2016—2020年财务公司机构数量

下，部分集团所属财务公司进行整合，数据显示2020年财务公司行业共发生4起吸收合并，财务公司数量减少5家。整体而言，财务公司在数量规模上从过去几年的增长开始趋于稳定。

（2）行业规模平稳增长，增速下降。

从资产负债规模上看，“十三五”以来，财务公司行业资产规模、负债规模持续扩大，但整体增速呈下降趋势。截至2021年第四季度，财务公司行业资产规模8.58万亿元、负债规模7.47万亿元，近年资产负债规模及增长率如图10-3、图10-4所示。总体而言，财务公司行业资产负债规模平稳增长，但增速

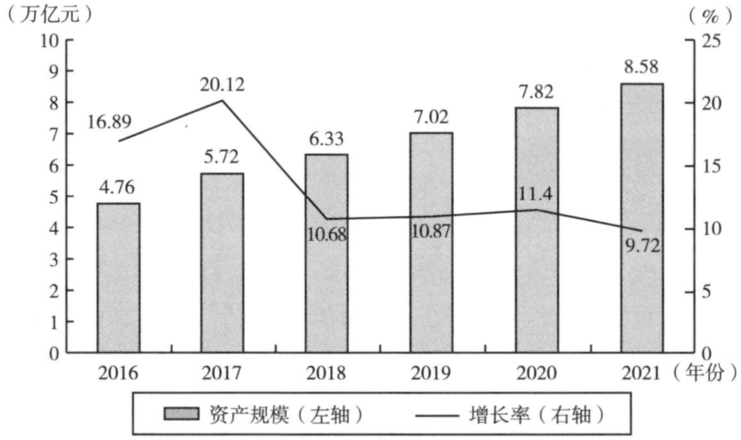

图10-3　2016—2021年财务公司行业资产规模及增长率

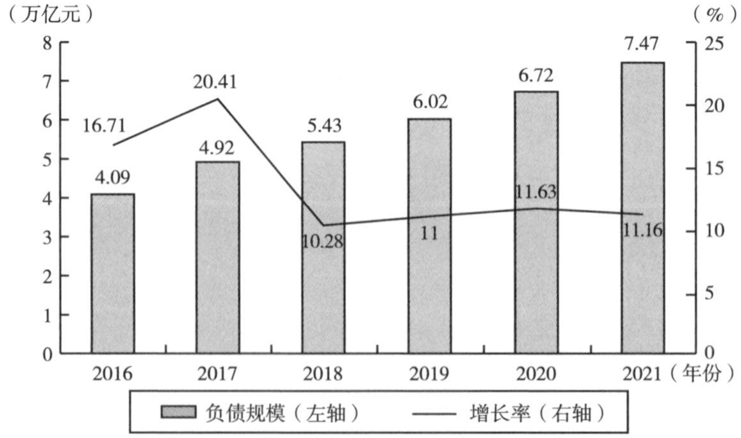

图10-4　2016—2021年财务公司行业负债规模及增长率

较2017年前有明显的下滑，维持在10%左右。产生这种现象主要与集团加强资金运作、压降货币资金存量以及部分企业集团经营业绩下滑等因素有关，同时说明财务公司的发展进入一个平稳期，行业逐渐由高速增长的规模扩张阶段过渡到比较成熟的平稳发展阶段。

（3）受货币政策影响，资金获取成本和难度有所降低。

存款（含保证金存款）是财务公司最主要的资金来源，在企业存款难以满足集团公司内部调剂余缺的需求时，财务公司往往通过发行公司债券、通过回购市场和同业拆借市场操作等获取资金，而这些途径都需要考虑货币市场的相关情况，货币政策的变动将因上述各种传导机制影响财务公司的经营，其中对资金获取成本和难度的影响最为明显。

自2020年起，随着支持疫情防控和经济恢复政策的提出，中国人民银行采取了稳健的货币政策，市场利率有所下降，整体营造了适宜的流动性环境。在货币市场整体利率方面，贷款基础利率（LPR）分别在2020年和2021年年末进行了下调（见图10-5）。2020年12月，1年期LPR较上年同期下降了0.3%至3.85%，5年期LPR较上年同期下降了0.15%至4.8%；2021年12月1年期LPR进一步下降0.05%至3.8%。

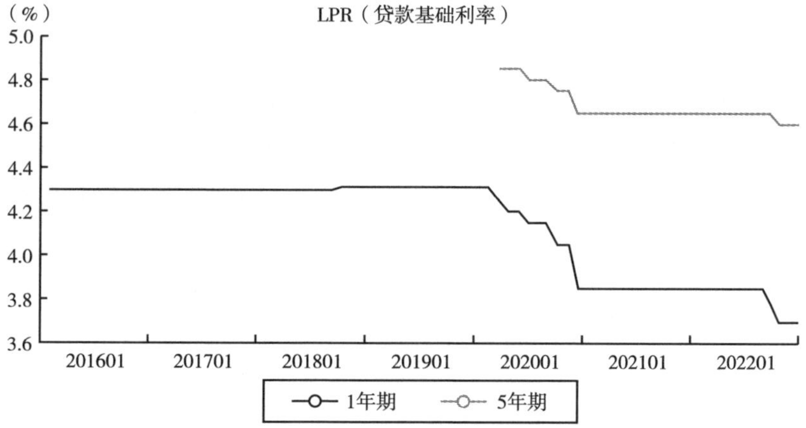

图10-5　2016—2021年贷款基础利率（LPR）走势

（数据来源：全国银行间同业拆借中心，由 macroview.club 制图）

贷款加权平均利率同样处于下降趋势，并且已处于改革开放四十多年来最低水平。2020年信贷市场贷款加权平均利率为5.03%，同比下降了0.41个百分点。而央行发布的2021年第四季度货币政策执行报告显示，2021年12月末金融机构人民币贷款加权平均利率为4.76%，同比下降0.27个百分点，其中企业贷款加权平均利率为4.57%，同比下降0.04个百分点。银行间市场整体利率同样呈下降趋势，在2021年有所回升。2021年12月同业拆借加权平均利率和质押式回购加权平均利率分别为2.02%和2.09%（见图10-6）。

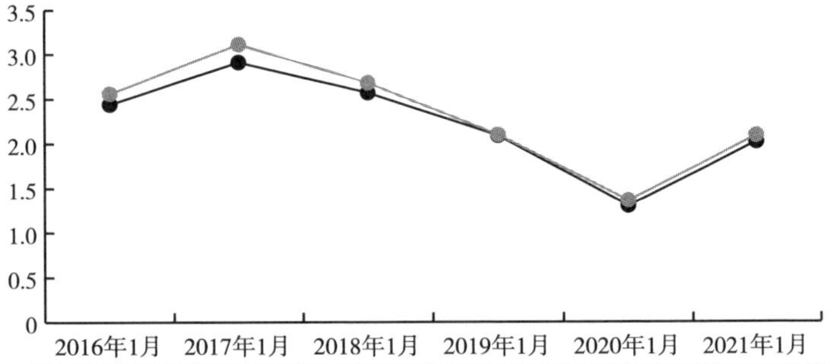

	2016年12月	2017年12月	2018年12月	2019年12月	2020年12月	2021年12月
同业拆借加权平均利率	2.44	2.91	2.57	2.09	1.30	2.02
质押式回购加权平均利率	2.56	3.11	2.68	2.10	1.36	2.09

图10-6 2016—2021年中国同业拆借及质押式回购加权平均利率

银行间市场整体利率走势的下行与宏观形势的变化及中国人民银行的政策调控密切相关。2021年，人民银行综合运用多种货币政策工具保持流动性合理充裕为应对经济面临的需求收缩、供给冲击、预期转弱三重压力，加大跨周期调节力度，统筹做好跨年度政策衔接，引导金融机构加大对实体经济支持力度。在宽松的货币政策环境下，财务公司的外部资金获取难度和成本均有所下降。

（4）净利润大幅减少，盈利能力降低。

货币政策影响下，财务公司贷款利率定价逐渐下降，同时存款平均成本率呈上升趋势，使得自身盈利能力有所降低。从财务公司贷款利率定价情况来看，在中国人民银行LPR改革进程中，财务公司响应国家政策，引导贷款利率整体下行（见图10-7）。2020年财务公司贷款收益率为4%，较2016年下降0.74个百分点。

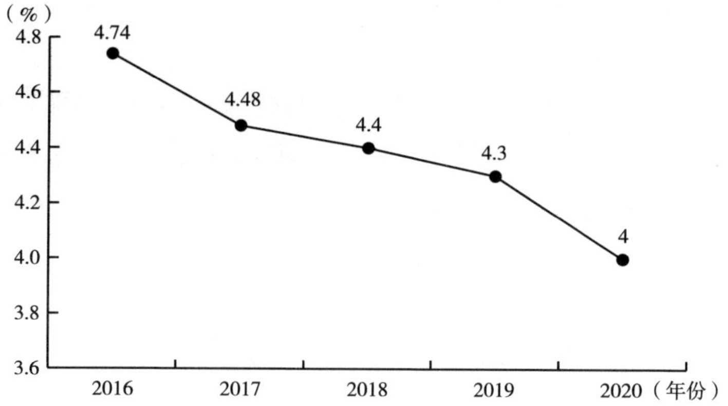

图10-7　2016—2020年财务公司贷款收益率变化

（数据来源：《中国企业集团财务公司行业发展报告（2021）》）

而从财务公司存款平均成本率来看，2016至2020年财务公司存款成本率呈逐年小幅上升趋势（见图10-8）。主要原因是财务公司为调动企业存款积极性，提高资金归集程度，并且向集团让利，进而在市场利率定价自律机制确定的范围内进行利率上浮，同时利率相对较低的活期存款占比下降，协定存款、通知存款占比上升，增加了利息支出，存款结构变化也在客观上导致成本率的上升，对财务公司的负债成本带来一定压力。

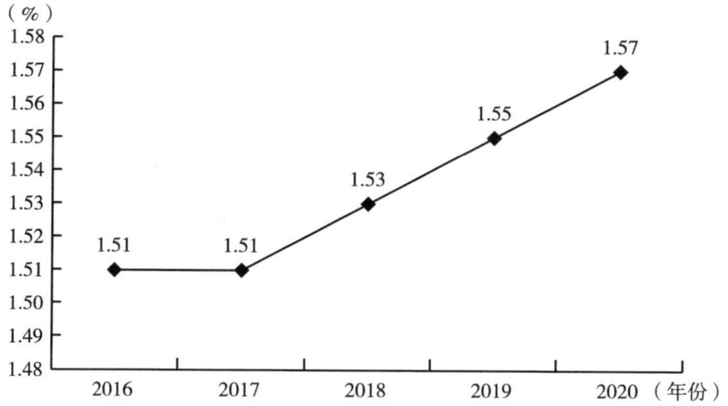

图10-8　2016—2020年存款平均成本率变化

（数据来源：《中国企业集团财务公司行业发展报告（2021）》）

根据货币政策的传导机制，货币市场利率下行能够在一定程度上降低存款市场利率，为财务公司压降存款成本提供空间。但现实是存款成本率的降低存在一定滞后性，资产端贷款利率下行的传导速度要快于负债端存款利率下行的传导速度，且财务公司在降低存款利率方面较为被动。因此，存贷款利率的不同方向导致存贷息差的收窄，财务公司利润空间受到挤压，盈利能力有所弱化。

2016年以来，财务公司行业平均净息差、净利差整体呈先上升后下降趋势，并总体出现下滑。最新数据显示，2020年财务公司净息差与净利差分别为1.61%和1.42%，较2016年分别下降0.26个百分点和0.28个百分点。对比历史数据，较2014年更是分别降低0.85个百分点和0.77个百分点；与此同时，财务公司行业资产收益率、净资产收益率同样处于不断下行的趋势，叠加净息差、净利差下跌影响，2016年以来，资产收益率、净资产收益率出现一定程度的下跌。如图10-9、图10-10所示，2020年年末，财务公司行业平均资产收益率和净资产收益率分别为1.14%和8.07%，较2016年分别降低0.25个百分点和1.76个百分点。行业息差水平大幅收窄与总资产收益率的不断下降反映出财务公司整体盈利能力和盈利水平的下降，财务公司行业自身的经营绩效面临一定的压力。

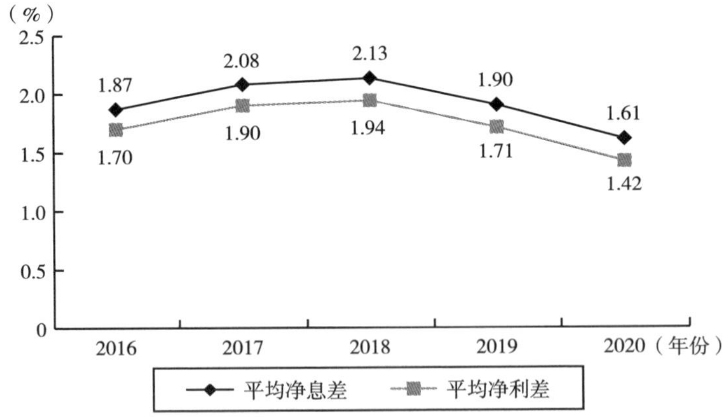

图10-9　2016—2020年财务公司平均净息差和净利差

（数据来源：《中国企业集团财务公司行业发展报告（2021）》）

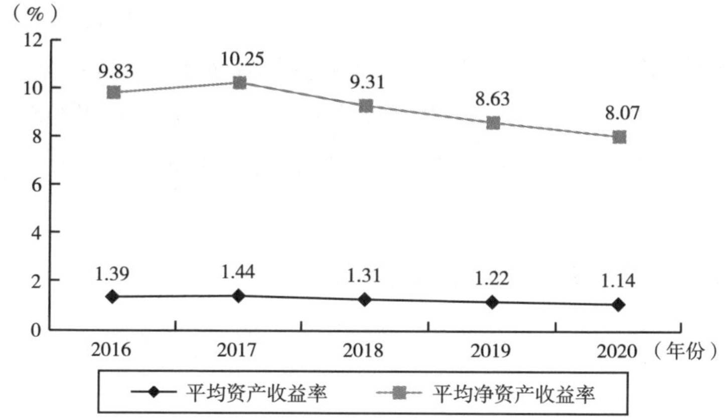

图10-10 2016—2020年财务公司评价资产收益率和净资产收益率

（数据来源：《中国企业集团财务公司行业发展报告（2021）》）

除了因“金融性”而受货币金融市场利率变动的影响以外，财务公司的“产业性”和“企业性”使得其经营受企业集团主营产业经营周期和行业兴衰的影响。新冠疫情的暴发给我国经济社会发展带来巨大冲击，各行各业均面临较大的不确定性，财务公司依托于集团企业发展，受疫情的冲击同样较为明显，表现为利润总额和净利润大幅减少，自身盈利能力降低。如图10-11所示，

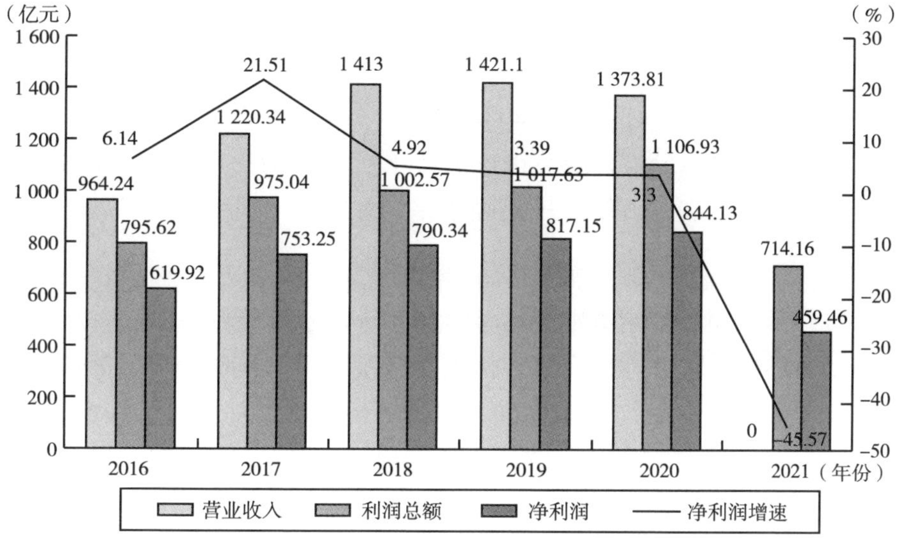

图10-11 2016—2021年财务公司盈利情况分析

注：2021年财务公司营业收入数据暂缺。

近五年财务公司全行业营业净收入存在一定波动，并且在2019年起呈现下降趋势（2021年数据暂缺），而利润总额与净利润均在2021年出现大幅下跌，分别为714.16亿元和459.46亿元，净利润增长率为-45.57%，说明财务公司经营受外部经济环境影响较大，利润存在严重萎缩，各行业受疫情打击的影响逐渐扩散开来。

2.整体风险稳中有忧，风险偏好有所降低

在金融强监管的背景下，政策一直引导推动财务公司规范运营，整体而言财务公司行业风险偏低，但个别财务公司发生的风险事件也引发了监管机构的高度重视，使得包括财务公司在内的金融将政策进一步收紧，对财务公司的依法、合规、稳健经营提出更高标准和要求。

（1）主要风险监管指标异动。

财务公司的“金融性”特征使得其风险特征随外部环境变化而变动，特别是与监管政策导向高度相关。近年来，在“严监管、防风险”的政策导向下，财务公司主要风险监管指标基本稳定，但2021年不良资产率、资本充足率、拨备覆盖率、流动性比例存在小幅异动。总体而言，虽然对比行业监管标准，财务公司的风险特征未发生实质性变化，但是新冠疫情极大地冲击了实体经济和金融市场，对财务公司的风险情况产生了一定负面影响，并且这种影响正逐渐显现。

如图10-12所示，财务公司2021年年末不良资产率为0.79%，比2020年年末增加了0.36个百分点，虽然相较于4%的行业监管标准仍有一定距离，但整体不良资产率已达近5年以来最高水平，并实际上呈上升趋势，应当引起重视。

2021年年末财务公司资本充足率为18.07%，较2020年下降1.46个百分点，相较于≥10.5%的监管标准而言，仍处于较高水平，能够经受坏账损失的风险。但从整体上看，从2016年到2021年财务公司资本充足率呈下降趋势（见图10-13），且2021年年末的下降比率明显增大，财务公司应注意风险管理环境面临的变化。

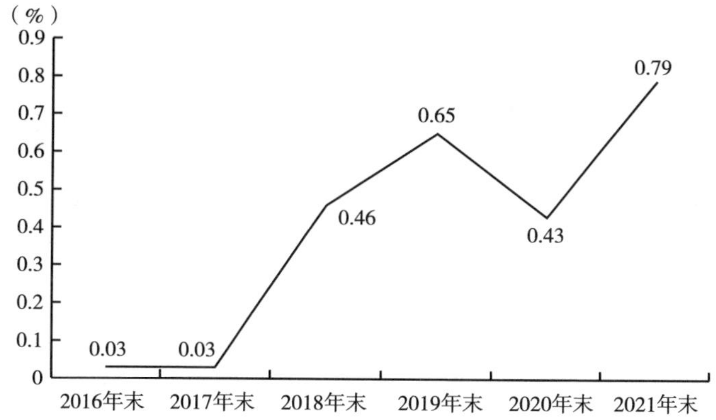

图10-12　2016—2021年财务公司不良资产率

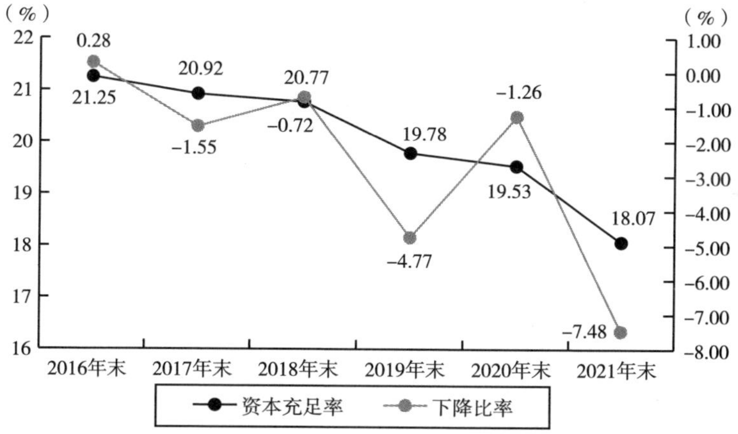

图10-13　2016—2021年财务公司资本充足率

对于拨备覆盖率和流动性比率而言，均结束了连续三年的上涨趋势，出现了一定程度的下滑（见图10-14）。2021年年末财务公司拨备覆盖率为275.49%，较2020年年末下降了301.42个百分点，下降幅度达52.25%。2019年，财政部修订金融企业财务规则，要求拨备覆盖率基本标准为150%，对于超过监管要求2倍的应视为存在隐藏利润倾向，应对超额计提部分还原成未分配利润进行分配，2018年以来财务公司拨备覆盖率一直稳定处于3—5倍水平，2021年年末首次出现下滑，至财务公司拨备覆盖率历史最低点；2021年年末财务公司流动性比例为62.89%，较2020年末下降0.49个百分点，下降幅度相对较小（见图10-15）。

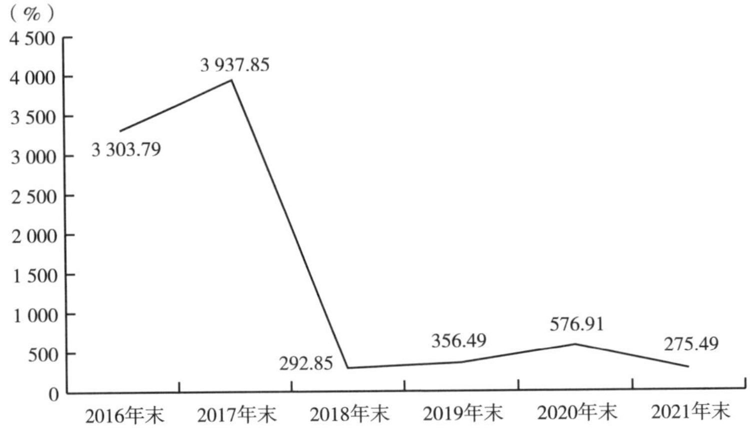

图10-14 2016—2021年财务公司拨备覆盖率

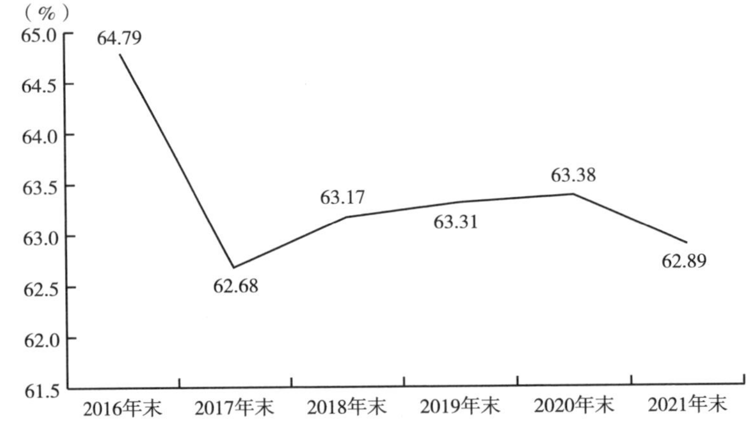

图10-15 2016—2021年财务公司流动性比例

总体而言，面对新冠疫情对实体经济的冲击，以及国民经济结构调整走向深入，各实体企业的新旧动能转换已处在关键时期，在新的利润增长点尚未成熟、旧有发展模式无法持续的情况下，实体企业一方面渴求各类资金的接续支持，另一方面盈利能力无法满足资本要求，各类资本博弈后供求矛盾越发突出，导致宏观经济发展压力已在较大程度上传导至整个金融体系，并对财务公司造成影响。在这种情况下，财务公司作为紧密依托实体经济企业的金融机构，受上述因素影响，各类业务经营风险已经明显承压，个别财务公司在个别业务条线上已出现风险事件，且风险事件在一定程度上波及行业内其他机构。为严守不发生行业性风险、系统性风险的底线，各财务公司还需进一步加强对各类风险的关注和管控，除了不断完善自身风险体系建设，提高风险管控能力的同时，持续关注风险可能出现的传导现象，避免风险的交叉传染和快速蔓延。

（2）财务公司风险偏好降低。

财务公司的风险偏好是指对待风险的一种态度，即在实现其目标时愿意接受的风险的程度，主要通过财务公司的资产负债组合管理来体现。财务公司的资产结构主要包括各项贷款、存放同业、投资、现金及存放央行款项等。在“严监管、防风险”的政策导向下，财务公司应坚持审慎的风险偏好，不能过度承担风险，以免形成风险承担的外部溢出效应，对集团产生不利影响。如果对风险较高的投资等业务判断力的审慎性不足和业务偏好激进，则市场风险会传染到财务公司。近年来，受政策导向和资本市场波动影响，财务公司的风险偏好降低。

对于债券市场而言，2021年我国债券市场延续利率下行趋势，债券违约率有所下降，但存量信用风险仍有待化解。数据显示，2021年，债券市场收益率整体下行。国债关键期限平均收益率同比下行36BP至2.7564%，政策性金融债关键期限平均收益率同比下行45BP至2.9416%，企业债AAA级关键期限平均收益率同比下行45BP至3.4711%。2021年我国债券市场新增23家违约发行人，共涉及到期违约债券87期，到期违约金额约1 015.76亿元，新增违约发行人家数、涉及到期违约债券期数较2020年（31家、98期）和2019年（49家、140期）有所减少，但违约规模较2020年（1 019.36亿元）和2019年（914.50亿元）变化不大，仍维持在较高水平，清偿处置压力依然较大。

从股票市场来看，作为机构投资者，股票市场波动会对财务公司的股权投资形成直接影响。作为财务公司资产配置的一个方向，股票市场涨跌幅对于财务公司的效益提升和风险管理具有一定的意义。2021年在“双碳”国家战略、北交所开市、央行降准及全球金融市场流动性充裕的多重支撑下，A股三大指数的全年走势均陆续上涨，为财务公司权益投资及资产增值提供了市场基础。但需要考虑到本轮全球股市的上涨行情并没有经济基本面的支撑，新冠疫情对全球经济的冲击并未消散，流动性推动的估值上涨只是短暂的泡沫化现象，是股票市场投资者风险敏感度降低和风险承受度提高的表现，资本市场估值和经济基本面的背离一定程度上加大金融市场的风险隐患。

面对资本市场的波动，财务公司在资产负债配置方面风险偏好明显降低，具体表现以下方面：

第一，财务公司投资占总资产比例降低，股票投资规模大幅缩减（见图10-16）。从近五年资产构成变化上看，财务公司投资业务占比虽然自2018年起有一定阶段性回升，但由于当前复杂的经济形势，财务公司的投资业务总体稳健审慎，占总资产比重由2016年的6.09%下降至2021年末的5.73%，呈现出小幅下降趋势；在投资业务结构中，从2016年至2020年的数据来看，受市场环境、监管政策等影响，尤其是2015年股市异常波动后，股票投资规模持续下降，已由2016年的130.31亿元降至2020年的50.30亿元，下降了61.40%（见图10-17）。

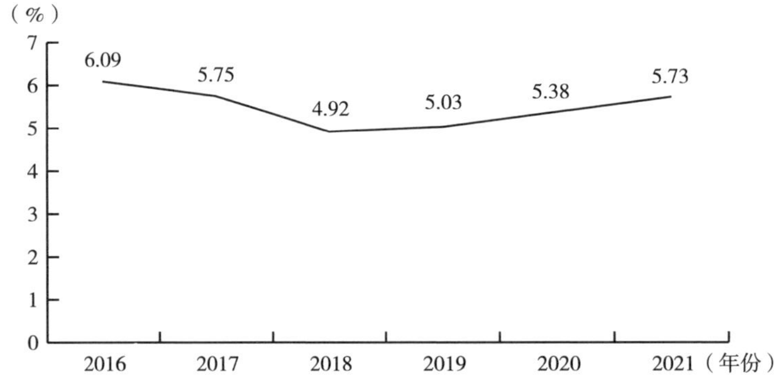

图10-16　2016—2021年财务公司投资占总资产比例

第二，对于中间业务，委托投资的余额和发生额双双回落，严监管时代业务收缩明显。2020 年，在监管不断趋严的大背景下，财务公司行业整体审慎开展委托投资业务。2020年年末财务公司行业委托投资余额188.50亿元，较上年年末大幅下降82.08%；2020年度行业委托投资发生额389.05亿元，较上年大幅下降75.64%。

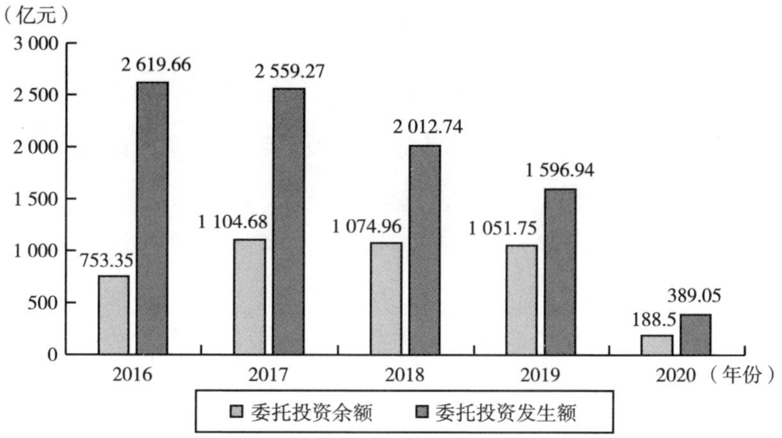

图10-17　2016—2020年财务公司行业委托投资金额变化

（数据来源：《中国企业集团财务公司行业发展报告（2021）》）

3.满足监管政策要求，金融服务水平有限

财务公司的“产业性”和“企业性”决定了其从成立之初就是为了服务集团，为实现企业集团的战略发展目标提供相应的金融服务与支持。在此基础上，逐渐明确了我国财务公司的服务定位。2014年，国务院国资委和原银监会共同发布了《关于进一步促进中央企业财务公司健康发展的指导意见》，明确财务公司要以服务集团资金集中管理为基本定位，须充分发挥“资金归集平台、资金结算平台、资金监控平台、金融服务平台”四大平台功能，促进集团优化资源配置，节约财务成本，保障资金安全，提升运作效率。当前，财务公司围绕“四大平台”功能定位，积极提高服务集团及分子公司以及产业链上下游企业的能力。

然而，通过对具体业务情况的分析可以发现，财务公司提供服务主要集中在资金归集、资金结算以及资金结算等传统业务上，金融服务手段较为单一，更多通过控制信贷投放、降低贷款利率和结算费率的传统方式向分子公司让利，以此实现金融服务。对于通过业务拓展，利用担保、委托、顾问类业务实现金融服务的水平不高。原因是各类创新金融服务一定程度上受到监管政策的限制，特别是为集团及分子公司提供金融服务的中间业务，以及服务上下游企业的产业链金融业务开展水平不高，使财务公司更倾向于满足监管政策要求，而金融服务水平有限。

（1）让利实体经济，优化金融资源配置。

近年来，财务公司服务集团和分子公司主要体现在以下两个方面：

第一，不断提高资金集中度，降低各类服务手续费率，积极向集团和分子公司让利。在“资金归集平台”“资金结算平台”的功能定位下，提供资金归集、结算服务是财务公司服务企业集团和分子公司的重要手段，是财务公司的基本定位，进一步加强资金归集能力，充分发挥集团资金管控功能也是大势所趋。自2014年开始，财务公司行业资金集中度一直保持上升趋势，可获得的最新数据显示，截至2018年年末，全行业平均资金集中度达到49.48%。资金集中度的提高，反映出财务公司服务集团资金集中管理的基本定位不断强化，对资金管控功能的要求也不断提高。财务公司通过对集团资金的集中管理，加强内部统一调配和集成化运作，提高了资金使用效率，减少了集团整体财务费用支出。在集团资金高度归集的基础上，以资金实时监控平台为抓手，准确获取集团分子公司资金流向信息，实时追踪异动支出信息，防范资金安全风险。

除资金归集外，财务公司大力推进统一支付结算，同时降低结算业务收费标准，帮助集团企业和分子公司降本增效。结算业务收入属于中间业务收入，据统计，2020年财务公司行业来自中间业务的收入为34.14亿元，同比降低14.28%；中间业务收入占当年总收入的比重为2.54%，较上年下降0.34个百分点。中间业务收入下降主要是结算业务收入大幅下降，如图10-18所示，结算收入占中间业务收入的比重除了在2017年出现大幅上升以外，其余年份处于下降趋势，特别是2020年年末结算收入占比从10.96%下降至2.2%。结算费用的下降说明财务公司积极服务、让利集团及分子公司，缩减结算费用、降低集团及分子公司的财务成本，进一步支持实体经济的发展。

2016—2020年财务公司各项中间业务收入占比如图10-19所示。

第二，控制资产配置和信贷投放方向与力度，降低存放同业资产和同业负债业务比重，并降低贷款利率，帮助集团实现金融资源的有效配置。

从财务公司的资产结构来看（见图10-20），财务公司各项贷款占总资产比重持续高位运行，存放同业的资产占比有所下降，2021年年末出现了小幅上升，但总体而言已从2016年的41.33%下降至2021年末的35.91%，说明财务公司积极发挥自身功能定位，合理安排资产配置方向，在保证流动性安全的前提

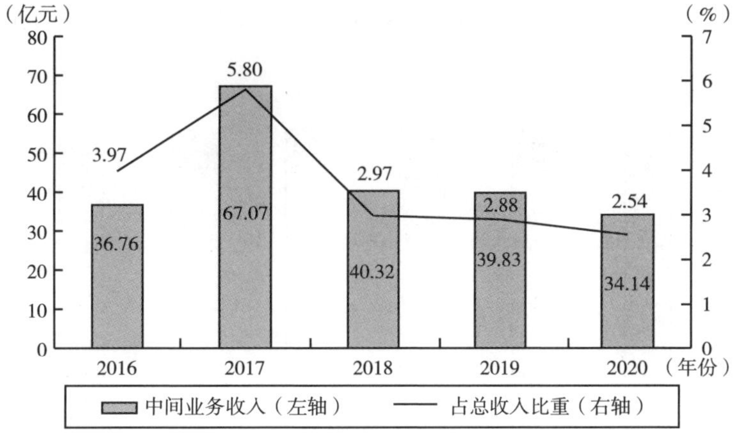

图10-18　2016—2020年财务公司中间业务收入及占比变化

（数据来源：《中国企业集团财务公司行业发展报告（2021）》）

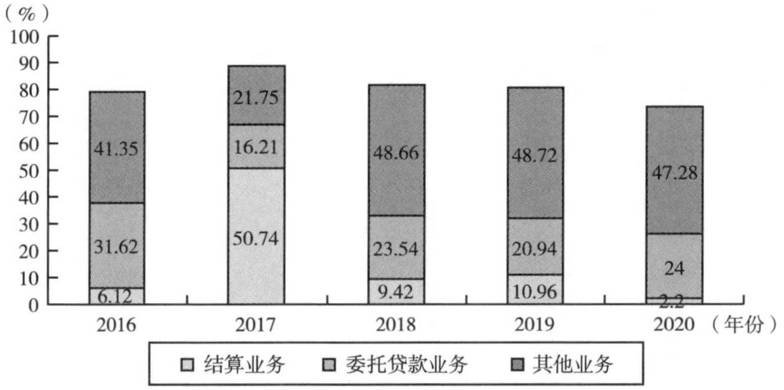

图10-19　2016—2020年财务公司各项中间业务收入占比

注：本图列示财务公司中间业务收入主要来源，即结算业务、委托贷款业务及其他业务。其余中间业务如担保业务、保险代理业务因占比较小，且数据不完整，暂不予列示。

下，更加注重服务企业集团和分子公司，叠加上文分析的贷款利率定价下降的影响，财务公司在资金服务实体经济、向实体经济让利、降低分子公司融资成本上发挥一定作用。

从财务公司的负债结构来看（见图10-21），近年来存款占比逐年上升，2021年末存款（含保证金存款）占负责的比重达到95.57%，较2020年提升了0.49个百分点；同时，可以看到同业负债占比逐渐下滑，从2016年的2.24%下降到2021年的1.1%。由此可见，财务公司在资金来源上对各项存款的依赖程度逐渐提升，资金集中度不断提高，对于服务集团与分子公司具有重要意义。

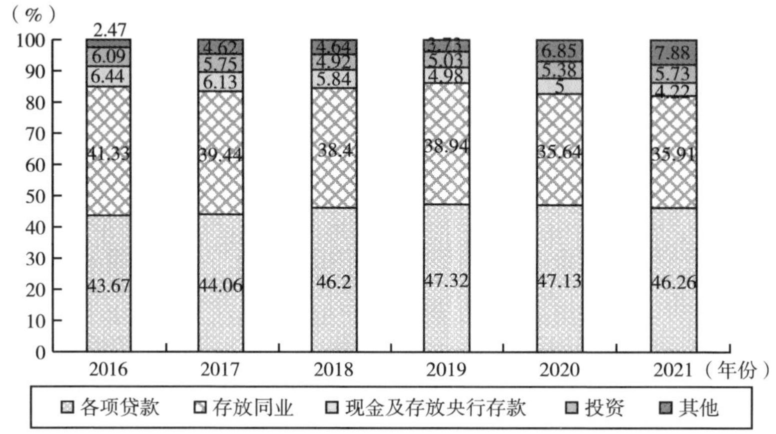

图 10-20 2016—2021 年财务公司总资产结构

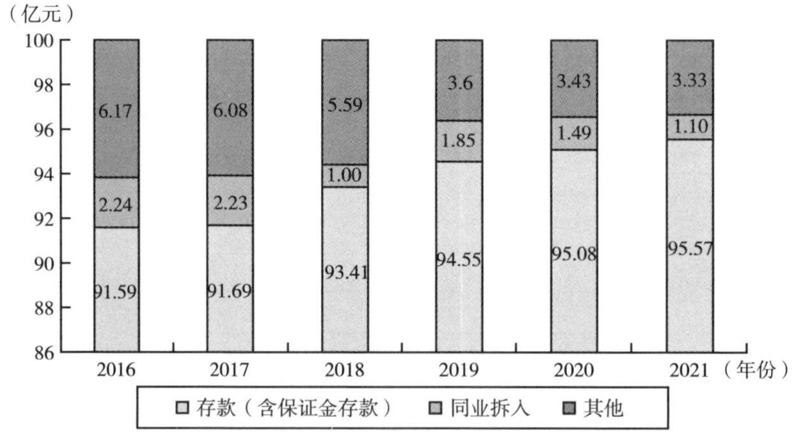

图 10-21 2016—2021 年财务公司负债结构

（2）金融服务手段单一，服务能力整体不足。

财务公司降低贷款利率和结算费率水平，中间业务收入减少并受结算业务收入减少影响明显，以向实体经济让利的方式实现金融服务，从另一个角度也反映出财务公司金融服务的手段相对单一，整体服务能力不足。通过对业务数据的分析，主要表现为在监管政策的影响下，财务公司为集团提供相关金融服务的业务普及程度不高，业务发生额较少或具备相关资质的财务公司数量并不多。在担保、票据承兑、顾问等中间业务上表现尤为明显，具体而言：

第一，财务公司提供担保服务能力有待提升。在担保类业务中，保函替代率是衡量财务公司提供担保服务能力的重要指标。保函替代率即财务公司行业自开保函占分子公司当年开立保函总额的比例。近年来，国务院国资委持续推动中央企业保函置换质保金，财务公司开始研究以财务公司保函替代银行保函、开展集团外受益人保函业务的可行性，以提供更强有力的金融保障。然而，近年来财务公司保函替代率仍处于相对较低的水平。如图10-22所示，2018年至2020年，保函替代率在50%至80%的财务公司分别有15家、6家和12家；替代率在80%以上的分别有17家、16家和17家，其余大部分的财务公司保函替代率都在50%以下，且近年来并没有实现明显增长。可见，在提供担保服务方面，财务公司行业保函业务仍有较大发展空间。

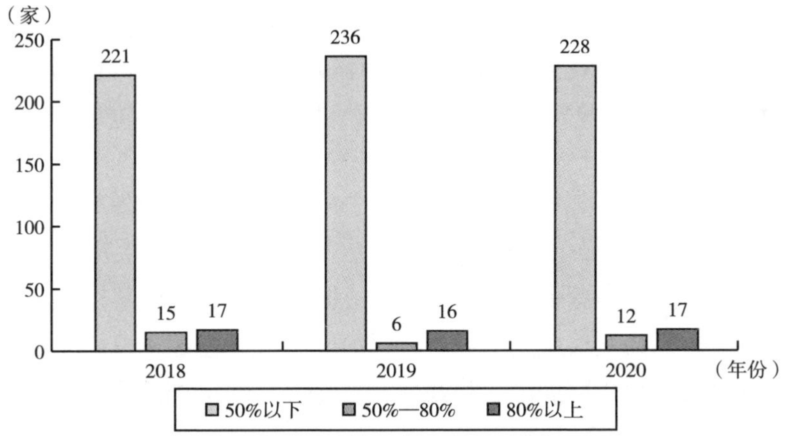

图10-22 2018—2020年财务公司保函替代率分布情况

注：中国财务公司协会报告仅公布保函替代率50%至80%以及80%以上的财务公司数据。因此保函替代率50%以下的财务公司数为笔者根据当年财务公司总数减去其余两组数量的估计值。

（数据来源：作者根据中国财务公司协会报告数据整理）

第二，在票据承兑业务中，票据承兑替代率是衡量财务公司为分子公司提供票据承兑服务能力的指标，即财务公司行业票据承兑金额占分子公司当年票据承兑总额的比例。近年来的调研数据显示，财务公司当前票据承兑替代率也整体处于相对较低水平。如图10-23所示，2018年至2020年，票据承兑替代率在50%至80%的财务公司分别有23家、14家和22家；替代率在80%以上的分别有22家、24家和22家，其余大部分的财务公司保函替代率都在50%以下，且近年来并没有实现明显增长。

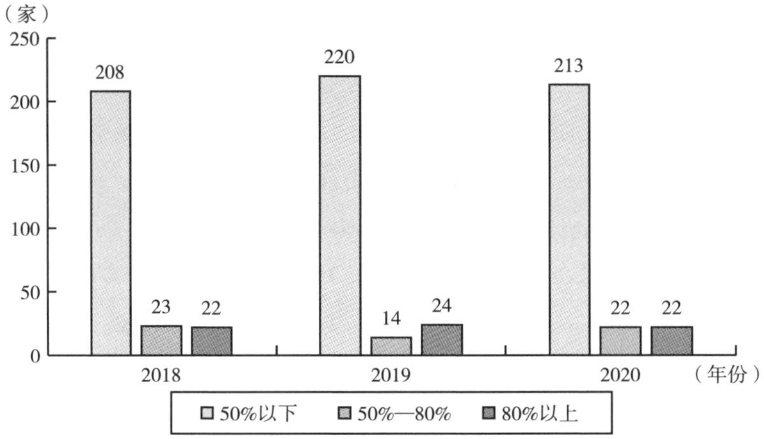

图10-23 2018—2020年财务公司票据承兑替代率分布情况

注：中国财务公司协会报告仅公布票据承兑替代率50%至80%以及80%以上的财务公司数据。因此票据承兑替代率50%以下的财务公司数为笔者根据当年财务公司总数减去其余两组数量的估计值。

财务公司票据承兑业务发展水平不高，受到一定的政策限制，使得财务公司承兑票据存在社会认可度不高的问题。一方面，从承兑规模来看，监管对于企业集团财务公司票据承兑规模有明确上限。根据《企业集团财务公司管理办法》第三十四条第三款规定：财务公司担保余额不得高于资本总额。也就是说，财务公司承兑的票据规模上限为资本总额。与银行相比，财务公司开展业务的空间极大受限，市场影响力不够；另一方面，市场对财务公司的兑付能力认识不深。根据《票据法》规定，汇票分为银行承兑汇票、商业承兑汇票。实际操作中，往往将银行承兑汇票又分为两类：一类是由商业银行承兑的汇票；另一类是由企业集团财务公司承兑的“财司票”。这种划分将财务公司承兑的汇票与商业银行承兑的汇票区别对待，实行两套定价体系，财司票的贴现利率远高于商业银行，甚至高于城商行、部分农村信用社，很大程度上阻碍了财务公司承兑汇票在市场上的流通，进一步制约了财务公司为集团主业以及产业链上下游提供金融服务的深度和广度。

第三，顾问类业务服务水平同样有待提升。财务公司行业开展的顾问类业务主要包括债券承销、融资顾问、保险管理服务以及信息咨询服务等。以债券承销业务为例，财务公司根据《中国银保监会非银行金融机构行政许可事项实施办法》的规定，取得承销集团分子公司企业债券业务资质，将有利于降低集团融资成本，进一步提升综合金融服务能力，提升服务集团的职能和拓宽金融合作范围。财务公司债券承销业务主要分为两类：一是根据《企业集团财务公司管理办法》获得“承销分子公司的企业债券”的资格后，开展对分子公司发行的企业债券承销业务；二是向中国银行间交易商协会申请“意向性承销类会员”资格，为集团及分子公司提供短融、超短融、非公开定向债务融资工具的承销业务。

但目前，财务公司在债券承销业务方面仍有较大提升空间。如图10-24所示，近年来财务公司债券承销业务规模出现大幅度下降，最新的数据显示，2019年财务公司行业债券承销规模为18.6亿元；在开展相关业务的财务公司数量方面，具备承销业务资质的财务公司占比约为财务公司总数的60%，而能够在获得承销企业债券业务资质的基础上，进一步获得银行间市场交易商协会批准，开展非金融企业债务融资工具承销业务的财务公司则更少，数据显示，截至2021年全国仅5家财务公司通过协会评价成为会员并开展承销业务。同时，每年并非具备资质的财务公司均开展债券承销业务，业务规模相对较少，财务公司从此项业务中获得的收入也并不多。中国财务公司协会数据显示，2017年，

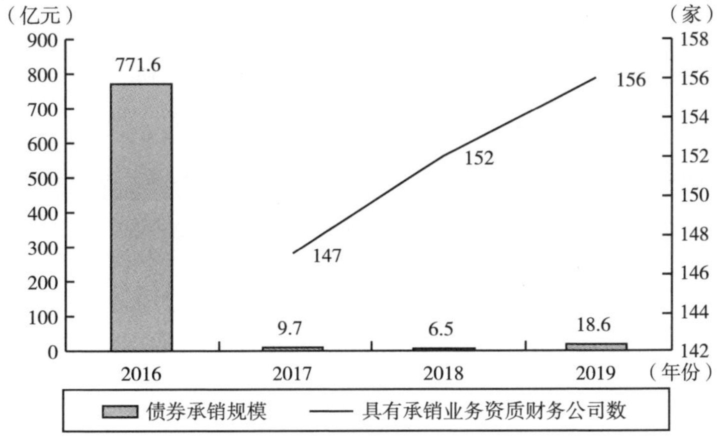

图10-24 2017—2019年财务公司债券承销情况

注：2016年具有承销业务资质财务公司数量数据暂缺。

全行业共有6家财务公司在债券承销方面获得了收入，债券承销收入为511.19万元。

财务公司债券承销业务发展水平不高一定程度上也受到政策限制。2004年6月21日印发的《国家发展改革委关于进一步改进和加强企业债券管理工作的通知》（发改财金〔2004〕1134号）对企业债券承销团的主承销商和副主承销商除具有规定的资格外，还提出了其他条件，包括“企业集团财务公司可以承销本集团发行的企业债券，但不宜作为主承销商”。《国家发展改革委关于下达2007年第一批企业债券发行规模及发行核准有关问题的通知》（发改财金〔2007〕602号）进一步规定“企业集团财务公司可以承销本集团发行的企业债券，并可直接担任副主承销商，不受3次分销商累计资格的限制，但不得担任主承销商”。此外，在发行企业中期票据、短期融资券等业务中，财务公司甚至无资格参与承销团，只能以财务顾问的身份参与。另外在其他一些涉及集团的业务（如企业年金、住房公积金等）中，财务公司也没有相应的管理资格。

结果就是，与财务公司行业相关企业集团债券融资需求相比，财务公司债券承销规模仍处于较低水平。受承销资质及承销网络、承销能力等因素制约，财务公司债券承销业务仍处于发展初期，许多财务公司主要通过财务顾问、咨询服务等方式参与集团公司及分子公司的债券发行，所属集团及分子公司的债券承销仍主要由其他渠道完成，财务公司的专业服务能力还有待进一步提升。

总之，财务公司服务集团及分子公司企业除了减费让利外，还有许多其他金融服务手段，财务公司不能仅仅为服务集团而“两肋插刀”，更应该通过扩展业务范围、丰富服务手段的方式，提升自身服务能力。当然，这也需要积极获取政策支持。

（3）服务受范围限制，产业链金融业务拓展谨慎。

国际局势的动荡、经济形势的下行压力，叠加新冠疫情的冲击，为集团公司与外部金融市场和产业链的对接带来了诸多不确定因素，作为实体经济与金融业务结合关键点之一的产业链金融的重要性愈发突出。对此，财务公司也应从单纯服务集团企业内部逐渐向外扩展，积极利用自身“企业性”和“金融性”的双重特征，发展延伸产业链金融服务，发挥为集团连接内外资源、助推产融结合的桥梁和纽带作用，确保集团持续、稳健发展。

2014年，银监会选择全国5家财务公司作为延伸产业链金融服务首批试点，2016年11月发布《关于稳步开展企业集团财务公司延伸产业链金融服务试点工作有关事项的通知》，支持财务公司扩大试点范围。在试点政策下，财务公司积极为上游供应商提供应收账款保理业务、票据贴现业务等延伸产业链试点服务，为下游分子公司提供买方信贷、消费信贷和融资租赁业务，帮助分子公司促进产品销售，提高市场占有率。据中国财务公司协会统计，总体而言财务公司行业产业链业务规模呈逐年上升趋势，从2016年的1 521.98亿元增加至2020年年末的3 393.34亿元，增长幅度达122.96%。由此可见，自2016年试点以来，财务公司开展产业链金融业务取得了积极的进展。

然而，《企业集团财务公司管理办法》对财务公司的业务范围有明确规定，服务的主营对象是企业分子公司。在监管政策的规定下，财务公司开展延伸产业链金融业务具有严格的业务范围界定，延伸产业链金融服务在监管上特指试点政策中“一头在外”的票据贴现业务和“一头在外”的应收账款保理业务。受政策影响，财务公司在相关业务范围上存在一定局限性，产业链金融业务主要包括产业链金融服务的试点内容和传统的供应链金融服务，其核心业务仍以服务企业集团为主，其局限具体表现在：

第一，从产业链金融的业务构成来看，当前财务公司的产业链业务主要仍集中在集团企业内部及相关产业链当中，对涉及产业链上游的相关业务，特别是试点的延伸产业链服务占比相对较低。如图10–25所示，2020年年末，财务

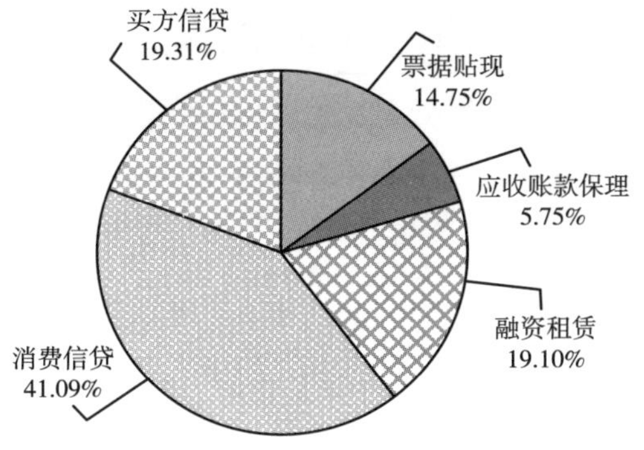

图10–25　2020年财务公司产业链业务构成

（数据来源：《中国企业集团财务公司行业发展报告（2021）》）

公司对上游供应商的应收账款保理业务、票据贴现业务等余额占比20.50%；分子公司产品的买方信贷、消费信贷、融资租赁等下游业务余额占比79.50%。整体而言，产业链金融上游业务占比相对较少，特别是延伸产业链金融服务还处于推广阶段，对拟开办此业务的财务公司仍存在监管评级等相关约束条件。

第二，对产业链上游业务而言，开展延伸产业链金融服务的财务公司数量逐年增加，但总体而言占财务公司总数并不多，业务普及程度仍有限。如图10-26所示，2016—2020年，开展延伸产业链业务的财务公司从5家增长到94家，占财务公司总数的比例从2.12%增长到36.58%。从总数上看，仍只有不到四成的财务公司开展延伸产业链业务。财务公司开展延伸产业链金融服务占比不高与银保监会的政策批准有一定关系。《关于稳步开展企业集团财务公司延伸产业链金融服务试点工作有关事项的通知》明确财务公司在符合《企业集团财务公司监管评级与分类监管办法》前提下，经备案审批后，可以开展相关业务，部分财务公司对于产业链金融服务开展的确切业务边界仍存有疑虑，担心“踩到红线”。

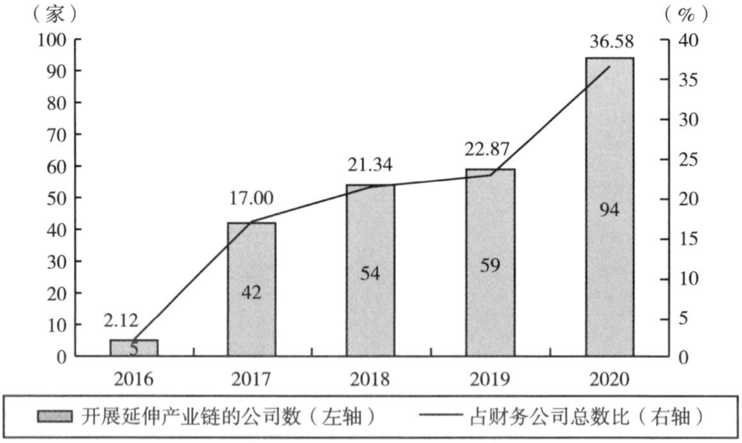

图10-26　2016—2020年开展延伸产业链的财务公司数及占比

（数据来源：作者根据中国财务公司协会公布数据整理）

第三，对产业链下游业务而言，同样存在开展业务的财务公司数量占比不多的问题，并且近5年来各项业务的发生额和余额存在波动，业务规模扩张不明显。如图10-27所示，自2016年至2020年以来，开展上下游产业链金融服务的财务公司数量占比平均在22%，并且5年内在公司数量上没有较大提升，可见从事相关业务的财务公司在市场格局上并未发生明显改变。从业务年末余额与发生额金额上看，如图10-28所示，产业链下游业务结构自2018年以来呈差异化走势，融资租赁年末余额和发生额实现持续增长，而买方信贷和消费信贷的年末余额和发生额均出现一定波动，且业务增长并不明显。

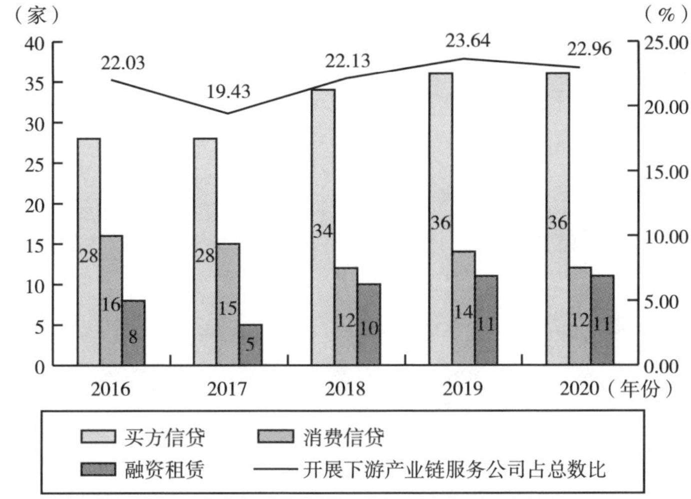

图10-27　2016—2020年开展产业链下游业务财务公司数及占比

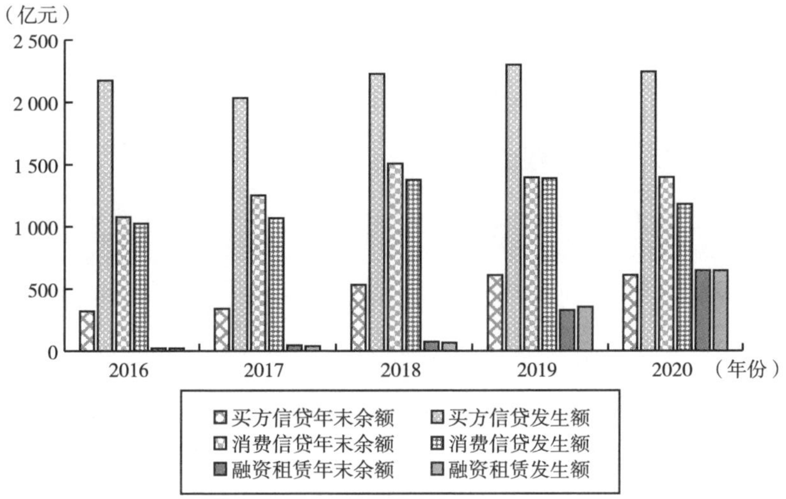

图10-28　2016—2020年财务公司产业链下游业务发生额和余额统计

（数据来源：《中国企业集团财务公司行业发展报告（2021）》）

整体而言，虽然现实需要和监管政策都鼓励财务公司积极开展产业链金融服务，但由于受到政策规定业务范围的限制、备案审批标准以及财务公司自身资金和风险管控能力的影响，开展产业链金融服务的财务公司仍然不多，且具备相应业务资质的财务公司也是将其限定在企业集团及相关产业链之内，在产业链金融服务中受范围限制，业务拓展较为谨慎。

4.职能定位存在模糊，司库功能发挥不足

财务公司“四大平台”的功能定位满足了企业集团以资金为主的金融资源从筹集到内部配置，再到运营管理及分配各环节所进行的动态及全面管理的要求，最终提高资金效率、效益，并使资金管理高度贴合集团战略目标，迅速响应实体产业需求。2022年，国资委《关于推动中央企业加快司库体系建设 进一步加强资金管理的意见》进一步指出，要依托财务公司、资金中心等管理平台，建立集团司库体系，以服务战略、支撑业务、创造价值为导向，对企业资金等金融资源进行实时监控和统筹调度。在服务职能定位下，财务公司行业的实际发展沿着由“资金管理”向“以资金管理为基础的金融服务”的方向前进，这与司库管理平台的目标不谋而合。

然而，财务公司在发挥集团内部资本市场作用、助力集团司库体系建设的过程中，仍面临职能定位模糊、司库功能发挥不足的问题。这其中既包括集团本身对财务公司的定位和管理机制问题，也面临着政策定位模糊和产生限制的问题，主要表现在财务公司面临服务集团与相对独立运营的矛盾，向司库管理转型的条件尚有不足，以及财务公司自身经营管理能力有限三大方面。

（1）面临服务集团与独立运营的矛盾。

在财务公司多重特征的影响下，当前财务公司面临为集团服务与保持自身独立性的矛盾。一方面，财务公司是企业集团设立的、为集团提供金融服务的机构，集团希望财务公司为支持集团的发展发挥最大功效，财务公司在集团内部开展业务，也需要集团的指导和帮助。财务公司在经营过程中受集团行政干预的影响较大，一定程度上缺乏自主经营权和相对独立性；另一方面，财务公司具有金融牌照，需接受银保监会的监管，要求“财务公司要保持自己的独立性，要有独立的风险判断，不能盲目服从集团的要求。在什么程度上可以支持集团，在什么程度上不能支持，要与自己的资产负债、资本控制、拨备管理结合起来”（周珣等，2011）。但同时，也有部分集团对于财务公司在集团内的地位并未予以明确，有的集团同时设立财务公司和结算中心，彼此功能发生冲突或有所重叠，监管政策又对财务公司开展部分业务进行了限制。因此整体来看，财务公司在职能定位上存在模糊不清的情况，面临着服务集团、满足监管要求、相对独立运营的多方矛盾，经营活动开展存在阻碍。

这种矛盾在财务公司资金来源和资金使用渠道的限制中得以体现。一方面，财务公司资金来源依赖于本集团内部存款，但对上市公司存款归集程度始终有限；另一方面面资金筹集和使用受到监管政策的严格限制，导致资金使用过程不畅，具体而言：

第一，从资金来源渠道上看，财务公司资本募集、吸收存款限定于本集团内部分子公司，财务公司的经营状况和发展规模直接受企业集团发展状况的制约，融资渠道过于狭窄，对集团的依附性非常高，导致其资金实力薄弱。如图10–29所示，各项存款占负债的比重已经超过95%，远高于中资大型银行74.53%和中资中小型银行69.72%的水平。财务公司相较于银行资产规模小，资金实力不雄厚，资金来源以吸收集团内部分子公司的存款为主且期限较短，不能吸收集团外的存款，这导致财务公司其长期资本来源严重不足，而集团公司内部企业资金需求的同向性使资金集中程度不高，使资金池的作用和优势有一定的局限性。

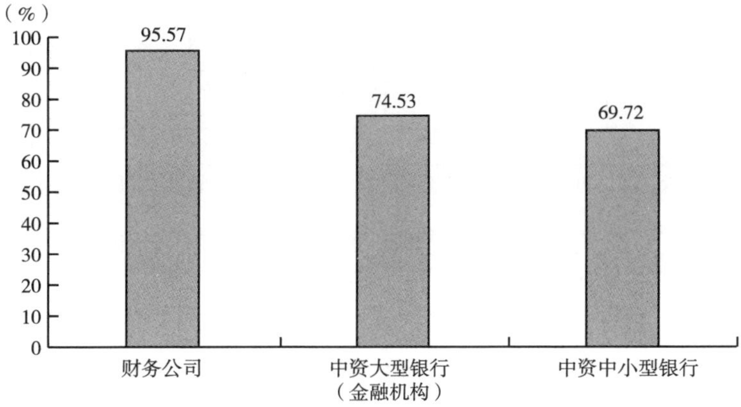

图10–29　2021年年末不同金融机构存款占负债比重对比

注：中资大型银行和中资中小型银行数据来自中国人民银行网站统计2021年“中资全国性大型银行人民币信贷收支表”和“中资全国性中小型银行人民币信贷收支表”。

在依赖存款作为资金来源的同时，存款结构中来自上市公司资金较少，这其中既有分子公司配合问题，也有政策限制问题。一方面，上市公司资金归集过程中，部分上市公司本身对集团的资金集中持抵触态度，加之社会上存在的对上市公司大股东进行资金集中管理是否会导致侵占资金的疑虑，使得上市公司的资金集中较为困难；另一方面，财务公司归集上市公司的资金，属于关联交易，除按照《上市公司关联交易实施指引》的要求披露关联交易外，还需遵守证监会、上（深）交所等监管部门关于上市公司募集资金、专户资金以及上市公司存放在财务公司的存款余额的限制规定。根据《证监会关于上市公司与集团财务公司规范运作的文件》，上市公司存放在集团财务公司的存款余额不得超过上市公司最近一个会计年度经审计的总资产金额的5%，且不超过最近一个会计年度经审计的期末货币资金总额的50%，这对财务公司归集上市公司资金额度上有很大影响。如图10-30所示，财务公司存款资金来源主要为集团母公司存款以及分子公司存款，受政策规定影响，上市公司存款所占比例始终维持在30%以下。

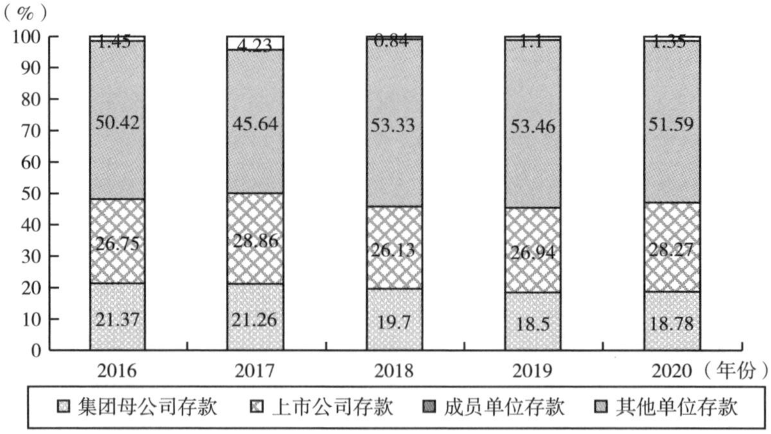

图10-30　2016—2020年财务公司存款结构变化

（数据来源：《中国企业集团财务公司行业发展报告（2021）》）

财务公司融资政策上的严格限制也使得财务公司发行债券等外部融资渠道并不顺畅。财务公司属于非银行金融机构，《中国人民银行法》第三十条明确规定："中国人民银行不得向非银行金融机构提供贷款，国务院决定中国人民银行可以向特定的非银行金融机构提供贷款的除外。但是哪些非银行金融机构可以获得中央银行提供的贷款，制度上并未给出明确的说明，财务公司能否获得中央银行的支持有很大的不确定性。

与此同时，按照监管规定，财务公司归集企业集团内部生产经营资金后，需按规定比例向人民银行上交存款准备金，这部分资金被锁定，且资金集中度越高，被锁定的存款准备金也就越多。尤其在集团资金紧张的情况下，为了维持正常的生产经营，可能被迫增加外部融资，间接提高了集团的资金成本，势必会影响企业集团资金集中管理的积极性，进而影响集团资金集中管理的功能发挥，这也与国家设立财务公司的初衷相悖。

第二，从资金使用渠道上看，财务公司作为存款类金融机构，要根据中国人民银行及银监会的要求实施信贷规模控制，而贯彻这一控制时可能会出现财务公司本身在资金集中后有大量可供分配的资金，但是由于信贷规模的控制却不能将资金贷给分子公司的情况。而当前财务公司资金相对不足时，资金的使用也会受到存款准备金等政策的限制。《中国人民银行关于加强存款准备金管理的通知》规定："金融机构经批准动用的法定存款准备金仅用于兑付储蓄存款。"财务公司只能吸收集团内部分子公司的存款，而非储蓄存款；《企业集团财务公司管理办法》第八条规定："企业集团在财务公司出现支付困难的紧急情况时，根据实际需要，增加相应资本金。"综上所述，财务公司在经营过程中，会面临服务集团与独立运营的矛盾，面临集团定位与政策要求的掣肘，最终使得自身职能发挥程度有限。

（2）向司库管理转型的条件尚有不足。

国资委《关于推动中央企业加快司库体系建设　进一步加强资金管理的意见》（以下简称《意见》）对中央企业建设司库管理体系的管理机制、管理职能等做了规定，要求中央企业要把银行账户、资金集中、债务融资、资金预算、资金结算、票据管理、应收款项清收、借款担保等作为司库管理的重点，有条件的企业要进一步增强供应链金融服务、战略决策分析和境外资金管理等能力。财务公司是企业集团进行司库管理体系建设的重要平台，然而从当前财务公司职能发挥以及在集团内发展生态的情况来看，基于财务公司构建集团企业司库管理体系的条件尚有不足，具体表现在：

第一，在司库职能的实现上，财务公司的参与程度不足，作用发挥有限，以资金结算、票据管理、战略决策分析等司库职能为例：

①在资金结算上，《意见》指出要建立集团电子结算平台，统一对外接口，建立“资金池”等。但当前财务公司没有中国人民银行授予的联行清算号，不能加入人民银行的支付清算系统。财务公司内部分子公司之间的结算不受影响，但是对外支付仍需依附于商业银行来开展，这不仅限制了结算的自主性，还导致交易费用增加。

②在票据统一管理上，《意见》指出要依托信息系统建立集团统一的“票据池”。但据调研显实，截至2019年年末财务公司所属集团已搭建票据池的共有84家，其中仅39家企业集团委托财务公司管理票据池且基于财务公司信息系统搭建，32家企业集团委托财务公司管理票据池且基于银行信息系统搭建，13家企业由集团总部负责管理票据池，财务公司主要提供辅助服务。整体而言，财务公司在推动集团票据信息集中发挥的作用仍有待提升。

③在决策支持上，《意见》指出，司库应加强战略决策分析管理，为企业重大经营投资决策提供支持。财务公司具有同时获取实体产业与金融行业相关信息的优势，利用产融信息支持集团决策，创造更多产业价值。然而，当前财务公司提供决策支持信息限于创建内部期刊及信息发布、专题研究与咨询服务等形式，但覆盖程度不高，决策支持作用有限。中国财务公司协会的问卷调查数据显示，截至2019年年末，行业共有45家财务公司创建内部刊物，主要是以征集文稿的方式进行研究考察。总体而言，这与司库管理体系要求的“全面挖掘数据价值”“开展关键业务和历史记录的大数据分析”“利用业务系统数据建立从资金后端到业务前端的全流程分析模型”等方式实现的决策支持有较大差距。

第二，财务公司在集团内部的发展生态也存在一定模糊性，亟须加以明确，这是集团加强司库管理体系顶层设计、科学制定总体规划、完善制度体系和管理架构的前提条件，主要包括：

①财务公司在企业集团金融板块中的定位和作用不明确。2020年9月中国人民银行发布《金融控股公司监督管理试行办法》（中国人民银行令〔2020〕第4号），对金融控股公司的定义、申请、设立、监管等进行了明确规定。在金

融控股公司这一业态发展加速且不断规范的大背景下，不排除未来部分财务公司被纳入集团金融控股公司实质性管理框架的可能性。然而当前大多数集团的金融控股公司对财务公司的经营管理以股权管理为主，实质控制权力有限。未来，如何明确财务公司在集团整体管理架构中所在的实际层次，如何界定与集团管理中枢、相关职能部门、其他金融机构或类金融机构之间的关系，以及对集团财务资金金融政策与产业板块发展的响应与联动方式，都是需要进一步明确的课题。

②财务公司与企业集团财务共享服务中心的分工与职能不明确。近年来很多财务公司所在集团逐步设立财务共享服务中心或类似机构。同时，企业集团设立境外财资中心正在成为大趋势，部分财务公司与其集团共享中心还存有职能竞争的困扰，这使得具有鲜明内部特征的财务公司培育产品竞争力、重塑盈利模式、去边缘化的紧迫性不断加强。如何与财务共享服务中心划分职责界面、实现共同发展，也是财务公司未来一段时间内亟须探索并解决的问题。

总而言之，我国财务公司与司库在组织形式、功能定位、运营模式以及政策环境等方面具有较大的改革空间。

（3）财务公司自身经营管理能力有限。

具备“企业性”的财务公司同样面临自身的管理与运营问题，主要体现在以下三个方面：

第一，货币市场波动对财务公司盈利能力带来压力。财务公司的“金融性”和“产业性”决定了其在宏观金融市场和实体经济运行的波动环境下难以“独善其身”，面临宏观金融大环境和自身所在产业小环境的双重影响，一方面要承受来自宏观压力对经济体系与金融循环的整体冲击，另一方面还要受到其所依托实体经济产业发展与企业集团经营承压的直接影响。根据上文分析的货币市场利率变化走势和财务公司利差收窄的影响，未来其面临的生存发展问题愈发突出。如图10–31所示，财务公司行业利润率已经从2020年年末的80.57%下降到2021年年末的49.94%，几近腰斩，为近5年来的最低点。同时，财务公司通过同业、投资等其他资产配置渠道缓和压力的能力较为薄弱，空间相对有限，如何破解自身发展困境成为财务公司需要重点思考的问题。

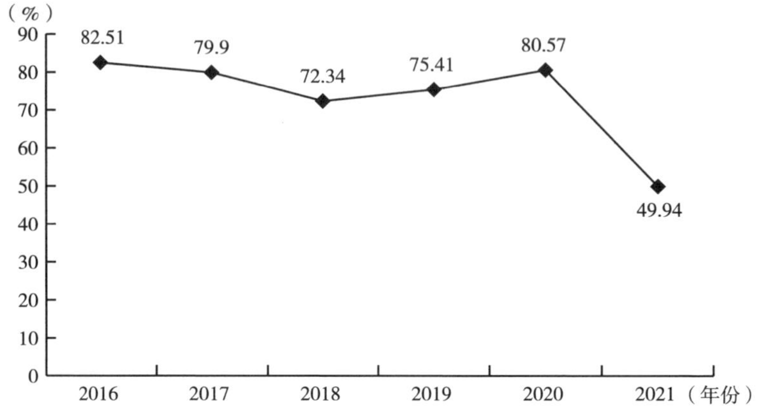

图10-31　2016—2021年财务公司行业利润率

第二，财务公司在市场竞争态势加剧的大背景下，虽服务于企业集团内部，行业内竞争压力较小，但仍面临来自其他同业，如商业银行等金融机构的竞争压力。随着我国利率市场化的推进，财务公司面临的外界金融环境发生巨大变化，金融市场竞争格局也面临重塑。对于财务公司与商业银行的竞合关系，也逐渐从以合作为主、竞争为辅转向竞争为主、合作为辅，政策保护为前提的财务公司发展战略将跟不上形势的发展。财务公司所依托的企业集团都是市场中具有较强竞争力的国企或民企，是所有市场金融机构的最优质的客户，而各类商业银行在资产规模、资金实力和服务手段方面有着优势，在金融市场中竞争力更强，吸引着优质客户和重点客户。未来，金融市场的开放和金融服务体系的完善会引发更为激烈的竞争。因此，财务公司也要接受来自金融市场冲击的检验，经历这个优胜劣汰的时代。

第三，抓住金融科技创新与产业升级的趋势，应用互联网、大数据等科技手段提高自身运营质效和风险管控水平，成为财务公司推动数字化转型、转变发展引擎的重要手段。然而财务公司在信息化建设上面临较为明显的制约因素，主要体现在：

①财务公司行业信息科技投向以系统建设为主，新技术应用不足。如图10-32和图10-33所示，2019年和2020年财务公司行业信息系统建设升级项目分别为863个和1 112个，平均每家公司分别约有4至5个升级项目，同比增幅29%，信息科技迭代升级步伐不断加速。但对于应用至少一种新技术公司数量

及其所占比例而言，2019年共有53家企业财务公司应用了云计算、大数据、人工智能、虚拟化、区块链等至少一种新技术，占当年所有财务公司的20.54%；2020年年末，在257家财务公司中，共有72家企业应用了至少一种新技术，占比28.02%。相比于平均每家公司均由信息系统建设升级项目而言，新技术的应用在财务公司中的覆盖面明显不足。同时，财务公司对于新技术的应用深入程度也有待考量。

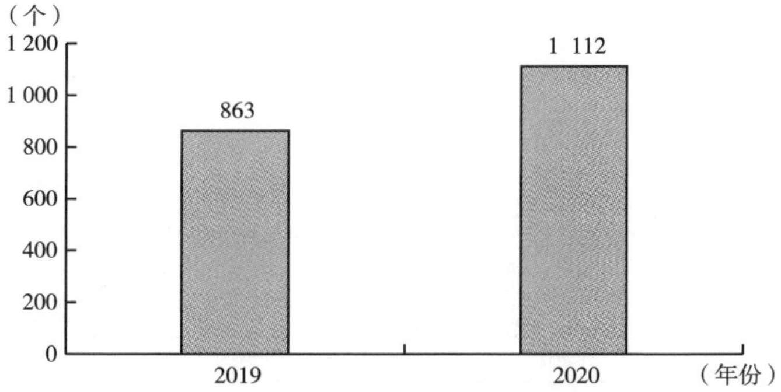

图10-32　2019年与2020年系统建设升级项目数

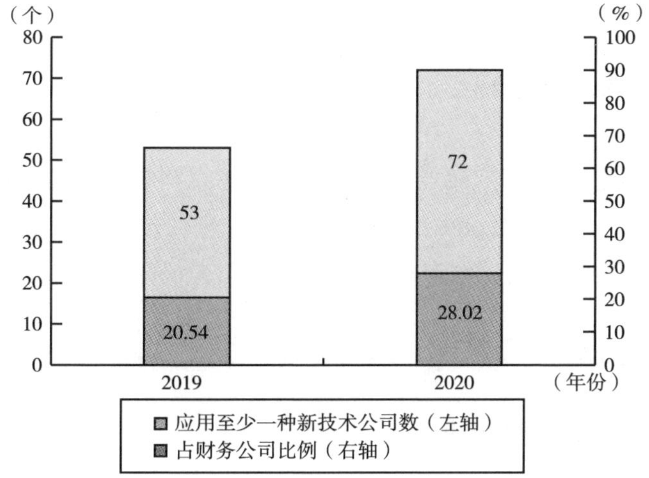

图10-33　2019年与2020年应用至少一种新技术公司数及所占比例

②各企业信息科技投入不均衡。如图10-34所示，2016年，高达78.81%的财务公司年度信息科技投入不足500万元；到2020年，差距虽略有收窄，但

仍有约61%的企业投入不足500万元，表明多数财务公司的信息科技投入相对不足。值得关注的是，信息科技投入不足100万元的尾部群体，其数量在“十三五”期间保持不变，都是66家，表明尾部效应未有改善。与此同时，2020年，财务公司行业信息科技投入最大企业与最小企业的投入额相差1 161倍，两极分化问题严重。

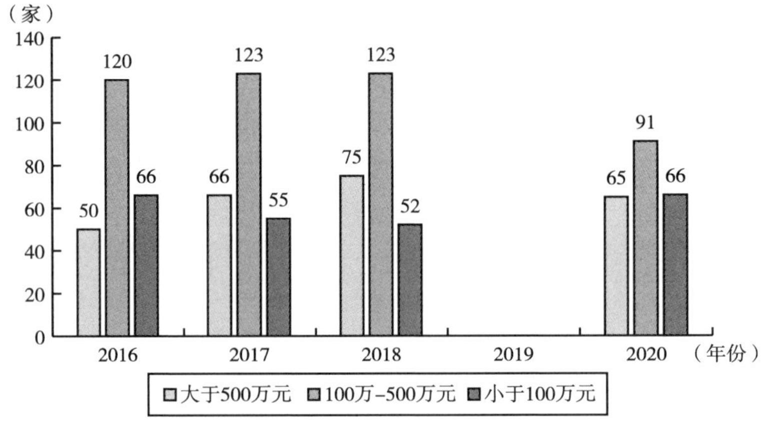

图10-34　2016—2020年财务公司信息化投入规模

注：① 2019年数据暂缺；② 2017年、2018年、2020年数据取自相应年份《中国企业集团财务公司行业发展报告》，其总数与当年年末财务公司数量不符，可能是受访企业不全所致。

（数据来源：作者根据中国财务公司协会公布数据整理）

③信息科技建设外部依赖度高。财务公司信息科技团队建设滞后于数字化转型需要。2020年，有32.68%的企业未单设信息科技部门，有63%的企业信息科技人员配备不到3人。信息科技部门设置和人员配备的不足，导致多数企业不能建立自主信息化管理团队，形成对外部供应商的高度依赖，在系统规划、建设和运维上话语权小，客户服务和业务管理的功能效果不佳。

（三）未来展望与发展建议

1.提升精益管理水平，不断提高服务质效

面对增长困境和盈利能力弱化的问题，财务公司应主动转变发展方式，从规模主导的外延式增长，向效率主导的内涵式发展转变。内涵式发展是一种精细化的发展方式，它需要财务公司在当前业务分类中，针对效率低下、效益不

佳等问题进行原因剖析，并采取新的管理模式和管理方法加以改进，从而降低管理成本、提高管理效益。根据不同的业务类型，主要包括以下三大方面：

（1）建立精益化管理资产负债管理体系。

由于资金实力、人员配置、技术能力等原因，绝大多数财务公司虽然与商业银行一样同属于以存贷款为主营业务的金融机构，但财务公司资产规模远远小于商业银行，简单套用商业银行资产负债管理方法不具备可操作性。对此，财务公司可以从总量管理、结构管理和效益管理三个维度，构建起资产负债管理框架，其中总量管理要实现满足企业集团及分子公司需求，保持各类资产项目之间的合理比例关系，调控负债总量的平衡，包括结构平衡、可用程度平衡、成本效益平衡；结构管理一方面要使各种资产在不发生损失的情况下能迅速变现，另一方面对流动性不同的负债进行管理，使各项负债可以以较低成本随时获得，并且建立资产负债期限结构匹配模型来预测资产负债流动性现状；收益管理需要分析资产负债规模、结构和利率的变动等主要因素，找出低成本费用的途径，在企业集团利益最大化的前提下，扩大营利性资产的规模、提高资金利用率和盈利资产的收益率，同时降低成本、减少资产风险损失。

（2）推动资金集中与结算规范管理升级。

在资金集中管理与结算规范管理方面，应积极结合企业司库管理体系的要求，改善支付结算手段，提高业务服务水平。一方面，加强集团资金集中管理，以财务公司、资金中心等作为资金集中管理平台，按照“依法合规、公允定价”的原则，建立跨账户、跨单位、跨层级、跨区域的“资金池”，及时做好子企业资金的定期归集，力争做到按日归集，有条件的企业做到逐笔归集；对上市公司、金融企业和监管账户的资金归集要符合有关监管要求；另一方面，加强资金结算规范管理，依托财务公司、资金中心等建立集团电子结算平台，统一对外接口，实现业务结算全流程线上审批和电子结算，逐步减少银行网银支付和支票、现金的使用。有条件的企业要结合“资金池”实现统一对外结算。同时规范资金结算审批标准和权限，完善前端业务发起、在线流转审批、自动核算校验的结算流程，实现业财信息共享和合规管控。

（3）建设财务公司客户管理体系。

财务公司跟商业银行一个比较大的区别是，财务公司的客户往往不是传统意义上银行所面对的客户。财务公司的客户主要是金融同业客户，也承担了大企业集团内部的支付、资金管理以及各种客户管理等一系列业务。所以财务公司的客户管理具有一定的复杂性。市场上，银行在客户管理方面走在前列，财务公司也可以引进银行或保险公司的一些客户管理模式，包括智能呼叫中心生态化管理、流程优化、智慧客服平台等。通过服务流程梳理，针对客户相关痛点，做优化再造设计；建立智慧客服平台，采取智能呼叫中心等手段提升全渠道客户服务能力和改善客户体验，让客服做到位，实现专业化。同时，还需要制定客户服务体系模式变革落地需配套的组织、流程、机制等支撑体系方案。

2.优化风险管理框架，加强风险防控能力

面对外部环境不确定性增强的风险，加强风险防控始终是财务公司平稳发展的重要命题。在监管政策的指导下，财务公司应依据自身行业风险特征，持续打造并完善风险管理、合规管理、内控管理“三位一体”的风控逻辑架构，在系统分析财务公司所面临风险的基础上，制定明确的风险管理战略，完善三大模块的管理框架和措施，并制定科学合理的考核措施，成为所属企业集团资金管控和防控风险的坚强后盾，如图10–35所示。

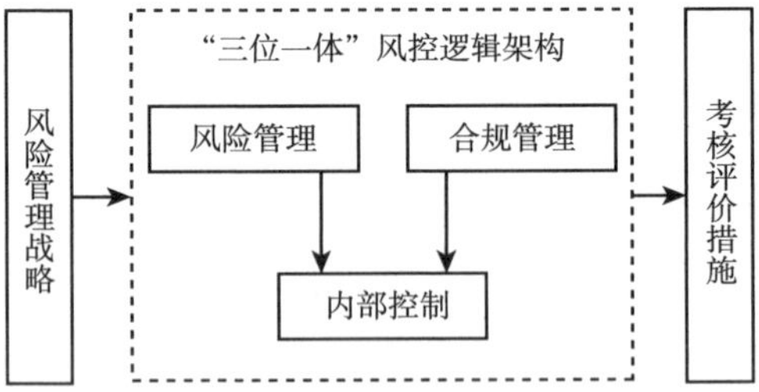

图10–35 财务公司优化风险管理框架

（1）树立并保持风险优先、稳健经营的风险管理战略。

在风险管理战略目标设定上，要结合监管要求与企业集团战略，强化市场研判，坚持把不出现流动性风险等作为主要控制目标，弱化利润指标等考核要求。

（2）构建“三位一体”风控逻辑架构。

在“三位一体”的风控逻辑架构中：①对于风险管理框架，应将财务公司的风险管控要求纳入到企业集团的总体框架下，正确处理财务公司与集团、监管与创新、风险与发展的关系。中国财务公司协会的问卷调查结果显示，信用风险、流动性风险和操作风险是财务公司自身经营面临的主要风险。财务公司应根据本企业对风险发生可能性和损失严重程度的判断，形成一组风险量化指标框架及相应的配套运行机制，不仅要形成风险清单、构筑量化指标体系、设置阈值区间与预警规则，也要根据实际情况变化进行指标优化，对相关指标的变动进行监控和分析，采取风险应对措施；②对于合规管理框架，财务公司应梳理并严格执行国家风险防范的各项监管要求，包括原银监会对“三套利”“四违反”“四不当”“十乱象”的专项整治，《关于规范金融机构资产管理业务的指导意见》对财务公司开展投资业务的规定，以及法定存款准备金缴存、外汇监管等方面的要求；③对于内部控制框架，财务公司应确保风险管理战略和合规管理要求能够得到分解与落实，把风险管理和合规管理中提出的各项要求体现在公司制度、流程中并严格执行。在体系搭建环节，须完善财务公司制度体系框架，确保层级清晰、责任明确、衔接得当，并将制度建设与业务流程梳理同时开展、同步更新；在制度制定环节，要区分业务部门与非业务部门，业务部门以业务品种为主线，非业务部门以部门职责为主线，做到每一笔业务、每一项职责的开展都有据可依，并通过业务流程予以固化；在制度的执行环节，要强化员工自觉遵守、公司培训指导、内外部监督检查的闭环管理，确保有效的制度得到良好执行，无效的制度及时得到修订或废止。不定期开展内控检查及定期开展内控评价将有效促进公司内控执行效率。

（3）完善财务公司监督考核机制。

在监督考核上，强化企业集团对财务公司、财务公司董事会对经营班子、经营班子对公司各部门的考核与监督，设立底线与红线，真正将公司风险优先、稳健经营的战略落实到日常经营活动当中。总体而言，财务公司一方面要适应监管要求，建立规范的风险治理架构，设计多层次、相互衔接、有效制衡的运行机制；另一方面，要不断提高风险管理的专业程度，加深对业务的理解，结合对监管政策的深入认识，制定科学适宜的风险控制策略。

3.积极实现业务拓展，整合集团金融资源

针对财务公司受业务能力和监管政策限制，金融服务水平有限的问题，财务公司可在监管机构完善监管政策与配套措施的基础上，积极推动业务范围扩展，提高财务公司整合集团金融资源、提供金融服务的能力。

（1）完善监管政策与配套措施。

从上文分析可以看出，不论是财务公司作为集团成员提供金融服务的范围上，还是财务公司作为非银行金融机构进行独立运营的相关资质上，都或多或少地面临监管政策的制约，需要监管部门完善相关政策与配套措施，支持财务公司职能拓展，更好地发挥金融服务平台的功能。中国人民银行、银保监会、国资委等监管部门应该对财务公司在金融体系的地位和作用，以及未来服务企业集团、产业链和所在行业的职能和模式进行全面的政策总结、评估和再定位，厘清财务公司的法律地位和监管框架，对政策进行协调和统一。可定期对财务公司调研，以了解其业务方面的困难并给予政策支持和相应的金融资质，在做精目前业务的基础上，适当赋予财务公司一些新的业务功能，以便更好地为企业集团服务。对于近些年新出现的业务类型，以及之前规定中比较模糊的业务种类，也应予以明确。获得了政策支持后，财务公司应当在稳健经营的基础上，以提高自身的专业能力及服务水平为重点，积极稳妥地开展新业务，如试点开展延伸产业链金融业务、衍生品交易、股权投资等业务。积极开展财务咨询、信用鉴证、信息咨询等中间业务，以提高自己在行业内的竞争力。

（2）积极推动业务范围拓展。

第一，财务公司可发挥金融专业优势，积极开展顾问类中间业务，整合金融资源。财务公司的顾问类中间业务包括银团贷款等融资顾问服务、保险管理服务、信息咨询服务等，这类顾问服务更加考验财务公司对金融渠道资源和产融信息资源的配置能力。财务公司应积极组建客户服务团队，通过定制化、专业化和差异化金融服务，全力为分子公司创造价值，真正做到凡是“分子公司有需求”，财务公司就“有能力整合资源予以解决”。第二，财务公司可发挥金融同业合作优势，加深财务公司的“财财”与“财银”等多边合作。近年来，财务公司通过票据、银团贷款、同业等载体/渠道，不断加强与集团内部金融机构、外部市场化金融机构和各类社会中介机构的协调合作，在充分发挥合

力、提高业务绩效的同时，逐步延伸自身作为集团内部金融机构关系统筹平台的职能，帮助集团创造更加有利的金融环境。一方面，对财务公司同业合作而言，财务公司应抓住相关企业集团在产业链上的关联性，强化财务公司行业间的多层次的合作，以保理、票据等基础产品为依托发展信息服务、业务撮合等功能，形成良好的合作界面，将进一步增强财务公司服务实体企业的能力。另一方面，对"财银"合作而言，财务公司应与商业银行挖掘在资金存放、支付结算、资产配置等方面的合作潜力，实现资源共享、优势互补。第三，除了"财财"与"财银"合作外，财务公司还应探索向金融同业合作生态圈进行扩张，将合作范围从传统的财务公司同业与商业银行扩展到金融租赁公司、消费金融公司、证券公司等，提高同业合作广度，为集团发展争取更多金融资源，提高财务公司对外部市场资源的获取与利用能力。总之，财务公司应践行开放式金融的理念，坚持平台化、生态化的思维，有序扩大合作伙伴范围，打造与日常金融服务、生产经营深度融合的外部金融资源连接获取与高效利用模式。

4.厘清职责分工界面，推动司库体系建设

面对财务公司职能定位存在模糊、司库功能发挥不足的问题，集团和财务公司应推动机制体系改革，化解服务集团与独立运营的矛盾，推动财务公司向司库管理职能转型，并从集团整体层面加强司库管理体系的顶层设计。

（1）机制改革化解矛盾，提升运营活力。

针对财务公司服务集团与独立运营的矛盾，除了完善监管政策与配套措施，获取政策支持以外，还需要通过集团与财务公司体制机制的改革，为财务公司的发展注入活力，这其中包括引入战略投资合作机制、改革财务公司薪酬机制等。一方面，财务公司要"引智"更要"引市"，不仅要积极引进专业的管理团队、战略投资者等合作伙伴，更要引入市场机制。集团从股东及实际控制人的角度对财务公司加强管理，财务公司要接受集团的统一领导，服务集团核心主业。但同时财务公司是独立法人，要保持相对独立性，通过引入战投合作机制，健全财务公司的公司治理机制，让财务公司的董事会成为真正的董事会，能够按照市场规律办事，解决企业集团财务公司相对独立性的问题；另一方面，需要完善激励机制。财务公司作为非银行金融机构，企业集团要让财务公司获得有社会金融那样的服务便利和服务水平以及服务质量，就要加强激励，从市场上吸引高端人才，充分激发人才的积极性。改进财务公司薪酬激励机制的问题，将风险调整后的绩效水平作为财务公司薪酬激励的依据。

（2）推动财务公司向司库管理职能转型。

从国外经验看，财务公司可以向功能更全面的司库发展，这需要企业集团对财务公司进行功能的梳理与定位。财务公司应重视司库功能的构建与深化，特别是在融资管理、结算管理、风险控制、利汇率管理、衍生品交易、流动性管理、银行关系管理、战略决策支持等职能的作用，通过财务公司融入企业司库管理体系的建设的方式梳理集团金融资源。司库管理体系的建设可借助财务公司梳理自身的资金资源、信用资源、金融渠道资源和产融信息资源。对于资金资源，财务公司可以通过集中管理集团资金、调剂内部资金余缺，提高资金的使用效率；对于信用资源，财务公司可以管理集团运营性资产负债，如预收账款、应收账款等，并协助集团统筹各类票据使用，维护企业集团的市场信誉；对于金融渠道资源，财务公司可以基于对分子公司金融需求的梳理，根据自身的金融牌照资质精准匹配需求；对于信息资源，财务公司可以依托自身金融机构的优势，为集团打造金融信息网络，提供方案并支持集团决策。财务公司要实现业务类型的转变与扩展，使金融渠道资源和产融信息资源的整合和运用成为新的增长点。

（3）加强司库管理体系顶层设计。

《关于推动中央企业加快司库体系建设进一步加强资金管理的意见》指出，集团要围绕资金等金融资源的管理流程，梳理明确集团总部各部门、总部财务部门与财务公司、资金中心等管理平台在司库管理中的职能边界和职责权限，通过建立总部统筹、平台实施、基层执行“三位一体”的司库管理组织和“统一管理、分级授权”的司库管理模式，形成“分工明确、职责清晰、协同高效”的管理机制。财务公司应积极融入集团企业司库管理建设生态，在具体实现过程中，应从集团和财务公司两个层面加以考量。

从集团层面看，一方面应制定自身金融产业发展战略，明确金融产业与集团总部、金融机构与分子公司、金融机构之间三个层次的定位，通过将财务公司作为集团金融信息交互平台，实现集团金融产业的协同建设；对于司库管理体系中共享服务中心的作用，应推动财务共享服务中心与财务公司分工协作，财务共享服务中心承接财务公司中的部分流程，并主要集中在交易管理的流程中，尤其是相对标准化、且业务量和发生频率均很高的资金交易类流程，财务公司则重点进行资金计划执行的监督与分析。另一方面，集团可考虑在政策和资源上给予财务公司更多倾斜，例如在分子公司账户集中、资金集中、融资担保集中、银行关系管理，以及必要时的流动性等方面给予财务公司支持，增强财务公司的司库作用，为获得更高监管评级和新业务资质奠定基础；或加大对财务公司的资源倾斜，提高财务公司在金融股权投资、金融辅助管理方面发挥的作用。

从财务公司层面看，最重要的是确立积极的发展战略，主动融入并共建集团产融生态圈。对于产业型企业集团的财务公司而言，应主动承担集团资金管理平台职能和辅助集团金融产业管理职能；对于综合型企业集团财务公司而言，应主动协同集团金控公司/集团内其他金融机构，搭建集团内部资金资源配置平台，共建集团产融生态圈。除此之外，财务公司还应主动协同集团内其他金融机构，以便给自身赋能，补齐短板，更好地服务集团内实体主业。

5.推动数字化转型，以数据治理赋能发展

面对财务公司自身的经营管理问题，特别是信息化建设的问题，应积极推动财务公司数字化转型，以数据治理赋能发展。诚然，财务公司进一步加大信息科技投入，推进数字化转型，面临诸多成本，包括时间成本、人员成本、软件成本、计算存储硬件及系统成本等，这在财务公司面临利润下降的经营背景下显得尤为困难。然而，数字化转型也不仅仅是靠加大投资就可以“买”来的，除了成本以外，还面临数字化转型产品供给不足，以及财务公司自身的能力欠缺问题。因此，需要明确财务公司数字化转型的整体框架，更好地支撑财务公司数字化转型发展。总体而言，包括财务公司的业务模式转型、组织架构变革、新兴技术运用以及数据治理建设四大方面。

（1）业务模式转型。

数字化业务模式与传统业务模式最大的区别在于线上化与定制化。一方面，对于财务公司基本的资金结算、归集、票据处理乃至产业链金融服务，都可以借鉴银行数字化的方式，推行线上开户、线上票据业务等全线上业务，压缩线下业务办理的比重，提高运行效率，同时还可以基于线上业务实现渠道式发展，实现不同主体之间业务流、信息流和资金流合一，为分子公司提供一站式服务；另一方面，财务公司可以借助业务数据化，发挥嫁接行业数据和金融机构关系的优势，主动发掘客户需求，提供综合解决方案，助力客户财务共成长。

（2）组织架构变革。

财务公司可改变传统的职能分工模式，将数字化企业“前中后台”的业务运行模式与金融机构前中后台的岗位分工相结合，打造具有财务公司特色的前台敏捷响应、中台平台化发展、后台智能决策的管理体系。其中，前台为快速响应客户的个性化需求，财务公司应着力打造专门的客户服务团队，并根据客户需要搭建项目制敏捷小组，负责业务综合解决方案的制定和协调落地，以灵活化的组织架构提升业务拓展的有效性和客户服务的响应力；中台全面整合产业信息和金融资源，将供应链上下游和金融机构纳入平台，打造供应链全生命周期业务模式，向平台化、生态化模式转型；后台基于数据治理和信息技术支撑，建设基于私有云、虚拟化、分布式存储、云计算等技术打造的超融合平台，将计算、存储和网络云化，可实现应用的高度灵活部署。

（3）新兴技术运用。

财务公司利用新技术应用推动智能化运营，关键是找准新技术解决运营管理和金融业务问题的切入点。产业互联网可以实现企业生产经营和交易环节的数字化，构成优化业务运营和识别金融风险的数据资源。利用RPA技术，可以实现支付结算、风控、信贷审核、数据治理、客户服务、运营管理、系统运维等业务的智能化，让员工从繁复的手工作业中解放出来，有更多时间投入业务拓展和分析管理等工作。利用云计算技术搭建机器学习平台，借助金融建模工具开展大数据分析，构建客户画像，实现业务实时审批，实现客户风险精准管理。区块链技术可以赋能财务公司支付结算和融资体系，提升风控及运营操作效率，支持供应链上下游客户获取资金，助力金融生态圈协同发展。

（4）数据治理建设。

财务公司作为企业集团内部非银行金融机构，相比外部金融机构，在内部信息获取方面，其真实性、全面性、持续性等具有明显优势。完善财务公司数据治理整体架构，建立服务式数据治理体系，明确数据管理责权利，制定数据标准规范，严控数据质量，打通数据和业务通道，通过数据分析与挖掘能力的打造能激发财务公司数据价值提升。

二、财务公司在中央企业司库体系建设中具备的优势

作为已经履行绝大部分司库操作功能的财务公司，是我国企业尤其是大型中央企业集团建立司库管理体系的最佳平台。

（一）财务公司具有较强的司库管理业务基础

财务公司已经有近30年的发展历史，熟悉国内金融市场，熟悉企业集团分子公司的金融需求，特别是在协助企业集团实施资金集中管理过程中，在账户管理、资金归集、内部结算、信贷发放与管理、风险控制等方面积累了丰富的实践经验，部分财务公司如中油财务公司还具备成熟的外汇业务及外汇风险管理经验。这些业务都是司库管理的核心业务，也是司库管理得以有效运行的基础。

（二）财务公司具备金融政策优势

尽管财务公司作为金融机构需要接受国内较为严苛的金融监管，但是应该看到，金融企业还是比非金融企业拥有某些政策优势。比如在国内同业市场，金融企业就要比非金融企业更能享受到地利之便——后者并无参与资格，金融企业可以通过同业拆借、证券回购等方式获得成本更低的融资。其他诸如央行的再贴现、再贷款政策支持等，与非金融企业相比，金融企业的融资渠道更多，成本优势显著。

（三）财务公司具有专业化优势

跨国公司司库人员大都具有司库专业资格证书，既不同于会计专业也不同于金融专业，而是另有特色。国内各类财务部门或金融机构从业人员可能都拥有相关专业资质，但是同时兼具会计、金融和财务管理的专业人士可能并不多。财务公司脱胎于企业集团财务部门，提供的是内部金融服务，同时拥有大量精通会计、财务、金融等方面的专业人才，具有产融结合的专业优势，是其他类型的金融机构所无法企及的。

（四）财务公司具有技术平台优势

在数字化时代，要准确及时处理大量的资金往来结算、向成千上万分子公司提供银行对账单、有效管理集团资金风险特别是利率汇率风险、准确预测资金变动状况并据以科学管理庞大的流动性，对财务公司的信息系统及其功能而言，挑战巨大，更不用说外联金融市场与商业银行、内联企业各类财务管理系统、合同管理系统、物资采购系统、物流系统等等。近年来财务公司高度重视信息化建设，积极推进数字化转型，在相关领域投入大量资源，技术平台优势及效果显著。

三、中央企业司库管理体系建设框架

（一）企业司库管理体系的建设目标与总体规划

司库管理是企业资金管理的高级形式，其目的是通过企业内部资金等金融资源的整合和风险全面管控，实现生产经营、投融资决策、业务协同、风险管理的一体化应用，以更好地为集团的战略发展服务。

司库管理体系则是指企业集团依托财务公司、资金中心等管理平台，运用现代化网络信息技术，以资金集中和信息集中为重点，以提高资金运营效率、降低资金成本、防控资金风险为目标，以服务战略、支撑业务、创造价值为导向，对企业资金等金融资源进行实时监控和统筹调度的现代企业治理机制。

1.企业司库管理体系的建设目标

企业司库管理体系的建设要以公司金融资源的统筹调度及高效配置为总体目标。司库管理体系建设的具体目标是搭建一个由集团统筹调度，多部门协同配合，实现金融资源高效配置，提高资金运行效率、降低资金成本、控制资金决策风险的司库管理平台。该平台建设应按照国资委对中央企业司库管理体系建设的要求，坚持系统观念，明确工作目标、加强顶层设计、把握工作原则、改进管理模式，推进司库平台系统不断完善和持续优化，实现对资金等金融资源“看得见、管得住、调得动、用得好”。从平台实现的具体功能来看，其应该实现以下几个方面的功能：

一是统一结算功能。该平台主要是通过打通司库与财务公司、商业银行、SWIFT、票交所以及第三方支付等系统连接与数据传输，从而简化工作流程，提高资金结算效率。

二是业财融合功能。该平台以满足资金运营需求为目标，通过连接共享平台、业务系统等企业内部系统，实现“业务——财务——资金”一体化协同运作，提升运营效率、降低经营成本。

三是金融交易功能。该平台主要是围绕企业的金融资源配置诉求，打通与市场数据以及各金融主体的连接，以实现金融资源的合理配置与高效交易。其中，市场数据方面，该平台不仅要连接政府监管机构、工商部门、证券交易所等数据，还要连接第三方评级机构、媒体舆情等数据；金融主体方面，该平台需要打通与商业银行、证券公司、基金公司、保险公司、期货公司以及信托公司等关系，以实现业务流程的无缝对接。

四是司库决策功能。该平台主要是通过数据分析、规则引擎、机器学习等方式，形成能够辅助决策的司库报告，减轻决策者从事低层次信息处理和分析的工作负担，提高决策制定的质量和效率。

五是风险控制功能。通过资金流、信息流、数据流集中的形式，统筹管控全集团资金等金融资源，并将内控制度和风险环节融入业务流程，结合制度、审批、授信与预算、指标预警等实现风险的事前预警、识别、分类、评估和事中控制、事后报告和决策支持。

当然，我们也应该认识到企业司库管理体系的建设是一个循序渐进的过程，从国内外司库的发展来看，企业司库管理体系一般是由企业内部的资金管理体系发展而来。由于各企业所处行业特点、发展阶段、管理水平的不同，企业司库管理体系的建设目标也应该根据实际情况划分成不同的阶段。特别是，随着数字信息技术快速演进、金融支付手段更新迭代，为司库管理体系建设提供了新的工具和平台。对于司库管理体系建设起步阶段的企业，要先制订司库管理体系建设方案，建立司库管理制度，通过管理流程的再造与优化，信息系统的建设与运行，实现账户管理、资金集中、资金结算、资金预算、债务融资等基础管理功能上线运行；对于司库管理体系建设已有一定基础的企业，要持续优化司库管理体系，拓展司库金融属性资源管控、风险智能预警、供应链金融服务等管理功能，提升金融资源的配置和调度能力；对于司库管理体系建设较为成熟的企业，要充分利用司库系统与各信息系统互联互通形成的数据资源，借助智能化信息技术持续挖掘数据价值，进一步增强战略决策支持深度。

2.企业司库管理体系的总体规划

企业司库管理体系的总体规划要结合企业发展战略、行业特点、业务布局和资金资源管理模式，依托现代信息技术，坚持系统观念和底线思维，以“统一规划、全面规范、系统集成、安全高效、集约精益”为指导，从建设目标、功能作用、管理机制、实施路径等方面做好顶层设计和中长期规划，加强组织、流程、数据、技术等要素统筹和协同创新，推动司库管理体系建设实现高标准起步、高水平设计、高效率运行。要围绕资金等金融资源构建管理标准、内控流程和监督评价等管理机制，建立完善分级分类管理制度体系，实现司库管理体系化、制度化、规范化、信息化。

从功能作用的角度来看，一个完整的司库管理内容体系包括流动性管理、金融资源管理、决策支撑三大部分。流动性管理是将企业日常的资金管理工作延伸到企业前端，对资金的收支进行全过程管理，功能主要包括账户管理、资金结算管理、票据管理、资金预算管理、头寸管理等基础资金管理相关内容。金融资源管理是在资金集中的基础上，根据资金的盈缺情况进行集中的筹融资及资金运作，并对相关风险（包括客户信用风险、交易对手风险、利率风险、汇率风险及流动性风险等）进行全面管理，功能主要包括营运资本管理、筹融资管理、利率管理、汇率管理、授信管理、银行关系管理、投资管理等内容。决策支撑是在流动性管理、金融资源管理的基础上全面运营司库相关数据，通过数据价值挖掘支持集团决策，包括司库指标体系的搭建展示预警、专题分析等内容。同时，全过程辅以信息技术保驾护航，将企业集团资金等金融资源纳入全过程、透明化管理，并根据优先级、难易度等分层推进，主动服务集团主业发展，有效推动资金资源配置效率进一步提升。

（二）企业司库管理体系的建设原则

1.统一性原则

司库管理体系建设要做好业务和系统的统一规划，通过梳理集团司库管理职责，建立包括财务、风控、信息、采购等多部门协同联动机制，厘清集团财务部、共享中心、资金中心、财务公司等职责界面，明确管理目标，统一设计系统功能蓝图，统一规范数据标准，统筹规划建设路径。

2. 效益型原则

司库管理体系的核心运营要素是资金，企业集团要利用司库管理体系集中资金等金融资源，通过专业化管理，统筹进行资源配置，在满足企业业务高效运营的同时，将资金资源投放到效益更高的项目上，实现资金管理价值最大化。

3. 安全性原则

司库管理体系建设要通过制度流程化、流程信息化，建立健全内控管理机制，审慎评估现代信息网络和智能化技术应用中的潜在风险，以资金收付安全为基础，提升信用风险、融资风险、流动性风险、市场风险、操作风险等管控能力，守住资金安全及信息安全底线。

4. 智慧性原则

司库管理体系建设要注重新技术与管理创新的融合，充分发挥互联网、云计算、大数据、人工智能、区块链等现代信息通信技术对司库管理的赋能作用，在业务操作、数据监测、系统运营等方面实现智慧化管理。

5. 协同性原则

司库管理体系建设要注重科学统筹各方要素，做好协调管理团队、机构组织、信息系统等工作，充分利用现有组织、人员、信息系统、金融平台等资源，做好横向协同和纵向联动，避免重复建设和管理震荡，提升建设效率和管理效果。

6. 发展性原则

司库管理体系建设要充分考虑企业发展战略，结合宏观经济发展趋势、监管要求和业务发展规划，在制度建设、业务创新、系统搭建、人才体系建设等多方面做好储备和谋划，考虑适度超前，让司库体系能适配企业未来一定时间的发展要求。

（三）企业司库管理体系的组织治理机制建设

1. 司库管理体系组织架构

国外企业司库大都作为企业集团总部的一个职能部门，或者是集团总部控制下的一个法人机构或分支机构，由其统一行使对资金等金融资源的管理功能。在多数大型跨国公司，司库长（或称司库总监，Chief Treasurer）分管与司库管理有关的职能，如外部融资、流动性及现金管理、风险管理、金融机构关系管理和投资管理等，而财务主管（或称财务总监，Chief Controller）则分管与财务会计管理相关的职能如会计核算、财务规划和预算、财务管理信息系统、应收账款、应付账款管理等。司库主管和财务主管分别直接向首席财务官（CFO）汇报，在组织架构上二者平行。

国内企业集团司库管理引入较晚，近几年随着信息技术的快速演进和财务管理数字化转型的升级需要，普遍启动司库管理体系建设，期间对司库管理的组织架构也进行了本地化的实践探索。国内大型企业集团大多未设立单独的司库职能部门，司库管理主要由集团财务部门牵头负责，包括制定相应的政策，统一管理集团银行账户、资金预算、收支体系、现金头寸、营运资金和银行关系等，而在选择具体的承载平台时，更倾向于集团所属财务公司或资金中心。一方面，财务公司作为金融机构受到严格监管，具有较强的风险防范意识和能力，其定位就是服务集团主业，既有金融服务属性，也有辅助集团资金管理属性，天然具有承担司库管理部分职能的优势；另一方面，财务公司具备专业化的结算体系和资金集中管理平台，以及专业的人才队伍，使其天然成为实现司库管理目标的最佳平台。

2.司库管理体系治理机制（见图10-36）

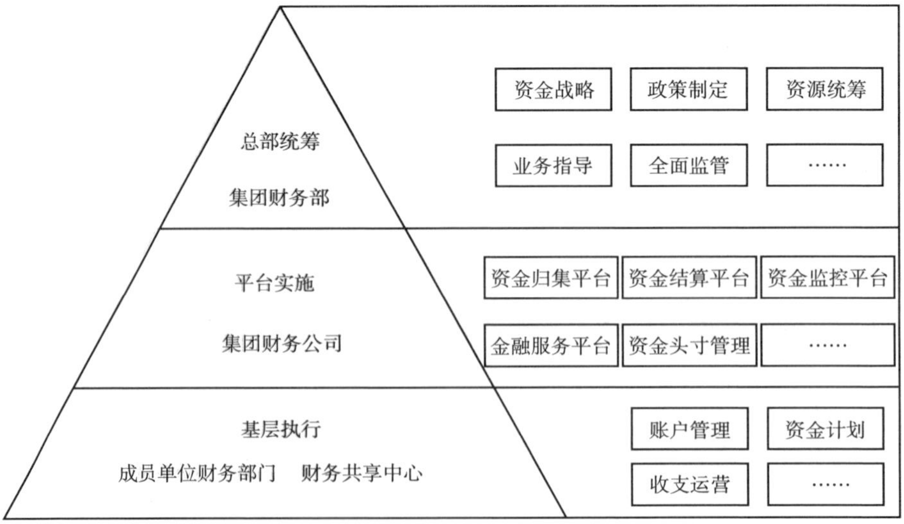

图10-36　司库管理体系治理机制

国内企业集团普遍采用的司库管理组织治理机制通常会分解为三个层次，分别为统筹决策层、平台实施层、基层执行层，不同的管理层级具有不同的管理侧重，具体承担的职责如下：

（1）统筹决策层。

集团层面承担统筹决策职能，一般由司库管理中心或财务部门牵头，协同总部相关部门制定司库管理战略和政策，统筹协调司库管理工作并开展监督考核。主要负责企业集团资金等金融资源战略决策及相应政策的制定，对各项资源统一管理，对各项工作进行全面监管。

（2）平台实施层。

一般由企业集团财务公司或资金中心承担，这一层级承上启下，主要负责发挥资金归集、资金结算、资金监控和金融服务等作用，通过系统平台信息化支撑，将风险防控贯穿始终。

（3）基层执行层。

根据各企业集团具体情况一般由各级财务共享服务中心或财务部门承担相应职责，具体为对自身及下属公司的账户、营收资金、资金支付及金融工具等进行日常管理和使用。

（四）企业司库管理体系建设的保障措施

司库管理体系建设是一项庞大而复杂的系统工程，企业应从组织、机制、系统、人才等多方位加强保障措施，形成合力，确保司库体系建设达成目标。

1.组织保障

司库管理体系建设是一个系统工程，组织保障是企业司库管理体系建设成败的关键。企业应根据自身组织管理架构，结合企业特点和监管要求，搭建高效的组织保障体系。首先，企业主要负责人要高度重视，亲自部署和推进，应建立一个由企业管理层挂帅的领导小组，提高工作定位，保障企业上下一盘棋有序、有效推进司库体系建设。其次，应建立由司库管理中心或财务（资金）部门牵头，相关专业部门深入参与的工作组织，负责司库体系建设的具体推进工作。最后，应建立专业的运营支撑组织，负责司库管理体系上线后的顺畅运营和拓展优化。

2.机制保障

企业司库管理体系建设应建立包括财务、金融、信息技术、风控等多部门（单位）的协同联动机制，明确建设目标，制订实施方案，细化行动计划，落实分工与责任。为确保司库管理体系建设成效，还应建立项目建设和管理效果评价、考核机制，对项目的建设实施过程，阶段性成果进行评价，对资金管理的关键指标进行考核，促进企业资金管理水平提升。管理制度的持续完善也是司库建设不可或缺的保障机制，企业应在司库体系建设的同时，全面审视相关管理制度的适配性并及时进行调整、优化。

3.信息系统保障

信息系统与人才建设是司库管理体系建设的重要保障。司库管理体系搭建的过程本身就离不开信息系统的支撑和整合。从信息系统的角度来看，无论是财务共享信息系统还是财务前端的各类业务管理系统都是司库管理信息的重要数据来源，大部分企业集团的司库管理系统搭建过程中都需要打破信息孤岛，将业务系统、财务系统、司库管理系统相关信息进行贯通。打破信息孤岛的背后其实是打破部门藩篱和专业壁垒，从资金管理的角度深入把握业务实质规律。

4.人才队伍保障

从人才建设的角度来看，无论是司库建设过程还是司库后续的管理过程都需要大量的专业人才，从司库建设的角度来说，只有对企业内部的业务流程、财务管理流程、资金管理流程有深入的认识才能够结合本企业情况制订合理的司库建设方案；从司库的运营角度来说，国外相关行业协会对司库人员胜任能力也给出了一些标准，以英国ACT协会为例，该组织认为司库工作与其他财务职能不同，其重点在于现金、风险和市场。其使用的工具和系统以及在运营和战略层面与商企互动等方面十分复杂，因此司库人员需要具备一些非常专业和有难度的技能，一个合格的司库从业人员应该具备三项技能：商务技能、行为技能与技术技能。

（五）司库管理体系建设的总结：需要做出七个转变

1.司库管理理念从“财会视角”转向“金融视角”

金融资源理论的丰富和外延的扩大，将直接丰富企业司库体系的建设内容。未来，司库管理理念将由原来的“财会视角”转为“金融视角”，由管资金变为管金融资源，资金的属性也逐步由“财务”转向“金融”。企业将不再拘泥于传统的资金管理，而是在更广泛的金融资源范畴下考虑司库体系的职能设计。从实务上看，未来企业将更多地在司库体系中引入战略相关和金融资源配置类的业务。在“金融视角”管理理念下，决策支持、资产负债表管理、金融资源统筹配置、金融资源成本和风险管理将成为职能建设的重点。

2.司库管理职责从“管控家”转向“战略家”

司库承担起支撑企业发展战略与可持续发展的责任。企业司库通过持续应用数字技术，不断完善司库信息系统功能，全面挖掘数据价值，进行多维度、全方位的分析研判，及时识别风险隐患。开展关键业务和历史记录的大数据分析，探索产业链上下游的产融共生机会，在保障安全性的基础上，将有限的资源通过有效的管理流程，实现高度统筹与精准配置，在赋能企业价值创造中发挥作用。

企业司库的进阶历程，就是借助智能化信息技术，不断深度挖掘数据价值，推动管理决策链、生产经营链、客户服务链更加敏捷高效的历程。司库管理转型将进一步增强战略决策支持深度、经营活动分析精度、财务风险管控力度，努力实现世界一流水平的司库管理。

3.司库管理范围从“企业”转向“产业”

随着金融新基建的稳步推进，无论是基于云计算、大数据的司库线上管理，还是资金跨境调拨与互联互通，都正向更高水平迈进。司库运营不再仅限于集团内部、境内机构货币资金的调拨与分配，而是拓展至整个产业链上下游乃至全球范围内的金融资源配置。同时，借助高质量风险数据的积累，企业司库构建完备的风险防范机制，搭建风险识别、风险监控预警、风险响应等功能，提升产业链整体风险管控能力。

4.司库运营机制从“内部视角”转向“外部视角”

司库管理更加强调企业内外部金融资源的高效协同。企业经营中要严格防范资金流动性风险和金融市场风险，借助数字技术，增强产业链整体抵御风险的能力，这成为企业司库的重要职能之一。同时，企业司库迫切需要整合所有金融资源，借助大数据、云计算等数字技术，精准量化企业内外资金需求与融资能力，对应匹配合理的融资方式，提高金融资源的配置效率与效益，稳步实现价值创造与提升。

5.司库管理区域从“国内”转向“全球”

国资委要求中央企业在司库体系中纳入对境外资金的管理，推动境内外、本外币一体化，将金融资源配置和调度的范围扩展至全球。在跨境资金管理尤其是外汇管理方面，大型集团企业将持续聚焦国际发展趋势，优化外汇风险管理，并运用新兴科技建立动态的敞口管理、风险预警和管控策略。在汇率波动幅度逐渐加大的背景下，对于国际业务占比较高的企业而言，建立有效的外汇风险管理制度尤其是构建外汇风险的动态管理能力显得越发重要。所谓外汇风险动态管理能力，是指能够利用有效工具对组织资源与能力进行有效管理、构建、整合和重构，从而应对快速变化的环境。

6.司库管理工具从“信息化”转向“数字化”

基于司库管理体系的数字化升级以及业财资一体化的要求，企业司库借助数字化技术为企业集团提供统一、高效、互通的司库数字平台。在运用数字化工具的过程中，需要从技术选择、部署方式、应用方式三个维度加以考量：（1）在技术选择上，当前5G、人工智能、云计算、大数据等技术不再是“空中楼阁”，甚至已经有专门针对司库管理的应用产品，企业应根据自身信息系统建设基础和数据治理情况，综合考虑业务需求的紧迫性，选择更能产生效益的技术优先部署。（2）在部署方式上，企业应重视供应商资质及软硬件产品的选择，结合实际问题和需求与供应商充分沟通，注重提高系统的适应性和可扩展性，避免上线简单统一的模块化产品。（3）在应用方式上，应与具体业务相结合，实现自动化和数据分析两大应用功能。司库系统以自动化技术简化银行账户、资金结算、票据管理等操作类业务，释放人力；以数据分析、智能算法加强风险预测、提升决策有效性，赋能智力；以API、数据库等技术形成业务、数据闭环，补充监管合规要求，实现穿透监测并减少损耗。

7. 司库报告机制从“静态”转向“动态”

司库管理需要走出管理后台。一方面借助流程再造的方式，辅以统一的数据标准、虚拟集中的数据平台，打通业务、财务和IT部门之间的业务流、资金流和数据流；另一方面，积极部署各类智能分析技术，通过以数智化技术集群构建司库数字平台，实现运营分析效能的提升，对现金流、汇率进行实时报告及预测，以“动态”视角实现对资金业务的持续跟踪。

11 第十一章 司库管理信息系统建设

一、司库管理信息系统迈向“平台化”

信息系统是司库管理体系建设的一大关键要素。国资委有关加快司库体系建设的意见也提出将信息系统作为司库体系建设顶层设计和中长期规划的重要内容。随着“大智移云物”等信息技术的迅猛发展，司库管理信息系统正朝着数字化、智能化的方向升级，实现对资金数据的提取、监控、分析、决策等功能，以进一步提高司库运行的效率和快速反应能力，最终发挥司库的决策支持和价值创造作用，我们称这种升级为司库的“数智化转型”。

除了数字化、智能化升级的趋势外，司库管理信息系统呈现“平台化”，是司库数智化转型的又一特征。平台化是一种综合了软件开发、管理学、传播学的复合概念。最早在软件开发领域，平台是一系列可共享的资源集合，包括实体形式的基本组件，以及非实体形式的知识、人才、关系网等（韩沐野，2017）。此时平台与系统的基本关系是“平台上可以构建系统”。例如，低代码的开发模式构成一个平台，将开发软件所需的功能控件、模板等纳入其中，从而实现信息系统的快速配置。当平台化理念应用于管理领域，平台则成为一种打破组织边界，连接两边或多边人才、资源、市场机会，进而实现价值创造的方式（陈威如等，2014），如平台化组织等。在传播学领域，平台化则意味着开放与共享，其目的是更好地实现信息的传播与沟通（黄升民等，2015）。总结来看，资源共享与价值创造构成了平台化理念的核心。

综合上述理念，司库管理信息系统的“平台化”还强调了资源共享与价值创造，并在信息系统建设与互联互通的基础上形成“司库管理信息系统平台”，它具备了平台化的突出特征：一是跨界融通，能够联通与资金业务相关的内外部信息系统，实现内外部数据资源的共享；二是多业态管控，能够在集团统一管控下，实现多层级集团企业、各业态板块开展资金管理活动；三是应用共享，能够根据不同管理层级的业务需求，分别提供诸如动态展示、预测分析、预警提示等组合功能。

吴建国等（2022）指出，平台化组织的基本范式是将组织拆分为“前台+中台+后台”的组织模式。司库管理信息系统平台则以“资金业务前台+数据共享中台+决策支持后台”为主要形式，其中：（1）资金业务前台需要快速创新迭代，以更好地响应用户需求，将资金管理职能向业务前端延伸，支撑流动性和风险管控业务需求，并从被动支撑向主动盈利业务发展；（2）数据共享中台则作为大数据平台基础设施，实现数据采集、存储、调度、查询、交换、计算等功能，推进司库管理信息系统平台与前端业务系统、共享服务中心以及后端核算系统、决策中心的深度融合；（3）决策支持后台则利用大数据技术辅助分析，激活数据价值，多维度全方面监控资金信息，为金融资源价值创造提供数据支撑。

《2021—2022中国司库报告》（2022）调研结果显示（见图11-1），构建多银行财资管理平台（62.69%），实时掌握整体资金状况，是当前司库管理信息系统平台建设的首要创新点。打造小而精的系统平台也是司库管理信息系统平台的创新点所在。例如，通过使用统一结算平台（59.02%）、资金计划与预算管理系统（48.32%）和现金流预测系统（34.25%），提升企业司库各个管理场景的工作效能，形成企业资源整合能力、数据运营能力和决策支持能力。近几年随着SaaS化服务的发展，财资云服务平台的建设（27.22%）成为当前企业司库平台的另一个突出创新点。云服务模式具备实施周期短、成本投入低、运用快捷高效等特点，颇受中小企业的青睐。

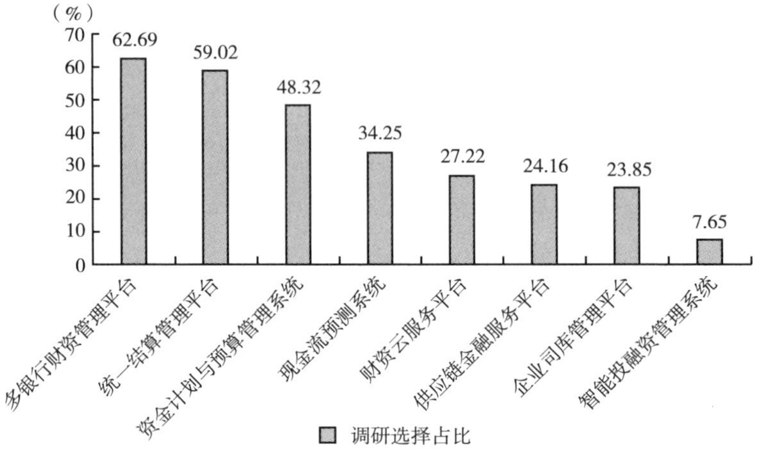

图11-1 企业司库管理信息系统平台的创新实践调查统计

［资料来源：《2021—2022 中国司库报告》（2022）］

二、司库管理信息系统平台建设的背景问题分析

从上述分析可见，司库管理信息系统走向“平台化”、建设“司库管理信息系统平台”，是未来司库数智化转型的重要趋势。然而，从当前司库管理信息系统建设的情况来看，实现平台化发展依然面临以下问题。

（一）系统缺乏统一规划

目前，大型企业集团已经具备一定资金管理系统建设基础，但由于分支机构层级较多、业务板块多元化、产业链长等特征，司库管理信息系统总体缺乏全面规划。特别是各分支机构资金管理模式和信息系统建设所处阶段不尽相同，建设水平不一，有的分支机构实现了资金管理系统处理，但有的可能依然使用网上银行等传统方式进行收支结算。另外，对于全球化经营的企业而言，司库管理信息系统还需要支撑多个国家、币种、语言乃至时区的业务，但目前的司库管理信息系统仍缺乏全球化发展的统一规划。

（二）系统功能未全覆盖

司库管理信息系统的功能应实现对司库管理所涉及领域的全覆盖。全面的司库管理信息系统涵盖了司库管理工作、司库决策支持、司库内部沟通与服务以及系统整合四大平台（赵金梅等，2013）。但是，现实中资金划拨与结算等日常业务操作是大多数企业司库管理系统的主要功能，较少覆盖资金运营、市场跟踪、数据分析、外汇管理等功能（袁磊等，2019）。

（三）数据治理能力较弱

数据是数智化司库管理信息系统平台至关重要的资产，司库会因内外部信息系统的对接增加数据的体量和复杂性，其质量决定了平台价值创造作用的发挥，因此司库同样需要考虑数据治理问题。目前，无论是司库管理信息系统还是其他财务信息系统，普遍面临数据基础标准缺失、数据质量管控流程和管理规范分散、权责不明确的问题，尚未建立起包含组织、标准、流程、质量、安全、技术多个层面的数据治理方案框架（苏博等，2012）。

（四）缺乏分析指标体系

司库管理信息系统平台特别是资金业务前台和决策分析后台都强调通过数据分析支持和辅助企业战略决策。传统的定期报告难以推动运营和决策，司库管理信息系统平台的数据分析并不是简单地定期提供分析报表，而是需要应用司库的全量数据进行管理分析，提供现金流的实时报告，现金预测、外汇预测、风险预警等动态报告，这更加需要一系列完整的指标分析体系，并且能够为总部、各业务单元提供不同的主题分析。

（五）安全管理仍需加强

司库管理信息系统沉淀了企业财务数据和资金往来数据，企业在享受数字红利的同时，也面临着各种类型的安全风险敞口，其中既有系统安全风险，也有业务安全风险。在系统建设过程中需要利用先进的信息安全技术，并结合公司内部控制体系和机制，实现系统、数据、硬件、网络的安全。同时，系统建设过程中要具备良好的灾难恢复能力，部署数据容灾、系统容灾和应用容灾的关键技术，以确保司库管理信息系统的安全运行。

三、司库管理信息系统平台构建的五大内容体系

针对上述司库管理信息系统平台建设的背景问题，本部分将从“设计规划、功能建设、数据治理、分析指标、安全管理”五大方面，说明企业如何构建司库管理信息系统平台。

（一）司库管理信息系统平台的设计规划

司库管理信息系统平台的设计与规划需要与企业战略目标、财务与业务流程紧密联系，从而更好地支撑司库职能的实现。企业架构为企业管理信息系统平台建设提供了一整套完善的管理方法论。应用架构开发方法进行司库管理信息系统平台的设计规划，能够更好地满足企业数智化司库管理的要求。目前在多种企业架构方法中，企业级开放群组架构框架TOGAF（The Open Group Architecture Framework）应用相对广泛。TOGAP的关键是架构开发方法（ADM，Architecture Development Method），它通过战略分析、架构愿景、技术架构、安全保障四个方面的规划，使企业架构满足企业需求。

1.战略分析

司库管理信息系统平台是大型企业集团资金管理信息化发展到一定阶段的必然产物，也是支撑财务管理数字化转型的重要工具之一。企业应根据自身的发展战略、管理需求，结合外部环境，由企业高层领导、财务、司库、信息与业务负责人共同探讨司库管理信息系统平台的建设目标。目前来看，司库管理信息系统平台的发展战略是通过数字技术整合金融资源、财务资源与产业资源，建立以价值管理为导向、业财融合为目标的数字化、智能化的司库管理体系，实现产融生态聚合与资源统一配置。

2.架构愿景

司库管理信息系统平台的建设是在满足企业司库数智化转型内在需要的同时，以业务流程为驱动，以数据融合为手段，实现资金集中管理与统一调配，提高资金管理效率与效益，以加强财务风险管理与流动性安全，实现决策支持。从发展规划上看，司库管理信息系统平台短期内应建成“业务——财务——资金”三位一体的信息化体系，实现数据集成、流程集成、界面集成与权限集成；长期则是通过司库数智化转型，在企业内部建设灵活的IT架构、统一的数据体系、协同的管理系统，满足业务发展需求。在外部链接第三方平台，如政府、银行、物流机构等，实现企业生态圈的数据开放。

3.技术架构

司库管理信息系统平台在战略分析的基础上，结合架构愿景形成相应的技术架构，主要包括存储、服务、接入和客户端四个层面，如图11-2所示。

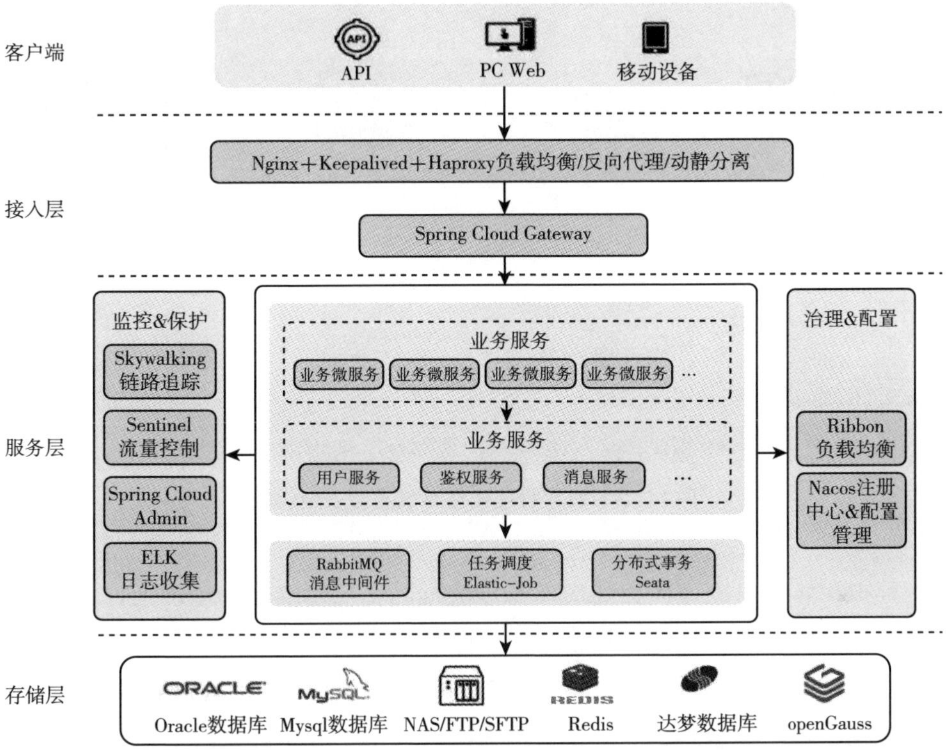

图11-2　司库管理信息系统平台技术架构

司库管理信息系统平台的存储层主要包括多个数据库资源，分别为Oracle、MySQL、NAS/FTP/SFTP与Redis，以及达梦和高斯为代表的国产化数据库，支持储存多种数据类型，包括结构化与非结构化数据；服务层包括监控与保护、业务服务、治理与配置等，形成各种服务者与使用者组件，实现数据读取和设备控制，调取相关服务进行数据交互；接入层包括微服务网关、高可用性/负载均衡的代理软件，一方面使司库系统与内部ERP、财务、人力等系统对接，实现统一入口、认证授权、访问控制、API管理、监控、统计分析等非业务功能；另一方面实现与外部客户端的安全连接。

4.安全保障

安全性是司库管理信息系统平台建设的重要原则之一，司库管理信息系统平台安全保障主要包括：业务风控、硬件安全、软件安全和网络安全，如图11–3所示。

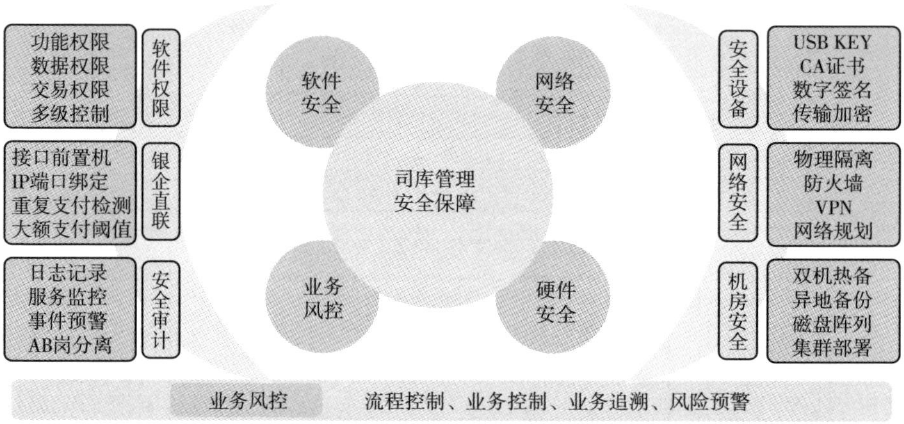

图11–3　司库管理信息系统平台安全保障

其中，业务风控是在实现司库管理流程简化与标准化的基础上，通过统一集中管控降低运营成本与风险水平，同时通过业务追溯促进业务单元专注于核心业务，制定风险预警机制对现金流的风险征兆进行及时判断，并采取一定的处理措施；硬件安全则主要是指机房等硬件设施的安全，通过双机热备、异地备份、磁盘阵列以及集群部署，从而实现防篡改功能；网络安全则通过物理隔离、防火墙、VPN、网络规划以及安全设备等手段，保护系统中的硬件、软件以及相关数据；软件安全是通过软件权限、银企直联与安全审计来抵御软件攻击，增强司库管理信息系统平台的抵御力。

（二）司库管理信息系统平台的功能建设（见图11–4）

根据以上设计规划，司库管理信息系统平台应在功能上形成银企管理平台、业务管理平台、数智司库平台三大核心支柱，内连企业核心业务系统与管理系统，外接银行等金融机构与第三方平台，其中：（1）银企管理平台实现与外部的银行、第三方支付、财务公司的直联对接，并通过直联接口对账户发起账户余额、账户明细以及电子回单的查询，直接发起转账支付、电票支付；（2）业务管理平台包含较多的司库业务管理功能，主要涵盖资金、融资、投资、外汇以及流动性管理五大业务，并可再细分为具体的功能模块；

（3）各业务功能模块在执行日常业务管理的过程中，也形成了数据提取的能力。平台通过提取各类数据形成集团数据集市，基于数据标签化以及模型分析处理，最终形成数智司库管理平台，包括智慧决策和风险监控两项核心能力。

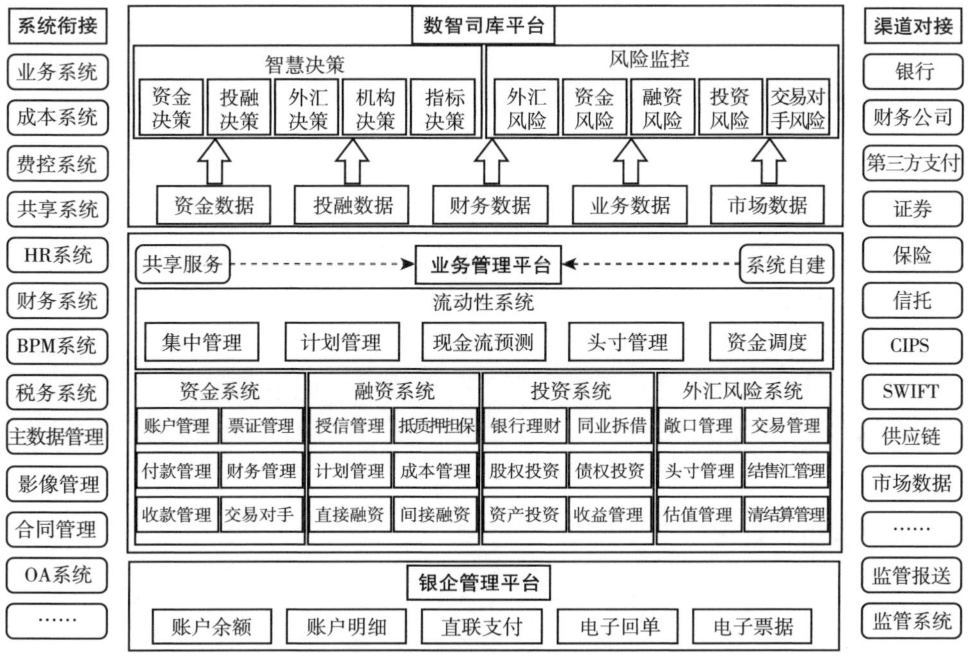

图11-4　司库管理信息系统平台功能建设蓝图规划

基于以上三大核心支柱，结合国资委对于司库管理职能范围的划分，司库管理信息系统平台一般应包含十一大功能模块，分别是账户管理、资金集中管理、资金预算管理、融资管理、资金结算管理、票证管理、客户信用管理、全球资金监控、外汇风险管理、供应链金融管理、智慧决策管理，具体而言：

1.账户管理

通过建立账户管理模块，将子公司银行账户全生命周期管理纳入集团统一管控，监控账户信息、余额信息，进行银行关系管理，实现账户信息全面化、账户申请规范化、账户管理便捷化的应用要求。

2.资金集中管理

资金集中管理模块主要包含资金上划管理、资金下拨管理及资金池内部计价。通过在企业内部建立资金池，归集多银行账户资金，随时掌握账户要素信息和交易数据，实现资金在各成员机构之间调配，提高资金效率和资金收益。

3.资金预算管理

通过建立资金预算管理模块，可以实现预算项目定义、预算周期设置、预算编制上报、预算汇总审批、预算调整、预算执行及对比分析等预算全流程管控，实现以预算约束资金，确保“量入为出、以收定支”，严格把控资金头寸。

4.融资管理

融资管理模块主要支持直接融资、间接融资的台账管理，并关联融资计划、授信额度、担保预算额度、抵质押资产等数据，实时准确掌握并统一管控集团内部各分子公司融资情况，把控域内融资成本。

5.资金结算管理

资金结算管理模块可通过与企业内部业务系统、外部银行或者第三方支付系统对接，实现资金结算业务线上全流程处理，控制并减少使用现金、支票、网上银行等支付方式。

6.票证管理

票证管理模块主要包含票据电子化管理、电子票据直联、智能化票据推荐与银行票据池管理等功能，可实现纸质票据的台账管理及电子承兑汇票的全生命周期线上管理。同时，通过与银行、票据交易所的直联，动态采集票据信息，并实现可视化监控和实时兑付预警提示。

7.客户信用管理

通过建立内部客户信用评审机制，并引入外部平台的企业信用数据，构建企业内部客户及供应商信用管理体系，通过此功能模块管理客户基础信息、外部征信信息、应收账款信息以及信用额度等信息。

8.全球资金监控

全球资金监控模块可以对集团企业海外账户资金进行动态监控，及时清理境外账户，根据境外各类账户的不同情况进行分类，并制定相应的实现方式；还可以构建境内外一体化资金池，实现境内外资金统一调度与结算。

9.外汇风险管理

人民币汇率机制改革使人民币双向波动的预期不断增加，企业的汇率风险也与日俱增，保值业务量大幅增加；同时，银行提供的金融衍生品持续创新、种类繁多，也使得汇率管理的难度大幅提升。外汇风险管理模块可以为企业提供从交易事前审批、事中监控、事后结算的一站式外汇风险管理服务。

10.供应链金融管理

供应链金融管理的本质是不断提高供应链上核心企业与其他企业信息流、物流、资金流的协同效率，使整个供应链的生产效率得以提升，并降低成本。供应链金融管理模块的建设要点包括：（1）利用系统有效整合信息流、物流、资金流，形成电子化、标准化资产；（2）利用区块链等技术，使资产可溯源，核心企业信用可传递；（3）跟踪多层次资金来源，确保资产和资金快速自动匹配；（4）全流程线上操作，全要素数据化，以此实现成本降低和效率提升；（5）通过内外部数据的融合，构建风险管控模型，进行风险评估和管理；（6）建立供应链金融生态管理机制，包括准入和评估，打造高质量供应链金融生态圈。

11.智慧决策管理

智慧决策管理模块主要由财资数据集市、数据标签库、数智决策处理三个部分组成，基于企业当前现金流、银企合作、企业收支、风险信用等综合数据，为未来的投资及发展提供数据支撑和决策支持。

（三）司库管理信息系统平台的数据治理

1.明确数据治理内容

司库管理信息系统平台数据治理需要遵循业务发展需求，以技术工具为抓手，以流程优化为重点，形成“业务——技术——组织”三位一体的数据治理体系。具体包括在业务层面统一数据底层标准、在技术层面构建数据基础以及在组织层面加强数据安全（见图11-5）。

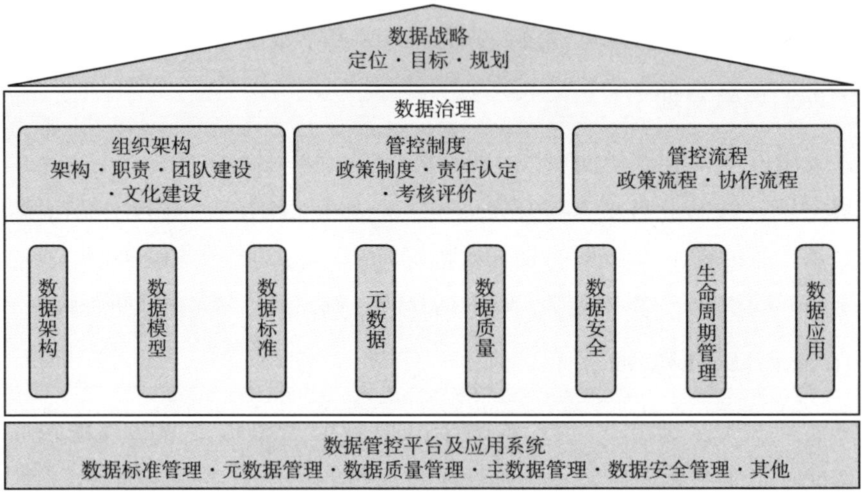

图11-5 司库管理信息系统平台数据治理整体框架

第一，在业务层面统一数据底层标准，进行元数据、主数据管理，并建立数据资产管理目录。首先，元数据管理能够解决数据彼此交互的顺畅性问题，通过梳理元数据、制定企业公共元数据标准，实现技术与业务元数据的贯通；其次，主数据管理是对各类资产、账户、会计科目、客户、供应商等数据进行统一编码，确保核心数据“一处产生，多方使用”，为开展业务协同提供标准；最后，建立数据管理目录能够将企业数据资产从系统后台的“黑匣子”转变为前端可查、可看的数据“字典”，为司库数据资产共享流通、创造价值打下基础。

第二，在技术层面构建数据基础设施，包括构建数据共享中台以及有效运用前沿技术手段。一方面，司库管理信息系统平台能够通过构建数据共享中台联通业财数据，为分析决策提供数据支撑。另一方面，司库管理信息系统平台还需要利用前沿技术手段，具体包括开发、设计或引进能够满足大数据特征的数据质量检测和清洗工具，通过提前规划数据埋点，高效高质地完成数据采集和分析。

第三，在组织层面加强数据安全管理。企业司库需应对数据的收集、存储、加工、使用等全环节采取必要的保护措施，其中包括建立数据分级分类管理制度、数据安全制度以及数据治理组织。首先，数据分级分类管理制度能够明确企业内部敏感数据和安全风险，在制定管控措施时做到有的放矢，更好地满足不同层级的分析需求；其次，通过建立严格的数据采集、存储、使用规范和制度，并辅以安全技术，能够有效避免数据治理安全带来的额外成本与风险；最后，数据治理组织的成立需要通过业务部门与司库部门双统筹、技术部门做支撑，形成事前审核、事中监测以及事后审计的管理机制。

2.提升数据治理能力

司库管理信息系统平台的数据治理能力必须涵盖数据生命全周期，从“采、存、管、用”四大方面解决数据来源杂、关系乱、质量差、安全无保障等问题，实现系统数据在整个过程中的完整性、准确性、一致性、时效性，具体而言：

第一，构建覆盖数据全生命周期的安全策略。首先，在建立数据库时，采集、整理、存储和访问都是数据安全计划必须考虑的环节。在数据采集过程应建立有关操作规范，确保采集设备、采集流程、数据脱敏处理等都符合数据质量控制要求；其次，数据整理过程中需明确数据清洗，数据预处理的规则、流程、方法和结果，确保其满足数据质量控制要求；最后，数据经整理后，需根据服务需求严格划分不同的存储区域，另外还需严格把控敏感信息的访问权限，进行安全隔离、分散存储，避免发生数据泄露。

第二，构建高可信高质量的数据标签体系。数据标签体系的建设需要司库人员与业务人员协同，使标签的制定更符合业务要求。需要充分探查与溯源标签的数据来源，通过数据治理提升数据质量，以确保数据标签的可用性。在与业务应用场景深度结合的原则下设计标签，通过标签精准解决实际业务操作中存在的痛点。

第三，构建合规的数据模型算法治理体系。数据模型算法有助于提升司库管理信息系统平台的数据洞察能力和基于场景的数据挖掘能力，司库人员需要关注算法的精度及业务价值，还要关心模型算法的系统化风险与合规要求等。可通过建立数据记录制度、算法审查机制以及日常纠正算法歧视，构建数据与算法的治理体系机制，确保数据真实、可靠、安全。

（四）司库管理信息系统平台的分析指标

司库管理信息系统平台在数据治理的基础上，应构建起完整的分析指标体系，为前台和后台司库管理提供辅助业务决策。分析指标主要包括资金运营、经营决策和风险监控三大类。

1.资金运营指标

资金运营是公司资金营运、融资和投资等活动的总称，相关的数据分析指标也主要围绕这几个活动进行展开，主要指标包括资金监控指标、投融资指标以及流动性指标。

（1）资金监控指标。

企业司库可以通过账户数量统计、账户资金余额统计以及资金结算统计三个维度对企业资金进行有效监控。具体指标包括企业全球账户数量、企业全球账户各币种现金余额以及企业全球账户每日收支情况等。

（2）投融资指标。

做好融资业务的指标监控是企业司库进行风险管控的重要任务之一。具体融资指标包括授信额度、融资余额、融资成本、抵质押与担保信息、银行融资规模等。此外，企业司库还需通过对盈余资金进行合理配置，方能实现最大收益，相关资金投资指标包括投资收益率、理财规模等。

（3）流动性指标。

司库需要保障企业有充足的流动资金。因此，企业司库可以通过统计每日现金归集金额与归集率、未能按时提交资金预测的百分比、现金预测误差程度、现金预测误差所需的缓冲资金、现金余额误差的每日机会成本以及资金池账户的现金净额绝对值等流动性指标实现资金风险管控。

2.经营决策指标

随着数字技术的不断成熟，企业司库逐渐从传统的资金管理角色变成“战略家”角色，通过资金高效运营和金融资源统筹管理，实现战略支持和价值创造。这样来看，企业司库可为公司经营决策提供现金流动性情况、融资负债和担保情况、主体债券评级情况、杠杆率及资金集中度情况、合作金融机构相关的五类数据分析。

（1）总体现金流动性情况数据分析。

企业司库可按月度、季度、半年度等节点预测未来企业的期初资金、经营性收支净额、经营收入、经营支出、资本性收支净额、资本收入、资本支出、融资收支净额、融资收入、融资支出、期末资金等，提前判断发展重点、确定性高收支项，实时进行核对。同时，司库管理信息系统平台可自主生成对应的智能分析报告，使战略决策具备数据依据。

（2）融资负债担保情况数据分析。

企业司库可按月度、季度、半年、年度统计企业整体融资规模、加权平均成本、股东贷款、股东担保、合并有息负债的余额和同环比变化情况，确保融资负债和担保余额、增减比例在企业预测的范围内。

（3）主体债券评级情况数据分析。

企业司库可结合境内外评级机构的评级标准，按月度、季度、半年、年度预测集团以及企业评级可能产生的变化。同时，通过比较评级预测结果及时调整债券评级模型，并基于决策模型智能生成相应报告，为战略决策提供数据支撑。

（4）杠杆率及资金集中度情况数据分析。

企业司库可以结合现金流预测结果，按季分析杠杆率、资产负债率、有息负债率实际值和预期值，并据此反推杠杆率变化的原因，帮助企业实现事前定策略、事中做控制、事后可统计。同时，司库还可通过按月度、季度、半年、年度统计集团下属企业资金归集率、归集金额，来监控重点企业资金集中管理工作的进展。

（5）合作金融机构数据分析。

企业司库可统计合作金融机构存贷规模、每笔业务利率、费用、业务办理用时等数据，按季度、半年、年度自动对金融机构进行量化评价。通过数据的整合分析，发挥集团规模优势，降低金融机构的贷款利率，争取更高的存款利率，为合理分配资金业务提供数据支撑。

3.风险监控指标

企业可借助司库管理信息系统平台的数据掌握企业各类风险敞口，并通过监控外汇风险指标、利率风险指标等资金风险指标，合理评估企业风险承受能力。

（1）外汇风险指标。

跨国企业通过司库管理信息系统平台进行外汇风险指标监控的具体指标包括：交易汇率与基准汇率的差异占比、套期保值比率、潜在收益或损失百分比、风险价值、投资组合的敏感度、投资组合敏感度的市场价值百分比以及所有投资组合的久期等。

（2）利率风险指标。

对利率风险进行监控，能更好地帮助企业控制财务风险与财务成本。具体利率风险指标包括固定利率与浮动利率的比率、企业资产与负债的久期错配等。

（3）其他资金风险指标。

除外汇风险与利率风险指标外，其他相关资金风险监控指标包括账户全要素过程监管占比、重复支付笔数、大额支付情况、现金交易入账天数、金融交易月末入账所需时间、融资还款逾期风险、司库管理与外部审计文件规范性与控制措施以及管理报告的准确性与及时性等。

（五）司库管理信息系统平台的安全管理

安全管理是保障司库管理信息系统平台平稳运行的重中之重，企业需将安全管理意识贯穿于司库管理信息系统平台规划、建设、运行、维护的全过程。企业可通过一系列安全风险识别机制与管控措施保障司库管理信息系统平台的安全。

1.明确司库管理信息系统平台风险类型

常见的司库管理信息系统平台安全风险包括平台系统自身存在的安全风险与司库管理业务涉及的业务安全风险。

（1）系统安全风险。

司库管理信息系统平台通过数字技术与外部生态实现互联互通、高效协同、共同创造价值的同时，还需关注数据、网络以及管理风险。首先是数据风险，司库管理信息系统平台需实现资金数据的全生命周期安全管理，在各环节中都需要具备足够的风险管理意识与安全保护措施；其次是网络风险，司库管理信息系统平台需要针对网络侵略提升风险预警与拦截能力；最后是管理风险，多变的市场与监管环境对司库管理信息系统平台提出了灵活性与适应性的高要求，司库管理信息系统平台需要具备快速迭代升级的能力，而司库管理人员也需要具备专业的操作水平与安全意识，以保障系统稳定运行。

（2）业务安全风险。

司库管理信息系统平台的建设要点之一是基于数据实现智能化资金风险识别、预警与规避，赋能企业可持续价值创造的目标。常见的业务安全风险包括以下几类：第一是资金舞弊风险，司库管理信息系统平台能够对企业资金管理的关键要素与关键环节进行管控，最大限度地避免企业资金被挪用等舞弊风险事件的发生；第二是资金合规风险，通过将合规要求嵌入资金支付流程，司库管理信息系统平台能够对企业付款流程实现多维度的预警与监控，有效规避资金合规风险；第三是资金流动性风险，企业可通过司库管理信息系统平台对经营现金流与债务期限的匹配情况进行动态监测，自动预警提示到期债务；第四是金融市场风险，司库管理信息系统平台能够通过内嵌市场风险管理模型，实现对股票、债券、利率、汇率等参数的动态监测，定期评估与控制金融产品风险，帮助企业有效防范金融市场风险。

2.积极部署安全管理措施与技术

安全稳定是司库管理信息系统平台运行的第一原则。企业在司库管理信息系统平台的搭建过程中需要充分认识和理解系统安全风险和司库业务安全风险，依托各类技术将安全措施与安全管理技术内嵌于平台的各个层面、贯穿于司库业务全流程中，保障企业司库管理的安全性。

（1）平台安全措施。

司库管理信息系统平台应从系统权限控制、数据与交易安全、网络与交互访问安全三个方面加以保障。首先是系统权限控制，司库管理信息系统平台不仅要实现对组织结构、角色、岗位、用户的维护，还需要通过系统管理人员与业务操作人员的权限分离，使系统管理员无法通过前端系统的操作损坏系统和数据，避免因管理权限过大带来的恶意操作风险；其次是数据与交易安全，在数据安全层面，平台后台数据关键信息需要加密，并尽可能选择集群部署和分布式负载均衡部署，使平台能够安全、稳定、可靠地运行。在交易安全层面，需要具备交易报文的传输加密和数字签名处理，以及关键的防重复支付和大额支付预警机制；最后是网络与访问安全，司库管理信息系统平台均部署在企业内网，通过划分固定网段、指定端口访问、配套安全设备（如VPN、CA认证），进行数据加密与安全传输。

（2）安全管理技术。

司库管理信息系统平台的构建过程中将引入加密技术、数字签名技术和公开密钥基础设施（Public Key Infrastructure，PKI）认证技术来保障系统的运行安全。首先是加密技术，其原理是基于加密算法将明文转化为无意义的密文，防止非法用户理解原始数据，是一种主动的安全防范措施；其次是数字签名技术，数字签名是指对数据单元进行密码变换，使数据单元的接收者确认数据单元的来源和完整性，避免数据被伪造，应用较为广泛的数字签名方法包括RSA签名、DSS签名以及Hash签名；最后是PKI认证技术，PKI本质上是一个密钥管理平台，它遵循特定标准，提供密钥和证书管理，使用户在不同的环境下应用加密和数字签名技术，确保网络运行环境的安全性。

综上所述，在司库数智化转型的背景下，司库管理信息系统将走向“平台化”，形成以“资金业务前台+数据共享中台+决策支持后台”为主要形式的“数智化司库管理信息系统平台”。企业需从设计规划、功能建设、数据治理、安全管理五大方面入手，推动司库管理信息系统平台的建设。

12 第十二章 银行账户结构与管理

按照国资委《关于推动中央企业加快司库体系建设进一步加强资金管理的意见》，中央国有企业应将子企业银行账户的开立、变更、注销纳入集团统一管控，实施线上分级审批和系统台账管理。明确银行账户开立标准和合作银行准入名单，合作银行范围外开立账户需由集团总部审批。要严格控制银行账户数量，定期开展低效、无效银行账户清理，已无明确用途的账户应在三个月内及时销户。要努力实现银行账户银企直联全覆盖，自动实时监控银行账户余额、交易明细和资金流向，及时掌握资金状况和异常变化；暂未实现银企直联的账户，要报集团备案，实行账户余额限额管理，利用其他方式实现对资金的动态监控。

一、银行账户结构的建立与运营

银行账户是指客户在银行开立的存款账户、贷款账户、往来账户的总称。按照中国人民银行发布的《银行账户管理办法》（银发〔1994〕255号），一般可将企业国内存款账户分为基本存款账户、一般存款账户、临时存款账户、专用存款账户四大类。

（一）银行账户结构的重要性

银行账户是资金的基础载体，银行账户体系结构是企业司库体系建设的核心组成部分，对于支撑企业司库体系有效运转，实现资金高效配置发挥着不可替代的重要作用。

银行账户结构设计时需要考虑诸多相关因素，这些相关因素主要包括业务模式、交易类型、结算媒介、币种类型、司库组织、人员编制、内控要素等。企业账户结构设计需要进行多项决策，这些决策对于司库运营管理和信息系统建设意义重大，一旦进行决策并付诸实施，这些决策将决定未来司库体系架构，即使账户管理模式出现微小的变化，也将产生巨大的改造成本，如图12-1所示。

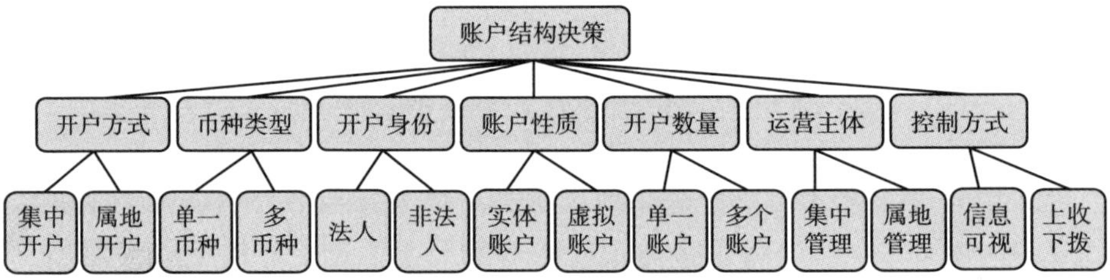

图12-1 账户结构决策要素

（二）银行账户结构建立的方法

企业司库银行账户结构的建立，应当着眼于未来司库管理模式，在充分考量账户结构设计相关因素的前提下，进行账户结构决策，银行账户结构建立的一般步骤包括账户决策、银行选择、整合实施三步（见图12-2）。

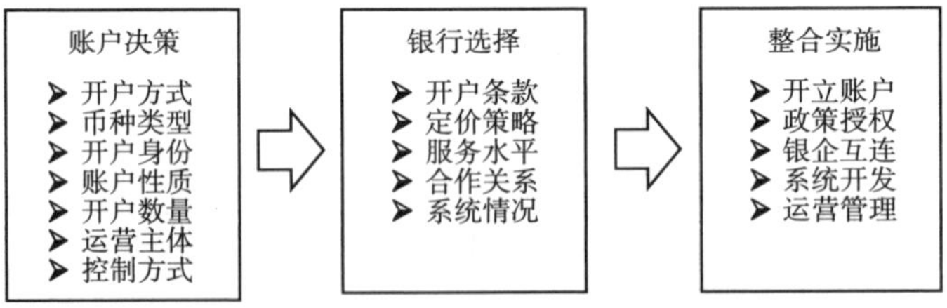

图12-2 账户结构建立的一般步骤

1.账户决策涉及的主要事项

企业在进行账户决策时涉及的主要决策事项包括：

（1）开户方式。包括集中开户和属地开户两种方式，集中开户是指下属各级企业在集团公司指定的银行机构统一开立银行账户；属地开户是指下属各级企业根据自身业务实际，独立选择银行机构开立银行账户。

（2）币种类型。包括单一币种账户和多币种账户。

（3）开户身份。包括法人企业和非法人企业。

（4）账户性质。包括实体账户和虚拟账户，实体账户是指纳入集团司库管理的下属各级企业在银行机构开立实体银行账户，该账户纳入央行账户清单备案且具备资金存缴功能；虚拟账户是指纳入集团司库管理的下属各级企业在指定银行机构开立虚拟银行账户，该账户依托于集团实体账户而存在，仅具有信息记录功能。

（5）开户数量。包括单一银行账户和多个银行账户。

（6）运营主体。包括由集团司库进行集中统一管理和由账户所属企业进行属地化管理两种方式。

（7）控制方式。包括仅实现司库内账户信息可视和全面实现司库账户资金上收下拨两种控制方式。

2.银行选择涉及的主要事项

企业在完成账户结构设计与决策后，需要选择合适的银行金融机构建立司库账户体系结构，银行金融机构的选择中涉及的主要事项包括：

（1）开户条款。需要确定合作银行是否能够实现上述账户结构设计方案。合作银行机构可以选择一家或者多家。

（2）定价策略。需要考察合作银行“资金池”账户资金的存贷款定价策略和资金结算中间费用情况。

（3）服务水平。需要考察合作银行“资金池”前、中、后台服务能力和服务水平。

（4）合作关系。需要综合考量与合作银行的长期战略合作关系维护。

（5）系统情况。需要考察合作银行的信息系统建设情况能否满足未来实现银企互联、票据池建立等的相关要求。

3.整合实施涉及的主要事项

企业在选定合作银行金融机构后，可进一步开展账户结构整合实施工作，相关工作涉及的主要事项包括：

（1）开立账户。根据账户结构设计方案，推动各级企业在合作金融机构开立银行账户。

（2）政策授权。按照账户结构管理方式，制定完善账户资金管理制度，并通过账户管理平台开展账户分级授权，实现账户资金信息信息可视或上收下拨。

（3）银企互联。通过银企直联、SWIFT等方式，实时获取银行账户余额和交易明细。

（4）系统建设。建立完善银行账户管理系统平台，实现账户一体化管控。

（5）运营管理。开展日常账户资金运营管理相关工作。

（三）常见的银行账户结构类型

一般而言，从司库体系内银行账户的开户方式和控制方式两个方面，可以将银行账户结构类型简要分为四种方式，如图12–3所示。

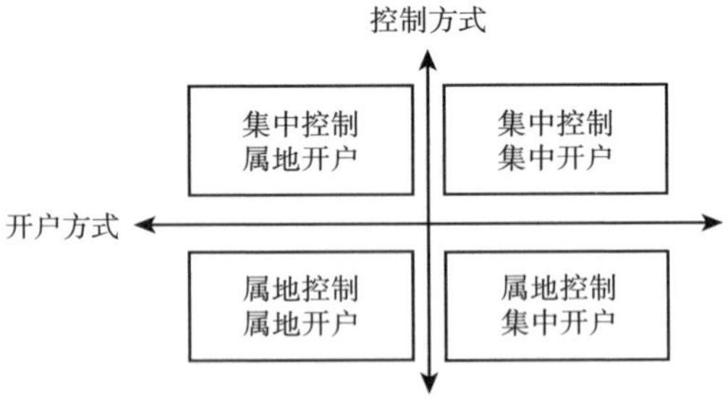

图12–3 账户结构简要分类

如图12–3所示，开户方式和控制方式共同构成了账户结构的基础。账户既可以由集团司库集中开立，也可以由各级企业属地单独开立，既可以由集团司库进行集中控制，也可以由各级企业属地单独控制。

1.属地控制下的属地开户方式（见图12–4）

属地控制的属地开户方式是集团企业最普遍的账户结构类型，是指下属各级企业分别在属地银行单独开立银行账户，银行账户余额与交易明细信息通过账户平台统一上报至集团司库。集团司库依据管理政策对所属企业银行账户予以规范管理，但所属企业对属地银行账户具有高度自主权。此类账户结构权责明确，具有高度的灵活性，但在账户权限控制、信息获取及时性和流动性管理方面存在一定不足。

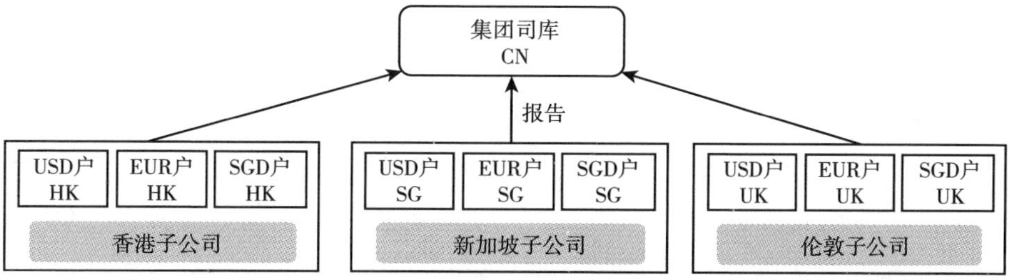

图12–4 属地控制下的属地开户

2.属地控制下的集中开户方式

属地控制下的集中开户方式，是指下属各级企业银行账户在集团司库指定在特定银行机构开立，但银行账户的所有权和运营权仍归属于下属企业。如图12–5所示，集团司库要求，下属企业所有的美元账户要在指定的美国地区银行开立，所有的新加坡元账户要在指定的新加坡地区银行开立，所有的欧元账户要在指定的英国地区银行开立。此类开户方式虽然在一定程度上增加了下属企业的银行账户的复杂性，但更利于建立总分型账户体系结构，在一定程度上加强账户的集中管理。

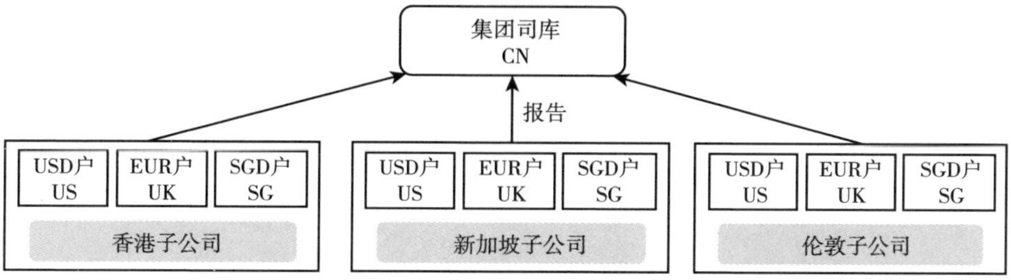

图12–5 属地控制下的集中开户

3.集中控制下的属地开户方式

集中控制下的属地开户方式，是指下属各级企业银行账户在集团司库指定的属地银行机构分别开立银行账户，属地银行账户的所有权仍归属于下属企业，但运营权归属于集团司库。此类账户结构既可以满足当地企业属地化运营需要，具有一定的灵活性，又进一步强化了集团司库对于属地账户资金的运营管理，但由于账户采取集中化运营，需要解决区域时差、语言交流以及跨地区纸质文件流转的问题，如图12-6所示。

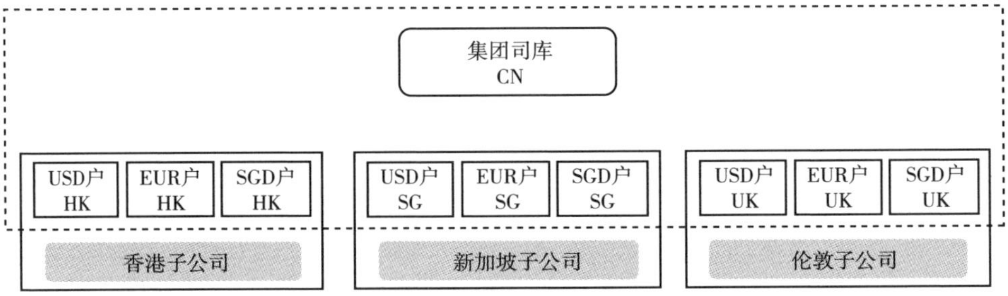

图12-6　集中控制下的属地开户

4.集中控制下的集中开户方式（见图12-7）

集中控制下的集中开户方式，是一种高度集中的账户结构，下属企业银行账户全部由集团司库在同一地区同一银行机构集中开立，账户的所有权和运营权全部归属于集团司库，下属企业根据业务运营需要，通过资金计划向集团司库申请进行资金拨付。此类账户结构实现了下属企业资金管理的高度集中，但对于集团司库信息化水平、人力资源投入以及全球资金运营管理能力要求较高。

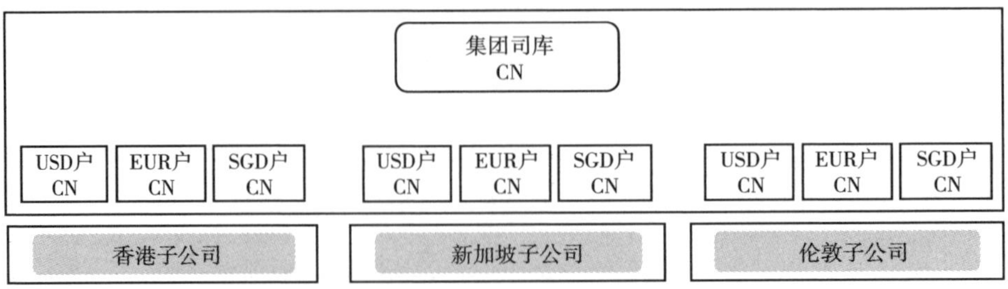

图12-7　集中控制下的集中开户

（四）银行账户结构的选择方法

在企业司库建设实务操作中，由于现实情况较为复杂，一般需要结合政策法规、行业特点、区域分布、结算方式等多个方面因素综合分析后，选择单一或多种结构并存的银行账户结构。以下举例说明常见的几类银行账户结构设计方法。

1.生产制造类企业

鉴于生产制造企业经营区域和客户供应商相对稳定，日常主要涉及原材料等物资采购与产品销售活动，产品结算工具较为单一，日常资金收支计划性强，因此，可采用集中控制下的集中开户，或集中控制下的属地开户方式。

2.贸易零售类企业

贸易零售行业经营半径大，交易对象广，周转效率高，主营业务结算方式较为复杂，一般会涉及现金、票据、信用证等多种类型，日常资金收支计划性不高，且物资采购、商品销售、单据流转活动频繁，资金收支风险较大。因此，对于业务项下资金收支，可采用集中控制下的收支两条线管理，对于费用项下的日常资金收支，可采用属地化管理。

3.信息服务类企业

信息服务行业通常以项目形式对外提供支持服务，结算方式单一，易于进行发票、单据、资金收支的集中处理，较适用于集中控制下的集中开户方式。

4.物流运输类企业

物流运输企业通常涉及跨境资金汇划、口岸报关、物流税费、燃料运输支出等频繁零星资金收支情况，结算频率高金额小，且时效要求高，一般需要在属地运输部门留存一定额度的备付资金用于零星支出。因此，可采用集中控制下的收支两条线与属地控制的属地开户相结合的开户方式。

二、银行账户管理

（一）银行账户分类方式

集团银行账户数量，直接制约着司库体系运行效率和管控效能。一般情况下，企业在长期的历史发展过程中，会形成大量的存续账户，甚至是久悬账户，司库建设的首要工作就是银行账户的全面梳理。由于日常使用中涉及账户种类较多，一般情况下，从企业账户管理的实际出发，可以将账户分为结算类账户和非结算类账户。

1.结算类账户

结算类账户是指能对外办理资金收付结算的银行账户，包括企业按照《人民币银行结算账户管理办法》规定开立的基本存款账户、一般存款账户、专用存款账户和临时存款账户，以及用于结算的外币账户。

2.非结算类账户

非结算账户是指除结算账户以外的账户，此类账户不能办理对外资金收付结算，仅能用于本企业账户内资金划转，包括通知存款账户、协定存款账户、贷款账户、保证金账户、储蓄账户、外汇待核查账户等。一般情况下，非结算账户无法通过人行账户清单查询账户信息，仅能通过所在开户行进行账户信息查询。

（二）银行账户管理内容

集团司库应当对企业银行账户信息进行全面管理，银行账户管理信息应当包括以下内容：开户名称全称、开户银行全称、银行账号、币种、账户类别、账户用途、开户日期、网银电子密钥数量和权限等。集团司库系统应及时更新银行账户信息，确保及时、全面、准确地反映本企业银行账户的真实数据和信息，并定期对系统账户信息进行核对。

1.账户开立、变更、注销全生命周期管理

集团司库应当结合企业管理情况，建立账户开立、变更、注销全生命周期管理制度，规范账户管理主体、落实管理权责、明确管理流程、统一管理平台，严格账户管理审批，及时清理无效银行账户，避免多头开户和重复开户问题。账户开立后可以变更的信息包括“账户用途”“账户性质”“账户类别”“账户状态”“会计科目”“存款类型”“是否归集”等，由各所属单位根据账户使用的实际情况及时对银行账户信息进行修订维护，以确保银行账户统计分析数据的真实可靠。

2. 账户上线与直连管理

集团司库应将所属各级企业银行账户全部纳入司库管理系统，确保全部银行账户中的资金均在会计报表“货币资金”中予以反映。建议对于新开立银行账户，应自开立之日起1个月内完成上线和直连工作。非直连范围内银行账户，应按日将账户交易信息导入司库管理系统，确保各级企业结算类账户信息完整、准确、及时地反映在系统中。各集团所属单位原则上不允许开立非直联账户，对于确有特殊情况需要开立非直联账户的，应对具体情况进行说明。各所属单位应对非直联账户余额每天进行更新，余额为零或余额没有发生变动的也需要每天更新。非直联账户付款时如余额不足，应通过开户银行确认银行账户余额，对非直联账户余额更新后再进行付款申请。

3. 银行账户对账管理

银行账户管理人员应当定期获取有效的银行对账单，逐月逐户开展银企对账工作，并编制银行余额调节表，及时处理未达账项，确保银行账户资金账实相符、账账相符。信息化基础条件较好的企业，应当建立资金管理系统与账务管理系统接口，自动获取银行对账单数据并实现系统自动对账。

4. 账户电子密钥管理

一般情况下，银行账户开立后，银行会选择配发电子密钥，对于建立司库系统直连的账户建议不再申领银行电子密钥，如需保留银行电子密钥，密钥保管应符合内控管理的基本原则，至少做到经办人和复核人分离。电子密钥保管人如发生岗位变动，应进行书面交接，由第三人监交。

5. 银行账户管理方式

银行账户管理涉及内容多、范围广、精细化要求高，且与企业司库管理体系中各个环节联系紧密，因此，为强化银行账户管理力度，企业司库一般采用集中统一的管理方式，即各级企业银行账户全部纳入司库管理体系，账户开立、变更、注销等操作，由集团公司依据制度规定进行集中统一管理。

（1）账户管理制度建设。

银行账户制度建设是有效开展银行账户管理工作的重要保障，企业司库应当建立集中统一的银行账户管理制度体系，明确银行账户管理主体、管理权责、管理内容、管理流程和惩戒机制，确保银行账户全部纳入企业司库管理体系，杜绝出现“体外循环”的银行账户。各所属单位开立的银行账户，只供本单位使用，不得出租、出借、转让给其他单位或个人。

（2）账户管理系统建设。

银行账户管理系统是有效开展账户管理工作的重要支撑，企业司库成员地域分布广、管理链条长，企业司库应当建立高效协同的账户管理信息系统，将银行账户全生命周期管理纳入信息化管理体系，确保银行账户各项业务办理及时、高效。

（3）长期闲置账户清理。

银行账户数量的多少直接关系到企业司库运营效率的高低。企业在司库建设初期，一般会存在大量的长期闲置银行账户和低效无效银行账户，账户管理人员需要全面梳理在手银行账户情况，按照“合理可用”的原则开展银行账户清理工作，为下一步全面开展账户上线扫除障碍。集团公司每年对各所属单位的存量账户进行分析检查，对于超过一年未发生实质业务且无法说明存在必要性的银行账户予以停用，各所属单位不得使用已被系统停用的账户开展收付款业务，并且要在限定时间内办理银行账户注销手续。

（4）违规开户责任追究。

企业司库应当有效建立违规开户责任追究机制，并定期或不定期开展专项检查督查工作，对于检查中存在违规开户的责任单位和责任人依据制度规定从严进行问责追究，进一步推动账户管理制度在各层级落实、落地。

（三）银行账户管理中常见的问题

银行账户管理是企业司库体系建设的前提和基础。一般在银行账户管理中常见的问题主要有：

（1）账户管理分散，缺乏有效的集中统一管理。

账户开立、变更、注销等管理权分散在各级企业，集团层面缺乏集中统一的管理制度，无法对集团各级企业账户开展积极有效的日常监控管理。

（2）闲置账户较多，低效无效账户清理难度大。

由于银行账户长期疏于管理，造成银行账户数量过多，存在“关系户”、久悬户、同质户、低效户等大量闲置冗余账户，银行账户清理过程中阻力大、难度大等问题。

（3）基础管理粗放，账户精细化管理水平不高。

集团层面对于各级企业银行账户信息掌握不准确、不全面、不及时，无法实时准确监控各级企业银行账户余额、交易明细和资金流向，银企对账不及时，无法及时反映资金状况和异常变化，账户精细化管理程度不高。

（4）信息系统落后，难以有效地提升管理效率。

银行账户管理信息系统功能不健全，信息孤岛较多，无法有效支撑银行账户开立、变更、注销审批和精细化管理需求，造成审批流转不畅、基础信息不健全、管理效率不高等问题。

（5）海外资金账户分散，造成无法监控。

许多企业集团的海外资金账户往往分布在多个国家、多个银行，账户的开立、变更、销户以及账户资金变动、结余情况游离在集团的整体监控范围之外或账户监控信息滞后。也无法实现资金的整体规模化利用和有效调度，造成资金的无效沉淀和效率低下，最终也容易造成海外资金的使用存贷双高的问题。

（四）银行账户管理中重点事项

企业司库体系建设之初，需应对银行账户进行全面梳理，完善账户管理制度，优化账户管理流程，清理低效无效账户，确保银行账户管理权责明晰、流程规范、合理可用。

1.重点加强银行账户的集中统一管理

集团层面应当充分认识到银行账户管理的重要性，制定集中统一的账户管理制度，明确银行账户开立标准和合作银行范围，将子企业银行账户的开立、变更、注销纳入集团统一管控，实施线上分级审批和账户全生命周期管理，确保集团各级企业银行账户全部纳入集团司库管理范畴。

2.重点加强闲置账户、无效账户清理

集团层面应当高度重视银行账户清理工作，由集团高层亲自推进相关工

作，逐一建立账户清理名录，下达账户清理任务，从严落实考核奖惩措施，下大力气清理闲置账户。与此同时，严格把关新开立银行账户，定期清理低效无效账户，从严处理违规开户问题，已无明确用途的账户应在三个月内及时销户，确保银行账户总量始终保持在合理可用范围内。

3.重点完善账户日常基础管理规范

集团层面应当制定完善银行账户管理和银企对账操作指引，进一步明确银行账户基础管理规范、日常银企对账操作规范，通过银企直连自动实时监控银行账户余额、交易明细和资金流向，暂未实现银企直连的账户，要实行账户余额限额管理，并利用其他方式实现对资金的动态监控，及时掌握资金状况和异常变化。

4.重点提升账户信息化系统水平

集团层面应当依托于现代化信息系统，统筹推进银行账户管理系统建设工作，依据相关制度规定，搭建涵盖银行账户全生命周期管理一体化信息平台，实施全线上分级审批和电子台账管理，将银行账户管控要点嵌入系统，实现自动预警控制，实现银行账户的全面可视、动态监控、高效管理。

其中，很重要的一项工作是引入银企直连系统，实现集团企业财务软件与银行业务系统间的无缝对接，无须登录网上银行，企业即可通过财务系统的界面完成对银行账户以及企业资金的集中管理。在“银企直连”系统中，通过银企适配器的调节以及接入端口的创新设计，企业财务系统实现了与银行业务系统的直接相连，数据的无障碍转移有效地消除了交易的二次录入。“银企直连”系统的直接性决定了往来账户信息流的高效、高速传输，加强了集团企业对资金的集中控制能力，也使得资金的集中与拨付更加及时。

5.实现海外资金账户集中管理

通过统一规划和管理海外资金账户，对账户的生命周期、资金流动、余额进行统筹管理和监控。可以通过设立海外资金池的形式，对没有外汇管制的账户资金进行集中归集，最大化实现资金的规模效益。同时，设立海外资金结算中心，统一管理境外账户的支付结算、收款确认、银企对账，对境外资金支付实现事前、事中和事后的全流程管控。

13 第十三章 资金转移方式与清算结算系统

按照国资委《关于推动中央企业加快司库体系建设进一步加强资金管理的意见》，中央国有企业要依托财务公司、资金中心等建立集团电子结算平台，统一对外接口，实现业务结算全流程线上审批和电子结算，逐步减少银行网银支付和支票、现金的使用，有条件的企业要结合“资金池”实现统一对外结算。要规范资金结算审批标准和权限，完善前端业务发起、在线流转审批、自动核算校验的结算流程，实现业财信息共享和合规管控。

资金流动需要依赖于相应介质实现跨地区、跨国别的转移支付，而一般情况下，同一国家内部实现资金转移需要通过本国清算系统，如中国境内人民币大额资金清算系统、上海票交所电子商业汇票系统等，而不同国家之间的跨境资金转移则需要通过由跨国银行组织构建的国际结算系统来完成，如SWIFT（环球同业银行金融电信协会）、CIPS（人民币跨境支付系统）等。企业司库建设过程中，需要全面考虑司库内资金的转移和结算方式，合理搭建资金结算体系，满足库内资金在国内外不同场景下的资金高效运营。

一、资金转移介质

近现代以来，随着金融市场和信息技术的发展，资金转移已经从简单的纸币交易逐步演变为多元化的电子交易，企业日常营运资金常见的介质包括纸币和硬币、电子转账、商业票据（包括支票、汇票、本票、信用证等）、银行磁卡等方式。

（一）纸币和硬币

纸币和硬币是最原始的资金交换方式，当前仍然在很多国家和地区广泛使用，其优点是资金介质以实物形态存在，可以随时支取，一定程度上避免了信用风险，但其缺点也是显而易见的：由于实物体积较大，储存起来极不方便，不利于跨地域的转移，且只能用于本地货币结算。

（二）电子转账

无论是国内还是全球范围内，电子转账已经成为日常资金转移的主要方式，其优点是实现了实物货币的虚拟化，极大地方便了资金在不同主体、不同地区和不同国家的高效转移，高效解决了不同币种之间汇率折算的问题，但电子转账方式主要依赖于商业银行的信用体系和账户体系，是纯粹建立在银行商业信用基础上的现代货币形态。

（三）商业票据

商业票据是由商业银行基于客户信用而出具的具有支付功能的商业凭据，是现代商业信用社会极其常见的支付方式，商业票据可以是纸质票据也可以是电子票据，商业票据按照其使用范围不同和信用管理方式不同，又可以分为支票、汇票、本票、信用证等不同类型。其优点是，商业票据是建立在客户信用基础上的资金转移方式，可以在一定程度上放大客户支付能力，是现代信用货币体系的重要组成部分。

（四）银行磁卡

银行磁卡也是现代企业交易中使用较多的一种支付介质，银行磁卡有特定的卡号和防伪标记，其采用的主要防伪标记包括物理标识（芯片或磁条）、验证码、签名（或照片）、交易密码等。按照银行磁卡按照功能差异一般可以分为借记卡、贷记卡、签账卡三类。其中，借记卡也称储蓄卡，是指先存款后结算的没有透支功能的银行卡，借记卡一般具有转账结算、存款现金、购物消费等功能。贷记卡也称信用卡，是一种非现金交易付款的方式，一般由银行发行并给予持卡人一定信用额度，持卡人可在信用额度内先消费后还款。签账卡类似于信用卡，但没有循环信用，每月账单金额必须全额偿还，逾期支付会被视为违约行为而缴纳大额滞纳金，持卡人也会因此被禁用磁卡。

二、清算结算系统

资金能够实现跨主体、跨地区、跨国家的转移，需要除了依赖于自身转移介质以外，更需要依赖于不同国家和地区的清算结算系统。如果将资金比喻为货物，资金介质就是承载货物的汽车，而清算结算系统则是纵横交错的高速路网。

支付、结算、清算是资金转移中最常用也最容易混淆的概念，按照国际清算银行支付结算委员会的定义，所有涉及资金转移的行为，都可以视作支付行为，支付涉及的范畴最大，而清算和结算属于支付过程中的特定环节，清算一般包括清分和结算两个过程。所谓清分是指为提高结算的标准化水平和结算效率，在收付款金融机构之间的交易撮合、交易轧差和数据整理过程，而结算是各交易主体实际完成资金转移的最终过程，如图13–1所示。

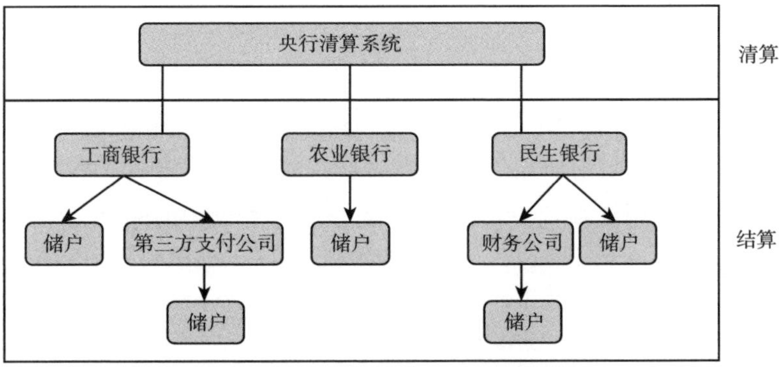

图13–1 清算与结算示意图

（一）国内清算结算系统

中国人民银行是清算业务的主体，央行通过持有所有的指定银行账户来对其银行支付和结算进行管理或监督。自新中国成立以来，中国国内支付清算体系共经过四个主要发展阶段：全国手工联行（1949—1997年）、全国电子联行系统EIS（1989—2005年）、中国现代化支付系统CNAPS（1991年至今）、第二代中国现代化支付系统CNAPS（2009年至今），当前中国央行清算体系以CNAPS二代系统为主，如图13-2所示。

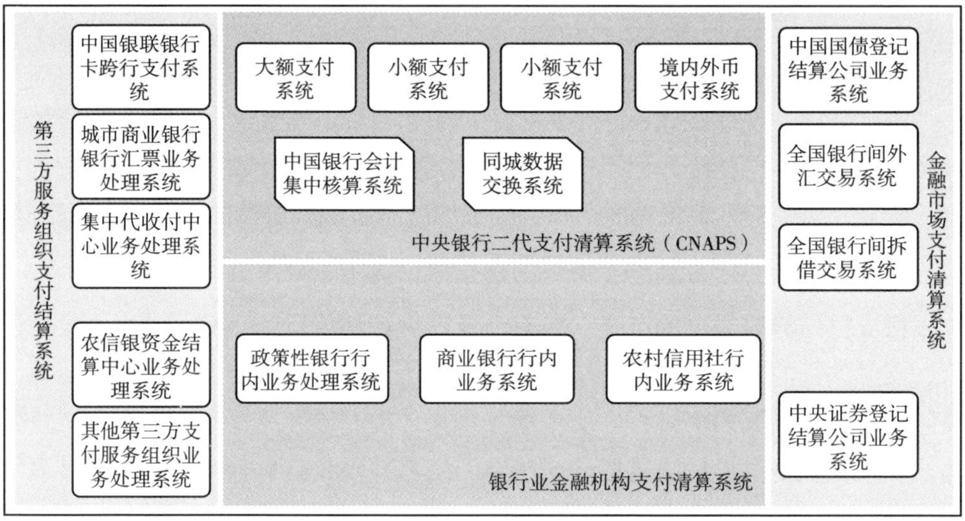

图13-2 国内央行支付清算体系示意图

1.大额支付系统

国内央行采用的是实时大额结算方式，大额支付直接与参与者进行直连，实现了贷记支付业务从付款银行到收款银行全过程的自动化处理，实行逐笔发送，实时清算，不可撤销，一笔支付业务不到1分钟即可到账。大额支付系统一般按照国家法定工作日运行，法定工作日上一日20：00至当日17：15为日间业务处理时间。

与此同时，大额支付系统对直接参与者开放头寸查询、日间透支限额、自动质押融资等功能，商业银行可以随时查询和预测其头寸变化情况。大额支付系统实现了与各银行金融机构支付系统、中央债券综合业务系统、银行卡支付系统、人民币同业拆借和外汇交易系统等多个系统的连接，为金融行业提供了安全高效的支付清算服务。

2.小额支付系统

小额支付系统又称小额批量支付系统，是继大额支付系统后央行建设运行的又一重要系统。它主要处理同城和异地纸质凭证截留的借记支付业务和小额（不超过2万元）贷记支付业务，支持指令的批量发送和轧差净额清算，旨在为社会提供低成本、大业务量的支付清算服务。小额支付系统实行7×24小时连续运行，满足社会多样化的支付清算需求。

小额支付系统除传统的款项汇划业务外，还能支持办理财税库横向联网业务，跨行通存通兑业务，公用事业收费，工资、养老金和保险金发放等多样化业务类型。

（二）国外清算结算系统

随着社会主义市场经济的快速发展，国内企业逐步发展壮大，国际化业务不断增多，当企业资金面临外汇跨境转移的情况下，央行清算体系就难以满足相应的需要了，跨境的资金转移涉及外汇交易、跨境结算、跨国清算、资金安全、交易信用等多重因素，且收付款业务经办银行多因经营区域需要借助于代理行进行中转，耗时长且操作复杂，一般跨境资金转移信息需要通过SWIFT（环球同业银行金融电信协会）、CIPS（人民币跨境支付系统）等跨境交易结算网络和当地本外币清算系统进行流转。跨境资金转移的主要流程如图13-3所示。

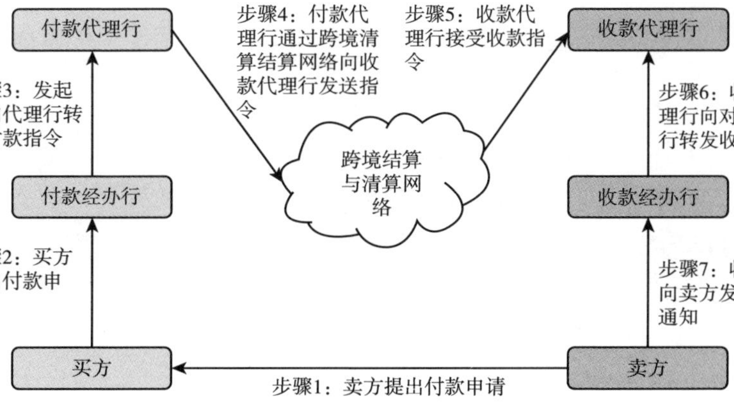

图13-3　跨境资金转移流程示意图

1.环球同业银行金融电信协会（SWIFT）

环球同业银行金融电信协会（SWIFT）成立于1973年5月，总部设在比利时的布鲁塞尔，最初由来自美国、加拿大和欧洲的15个国家的239家银行发起设立，是一个国际银行间非营利性的行业合作组织，支持几乎所有币种的跨境转移。SWIFT成立的主要目的是解决各国金融通信不能适应国际支付清算的快速增长的问题，旨在为跨境银行间结算提供安全、可靠、标准化和自动化的通信服务，从而提高跨境银行间结算效率。SWIFT服务已经遍及全球超过200个国家，接入金融机构超过8 000家，我国中国银行于1983年正式加入SWIFT组织，成为SWIFT组织的第1 034家成员行，之后国内商业银行以及上海、深圳证券交易所也纷纷加入，1998年以后，部分大型企业也成为SWIFT组织会员。

SWIFT组织成员按照统一规则制定地址代码（SWIFT Code），经SWIFT组织批准后正式生效，以中国银行北京分行为例，其银行识别代码为BKCHCNBJ300，含义为：BKCH（银行代码）、CN（国家代码）、BJ（地区代码）、300（分行代码）。SWIFT组织成员之间通信主要以电子报文形式传递，其报文传输服务提供FIN、FileAct以及InterAct三种报文类型。

（1）FIN：用于传送、存储和转送报文的系统，是SWIFT网络中主要使用的信息传递机制，如汇款MT101、接受日终报表MT940。

（2）FileAct：安全、可靠、灵活的文件传输系统，适用于批量信息和大型报告文件传输，通常用于发送大型支付指令，如批量汇划、工资支付等。

（3）InterAct：基于询问/回复的报文传递应用，适用于简报发送，如异常情况调查等。

现阶段，FIN和FileAct是SWIFT为客户提供的两种主要报文服务，以FIN报文为例，SWIFT网络允许根据不同目的发送不同类型的报文，报文类型的命名格式为MT$##，其中$代表报文类别码（见表13–1），##表示该报文在对应类别中的具体类型（见表13–2），每个消息都是由报头、正文和报尾三部分组成。

表13–1 SWIFT报文类别码

类别码	描述
1	客户汇款与支票
2	金融机构间头寸调拨

续表

类别码	描述
3	资金市场交易
4	托收与光票
5	证券
6	贵金属
7	跟单信用证和保函
8	旅行支票
9	现金管理与账务

表13-2　　SWIFT报文"现金管理与账务类型"举例

类型	名称	目的
MT101	头寸调拨要求	请求借记另一个机构持有的客户账户
MT102/102 +	多笔支付报文	在金融机构间传送多个支付指令
MT103/103 +	单笔支付报文	指示资金转账
MT104	直接借方及借记过户报文	在金融机构间传送直接借记指令和请求直接借记
MT110	支票通知	通知受票行或向受票行确认签发支票
MT111	支票支付请求	请求受票行止付支票
MT900	借记确认	通知账户所有者借记其账户
MT910	贷记确认	通知账户所有者贷记其账户
MT935	利率变化通知	通知接收方一般利率变动或者适用于特定账户而不是存贷款账户的利率变动
MT940	客户对账单	给服务于账户所有方的金融机构提供账户的余额和业务细节
MT941	余额报告	给服务于账户所有方的金融机构提供账户的余额信息
MT986	状态查询	提供关于客户或机构的相关业务信息
MT900	借记确认	通知账户所有者借记其账户

2.人民币跨境支付系统（CIPS）

人民币跨境支付系统（CIPS）是由中国人民银行发起设立的人民币跨境支付清算业务系统，旨在进一步整合现有人民币跨境支付结算渠道和资源，提高跨境清算安全性和便捷性，满足人民币国际化业务的发展需要，构建公平的市场竞争环境。CIPS于2012年开始建设，2015年10月8日正式上线运行，2018

年3月，CIPS二期成功投产试运行。截至2021年，CIPS新增直接参与者33家（其中17家为境外人民币清算行），新增间接参与者134家，目前共有境内外1 259家机构通过直接或间接方式接入CIPS，其中直接参与者75家，较2015年10月上线初期增加56家；间接参与者1 184家，较2015年上线初期增加了近6倍。2021年，CIPS稳定运行，累计处理跨境人民币业务334.16万笔，金额79.60万亿元，同比分别增长51.6%和75.8%；日均处理业务13 367笔，金额3 184亿元。

CIPS清算模式主要包括清算行模式和代理行模式两类，所谓清算行模式，是指港澳清算行直接接入大额支付系统，其他清算行通过其总行接入大额支付系统，所有清算行以大额支付系统为依托完成跨境和离岸人民币清算服务。所谓代理行模式，是指境内代理行直接接入大额支付系统，境外参与行在其开立的境内代理行人民币同业往来账户进行人民币跨境和离岸资金清算。

CIPS同样采用报文传输方式，报文格式符合国际通用的ISO20022报文标准，采纳统一规范的中文四角码，支持中英文传输，在名称、地址、收费等栏位设置上更有利于人民币业务的自动处理，CIPS报文设计充分考虑了与现行SWIFT MT报文的格式转换要求，便于跨境业务直通处理并支持未来业务发展需求。CIPS采用实时“全额+净额”结算方式，运行时间为5×24+4小时，实现对全球各时区金融市场的全覆盖。CIPS由跨境银行间支付清算有限责任公司负责运营，该公司在中国人民银行的监督和管理下，按照《人民币跨境支付系统运营机构监督管理办法》（银发〔2015〕290号）开展相关业务。

理论上，用户在作为CIPS直接参与者的银行机构开设账户，不涉及间接参与者及其代理商账户，那么就不涉及SWIFT的信息传递渠道，CIPS实现独立。但在实际中，SWIFT与CIPS更多是互补关系，完全替代可能性不高。

三、常见资金结算方式

企业司库资金支付结算依赖于司库账户体系结构和资金管理模式，由于企业业务类型和发展阶段不同，选择的司库资金管理结算方式也各有不同。下面，我们将着重介绍一下当前企业集团主要采用的四类司库资金管理结算方式。

（一）报账中心方式

司库所属企业按照集团公司的统一要求进行资金收支，实现资金的高度集中管理，所属企业根据日常运营需要，向集团总部提出资金申请，由集团总部统一进行资金收支。根据账户结构也可分为统收统支模式、收支两条线两种模式。统收统支的实现需配合一定的系统支持和对应收付款的管理，具体又可以分为两种方式：（1）设立虚拟账户。最传统的支付方式即为银行提供的银行卡支付与票据支付方式，随着经济行为的发展，传统的支付方式已经无法满足日常的交易活动，所以自20世纪80年代逐渐出现了网上支付工具，各银行也纷纷推出网上银行和手机银行业务。虚拟账户自21世纪兴起，主要是由于第三方支付公司的技术发展和电子商务的广泛应用，从而出现了金融机构的虚拟账户和非金融机构的虚拟账户，如支付宝余额和微信钱包。商业银行在发展中也逐渐出现了虚拟账户，与非金融机构的虚拟账户不同，银行的虚拟账户是必须依附于实体账户下的。也就是说，基于一个实体账户，可以开立多个虚拟账户，对外而言均是主账户进行的支付结算，对内而言，可以根据不同的类型设立不同的虚拟账户，从而实现业务的区分，更容易进行内部核算。在统收统支的模式下，各集团只需要设立一个银行结算账户，在一个结算账户下设立多个虚拟账户分别对应不同的分子公司。分子公司的财务人员可以配置相应的查询权限，仅限用于查询主账户下的一个或几个虚拟账户的交易明细和回单，或是由集团财务直接管理主账户及虚拟账户的收付，设立虚拟账户主要为了记账和核算的方便。所以虚拟账户的设置很好地为统收统支模式提供了好的手段，保障了集团统一支付下的核算便利性。（2）备付金管理。在统收统支的资金集中管理模式下，虽然由集团统一负责资金的收付，但是分子公司仍然会有使用资金的特殊情况，在这种情况下出现了备付金管理模式。它是指集团给分子公司分类给予一定的备付金限额，拨付至各个分子公司，可能直接是现金或支票形式，用于分子公司的日常开支，如临时的修理费、加油费、差旅费、赔偿金等。这个限额的设置就意味着资金的总管权依然在集团。针对收支两条线模式，所属各级企业分别在指定银行开立收入户和支出户，收入户专门用于收取客户回款，支出户专门用于支付供应商货款，收入户资金实施归集至集团总部，并按照所属企业申报的资金计划拨付支出资金，用于对外付款。如图13-4所示，此类账户结构简单，一般适用于行政事业单位或分公司较多的企业。

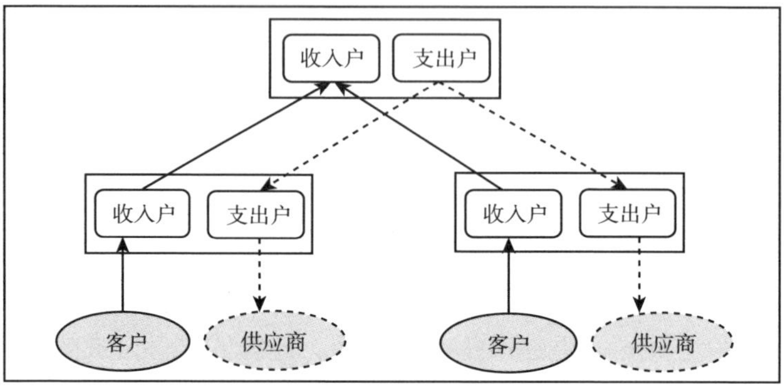

图13-4 统收统支模式示意图

（二）结算中心方式

集团内部设立结算中心，实现对所属各级企业现金收付和往来结算的集中统一处理，结算中心可以采用总分账户的开户方式，允许所属企业在集团总部结算中心总账户下开立分账户，对分账户资金进行限额或零余额归集，所属企业如有资金支付需求，根据资金计划向总账户申请划拨支付，结算中心模式一般借助于银行提供的现金池管理产品实现，也可以匹配法人透支等金融产品，实现实时资金上收下拨，此类账户结构一般适用于子公司较多且资金结算权上收的企业集团，如图13-5所示。

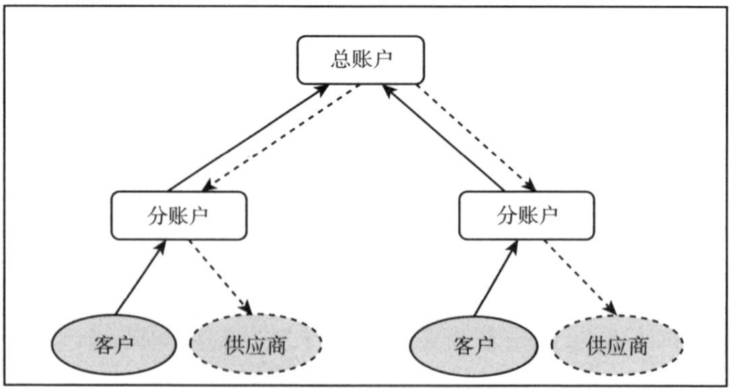

图13-5 结算中心总分账户模式示意图

（三）内部银行方式

该方式将银行等金融机构的资金管理模式引入企业，设立企业内部银行，在集团内部单独设立具有银行功能的部门，使得总部与纳入管理的分子公司之间形成一种借贷关系，在集团内部实行资金的集中管理，并作为贷款中心的总部充分行使其贷款、结算及监管职能。各分子公司独立经营，享有资金管理和决策的自主权，在内部银行开立账户，由内部银行对分子公司的资金进行结算和调拨，设置有内部结算的账户，分子公司之间所有的结算业务均须通过内部结算账户办理，以达到监管效果。内部银行模拟商业银行，建立有偿存贷制度，分子公司资金盈余时可以提供资金给他人来获得利息收益，资金短缺时可以向内部银行进行有偿贷款。内部银行还可以发行适用于集团内部的货币与票据，仅供分子公司之间使用。

（四）财务公司方式

所属各级企业在财务公司开立对应内部账户，财务公司通过合作金融机构为分子公司建立代理收付虚拟子账户（外部银行账户），所属企业通过虚拟子账户实现对客户和供应商的收付款业务，资金实时收至财务公司银行头寸户，并实施反映在所属各级企业财务公司内部账户中。此方式解决了所属企业对外收支户名与业务合同户名一致性的问题，普遍适用于已经建立财务公司的企业集团，如图13–6所示。

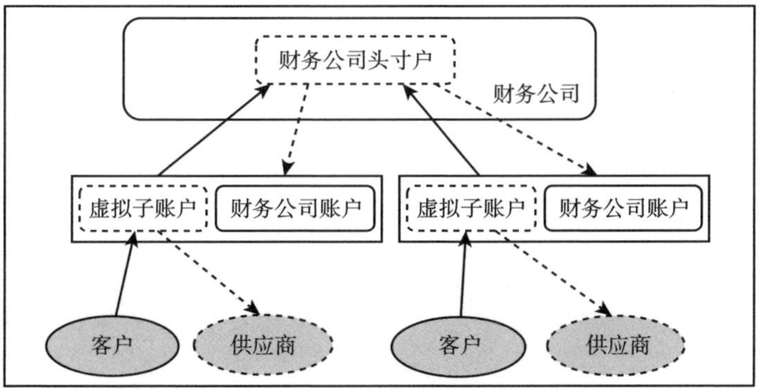

图13–6　财务公司代理结算模式示意图

四、司库资金结算管理中常见问题与应对

企业司库资金结算模式直接决定了各级企业账户设立方式，高效的司库资

金结算模式，是强化企业资金风险管控手段，提高资金运营效率的重要支撑，司库资金结算模式的选择需要从企业战略管控尤其是财务管控出发，一般通过合作金融机构现金管理产品和资金管理软件系统共同实现各类资金结算业务的高效运转。企业在司库资金结算管理过程中常见的问题主要有四个。

（一）资金结算方式与企业财务管控战略不匹配

司库资金结算方式选择无法有效支撑财务管控战略落地，存在上下权责不对等、职责边界不清晰的问题，导致司库资金运营中存在推诿扯皮、效率不高的问题。

企业司库在资金结算方式选择时，应当正确处理好集权与授权的关系，正确划分资金结算部门与各级企业资金部门的职责边界和权责关系，确保企业资金结算方式与财务管控战略密切匹配。

（二）存在账户资金体外循环的问题

司库结算体系未能有效覆盖各级企业全部资金账户，存在个别银行账户游离于企业司库管理体系之外的情形，导致司库管理体系出现“跑风漏气”的现象。

企业司库结算体系建设中应当坚持底线思维，狠抓账户清理与系统上线工作，下大力气清理“关系户”、久悬户、同质户、低效户等各类冗余账户，确保全部银行账户纳入司库管理体系，确保各类资金结算业务全部通过司库结算体系运行，有效提升资金结算效率，防控资金支付风险。

（三）资金预算约束力不足

资金预算管理是企业集团对各分子公司资金使用监管的重要手段，集团公司根据各分子公司的资金预算情况，统筹安排资金划拨。而在实际工作中，一些单位的资金预算流于形式，存在编制不及时、预算不科学、资金预算执行率偏低和超预算资金支付等状况，此外，企业集团预算执行考核机制不健全，无法支持其开展资金集中管理工作。

为此，企业集团应根据各分子公司资金状况，做好资金预算管理工作。企业集团要做好各分子公司的年度预算审批，要求各分子公司按月编制并上报资金预算报表，定期开展预算执行分析与考核，促进资金预算工作的落实，提升资金的预算管理水平。各分子公司应逐步完善、细化资金预算，确保资金预算的及时性和准确性，减少不必要的头寸占用，提升资金使用效率。

（四）缺乏高效的信息化手段支撑

司库结算体系信息系统功能不完善，无法有效支撑结算体系正常运营，造成系统操作烦琐、运营效率低下等问题。

企业司库结算体系建设应当结合自身实际情况，合理选择软件服务商与合作金融机构，有效搭建系统账户体系与结算功能，有效建立银企直连通道，依托于银行现金管理产品提升企业司库结算体系运营效率。

14 第十四章 资金预算与计划管理

按照国资委《关于推动中央企业加快司库体系建设　进一步加强资金管理的意见》，中央国有企业要按照“量入为出、以收定支”的原则做好集团资金预算安排，维护资金链安全和资金整体平衡；子企业要细化资金预算与业务计划的衔接，建立年度预算确定总盘、月度计划滚动调整的资金动态管控机制，有条件的企业可细化至按周管控，有效控制资金头寸，提升资金使用效率。要严控预算外项目支出，做到“有预算不超支，无预算不开支”，确有需要的预算外支出要履行相应的审批程序，加强资金预算执行情况的分析、监控与考核，强化预算刚性约束。

一、资金预算

（一）资金预算概述

资金预算，或称资产负债预算。它是以货币形式表示的资金预期结果，是资金计划工作的终点，也是资金控制工作的起点。资金预算是对企业的资产、负债、所有者权益及其相互关系进行预算，如企业的资产负债表、利润表等均可作为资金预算的依据。企业在财务管理中，可根据历史及近期业务、运营资金使用规律，结合预期新成立的项目资金使用计划，科学、合理地估测未来现金流。相关部门通过预测得出的企业未来资金状况，可以在资金短缺时期到来之前提早安排资金筹措，以保障生产经营正常开展；也可以在资金充裕时，根据使用期限、企业未来发展规划等，匹配相应投资计划，提高资金使用效率的同时也为企业长期发展奠定基础。资金预算作为企业资金预算管理的基础核心内容，不仅是企业资金管理效率的具体体现，也是日常生产经营活动有序进行的重要保证。

必须要看到，当前企业所面临的不确定性在增加。资金预算管理得不好，短缺资金会导致资金链的断裂，多余的资金又会造成资金的冗余与无效的沉淀。因此，资金预算管理的过程显得十分重要，尤其应注重运用大数据、BI等信息技术，进行提前预警、判断分析和辅助决策。

（二）资金预算管理流程

财务管理是企业管理的重要组成部分，预算管理是财务管理的主要方法，而资金预算管理是预算管理的重要核心内容。资金预算由企业各部门及所属各级单位编制上报，由相关管理部门汇总，逐级报送公司领导审批。经公司领导批准后，各部门、单位应按照经批准的资金预算来安排日常生产经营活动的资金回收及支出。公司定期对资金预算执行情况进行考核处理。资金预算的管理主要包括资金预算编制、资金预算执行以及资金预算分析与监督考核。

1.资金预算编制

资金预算的编制，是企业各部门、各级单位依据自身工作内容、业务性质、产出结果等制订出一定期间的计划目标，同时详细列出要达到该目标所需采取的经营、投资方法与措施以及为应对实施过程中出现的突发事件所需采取的对策，并将以上要素全部转化为未来预定时间内企业投入、产出等调整数据。再通过反复的试算平衡，制订出完整、合适的资金预算方案。最终经批准的资金预算方案，使企业各职能部门和各级单位明确自己应该达到具体的经营目标，并据此开展自己所负责范围的经济业务活动，确保完成企业总的战略计划，减少经营风险与财务风险。

由于资金预算编制是为了实现企业整体的经营、财务目标，因此各个部门从资金预算的编制开始，就必须以整体的战略方针为导向，协商处理好自己的业务计划、需求与其他部门交叉部分可能发生的问题，互相配合协调，使整个资金预算编制体系能良好衔接，并切合实际。待资金预算确认执行后，能达到预期的结果或者取得更好的效果。

资金预算的编制应当遵循资金的安全性、流动性、及时性、效益性、准确性及合规性。资金预算主要分为年度资金预算、月度资金预算等。资金预算按照收付实现制编制，以最优的方案对资金进行配置，确保资金使用的合理性，平衡企业的整体资金收支状况。其中资金年度预算主要侧重于全年资金的预测与平衡，月度资金预算以年度资金预算为基础，结合各月资金收支情况进行编制，主要用于月度的资金安排调度与动态控制。

资金预算编制的内容主要包括资金流入预算以及资金流出预算。通过对资金收入、支出情况的分析、计算，提前掌握企业未来资金状况，以便决策部门及早做出整体资金规划。

（1）资金流入预算是企业进行经营活动、投资活动和筹资活动所产生的现金流入。其中经营活动产生的资金流入主要是企业销售商品、提供劳务、取得税收返还以及收到主营业务以外其他业务的现金流入。投资活动产生的资金流入包括企业收到投资收益，收回短期、长期投资，处置长期资产以及收到其他与投资活动有关的现金流入。筹资活动产生的资金流入为企业吸收投资，收到短期、长期贷款以及其他与筹资活动有关的现金流入。

（2）资金流出预算是企业进行经营活动、投资活动和筹资活动所产生的现金流出。其中经营活动产生的资金流出主要是企业购买商品、接受劳务、支付职工薪酬、支付各项税费以及支付其他与经营活动有关的现金流出。投资活动产生的资金流出包括企业出资购建固定资产、无形资产等其他长期资产，支付短期、长期投资以及支付其他投资活动的现金流出。筹资活动产生的资金流出为企业偿还借款债务，分配股利、利润或偿付利息以及支付其他筹资活动的现金流出。

通过汇总资金流入、流出预算数据，结合业务需要存放的保证金等不可动用资金，考虑每月最低资金安全余额，综合统计出企业最终是出现资金预算缺口还是资金预算充裕。根据短缺或多余资金的金额、期限、性质等，统筹安排，分析确定融入或者投出资金的时间、期限、规模以及形式，使企业资金全年处于一种较为均衡状态。

2.资金预算执行与调整

企业在资金预算执行过程中，各部门以及各级公司相关业务人员以及负责人应当严格按照资金预算开展日常工作，高度重视资金预算执行情况，并进行监督管理，严禁随意变更、调用不同性质项目的资金预算。当业务状态、经营计划或外部因素发生变化，例如，业务量增加，业务划转以及出现新的业务导致资金收支金额、时间等出现偏差，进一步影响企业资金安排的准确性以及时效性时，则需要对资金预算进行调整。资金预算的调整应遵循审批程序，由编制部门提出申请，相关管理部门提出调整意见，实行逐项申报、逐级审批。资金预算的调整未经审批不得发生。企业执行的资金预算必须是最新调整过的预算，是对企业最新经营情况的动态反映，也为资金收支及资金预算分析提供最新的、最准确、最及时的依据。

资金预算让企业在日常经营中，面对不断发展变化的状况能对整体资金进行合理的筹划和调配。在资金短缺时能及时采取相应措施进行补充以保障经营生产顺利进行；在资金充裕时，能根据期限合理安排投放以提高经营效益。因此资金预算管理既能防范企业经营风险，又能提高企业经营效益。

3.资金预算分析、上报与监督考核

企业相关负责人定期审阅各部门、各级单位上报的资金收入、支出情况表，资金预算执行情况表，资金预算执行差异总表，资金预算执行差异分项目表等，根据实际业务发生情况，分析全部资金预算编制、审核以及执行是否合理、严谨、规范，并与其他财务、银行统计数据等有关内容相核对，监督、审查资金使用去向，通过对各个项目实际资金收支情况与资金预算编制数据的对比，找出产生的差异，说明原因，以及出现的问题及解决措施，出具资金预算分析报告，进行逐级汇报。根据最终反馈的审批处理意见，不断纠正资金预算执行中的偏差。

对资金预算管理的考核应根据各部门、各单位资金流动特点，以资金预算为基准建立指标考核体系。由相关管理部门根据预算执行的情况，按规定的时期进行分析与考核，主要包括资金预算管理的考核以及资金预算准确度的考

核。资金预算管理考核主要包括：资金预算的编制质量以及资金预算上报、调整的及时性。资金预算准确度的考核主要是实际收支金额与所编制的资金预算数据的偏离程度以及资金预算调整次数。

资金预算赋予了企业整体计划目标的数字标准。管理者可以通过对比某一期间的实际业务经营数据与资金预算的结果，及时确认当前的生产经营是否都在按预计轨道正常进行，或者是否存在偏差以及问题需要纠正、解决。

同时，资金预算是数量化的标准，因此也可以用于企业考核任务，可作为评审工作成效的标准之一。根据各部门、各级单位资金预算的执行情况，分析差异原因，实施业绩考核与评价，也方便对相关人员的实施激励与督促。

（三）资金预算管理现状

1.资金预算管理的思想意识不足

随着国内经济发展，企业业务量增长迅猛，随之而来，对内部管理要求也越来越高。一方面，部分企业由于规模庞大，层级复杂，人员较多，同时受外部经济管理体制改革及自身体制转变影响，整体转型优化过程相对缓慢，因此思想上不够重视。反之，部分企业规模较小，管理体制扁平，缺乏专业人员配备，面对盈利大幅增加，其经营及管理理念仍落后于业务量的上涨。而外部突飞猛进的科技水平，早已从信息技术方面为资金管理带来了创新模式。但是大部分企业受软件、硬件、自身、外力的合力影响，并考虑到资金预算仅作为财务管理中的其中一个环节，以前简单模式下尚能运转，因此会继续维持旧的管理方式，对资金预算管理观念也会较为淡漠。另一方面，盈利是企业的基本追求，因此经营生产、销售等创利部门对于绝大多数企业尤为重要，内部其他部门都要为这些部门的工作创造便利。过多地关注一线部门，而仅把资金预算管理作为后台部门内部一项简单事务，忽视资金预算实际上与这些部门业务息息相关，会导致整个生产部门从思想上轻视资金预算的重要性，难以其发挥其真正的作用，也降低了资金使用效率。

2.资金预算编制缺乏前瞻性、科学性

有些企业在开展资金预算时，为了方便，直接沿用历史数据进行编制，缺乏对未来业务及内外部管理、政策情况的思考预测，很容易导致资金预算数据与未来实际数据产生较大差异。尤其有的企业某些业务项目受外部环境、市场变化影响较大，如不提前进行评估、判断、规划，一旦其中一个因素发生转变，可能会给企业经营及效益带来强大冲击，造成难以预估的后果。而且很多企业会根据前期资金预算提前形成投融资类管理决策，如果实际资金量比预算超出很多，则会增加资金占用成本，造成资金浪费，降低资金利用效率；反之，如果实际资金量显著低于预期，则会导致企业产生支付及经营风险。因此，科学、合理地预测资金数量及期限是企业平稳、健康运转的基础。

3.资金预算管理监督考核欠缺

资金预算在集团中没有发挥最大效用的一个重要原因就是监督考核松懈。一些企业在实施资金预算管理初期，面对新的资金管理模式，执行部门或下级单位并没有引起足够的重视，仍套用旧有模式进行编制，导致资金实际发生情况与上报资金预算匹配程度差距较大，造成资金管理效率低下。面对这种状况，企业管理者未能及时建立健全资金预算管理考核制度或严格实施已建立的资金预算监督管理制度，也未能有效地自上而下明确强调加强资金预算管控、增强编制人员的责任感，削弱了资金预算管理的调控防患作用。

（四）资金预算管理完善建议

1.更新资金预算管理理念

企业管理理念应随着经济技术的发展进行更迭前进。除了对业务的重视，应提升资金预算在经营管理中的战略地位，将此项工作作为日常经营重点关注的一部分，同时提高员工对资金预算编制的重视程度，进而通过预算取得更好的管理成果。对此，企业可成立专门的团队或配备专职人员负责资金预算管理。另外，企业还可以通过技术的改良、建立资金系统体系，更科学、及时地进行资金预算分析对比，提高资金管理效率，进一步提升资金预算管理能力。

2.提高资金预算管理编制、执行能力

资金预算是由单独个体参与编制其中一部分，每个个体内部的项目实际比较复杂繁多且不尽相同。因此，要依据企业管理制度，结合业务耐心、细心进行资金预算编制，保证不同期间预算口径相同、项目完整、数据科学、统一可靠。资金预算编制完成、汇总、上报后，要根据审核结果进行修改、调整，最终形成更符合企业实际运营情况的管理依据，降低资金管理风险，确保资金使用的合理性、可执行性。

3.加强资金预算管理考核

企业在定期分析研究资金流动、运作实际发生情况与预算差异的同时，也应要求资金预算管理部门根据制度对预算执行情况及超过一定比例的执行偏差进行报告。可以把预算完成率、偏差率等指标作为相关人员的一项业绩进行考核，并根据考核制度进行绩效管理，加强全部参与资金预算人员的责任心，不断提高预算编制、执行质量。

二、流动性管理环境中的资金预测

（一）资金流动性管理

1.资金流动性管理概述

资金流动性的概念，从狭义角度来看，是指企业资产在价值不损失情况下的变现能力和短期偿债能力。变现能力是企业产生现金的能力，它取决于可以在近期变为现金的流动资产的多少。偿债能力是企业即时偿还各种短期债务的能力。

流动性是企业资金管理的核心内容，是企业能持续正常、安全经营的关键因素之一。流动性管理是企业司库的一项重要的职责，必须足以应付确定的和不确定的资金需求。从短期目标来看，企业日常经营中生产支付业务及非预期的必要性付款，都需要充足的流动性作为保障。同时，流动性也是企业做大做强的基础，作为流通运转的资源，帮助企业正常运营、成长发展。如果企业因缺乏流动性而无法及时支付业务款项或偿还债务，将会危及企业当前经营，如果流动性严重短缺，将会给企业带来极大的损失，甚

至会导致企业破产。长期来看，流动性管理应服从服务于整体战略需要，确保集团整体资金实现平衡。在此过程中，流动性管理不仅为了满足当期资金安全，更需要立足长远，与集团发展阶段相适应，并不断调整节奏和突出重点。在集团确定战略的过程中，司库部门也要通过对未来债务率、流动性指标的场景分析及压力测试，观察不利情形下资金的变化，并从维持健康的财务结构出发，不断影响并修正发展战略，最终实现流动性与战略的有效匹配。

2.资金流动性管理目标

流动性管理是为了保证企业有足够的资金应对其流动性需求，确保企业无论在正常经营中还是突发应急状况下，都有充足的资金应对必要的支付。虽然支付的极端情况发生概率很低，但是一旦出现，影响及破坏性极高。通常情况下，企业为了效益、发展不能一直保持较高的流动性，最好是将流动性控制在经过测算的可接受范围内，同时持续监督观察内、外部业务及市场环境运转，一旦发生特殊异常情况，可以根据前期做好的流动性方案，迅速采取有效措施进行处理，保障经营活动正常开展。概括起来说，流动性管理就是为了满足公司的日常交易、预防性需求、投资机遇、监管要求所要求的目标，以保持适当的流动性水平。

3.资金流动性管理原则

（1）合理的流动性管理计划。企业应依据能搜集的全部信息，合理预估未来流动性状况。流动性过于充裕会造成资源浪费，提高经营成本，降低收益；流动性存在缺口，则会影响生产经营。通过科学合理的流动性预测，提前安排部署资金使用或筹措，既能防止因资金不足而产生的生产经营风险，也能降低因资金过剩而增加成本费用。

（2）合理的流动性管理方式及资本结构。如果企业预计会产生流动性缺口，应该根据筹集资金的方式、渠道、成本及风险，合理制订补充流动性的方案，以降低筹措成本；如果企业预计流动性会较为充裕，则可根据资金投放的方式、渠道、收益及风险，合理制订投资使用的方案，以提高资金使用率、创造更多收益。无论流动性短缺还是充裕，在规划时仍需结合企业现有的资产、负债及权益情况和发展战略，科学适当地配置短期、长期资源，以避免给企业带来潜在的危害及损失。

4.资金流动性影响因素

企业流动性主要受经营管理和外部环境影响。经营管理影响包括应收账款的延迟收取、应付款项的提前支付、企业规模过度扩张、资产负债结构不匹配、生产销售信息更新缓慢导致预测差异等。外部环境影响包括宏观经济环境、政策、金融市场及行业发展状况改变等。

对企业而言，外部环境影响几乎是不可控的，而经营管理是可掌控的。因此，在管理流动性时，要根据实际经营状况，尽力调整改善可控影响因素，实时跟踪分析外部影响因素，统筹安排，保持流动性安全稳定的同时向前发展。例如，在近几年突发疫情之下，不同类型的企业都受到了影响。制造业原材料采购、零售行业销售受疫情管制影响，其运输环节呈现困难局面；服务业面临人员管控风险；文化传播、旅游业受疫情影响较大，主营业务开展相当艰难，大部分时间处于停滞状态，这些都导致企业财务成本加大、利润下降，现金周转变慢，资金容易出现缺口。因此，集团公司可以对相关风险企业进行提前摸底，成员企业也应积极汇报所面临的经营、市场情况以及对流动资金的需求预测，以便集团能及时汇总、掌握成员企业运营情况及资金状况，提早做好各项应急、缓解预案。对于受疫情冲击的成员企业，集团公司根据企业资金预算，尽快调整整体流动性计划，预留更多资金保障有发展前景的企业在特殊环境下资金链不断，继续维持日常正常运转，待复工复产时，尽快开展业务。

5.加强流动性管理

当前，流动性管理已经逐渐成为企业经营中的核心竞争力之一，企业应加强流动性管理，提升流动性管理水平。

（1）围绕经营状况、财务数据及发展目标，找出切实可行的流动性管理方案，完成投融资计划，保证企业资金安全有效运转。

（2）各部门、单位在日常工作中除了积极完成自己的特定任务外，应密切关注本部门在流动性管理上需要承担的责任。对于有重大影响但不确定事件的潜在发生风险，要及时上报。一旦发生对流动性有影响的事务，应及时通知、上报变更事项，调整流动性管理方案，避免出现风险事故。

（3）管理者应关注并监督流动性管理发展状况。首先对于重大潜在风险要提前规划资金，做出应对预案，降低经营风险。其次对于不断变化的经营状况，可以每季度、半年进行资金滚动预测，审视、调整流动性管理方案，使资金计划更加精确，使政策更适于企业的经营发展计划和目标。企业集团具备信息化系统的，可以按月进行资金预测调整。

（二）流动性管理下的资金预测

为了保证所需要的流动资金，需要通过预测来估计未来所需要的资金头寸需求，从而有计划地实施投融资行为，实现借贷成本最小化以及投资收益最大化。

1.资金预测的内容

资金收支预测包括资金流入、流出预测。资金流入包括销售、预售、投资等其他事项产生的现金收入。资金流出包括采购、工资费用、利息、税款等其他事项发生的现金流出。

2.资金预测的管理方式

企业集团可以指定一个部门负责资金预测管理工作，制定相应的流程制度，明确资金预测的职责与要求，根据制度及需求组织安排所有涉及资金收付部门、下属单位对一定时期内的现金收支情况进行预测并汇总、报送上报相关数据。各部门及下属单位应当实事求是报送资金数据，不得瞒报、欺报，最大可能保证报送数据的完整性、严谨性。集团管理部门根据收集的数据，从整体上统筹安排资金流入、流出，确保资金的统一性，使用的合理性。

3.资金预测的重点项目

（1）销售收入预测。对企业来说，销售收入的预测十分重要。但是回款的控制权在交易对手方，因此预测难度系数较大，出现变化概率较高。可由专门负责业务的职员进行预测。通过对历史数据进行加工分析，建立模型对未来销售数据进行估算，再由专业人员结合经验、外部环境、市场动态等影响因素进行调节完善。另外，在日常经营中，也要经常与客户沟通，了解最新回款情况，以便能在出现重大变化前，提前将情况上报至相关部门，及时调整资金预测数据，避免企业因资金流问题出现运营事故。

（2）采购支出预测。采购是企业生产的基础，采购计划依据企业的生产计划逐步实施，其支出主要由企业根据合同协议等自行安排，可控性较强，便于预测。可通过对过去数据的分析处理，形成对未来需求数据的预测，再由负责人员结合经验、环境、市场等因素进行调整完善。除了提前上报的采购计划，企业可根据自身资金流动情况，建立大额付款提前报备流程。对于超过标准的大额支出，需提前几日进行具体采购需求上报，以便企业及时、安全地完成资金备付。对于采购预测的合理性，可通过计算经营净现金流，估算现金赊购比率和现金回笼比率来分析企业的采购资金是否符合年度发展计划。若经营净现金流为负数，现金赊购比率与销售成本率差异过大或现金回笼率小于90%，则企业会出现资金短缺，需重新计算采购支出。

（3）费用税款预测。企业经营中必不可少的各项费用种类较多，金额相对较小，一般和销售额之间存在一定比例关系，因此可根据销售收入来估算此类支出。一些如工资、利息、税款等具有周期性特点的支出项目，可设定具体付款日期，方便企业预测资金流及准备资金预留金额，也可参考收到发票进行统计预估。

（4）其他重点项目支出预测。可根据签订的合同或协议进行资金流入与流出估算。如果某个项目的交易金额过于庞大，也可单独列出，便于关注其对整体资金量的影响。

4.资金预测的方法

资金流预测最主要的两个方法：直接法和间接法。

（1）直接法就是把预测期内将要发生的现金业务，通过项目按照现金流入、流出列示出来。这种方法能直观、简洁地反映企业未来现金流的变动情况，因此更适用于现金流确定性相对较高的短期预测。其中收支法是最流行也是应用最广泛的一种方法（见图14–1）。该方法主要依靠企业生产经营信息来安排公司的现金收支，取得预测期内现金收支总额以及对现金不足或多余的处理。

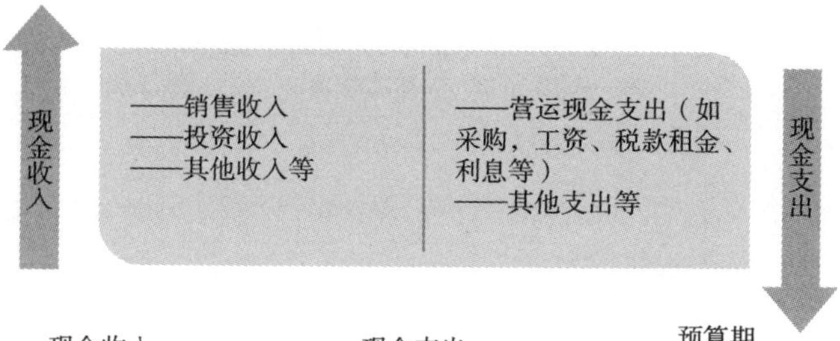

现金收入 － 现金支出 ＝ 预算期现金净值

预算期期初现金余额 － 预算期现金净值 ＝ 预算期期末现金余额

图14–1　收支法核心内容及计算公式

[案例]　预测全年企业资金情况

据调查预测，A公司20×1年四个季度计划销售收入分别为300万元、360万元、360万元及300万元。本年受外部环境变化影响，每季的销售在当季收到的货款占比为56%，下一季度收到的货款占比为14%，合计占比70%。前三季度货款剩余30%的部分在第四季度统一收取。例如，第一季度销售收入为300万元，那么第一、第二季度收到回款总计210万元，其中第一季度收到金额为168万元，第二季度收到金额为42万元，剩余90万元将在第四季度收到。本年预计第三季度处置报废固定资产收入约2万元。

公司各季度原材料采购额分别294万元、306万元、158万元及100万元，上半年为主要生产期，采购量远大于下半年。各季度支付工资为本季度销售收入的10%，管理费用为5%，财务费用为1%，销售费用为4%，税金为5%。另外，公司第三季度需购置机器设备5天，价格预计100万元。

为保证运营安全，公司设置最低资金余额不低于100万元，上限尽量不高于150万元。预算如表14–1所示。

表14–1　A企业资金预测表　单位：元

项目	第一季度	第二季度	第三季度	第四季度
期初现金余额	1 000 000	1 390 000	1 366 000	1 026 000
加：现金收入				

续表

项目	第一季度	第二季度	第三季度	第四季度
销售收入	1 680 000	2 016 000	2 016 000	4 740 000
应收账款	900 000	420 000	504 000	504 000
其他收入			20 000	
可供使用现金合计	3 580 000	3 826 000	3 906 000	6 270 000
减：现金支出				
采购原材料	2 940 000	3 060 000	1 580 000	1 000 000
工资	300 000	360 000	360 000	300 000
管理费用	150 000	180 000	180 000	150 000
财务费用	30 000	36 000	36 000	30 000
销售费用	120 000	144 000	144 000	120 000
税金	150 000	180 000	180 000	150 000
购置固定资产			1 000 000	
现金支出合计	3 690 000	3 960 000	3 480 000	1 750 000
资金盈余(或不足)	−110 000	−134 000	426 000	4 520 000
处理资金余额				
向银行借款	1 500 000		600 000	
归还借款				2 100 000
短期投资				1 000 000
出售短期投资产品		1 500 000		
期末资金余额	1 390 000	1 366 000	1 026 000	1 420 000

从上述资金收支预测表可以看出，该公司第一、第二季度的资金呈现短缺状态，可通过向银行贷款150万元及拟出售短期投资产品150万元来解决；第三季度由于购置固定资产导致最低预留资金不满足规定，继续通过银行贷款60万元来解决；第四季度销售收入集中收回，资金有剩余，企业可归还全部银行贷款210万元，并进行短期投资100万元。通过资金预测，企业就可以提前安排好筹资和投资时间及金额，保障经营、降低成本，提升资金利用率，增加收益。

（2）间接法是指以本年净利润为起点，调整不涉及现金收付的各种会计事项，最后得出企业现金净流量。

净收益调整法是一种间接预测方法，就是将企业权责发生制下的净收益调整为收付实现制下的净收益［计算未计利息、税项、折旧及摊销前的利润（EBITDA）］，并加减相关会计项目（与预期收益无关的现金支付），获得现金余额，并根据结果做出资金安排。净收益调整法实现了权责发生制和现金收付实现制下净收益统一，展示了企业利润与现金流量之间的关系，以及公司有利润但资金短缺或者公司显示亏损但资金充裕的原由。净收益调整法还可以和资产负债表建立联系，反映了资产、负债、利润的变化和现金流量的关系。如果合理运用，对中、长期资金情况预测起到一定作用。

5.资金预测的周期

常见的资金预测周期包括月、周、日预测。企业可根据自身经营特点、管理要求以及内部人员、系统支持能力等确定自己的资金预测频率。基本来看：业务周期稳定，资金收、付款较为规律的企业，可以拉长资金预测的周期；规模较大的企业在一个资金预测周期内，必须包含短期资金收支预估，避免出现长周期内整体资金充裕，然而短期资金缺乏的局面；资金安全垫额度较高的企业可以适当调低资金预测频率，延长预测周期，反之，则要提高资金预测频度，缩短预测周期。

总体上看即期资金预测准确性更高，远期资金预测精准度相对会低一些。但如果预测频率过高，期间太短，反而会使部分企业消耗更多资源，且一旦发生重大变化，无法进行及时调整，也会降低资金管理效益。当然，如遇特殊环境，企业可根据实际情况，调整预测频度，防范发生资金风险。因此，适当地规划预测频率及计划期间，有助于企业提高整体资金计划管理效率。

资金预测的及时性、准确性决定了企业资金安全、资金使用效率和管理资产负债表的能力。资金预测是企业财务管理、经营管理的一项重要工作。

三、短期资金计划管理

资金计划是在确保资金安全的前提下，合理安排、运用资金，提高资金使用效率，并实现资金效益最大化的一整套实施计划。短期资金计划通常是指预估1年以内发生在资金流入、资金流出以及由此需要采取的资金决策，主要包括短期融资计划以及短期投资计划。短期资金的计划管理是为了加强资金的流动性管理，保证资金的安全性、流动性和盈利性。

（一）短期资金流入、流出管理

（1）对于业务回款的资金流入，短期内可以参考企业所开出的发票进行统计计算。因此，企业应尽快开具发票，及时与对方沟通收付款流程与进程，或者利用一些具有吸引力的优惠政策等鼓励客户按时付款或提前付款，总之尽可能发挥主观能动性，争取提前在收款日期取得回款。

（2）对于短期内票据类的应收账款，尤其是大额账款，可以和资金管理人员协商托收日期，降低资金流入预测难度。

（3）付款方面，短期内可参考企业所收到的发票进行统计计算。企业在结算到期日付款能够提高公司现金流出时间的可预测性。

（4）对于短时间内可能会影响企业资金收入、支出的重大事项，例如，出现影响信用的事件、法律诉讼、供应链断裂等，要提前做好准备。相关部门要多关注风险事件，建立预警机制，以便在情况恶化或发生可能破坏支付环境的事件时，能做好应对准备。

（二）短期资金投资、融资计划管理

基于汇总计算各个部门、下级单位未来一段时间内的资金收支数据，企业资金相关管理人员根据整体生产经营、资金情况进行检查调节，并依据内、外部管理规定，合理调动企业内部资金，精细规划对外投资或融资金额。

对于资金集中上收管理的集团型企业，当内部单位出现短期资金缺口，需要融入资金时，可优先通过向集团申请内部贷款来解决资金短缺的情况。集团资金管理中心可依据成员单位具体财务、经营情况，合法、合规通过可行的贷款以及股东直接投资等方式提供资金支持。对于无法通过内部融资解决的事项，可通过集团整体对接外部金融机构或集团协助子公司模式，申请取得外部补充资金。例如，集团统一发行债券、发行股票或特殊领域的政府投资、专项基金投资。

内部资金预测、调整处理完成后，企业可综合自身安全资金留存余额范围，计算出整体资金盈余或短缺数量规模。根据流动性管理要求，对高出安全范围上限的资金可进行短期产品投资，对低于安全范围下限的情况，需提前计划、及时进行短期融资。

在资金预计出现盈余进行短期外部投资时，需主要考虑：

（1）投资产品的安全性。

企业的短期资金主要用于保障日常生产业务，因此要避免投资于风险较高领域，可以选择规模大、综合实力强、信用状况良好的金融机构发行的低风险投资产品。同时也要避免将过多的资金投入到单一金融机构、单一金融产品，尽可能规避风险、谨慎投资，以免造成损失影响企业经营。

（2）投资产品的流动性。

投资购买的产品期限根据企业未来一定期间的资金需求进行匹配，尤其近期有付款需求，但支付时间范围较宽泛的，需配置流动性较高的产品，以便需要时资金可随时赎回使用。

（3）投资产品的收益性。

企业投资应在满足资金安全性和流动性原则的基础上，尽量选择购买收益率高的产品。但也仍然要注意，保本是第一要务，盈利是第二目标。

（4）短期与长期的组合。

虽然流动性的管理主要关注短期货币市场，但如果资金在当前或者未来有固定用途，且预计利率在投资持有期间不会发生重大的变化，也可以将资金投资于长期的资本市场产品，取得利差收益。

在资金预计出现缺口进行短期外部融资时，需主要考虑：

（1）向银行进行融资时，要注意融资规模。

根据自身情况，尽量做好筹集金额的预估，避免预测数据过大，增加融资成本，扩大对外风险敞口，造成资源浪费；也要避免筹集资金不足，影响生产经营。因此，这就要求无论是企业的资金负责人还是集团司库管理人加强计划性，开展事前筹划，获得最佳的信贷条款与筹资费率，做好资金预测。

（2）向银行进行融资时，要注意融资期限。

企业根据资金预测尽可能地合理预估贷款期限，占用资金期限越长所需支出的利息就越多，可以提前和银行确认提前还款等流程规定，减轻经营负担。

（3）向银行进行融资时，要注意融资流程。

企业根据自己资金缺口产生时间，提前向银行提交借款所需单据。银行贷款审批流程长，且资料繁复，企业最好尽早与银行进行业务沟通协商，提前按照要求准备相关文件、提供所需数据，确保能及时获得资金，保障日常业务安全进行。

（4）关注对战略目标的影响。

短期融资不可能没有限度。在战略目标的计划下，需确定需求和用途。短期融资的债务会增加企业的债务水平，进而影响到公司的资本边际成本和信用评级水平。

四、资金分析指标与资金分析报告

（一）资金分析指标

资金分析指标一般包括流动性指标、资金集中度指标等。其中流动性指标主要包括流动比率、速动比率、资产负债率、存货流动负债比率、现金流动负债比率和现金负债比率、销售收益率等。基本上，流动比率、速度比率越高，企业偿还短期债务的能力越强；在速动比率一定的条件下，现金流动负债、现金负债比率越大，速动比率的质量越高，企业资产的流动性越好。销售收现率反映企业资金回笼情况，该比率越高，说明企业销售收回的资金越多，流动性越好。资金集中度反映了企业集团进行资金归集管理成效及能力。无论是下属企业还是集团总部在进行资金分析时，都需要进行指标测算。单个企业可以利用相关指标作为日常经营情况、盈利情况、借贷情况的指导和反馈。集团公司除了自身指标测算外，还需统筹考虑集团的整体指标是否符合主管部门的控制标准。尤其在近几年降杠杆的趋势下，集团增加债务补充资金，首先要测算资产负债率等指标是否仍在监管范围内。如相关指标日常已接近标准线，则需要通过其他途径进行融资。对于已超过标准的集团公司，需按照规定清偿债务，同时调整整体资金计划，预留出资金进行还款。

除以上指标外，企业可根据自身管理要求选择更多的资金管理类相关指标对日常资金实际使用情况进行分析判断并辅助测算未来资金使用计划。例如，近年来，为推动中央企业加快实现高质量发展，国资委不断加强经营指标引领，探索建立了中央企业经营指标体系。而且央企高质量考核指标体系，一直也在动态调整。2019年，提出“两利一率”（净利润、利润总额、资产负债率）。2020年，增加营业收入利润率和研发经费投入强度两个指标，形成“两利三率”指标体系。2021年，增加了全员劳动生产率指标，完善为“两利四率”。2022年“两利四率”是指，利润总额和净利润增速要高于国民经济增速；资产负债率要控制在65%以内，营业收入利润率要再提高0.1个百分点，全员劳动生产率再提高5%，研发经费投入要进一步提高。2023年会议上，国资委中央企业经营指标体系优化为“一利五率”：利润总额增速高于全国GDP增速；资产负债率总体保持稳定，净资产收益率、研发经费投入强度、全员劳动生产率、营业现金比率4个指标进一步提升。指标的逐渐变化，也意味着资金计划要随着集团整体经营目标框架、考核体系的改变而调整。

（二）资金分析报告

资金报告按照编写时间可分为定期报告和非定期报告。定期报告可按照每周、每月、每季度、每年出具。非定期报告可以根据公司管理要求，按照特定的时间点单独出具。

资金报告种类可以分为整体资金报告、项目资金报告以及专项资金使用报告。

企业的整体资金报告主要包括：

（1）期间内全部资金初始、收支变动、最终金额以及实际可用金额。报告期内资金量的最低点及最高点。

（2）报告期内各个分类项目资金收支实际数据，资金预算执行情况及分析说明、评价。

（3）根据资金分析相关指标阐述企业当前实际运行情况及与上年同期指标、与上一个报告期的指标对比说明及评价。

（4）企业短期投、融资计划中资金运作的具体内容进行说明。

（5）当前资金运行周期的总结及下一个周期的预测，如有调整进行说明。

（6）各部门及下属企业资金实际发生情况与预算对比差异，分析及评价。

（7）其他资金相关的重大事项阐述说明。企业可根据自己经营特点及管理要求调整报告内容，最终形成具有本单位特色、对经营发展有参考价值、有针对性的完整分析。

企业对于独立、重点项目或收支金额较大的项目可单独建立项目资金报告，便于进行管理和监控。专项资金报告主要是对指定用途或特殊用途资金的使用、核算进行单独管理以及合规监测。

15 第十五章 票据池管理

如今，以广义的资金管理而言，商业汇票已成为重要的支付结算工具与融资工具。票据是直接对接实体经济和金融市场的重要支付结算和融资工具，具有期限短、流动性强、融资成本低的特点。随着上海票据交易所（以下简称“票交所”）的成立及票据电子化的普及，电子票据得以推动发展，电子票据也成为企业间结算的重要工具。由于票据的分散使用导致其利用率不高，难以发挥整体资源的规模效益性，大型企业集团借鉴了“资金池”现金集中管理模式，开始建设票据集中管理的“票据池”模式，将集团分子公司各自分散持有的大量票据集中管理，以减少分子公司的票据管理成本和票据风险，最大限度地发挥票据支付作用，提高集团支付结算统筹管理水平和资金使用效率。

按照国资委《关于推动中央企业加快司库体系建设进一步加强资金管理的意见》，中央国有企业应加强票据使用高效管理。要依托信息系统建立集团统一的“票据池”，实现票据开立、接收、背书、贴现、兑付的线上管理，积极推动与票据交易所、银行等机构系统实现直联，力争实现票据信息的动态采集、可视监控和兑付预警。应将票据纳入资金计划管理，充分利用票据参与结算，提高票据使用效率。有条件的企业可在做好风险控制和内部转移定价的基础上，探索开展集团内部电子票据的统筹使用，进一步提高票据周转效率。

一、票据池在司库体系建设中的作用

在集团司库体系建设中，重点是搭建三个“池”平台，即“资金池、票据池、外汇池”，充分发挥三“池”联动，这对司库体系的正常运转，畅通集团内外部资金流动，起到举足轻重的作用。票据池通过集中统筹分子公司的存量票据，实现对票据的信息集中和实物集中，统筹开展票据背书转让、期限错配、质押融资、集中交易等，充分调动集团票据资源的优势。集团票据池的搭建，降低了集团资金成本，提高了资金管理效率，发挥了票据在资金流通中的作用，以助力集团公司产融结合战略实施。具体作用表现在五个方面。

（一）提升集团资源整合能力与业务竞争力

司库平台对票据进行集中统一管理，通过对票据的信息集中和实物集中，有利于发挥集团票据整体规模优势，提升票据收付效率，保障票据的保值增值。票据的集中市场化管理还可以盘活存量票据，提高存量票据使用效率和效益，加快资金流转、优化集团资金状况，从而更好地支持集团业务结构调整、业务流程再造等提质增效活动的开展，优化业务流程，提升企业价值。同时，还可以促进集团对外业务投资水平的提升，完善业务布局，促进产业融合，进而提升集团业务竞争力。

（二）完善支付结算体系与商业信用体系

当分子公司有票据对外支付结算的需求时，集团司库可以根据交易金额、期限等要素，选用池内票据进行内部背书转让，再进行对外结算支付，推动资金集中管理的标准化、透明化和流程化，细化风险管控，达到资金集中管理减少重复开票的目的，完善账户架构、支付结算和资金分析监控系统，为分子公司提供更多的增值服务，更好地满足其个性化结算需求。同时，充分发挥集团和优质分子公司的商业信用，构建良好的商业信用体系。

（三）协助资金预算管理

协助集团推行资金预算管理，实现对企业现金流的精准把握和有效控制，减少备付资金沉淀，提高资金使用效率，减低运营风险。例如，集团有票据融资需求时，可通过财务公司或集团整体向外部金融机构融资。内部财务公司的贴现利率一般低于同期商业银行承兑汇票，可通过商业银行实现存量票据的期限错配。

（四）提升票据资产的盈利能力

建立集团票据池，形成与资金池的协调联动，盘活票据资源，可以更好地发挥票据的时间价值，提升票据资产的收付效率与盈利能力。其中，依托财务公司以票据贴现等工具将票据池与人民币资金池打通，可以实现集团内人民币资金池、外币资金池与票据池三池联动。

（五）创新供应链金融业务

蔡勇（2021）认为，通过票据池所带来的金融创新业务，可以拓宽供应链上下游企业群体，使企业集团的商业信用向供应链上下游辐射，提升企业集团在产业中的信用地位，发挥金融服务实体经济的作用，实现以融促产、以产支融。

二、传统票据池与现代票据池的辨析

票据池模式在集中管理、信息传递、避免错配等方面有着明显的优势，它也是集团企业票据集中管理的主要应用方向。其在发展过程中经历了传统票据池向现代票据池的过渡。

（一）传统票据池

传统票据池，是指商业银行针对集团公司对其总部及其分子公司所持有的票据进行集中管理和票据融资的需求而研发的一项创新产品。企业集团通过与商业银行签订票据池管理服务协议，将其商业汇票（主要为银行承兑汇票）在商业银行进行集中管理。商业银行为企业集团提供票据代保管、委托收款、票据信息查询等服务，同时商业银行接收票据池内风险较低的银行承兑汇票的质押，在额度范围内为集团总部及其分子公司开立银行承兑汇票，办理票据贴现、票据质押贷款等金融服务。

（二）现代票据池

与传统意义上的票据池管理思路相比较，现代票据池的特征包括：一是“池子”建在企业（或企业集团）内部，如企业（或企业集团）的职能部门——财务部，或企业集团下属的非银行金融机构——财务公司，而不是建立在外部商业银行；二是票据池管理，既包括票据实物的集中保管，也包括票据行为（如开票、贴现、背书、票据追索、到期支付与托收）的集中管理；三是进入“池子”中的票据，是广义上的票据，不仅包括商业承兑汇票和银行承兑汇票，还可以包括企业（或企业集团）创设的内部票据。

随着越来越多的国有企业集团成立了财务公司，各个行业都在探索如何充分发挥财务公司金融服务平台职能，以财务公司为核心搭建集团“票据池”。这主要是由于财务公司具备了产业与金融的双重属性，可以作为企业需求与金融资源嫁接的桥梁。尤其是电票的推出及发展，使得财务公司相比银行纸票管理能力不足的劣势不复存在，基于财务公司建立票据池成为一种趋势。

三、票据及票据池发展现状

（一）国内票据市场现状

票据市场连接了货币市场与实体经济，成为货币市场的重要组成部分。2009年，由中国人民银行批准建立电子商业汇票系统，为票据业务开展提供了安全高效、互联互通、标准统一、方便快捷的多功能、综合性业务处理平台。2016年，随着上海票交所的成立和推广，商业票进入电子化时代。结合2016年中国人民银行《关于规范和促进电子商业汇票业务发展的通知》（银发〔2016〕224号）强调要全面推广电子商业汇票（简称“电票”），优化电票流通环境，并要求金融机构“应以上下游关系密切的产业链龙头企业或企业集团为重点，带动产业链上下游企业使用电票”“选择资信状况良好、产供销关系稳定的企业，鼓励其签发、收受和转让电子商业承兑汇票”。在这一政策推动下，越来越多的市场参与者从防范风险和降低成本的角度出发，引导企业选择票据电子介质，电子票据使用范围迅速扩大，产生的规模效应使得电票的发展突飞猛进。

据票交所数据统计（见图15-1），截至2021年12月9日ECDS系统参与者数为103 122家；交易系统上线会员数3 080家；全国票据共承兑2 659万张，承兑金额21.84万亿元；贴现88.72万张，占承兑总数3.3%；贴现额13.51万亿元，占比达61.85%；交易笔数61.8万笔，交易金额64.67万亿元。总体来看，目前除财务公司外，其他非银金融机构参与票据市场的数量虽有较大增长，但参与度仍然较低。具体特征表现在：

票交所系统参与者数 / 家

ECDS系统参与者数:	交易系统上线会员数:
103 122	3 080

当日数据	
承诺张数 / 张：94 726	承兑金额 / 亿元：866.99
贴现张数 / 张：50 007	贴现金额 / 亿元：764.39
交易笔数 / 笔：2 938	交易金额 / 亿元：2 673.73

当年累计	
承诺张数 / 张：26 595 538	承兑金额 / 亿元：218 422.88
贴现张数 / 张：8 872 685	贴现金额 / 亿元：135 147.17
交易笔数 / 笔：618 088	交易金额 / 亿元：646 743.56

图15-1 票据市场情况表（票交所2021.12.9数据）

（1）票据业务稳步发展。

2021年，票据承兑业务发展较为稳健，银票、商票承兑业务量增幅相差不大，均维持在7%—9%。据票交所截至2021年11月末的数据，承兑余额14.65万亿元，同比增长6.31%。1—11月，累计承兑21.37万亿元，同比增长9.27%。其中，银票承兑18.1万亿元，同比增长9.54%；商票承兑3.27万亿元，同比增长7.78%。

（2）商票大幅增长。

2021年，票据融资业务总体增幅较小，商票融资业务增长迅猛，如商票贴现业务同比增幅较银票贴现业务高一倍。据票交所数据统计，截至2021年11月末，票据融资余额9.51万亿元，同比增长9.77%。1—11月，累计贴现13.15万亿元，同比增长10.08%。其中，银票贴现12.06万亿元，同比增长9.22%；商票贴现1.09万亿元，同比增长20.59%；1—11月，交易金额合计63.09万亿元，同比增长9.6%。其中，转贴现交易金额41.6万亿元，同比增长5.29%；回购交易金额21.49万亿元，同比增长19.05%。

（3）银票市场不断增长。

2020年，全市场银票承兑金额18.47万亿元，同比增长6.43%。其中，国有和股份制银行承兑占比分别为17.17%和44.87%，市场份额均稳中有升；城商行和农村金融机构承兑占比分别为26.63%和5.08%，同比分别下降1.19个和0.78个百分点。

（4）企业票据管理问题突出。

按照国资委的要求，中央国有企业应加强票据使用高效管理。比照这一要求，赵普（2019）认为，许多集团尚未建立系统、规范的票据管理制度，不能动态全面掌握集团整体票据信息。分子公司根据需求各自办理开票、收票、背书转让、贴现、质押融资等业务，缺乏统筹调度。一些企业的大量票据盈余闲置，持有期间无法转化成价值，另一些企业面临巨大的支付压力，却不得不进行贷款或开出银行承兑汇票，票据资源得不到充分运用，资源浪费现象比较严重。此外。随着集团主营业务的发展以及现金收入占比的减少，分子公司票据支付需求逐年递增，受集团在产业链所处位置以及长期以来形成的支付结算习惯影响，分子公司收到的票据中，商业承兑汇票占比高，大面额票据占比高；而对外开具的票据，银行承兑汇票占比高，小面额票据占比高，票据收支结构不匹配，影响票据周转效率。加之，分子公司办理票据承兑、票据托收、票据贴现、质押融资等业务对银行依赖度较高，财务公司提供服务覆盖率较低，金融服务职能未能得到充分发挥，增加了集团整体财务费用支出。

（5）票据市场未来发展方向。

无论是2021年还是2022年的中央经济工作会议都强调经济工作“稳字当头、稳中求进”，要求引导金融机构加大对实体经济特别是小微企业、科技创新、绿色发展的支持。金融服务实体经济、服务小微企业、服务绿色产业、服务科技创新型企业的力度将不断加大，以更好推进产业结构转型升级，将更多金融资源配置到经济社会发展的重点领域和薄弱环节。票交所的成立本身就为促进票据业务跨市场的创新提供了平台，为大规模的衍生品交易提供了技术条件，促进票据市场参与主体的多元化，票据市场创新不断深化，票据的资金属性不断强化。

（二）国内票据池建设现状

票据是指出票人申请、由商业银行或者企业承兑签发的、票据上写明了需要支付的金额，并且规定在票据到期日向持票人支付款项的书面凭证。票据池业务就是将票据集中管理并提供一系列的增值服务来带来效益。一是增加保证金利率差，票据池的质押开票业务可取代分子公司承兑开立商业汇票的业务，减少分子公司缴纳保证金的额度。如企业集团若可减少约30亿元的资金流出，以当前一年期贷款基准利率4.35%、原存放商业银行保证金定期利率1.8%计算，可创造0.76亿元的融资收入。二是节约融资成本，考虑票据池质押量和财务公司承兑敞口量为可开出票量，若按60亿元计算，以当前一年期贷款基准利率4.35%计算，可节约2.77亿元融资成本。

在金融回归服务实体经济的背景下，国有大型企业集团陆续成立了票据池，在降低自身票据贴现产生的巨额财务费用的同时，使供应链上下游企业通过质押票据在短时间内获得周转贷款额度，充分释放票据市场活力（蔡勇，2021）。目前市场上在集团内部全面建立票据池的财务公司不多。已经建立起票据池业务的财务公司主要依托商业银行票据池系统。大多数企业集团的票据仍分散在各分子公司自行管理，集团层面的票据管理相对粗放，主要存在以下问题：一是需要各分子公司均配备专门的岗位对本公司的票据进行管理，集团整体财务管理成本增加；二是各分子公司票据量有限，很难出现票据面值和支付价款一致的情况，一般只能持有至到期或支付利息贴现，票据的货币支付价值无法体现；三是单个分子公司和银行的谈判能力相对较弱，当其需要开具银行承兑汇票时，需要缴纳较高比例的保证金、承担敞口费用及手续费用，财务成本居高不下。

正是由于上述原因，集团票据业务面临集中管理的需求，并期望解决两个基本问题：一是信息管理需求，企业集团需要对整体的票据信息进行动态监控，掌握票据流转信息；二是财务管理需求，在满足成员单位票据业务需求基础上，统筹调度集团整体票据资源，加快票据周转速度，降低财务成本。这时候，票据池作为集中管理的模式之一，逐步得到应用。

传统的票据池业务主要是银行票据池，企业选择一些往来频繁的银行作为合作对象，当企业收到票据时将其外包给商业银行。银行票据池业务发展最大的限制是银行为了降低票据到期被拒绝付款的风险，一般都要求入池票据只能是信用度较高的银行承兑汇票（以下简称“银票”）而不接受商业承兑汇票（以下简称“商票”）。因为限制商票入池要求企业开票时就选择使用银票，而不是自主性更强、成本更低的商票，所以会在企业通过票据融资时造成很大的障碍，也不利于商业信用的发展。此外企业要求银行开具银票时，一般需要按票据金额向银行支付承兑手续费和敞口部分的信用承诺费，这增加了企业资金成本。于是，将票据池建立在企业内部的呼声越来越高。

当上海票交所票据交易系统上线后，依托中国票据交易系统强大的交易承载功能，电票业务获得了更大的发展空间。票据业务的全面电子化目标成为现实，也为企业内部建设“电子票据池”带来了天然的便利。过去传统的商业银行票据池产品的一个重要功能就是利用自身的专业能力、多网点优势和强大的安保体系对集团企业的纸质票据进行实物入池代保管，包括提供纸票查验、代保管、登记托收、及时获取票据异常状态信息并通知客户等服务。财务公司对集团纸票业务的管理也需要依靠商业银行的专业能力。因此，原来大部分财务公司的票据池也都建立在银行票据池产品的基础上。票据全面电子化后，纸质票据逐渐被电子化替代，纸质票据易伪造、不易保管、无法信息共享等先天不足的问题都得到了有效解决。票据电子化使得财务公司对银行票据管理的依赖程度降低，银行传统票据池产品也因此缺乏了竞争力。

一般来说，票据池建立在企业内部，可以由财务部或财务公司管理。企业内部的票据池业务少了银行作为中介，财务部作为下属单位，对企业的整体发展更加了解，能根据企业的实际需求来提供更好的票据服务。而与传统票据池相比，财务公司票据池有以下几个特征：一是票据池建在集团内部的财务公司，而不是建立在外部商业银行；二是票据池管理是针对电子票据的管理，包括对电子票据的签发、承兑、贴现、背书、到期托收与应答支付、票据追索等行为的集中管理；三是集中管理的票据既包括低风险的银行承兑汇票，也包括分子公司利用自身信用开具的商业承兑汇票；四是通过集团层面的制度化管理，财务公司进行合理定价，引导分子公司对集团内的电子票据最大限度地发挥电子票据支付作用，实现票据效益最大化。

目前来看，选择财务公司作为票据池具有较大的优势。这是因为财务公司在金融业务资质、金融专业人才和信息系统建设方面都具有较强的专业优势：

一是财务公司业务品种齐全，除存贷款、票据、结算等基础经营范围外，还具有保险代理、担保、委托贷款、委托投资、同业拆借、债券承销、有价证券投资、消费信贷、买方信贷及融资租赁、票据承兑及贴现等多牌照业务资格；二是公司系统建设及开发能力较强，以新一代核心系统为载体，可以为集团及分子公司提供全方位的线上资金结算及金融服务；三是财务公司吸引、培养了一大批金融专业人才，有能力为集团及分子公司提供具有市场竞争力的金融产品及服务。

虽然池子建立在企业内部由财务部门管理，并不代表不与商业银行来往。内部资金不足时，分子公司可以委托财务部门或者财务公司联系商业银行获取融资。财务部门与财务公司业务上的优势，可以迅速和商业银行进行沟通，并通过集中大量的企业票据，在和银行办理贴现业务时获取较优势的地位，以获得比较优惠的贴现率，从而减少集团各成员的贴现费用，变相减低企业的资金成本。

四、票据池设计与管理

（一）票据池的设计思路

票据池的总体设计思路，可概括为：信息集中、分类入池、统一调拨、额度共享。其中“信息集中”是指各分子公司收付银行承兑汇票的信息自行录入到企业集团财务公司票据管理系统或由系统自行抓取，集中反映票据完整状态及流转过程；“分类入池”是指电子票据和纸质票据采取不同入池方式，电子票据由企业集团财务公司提供结算后直接入池管理，纸质票据按照就近入池原则，由分子公司将实物委托给当地合作银行入池管理；“统一调拨”是指企业集团财务公司统一管理票据额度，根据业务需要科学合理调拨合作银行之间的票据资源；“额度共享”是指分子公司票据入池后形成的质押额度，可有偿共享给其他分子公司使用。设计重要的管理关键点包括如下五点。

1.做好模块功能规划

应建设形成票据管理平台、票据结算平台、票据共享平台等三个平台。

（1）票据管理平台解决集团票据信息孤岛问题，实现全集团票据数据、票据信息、票据资源的集中统一管理。以财务公司票据池的基础功能设计为例，其至少实现以下几个功能：①票据信息集中。在票据池管理模式下，各分子公司收付银行承兑汇票的信息自行录入企业集团财务公司票据管理系统或由系统自行抓取，由企业集团财务公司统一处理各分子公司，票据信息包括票据号、出票日、到期日、出票人信息、承兑行、收票单位名称、票面金额、登记日期等。票据信息集中将成为企业集团实施票据集中管理的前提基础，为管理提供数据支撑和决策支持。②票据托管。分子公司将票据集中至集团统一票据池，企业集团财务公司统一处理提示付款、到期托收等后续工作。电子票据由企业集团财务公司提供相应结算后直接入池管理，纸质票据按照就近入池原则，由分子公司将实物委托给当地合作银行入池管理，票据托管是票据实施入池的前提步骤。③票据支付。托管票据优先用于满足分子公司的支付需求。票据池主要采取票据拆分的支付方式。票据拆分是指持票分子公司将已持有的票据通过票据池，在票据的金额、期限上进行一些拆分，以满足其支付需求。④票据池授信。票据池授信是指企业集团财务公司在统一管理票据池的基础上，更好发挥自身金融功能，为企业集团分子公司核定综合授信，满足新开承兑、申请贷款和保函等综合金融需求。新开的商业承兑汇票不占用票据池额度，新开财务公司电子银行承兑汇票额度，按照《企业集团财务公司管理办法》中“财务公司经营业务担保余额不得高于资本总额”的规定，根据开票保证金率计算企业集团财务公司自有票据额度。以信用方式在合作银行开具银行承兑汇票，占用企业集团财务公司的同业授信额度。以票据动态质押方式在合作银行开具银行承兑汇票，占用银行票据池额度，银行票据池额度＝当前质押金额＋保证金金额＋质押品额度＋同业授信额度。使用企业集团财务公司同业质押方式，委托合作银行代理签发银行承兑汇票额度，根据企业集团财务公司同业质押金额计算。

为保证各分子公司独立核算和公正性，由企业集团财务公司审批各分子公司的新开票据额度。分子公司的新开票据额度＝当前质押金额（包括纸票和电票）＋保证金金额＋质押品额度＋财务公司可用授信余额。分子公司可以在“票据池”额度内，实现“票据增信”“短票拆长票”“大票拆小票”，延长支付期、提升支付效率。

（2）票据结算平台可以提高票据运作效率，消化集团票据存量，尽可能地对外支付票据，最终降低集团整体的资金成本。

（3）票据共享平台实现多个合作机构票据池管理信息的整理和分析。集团公司总部或财务公司根据分子公司的融资需求及票据情况，在多个票据池合理分配以满足公司融资需求，形成低成本的票据融资，提高集团整体融资管理水平及效益。

2.做好产品推广排序

优先选择开具具有银行保贴或可置换银行承兑汇票功能的商业承兑汇票；其次选择在企业集团财务公司开具电子银行承兑汇票；再次选择以信用方式在合作银行开具银行承兑汇票；然后选择以票据动态质押方式在合作银行开具银行承兑汇票；最后选择使用企业集团财务公司同业质押方式，委托合作银行代理签发银行承兑汇票。该顺序理论上成本最低，为最优顺序，企业集团财务公司开展统一票据池建设时需要参考产品市场认可度逐渐推广。

3.定好票据池业务价格

分子公司票据入质押池，由企业集团财务公司根据入池票据额度向分子公司支付一定比例费用。计算公式为：费用 $= \sum$ 票据面值 × 质押率 × 利率 × 实际天数 ÷ 360。根据票据风险不同，票据的质押率不同；利率随票据放入质押池中时间的持续而增长。占用费用由财务公司统一收取，额度计价按照谁使用谁付款，通过开票金额、天数等计算出各单位的应付金额。分子公司使用票据池融资额度融资，根据使用的额度支付一定比例的费用。计算公式为：额度占用费 $= \sum$ 票据池占用额度 × 利率 × 实际天数 ÷ 360。

4.管好票据业务风险

（1）财务公司作为非银行金融机构，应将风险作为头等问题。票据池业务搭建时，应加强风险预判，坚决规避高风险、防控低风险，逐步推广，逐渐落实。为此，前期的准备工作要做得周密详尽，即便如此，在推广时也难免出现事故或问题，需要及时发现问题和解决问题，有利于票据池业务在集团内正式上线后的顺利推进。

（2）应对所有入池的纸票全部完成电查，在现有人员基础上，配置票据池专门负责人员。

（3）加强对业务人员培训，提高业务操作水平。建立健全相关制度，规范业务操作流程，明确岗位职责。

（4）完善并及时更新同业授信清单，票据池根据清单战略性收票。同时增加财务公司票据池合作银行的合作范围。

5.做好产品上线筹划

财务公司电子票据池的建设意义重大，建立电子票据池也已经具备了诸多有利条件。但票据池建设远比现金池复杂，因此在具体实施过程中要注意以下几个方面：

一是全面了解集团成员对电子商业票据使用的需求，以满足客户需求为导向，认真调研、统筹规划整个项目，充分论证各项业务实施的可行性和可操作性，认真起草票据池业务相关制度和客户协议。

二是严格防范票据风险，加强与监管部门的沟通，做好电子票据池内创新业务的合规性审核，及时了解分子公司和监管部门的问题反馈，加强对票据处理环节和系统安全的监控，保证财务公司电子票据池业务健康发展。

三是在电子票据池建成后，做好与集团和分子公司的沟通，集团公司内部各类金融资源也需要得到更加科学合理的调配，包括组织、人力、科技等积极推广票据池业务，让更多的电子票据加入该项业务，加大票据池内票据的规模和流动性，推动票据池业务蓬勃发展。还要与分子公司做好充分的沟通和深入宣传、现场推广。

（二）票据池信息交互设计

依托上海票交所“中国票据交易系统”和财务公司核心结算系统，在财务公司票据业务管理系统内搭建电子票据池。票据信息通过前置接口与票交所系统进行数据交换，票交所系统的票据信息将及时在财务公司电子票据池中共享。集团分子公司仍通过财务公司网银客户端进行票据业务操作，也可以将票据池平台与分子公司ERP系统集成，通过企业ERP完成向票据平台批量传输开票信息等操作。票据操作信息流经财务公司票据业务管理系统交互至票交所系统。财务公司核心结算系统对各类票据信息流进行相应的账务处理和资金结算处理（见图15–2）。

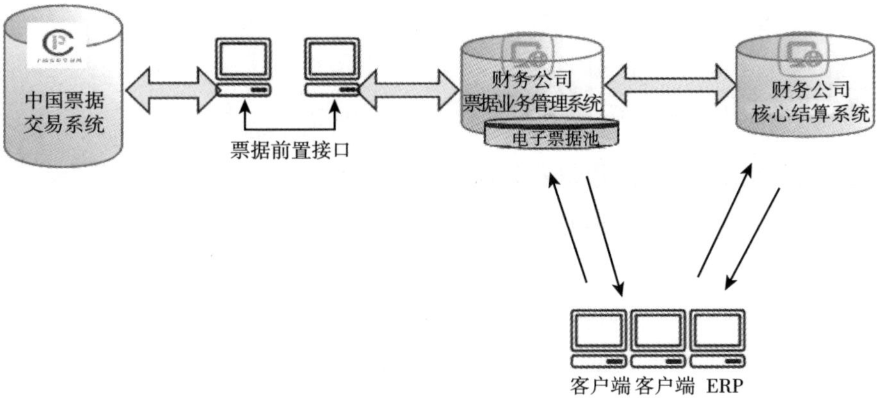

图 15-2　电子票据池交互设计图

（三）票据池管理内容

集团分子公司和财务公司签订加入集团电子票据池和票据委托管理授权书等协议后，分子公司所持有的电子票据都加入集团电子票据池，由财务公司统一管理，同时财务公司提供票据业务代理服务。从管理的具体内容来看，包括三项。

1. 财务公司电票代理业务

财务公司电子票据池带有票据所有信息，财务公司可以有效地实现集团电子票据的统一管理。根据分子公司的申请，财务公司代理分子公司的开票、贴现、提示付款、收款、对外支付等与票据结算相关的业务操作。各分子公司可以从财务公司核心系统网银端查询票据池业务情况，并进行相关账务处理，减少其他票据业务操作负担。财务公司借助自身较强的电票信息提示系统，同时配备专业人员，对电票业务进行集中办理，降低票据流转风险，提高集团票据管理效率。

2. 应付票据集中管理

财务公司电子票据池信息可以向所有已签约分子公司开放，分子公司可以查询或下载票据池汇总统计信息。从集团财务成本最优化角度出发，分子公司向供货商支付货款时，应该按照票据池中已有的银行承兑汇票、新开立财务公司承兑汇票、新开商业银行承兑汇票的优先级顺序进行对外支付。

（1）池内票据优先支付。若对方只接受银行承兑商业汇票，则分子公司应先通过集团电子票据池查看池中可支付的票据清单，优先申请支付票据池中金额和期限相匹配的票据。

（2）质押池内票据新开财务公司承兑汇票。如果电子票据池中没有相匹配的票据，考虑向财务公司申请开具电子承兑汇票。对单独一家分子公司而言，如果其在票据池持有富余的票据，但这些票据的金额期限与支付要求不匹配，则可以向财务公司申请将持有的票据质押，以较低的价格（无信用敞口费用）开具新的财务公司承兑汇票。对该分子公司而言，此种操作使得其持有的票据的期限和金额可被打散，无须每张票据一一对应，实现票据期限和金额的相互转换，可最大限度地发挥持有票据的作用。对财务公司而言，票据质押开新票的业务，可将原来纯授信资产业务转化为低风险业务，减少经济资本消耗，降低财务公司资产业务成本和风险。

（3）新开商业银行承兑汇票。若对方拒绝接受财务公司承兑的汇票，票据池中也没有期限和金额相匹配的银行承兑汇票，则由财务公司协商合作的商业银行，利用财务公司的信用或通过质押票据池部分票据的方式，以较少的保证金、较低的敞口费和手续费代分子公司向商业银行申请开具银行承兑汇票。

3.统一票据外部质押和贴现

对于分子公司的票据贴现要求，一般直接向财务公司办理。当财务公司因信贷规模控制、资本充足率等监管指标约束而无法满足分子公司贷款、贴现或承兑等业务需求时，财务公司可以向其合作的商业银行提出贴现或票据质押贷款请求，为借款单位争取集团最优化的融资成本。

（四）新时期票据池风险管理

1.新时期票据池风险管理的主要趋势与问题

当前，我国票据市场进入了全面电子化发展的新时期，票据交易主体、交易模式、盈利模式、风险管理等方面正在并持续发生深刻的变化，尤其是票据业务引发的新型风险的管理将成为新时期金融机构开展票据业务面临的首要问题。

票据业务进入电子化发展时期，各类风险将随着市场环境、交易规则、交易行为的改变而发生趋势性的变化。总体而言，合规风险和操作风险将逐步降低，信用风险表现更为复杂，市场风险显著上升，成为票据业务风险管理的首要内容。具体来看：

（1）合规风险和操作风险趋势性下降。

合规风险的问题以前主要集中在贸易背景不真实、利用票据调节信贷规模、同业专营不彻底等方面。这类问题将随着新政策取消票据贴现贸易背景、票交所场内集中交易模式的发展以及买断式回购交易的合规化，逐渐减少甚至消失。因此从长期来看，贸易背景、同业专营、规模腾挪等将不再是监管关注的重点，新时期整体合规风险降低。短期内在去杠杆、防风险的政策背景下，具有杠杆交易属性的行外代持、期限错配等监管将趋严，要关注监管动态防范这类业务的合规风险。值得一提的是，合规既包含外规，也包含内规。外规是指宏观政策、监管制度等国家权威部门的法律、法规，具有普适性，可参考同业机构的经验做法合理规避；内规是指机构内部的规章制度，具有特殊性，需要结合机构本身现状和经营目标管理。目前，很多银行的票据业务尚未实现一体化运营，多采用分段式管理和分散经营模式，流程跨板块、跨部门，各管理部门制定政策制度的视角多样，内容更新不同步，分行往往难以执行或者选择性执行，可能导致无意识违规或故意钻制度空子，造成实际经济损失。因此，防范外部合规和内部合规风险是机构的一项长期持续的风险管理工作。

操作风险过去一直是商业银行票据业务经营管理中面临的最大风险，贯穿于票据生命周期和各个业务环节。新时期纸票和电票的市场地位发生逆转，电票占比快速提升，纸票将逐渐退出市场。操作风险相应会伴随着纸票电子化进程不可逆的发展而趋势性下降。这主要是由于票交所系统对票据签发、承兑、质押、保证、贴现、交易、结算、托收等环节实现电子化操作和系统刚性控制，极大程度上消除了人为操作失误引发的操作风险。值得关注的是，票交所操作模式同样蕴藏着新的操作风险因子，如交易员独立操作系统可能带来新型操作风险。票交所借鉴了债券市场的交易模式，为了提高交易效率，鼓励交易员在票据交易系统中独立操作，未设立双岗制衡，因此一旦他人获得交易员操作号和密码便可在系统进行违规操作，或一旦交易员操作失当或故意违规，都将对机构造成重大损失或影响声誉，这种案例在金融发展史中屡见不鲜。

（2）信用风险出现结构性变化，表现形式更加复杂。

在传统的业务模式下，票据信用风险管理的重点主要是关注承兑人和交易对手，包括票据到期承兑人无理拒付、延迟付款，逆回购到期交易对手违约等情况，因此票据业务面临的信用风险总体较低。由于我国信用制度建设不够完善，相对来讲，企业信用不如银行信用好，商业承兑汇票的信用风险明显比银行承兑汇票高，这也是长期以来制约商业承兑汇票快速发展的重要原因。新时期，票据市场主体更加多元化，运行制度、交易规则出现突破性改变，票据业务的信用风险因此发生结构性变化：一是市场主体多元化导致信用风险的范围扩大。票交所将系统参与者范围扩大至证券、基金、财务公司等非银行金融机构以及非法人投资产品，不再是银行一方独大。随着票据市场主体越来越多元，信用风险的暴露范围也越来越宽泛，但金融机构尚未对新的信用风险建立起科学有效的识别和管控模型，用“老”方法管控“新”风险是机构目前面临的问题。二是票据交易规则的改变导致信用承载主体出现变化，每类信用主体承担的风险大小不同。新的票据交易管理办法引入“保证增信行”的概念，并调整了票据到期偿付顺序，信用承担主体由过去的“承兑人→交易前手”调整为“承兑人→保证增信行→贴现行”，因此票交所模式下持票人面临的信用风险与承兑人、贴现行、保证增信行密切相关，而与其他交易前手无关（持票人放弃对贴现行后的交易前手行使追索权），因此票据业务的信用风险随着信用承载主体的改变而变化，各类信用载体承担的信用风险大小不同，这取决于票据交易时的状态，比如是否经过承兑人付款确认，是否有其他行作为保证增信行等。三是信用风险最终通过信用溢价和资产定价表现出来。票交所倡导金融自由化和市场化发展，市场定价机制将发挥作用，对不同主体的信用风险判断和信息反馈最终将体现在交易行为中。不同主体承兑的票据的信用风险不同，取决于信用载体的资产规模、资产质量、经营理念、风险偏好、管理水平，以及票据所处状态等诸多因素，而这种差异将通过市场自由选择和信息反馈体现出来，并反映在票据资产定价上。

（3）市场风险呈上升趋势，投研能力至关重要。

新时期，市场交易主体、资金流、信息流均汇聚于票交所平台，信息不透明、不对称的情况将得到明显改善，传统的撮合业务将难以为继，未来票据获利的方式可分为持有到期型和交易型两大类。持有到期型的业务主要赚取资产和负债之间的利差，很多活跃的交易主体为了尽可能提高利差收入，常常进行资产与负债的期限错配，通过类似债券回购加杠杆的方式提高单位资金的使用效率，其利润依赖于未来的利率走势。交易型的业务主要赚取票据资产在时间序列上的价差收入，通过利率波动获利，更加依赖对市场利率的判断。总体来看，票交所模式下票据业务的市场风险呈上升趋势：一是交易由场外转向场内，从分散走向集中，风险伴随着票据流、信息流的转移向票交所平台集中。原来分散在银行分支层面、总行各部门和其他非银行机构的业务风险逐步集中，风险的关联性、交叉传染性和集聚效应将放大总体风险强度。二是交易效率和频率的提升会加大利率的波动。与传统交易方式相比，票交所模式下，主体更多元、流程更便捷，交易更高效、信息更透明，交易员只需要关注票据状态、信用信息、金额、利率等关键要素便可以快速交易，渠道性盈利模式让位于交易型盈利模式，因此判断利率走势成为获取利润的最重要的能力。但这样一来，市场走势和利率变动便成为关注的焦点，市场所有变化都会通过利率变动表现出来，可能加剧利率波动的频率和幅度。

2.新时期票据业务风险管理的重点和方式

（1）关注参与主体多元化、监管标准不同步引发的合规风险。

票交所时期，随着参与主体范围从银行扩大到证券、基金、保险、信托、资产管理公司等机构，票据业务的监管主体也从原来的人民银行、银监会扩大至证监会、保监会等部门。有的监管部门尺度较宽，趋于开放，鼓励票据业务创新，有的监管部门尺度偏严，趋于保守，监管不同步、不统一可能会对票据经营机构在产品创新、合规标准、交易模式等方面带来较大的困扰。票据业务经营单位和交易员要及时全面学习各监管机构的监管要求，加强与属地监管机构的沟通，在不同的监管标准中寻求业务发展和风险管理的平衡，把握合规管理的尺度和底线。

（2）谨防票交所单人操作模式引发的操作风险和道德风险。

票交所模式下交易员单人即可完成交易，这虽然提高了交易效率，符合票据交易资金化发展趋势，但新旧模式切换初期，这种操作模式弱化了对操作风险和道德风险的控制，极易产生风险隐患。交易员的能力和素质难免参差不齐，对系统操作熟悉程度、个人责任心、职业操守及道德水平等方面各有高低，可能存在个别交易员盲目追逐利润、未经机构同意擅自开展交易，或者不熟悉系统流程出现操作失误，在缺少复核情况下形成交易事实，或者为个人私利在交易中实现利益输送甚至协助非法中介操控同业户交易挪用资金等问题。票据交易金额较大，单笔业务动辄上亿元，一旦发生上述事件，轻则导致经营机构亏损，重则影响机构声誉，因此要密切关注这类风险，严防死守、严守底线。一是在新旧模式转换期，要强化内部控制，建立岗位制衡机制，设置双人双岗，交易员线上操作和专岗线下复核相结合，防止交易员“一手清”；二是实行交易用户的UKEY和密码分离保管制度，防止他人盗用操作号违规交易或内外人员勾结违规交易；三是设置交易员的交易限额和权限级别，实现交易能力与权限级别的对等匹配，完善交易的内部审批流程，及时封堵交易流程中存在的漏洞。

（3）建立风险载体信用评级方法，挖掘票据业务信用价值。

票据由承兑人进行信用担保，承兑人是主要的风险载体，其信用状况在很大程度上决定了流通票据的信用风险，新规则还增加了贴现行、增信行等载体，信用载体更多。通常一笔交易包括多张票据，包含不同的承兑主体，而传统询价模式对多张票据打包报价，并未考虑每张票据的信用溢价，未来可以通过对信用风险溢价的研究进一步挖掘票据的信用价值。当前在尚未有权威专业的评级机构的情况下，经营机构可结合本身经营目标和风险偏好，加强票据信用风险载体评级研究，建立信用风险定价方法和模型，按照承兑主体的性质对每张票据的信用状况进行风险定价，体现票据价格覆盖风险的原则，适当降低高信用等级的票据价格，提高低信用等级的票据定价，甚至不予交易。此外，要高度关注中小金融机构承兑票据的信用风险。随着利率市场化改革持续深入和存款保险制度的实施，政府隐性担保逐步减弱，未来中小金融机构可能破产倒闭，况且目前有少数中小金融机构被企业、中介参股控股，间接成为其在市场融资套利的平台，动辄签发几十亿元的票据，与其资本实力和资产规模显著不匹配，应予以高度关注和重点管控。

（4）构建投研一体的交易机制，提升经营市场风险的能力。

毫无疑问，投研能力将成为票交所时代的核心竞争力，准确研判市场走势、经营利率风险变得尤为重要，金融机构应不断提升风险量化管理水平和研究能力。一是要建立市场研究团队，对宏观趋势、业务模式、机构行为以及市场利率走势等进行更加科学、全面的研究，准确把握市场走势和交易机会。二是要不断提升交易员的专业素质和对市场判断的敏锐力，通过数量模型把以往的交易经验固化和提升，形成定性和定量相结合的交易决策范式。三是要加强市场风险的研判和监测，逐步建立科学的利率预测和风险测算模型，借鉴债券市场较成熟的估值和风险管理方法，构建票据利率风险监控体系。可综合运用杠杆率、敏感性分析、限额与止损、久期、凸度、风险价值（VaR）等指标实时监测风险，并建立资产估值模型和盯市机制，强化资产精细化运作与管理。四是创新设计票据利率互换交易、利率期权等风险对冲产品，锁定利率远期波动，缓释或转移利率风险。

（5）消除电票代理接入服务的风险隐患，强化同业户交易监测和管控。

目前，部分中小金融机构和财务公司由于系统建设能力不够、系统使用频率较低及维护费用高等方面的原因，未单独开发电票系统对接人民银行ECDS，需通过其他代理机构接入系统，在代理行同业户开展电票交易，部分非法中介通过控制同业户账外经营或将资金挪作他用，存在风险隐患。《中国人民银行关于规范和促进电子商业汇票业务发展的通知》(银发〔2016〕224号）发布后，电票代理接入的主体范围进一步扩大到证券、基金、信托、保险、期货、金融租赁、资产管理公司等非银行金融机构和非法人产品，风险载体范围进一步扩大，代理机构应重视这类风险，加强对电票代理接入服务的风险管理。一要加强对申请接入机构的资格和材料真实性审查，确保接入机构符合相关政策规定，谨防非法中介机构接入电票系统，防止机构提供虚假材料导致审查过失；二要加强同业结算账户的预警监测，定期检查同业户情况，建立同业账户核对机制，发现异常情况应及时通知开户行予以撤销，对冒名开立同业户的，及时向有关监管部门报告并向公安机关报案；三是在监管对电票代理接入服务的规则、权限等尚未明确的情况下，各经营机构有必要加强对电票代理接入服务的日常管理和监测，加强操作流程管理及事后监督等。

16 第十六章 境外资金一体化管理

近年来，我国持续提高对外开放水平，主动顺应经济全球化潮流，坚定不移奉行互利共赢开放战略。面对构建“国内国际双循环”的新发展格局这一课题，许多企业加快推进国际业务布局，国际化经营程度越来越高。在这一趋势下，建立起一整套支持多币种、跨地域、一体化的全球资金管理体系的必要性越来越强。但相比于成熟的国际跨国公司，中国大型企业集团仍有一定差距，对于复杂的跨境资金管理难题应对存在经验不足，对于跨境和境外资金集中管理的手段运用不充分，具有国际视野的财务人才队伍培养落后于现实需要，适应于全球资金管理的风险防控体系建设仍需加强。按照国资委《关于推动中央企业加快司库体系建设　进一步加强资金管理的意见》，境外业务规模较大的中央企业应逐步将司库管理延伸到境外企业。开展境外企业银行账户的开立、注销的统一管理，通过境外银企直联等方式，力争实现对银行账户的全球动态监控。已经停止开展业务的境外企业、办事处、项目部等机构的银行账户要及时清理。开展境外资金集中管理，在符合属地外汇管制条件下，力争按国别或者地区对资金进行集中管理和统筹调度。有条件的企业应建立境内外货币一体化“资金池”，开展境内外企业资金预算的全面管理，实现全球资金统一调度；应将境外企业纳入集团资金结算统一平台，依托境外机构力争实现统一审核、统一支付。

一、境外资金管理面临的主要难题

不同于境内资金集中管理，境外资金的集中管理需要考虑更多复杂的因素，包括时差、监管、汇兑、清算、文化等差异，需要对企业面临的境外环境进行具体分析，当然这一过程也可以借助银行、律师事务所、会计师事务所等相关中介机构完成梳理。

境外资金管理的主要难点包括：

一是外汇管制。外汇管制是制约资金跨境流动的核心因素，常见的外汇管制包括无外汇管制、半外汇管制和严格外汇管制，不同地区的外汇管制情况，需要咨询当地监管机构。我国实行严格的外汇管制，非贸易项下的资金跨境流动受到严格监管，境内资金出境难度大、时效差，有时可能难以满足境外急需资金的情况，对资金跨境集中也产生一定影响。

二是资金清算。时差、不同银行导致全球结算时间存在错位，例如，香港的结算中心可能无法支撑美洲工作时间的结算需求，而且不同的国家结算方式也存在差异。总体上，国际清算成本高于国内清算，需要平衡业务需求和财务成本审慎选择合作银行。

三是账户风险和外汇风险。企业经营过程中，使用的币种越多，需要的银行账户越多，汇兑成本和财务费用就更高，不仅外汇风险会随之上升，还可能出现资金舞弊风险，资金集中管理的难度也大幅上升，对于资金归集模式的挑战也越多。

四是税务成本。不同国家的税收政策对境外现金管理的成本和收益产生较大影响，借贷方式归集资金可能涉及所得税、增值税、预提税等。

五是其他因素。包括但不限于法律框架、文化背景、金融市场发展、反洗钱政策等。

由于外汇管制的限制，中国企业在“走出去”的过程中，会面临两种不同的资金管理场景，一个是资金在境内外流动的跨境场景，受外汇管制约束；另一个是资金在境外不同国家间流动的境外场景，部分地区没有外汇管制可以自由流动，因此在管理模式和管理逻辑上会存在较大的差异。

二、建立资金"走出去"的跨境通道

我国跨境资金管理政策经历了三个阶段：第一阶段是局部实验，在部分地区部分企业开展试点；第二阶段是全面突破，2012—2015年，中国人民银行和国家外汇管理局先后推出人民币和外币跨境管理工具，为企业开展经常项下结算和企业集团内跨境资金融通等场景提供了便利，并不断优化；第三阶段是本外币一体化，2019年，国家外汇管理局升级了跨国公司资金集中运营工具，将人民币资金跨境也纳入管理范围，初步实现了本外币一体化管理，2021年，国家外汇管理局联合中国人民银行推出本外币一体化资金池试点，跨境资金管理正式进入一体化管理新阶段。

（一）主要管理工具介绍

1.境内企业内部成员外汇集中运营

这一工具的政策依据是国家外汇管理局发布的《境内企业内部成员外汇资金集中运营管理规定》（汇发〔2009〕49号），允许企业集团对境内成员单位的外汇资金在境内进行集中管理（以下简称"境内外币池"），并允许财务公司开展即期结售汇业务。严格意义上讲，境内外币池并不属于跨境资金通道，但由于其是在境内管理外汇资金，因此我们也将其归类其中。实际上，外债和境外外款额度集中管理（外管池）已经可以完全取代境内外币池功能，而且在实操中也少有企业使用境内外币池。

2.跨境人民币集中运营（见图16–1）

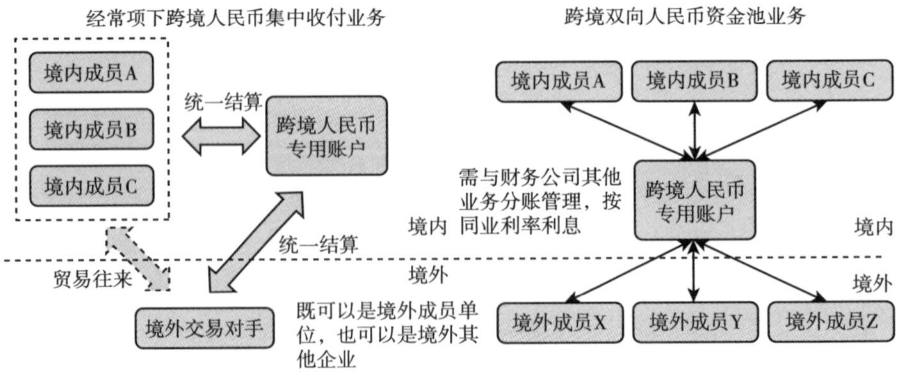

图16–1　跨境人民币资金集中运营业务

2014年，中国人民银行发布《中国人民银行关于跨国企业集团开展跨境人民币资金集中运营业务有关事宜的通知》（银发〔2014〕324号），随后2015年发布《中国人民银行关于进一步便利跨国企业集团开展跨境双向人民币资金池业务的通知》（银发〔2015〕279号），先后两次发文构成了跨境人民币集中运营业务的基础。跨境人民币集中运营业务包括经常项下跨境人民币集中收付业务（以下简称“央行集中收付”）和跨境双向人民币资金池业务（以下简称“央行池”），为企业进行人民币跨境贸易结算和跨境资金归集提供了便利，资金以企业间借贷形式，经由主办企业开立的跨境人民币专用账户进行流转，实现资金跨境归集。

此外，自贸区可办理FT版央行池，宏观审慎系数更高（目前为1），相较普通版本具有门槛更低（无营业收入门槛）、货币自由兑换（仅限自贸区内）、额度更大的优势，但目前仅允许自贸区内企业或境外公司作为主办企业。

3.跨境资金集中运营（见图16-2）

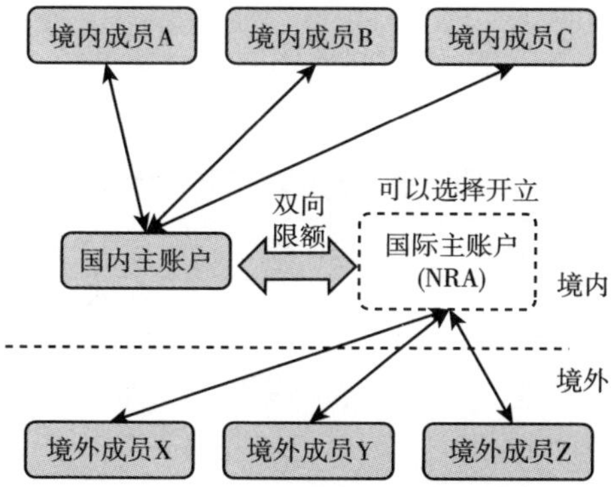

图16-2 跨境资金集中运营业务

国家外汇管理局自2012年开始开展外汇资金集中运营管理试点，此后政策不断优化升级。2015年，发布《跨国公司外汇资金集中运营管理规定》（汇发〔2015〕36号，已废止），正式将试点推向全国。2019年，国家外汇管理局关于印发《跨国公司跨境资金集中运营管理规定》的通知（汇发〔2019〕7号），进一步简化登记管理，优化账户结构。外管版本与央行版本功能基本相同，由经常项目资金集中收付和轧差净额结算（以下简称“外管集中收付”）以及外债和境外放款额度集中管理（以下简称“外管池”）两项业务组成。两者的主要差别主要体现在支持币种、准入门槛、额度管控和账户设置等方面。2019年，外管池拉平了本外币跨境资金集中运营管理，外管池对央行池的替代作用日渐明显，为本外币一体化管理铺平了道路。

4.跨国公司本外币一体化资金池

2021年3月，中国人民银行和国家外汇管理局在北京和深圳两地开展跨国公司本外币一体化资金池业务（以下简称“一体池”）首批试点，进一步便利企业跨境资金统筹使用。试点内容包括：一是统一本外币政策，整合现有各类资金池；二是便利资金划转使用，境内不再通过委托贷款框架归集，简化业务流程手续；三是实现一定额度内的意愿购汇，灵活管理汇率风险；四是适度提高资金池额度；五是强化事中事后监管（徐燕燕，2021）。首批试点企业包括中化财务公司、中粮财务公司、通用技术财务公司、中航工业财务公司、宝马、壳牌等。预计随着试点范围的扩大，跨境资金池将迎来真正的政策统一，改变目前多池并行的格局。

不同资金跨境管理工具的比较如表16–1所示。

表16–1　　不同资金跨境管理工具的比较

项目	逐笔办理	境内外币池	央行池	外管池	一体池
主办企业	需求单位	可以为财务公司			
监管主体	国家外汇管理局等	国家外汇管理局	中国人民银行	国家外汇管理局	中国人民银行和国家外汇管理局
适用项目	不限	境内企业境内外汇互相拆放和归集，财务公司即期结售汇	跨境资金，包括经常项结算和集团内资金跨境归集		
主要准入门槛	不适用	成员单位即可，限境内	1.境内成员上年度营收≥人民币10亿元 2.境外成员上年度营收≥人民币2亿元 3.境内外成员单位经营时间均需1年以上	境内成员合并国际收支超1亿美元	未公开披露

续表

项目	逐笔办理	境内外币池	央行池	外管池	一体池
额度	不适用	无额度限制	净流入/出上限=境内成员单位权益×宏观审慎调节参数 全国版宏观审慎调节参数为0.5，自贸区为1	放款额度（出境）=境内成员单位权益×杠杆率（0.3）×宏观审慎调节参数（1） 外债额度（入境）=境内成语单位权益×杠杆率（2）×宏观审慎调节系数（1）	参照外管池计算公式，放款杠杆率提升至0.5，外债杠杆率提升至2.5
账户设置	不适用	以委托贷款进行资金拆放，借款人需开立外汇委托贷款专用账户	可以选择1—3家银行，主办企业开立人民币专用账户，按单位存款利率（财务公司主办为同业利率）执行	无银行数量限制，主办企业开立国内主账户，境外成员单位可以开立一个国际主账户（NRA账户）	不再设置结汇待支付账户，结汇资金直接进入国内主账户，并从国内主账户直接进入成员单位自有账户
审批效率	逐笔沟通审批，时间不可控	受理后20个工作日完成核准	受理后10个工作日完成备案。后续单笔无须监管审批，仅需向银行提供背景材料	受理后20个工作日完成备案。备案时同时进行外债和放款额度的一次性登记，后续无须再逐笔登记	目前为邀请试点

（二）管理工具选择应该考虑的因素

1.国际化程度

企业国际化程度直接决定了企业对于资金跨境和外汇资金的需求。一般来说，国际业务相对简单、处于发展初期的企业更适合使用央行池，因为此时企业还不具备足够的外汇管理能力，央行池办理相对简单、限制较少，企业可以将人民币转出境外后再自由兑换成相应的外币，比直接在境内兑换并管理外汇资金要更加方便。但是对于国际业务较发达，在全球布局较广的企业，则外管池更适合，如果企业暂时未建立境外财资中心，那么外管池国际主账户还可以替代财资中心的部分职能。对外资企业而言，主要看其对中国境内资金管理和跨境管理的需要，一般会选择外管池，并连接到境外财资中心。

2.跨境资金流特点

跨境资金流动以贸易为主的企业，选择外管集中收付更合适，因为外管池支持多币种，交易对手接受程度更高，且未对收付设置额度限制。如果跨境资金流动以非贸易的对外放款和融入为主，则多数场景下央行池更具优势，一方面央行池不计外债额度，而外管池需要申请外债额度，对于有境外融资需求的企业更友好；另一方面央行池是以跨境流动净额设置额度的，而外管池是流入流出双向分别计算额度，对于跨境资金流动较为均衡的企业而言，显然央行池更具优势。

3.其他客观因素

其他限制因素可能还包括，部分企业可能只满足某一特定资金池的门槛条件，或者企业对于本币和外币的使用具有比较明确的倾向。此外，由于境内外币池的推出最早，少量仅需集中管理境内单位外汇资金的外资企业可能只设立了境内外币池，作为区域中心接入其全球财资中心进行管理。

三、建立境外资金集中管理体系

对于一家全球化经营的中国企业而言，跨境资金管理工具解决了在我国外汇管制情况下资金集中管理的基础需求，那为什么还需要进一步推动建立境外独立运作的资金集中管理体系呢？主要原因如下：

一是减少不必要的资金跨境。跨境资金池设立的原始目的是在外汇管制的环境下便利资金跨境。但境外很多地区本来没有外汇管制，资金可以自由流动，因此如果跨国企业的资金仅需在境外运转，建立境外资金池显然是更高效的选择，避免资金经过跨境资金池先入境再出境的麻烦。

二是境外投融资环境较境内更加宽松。通过跨境资金池融入融出的资金仍然需要符合监管规定的用途，资金池内的资金也无法用于投资。但境外资金池对于资金的运用限制较少，海外融资利率更低、金融市场更发达，资金融通、金融投资、风险管理的工具和手段也更加丰富。

三是支撑企业全球化经营拓展。依托境外资金池，可以积累境外资金管理经验，加强全球化金融人才培养，敏捷支撑集团新项目、新业务、新投资，提供专业化的内部咨询服务。

(一) 境外资金集中管理的路线图

跨国企业全球资金管理需求可以分为“可视——可控——可运作”三个层次分步实施（见图16-3）。

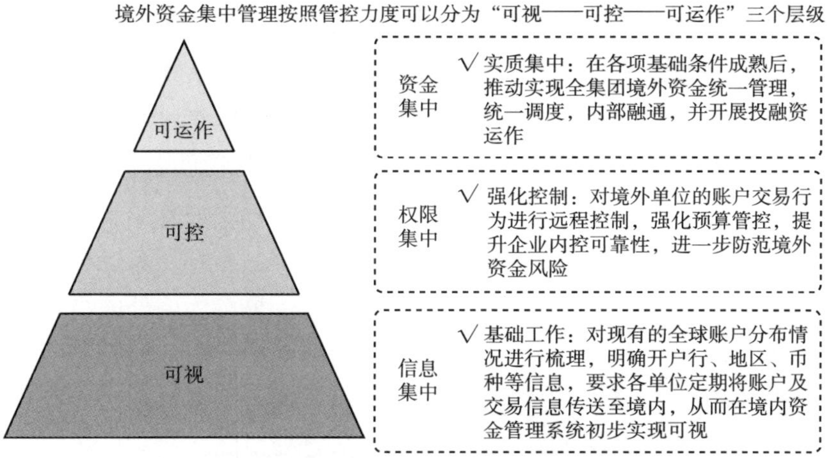

图16-3　境外资金集中管理路线图

1.可视

主要是对信息的集中，是全球资金管理的基础工作。企业需要对现有的全球账户分布情况进行梳理，明确开户行、地区、币种等信息，并将账户余额及交易信息传送至境内，从而在境内资金管理系统实现全球资金实时可视。实现的方式包括定期手工报送、合作银行网银产品、银企直连、SWIFT直连等。

2.可控

主要是对权限的集中，强化对全球资金的控制。既包括制度性的管控，如预算管理、集中比例要求、集中支付结算，对集团内不同层级的公司设置不同的资金权限；也包括设置专门的团队，借助合作银行产品，直接对资金进行集中操作管控。在这一模式下，成员单位仍有一定的自主权，资金尚未实现物理归集。实现的方式包括预算管理、离岸账户集中收付等。

3.可运作

主要是对资金的集中，实现全球资金实质集中管理。在各项基础条件成熟后，借助集团内企业间借贷等形式，实现全集团境外资金统一管理，统一调度，内部融通，并将沉淀资金用于对外投资运作。实现的方式是建立境外财资中心（资金池）等。

根据“可视——可控——可运作”这一路线图，境外财资（司库）中心的基本职能包括：一是资金集中和监控平台，对境外账户和资金进行实时监控和集中管理，需要集团和成员单位的充分授权。二是统一结算平台，由财资中心统一办理成员单位的资金收付业务，并与境内跨境资金收付通道连接，协助集团提升跨境贸易效率。三是资金运营平台，包括运营管理财资中心自有资金，进一步创造金融价值；受托管理成员单位资金，充分发挥专业运作优势；统筹集团统一融资，运用海外低利率优势节约财务费用，用好财务杠杆效应。四是金融服务平台，利用财资中心所在地的金融资源优势，为境外成员单位提供包括境外运营的财税法支撑，以及资金增值、融资中介、财务顾问、衍生品咨询等综合性的金融产品服务。五是风险管理平台，通过资金集中运作，统一防范企业面临的境外资金汇率风险、利率风险、流动性风险、信用风险、操作风险等风险因素，保障境外资金安全。

（二）境外财资中心的账户体系设置

1.收支两条线和收支一体

成员单位可以分别开立收入账户和支出账户加入资金池，即收支两条线；或开立一个综合账户加入资金池，即收支一体。在两者之间抉择主要考虑企业资金管理场景，对于收支频率高、额度大、管理上要求收支分离核算、预算管理严格的企业，更适合收支两条线管理，相反则适合收支一体。收支两条线的优势在于资金流清晰、有效管控资金风险；但劣势则在于账户数量较多，尤其在一些银行收费较高的地区，会导致企业财务费用大幅上升，同时资金汇划环节更多，无法发挥净额轧差结算的优势。

收支两条线的账户体系如图16-4所示。

2.本地账户和离岸账户

成员单位可以选择在经营地开立账户，开展日常经营款项收付；也可以选择在财资中心所在地（一般是无外汇管制的地区）开立离岸账户进行资金收

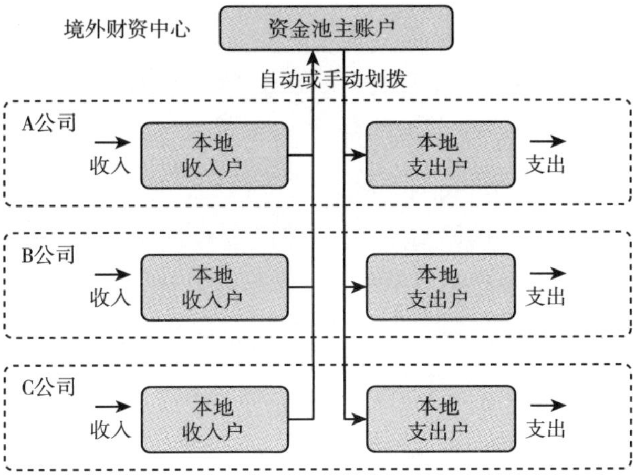

图16-4 收支两条线的账户体系

付。本地账户更适合在有一定外汇管制地区经营，或者交易对手主要在经营地的公司，而离岸账户更适合无外汇管制、交易对手国际化程度高的公司。

部分企业也会选择通过离岸账户的方式来加强财资中心对成员单位资金的控制，将财资中心打造为统一结算平台，由专门的团队进行全球资金的集中收付、净额结算、统一调拨，实现更高效的资金管理。但是离岸账户的缺点在于，可能受到外汇管制的限制和交易对手的影响，部分国家对于其境内企业开立离岸账户会有诸多限制，部分交易对手很可能不能或不愿意接受境外账户资金往来。

离岸账户集中收付账户体系如图16-5所示。

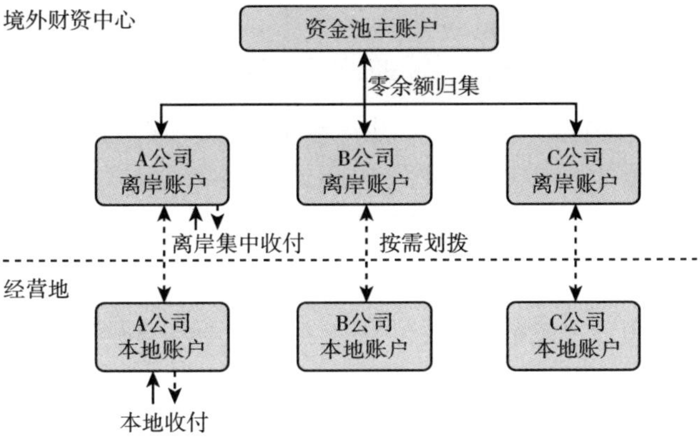

图16-5 离岸账户集中收付账户体系

3.单层或多层资金池

企业根据业务全球分布情况可以选择设置单层资金池或由一个中心池和多个区域池组成的多层资金池。多层池更适合在某个地区集中运营的企业，例如，基础设施类企业在非洲或南美洲有较多布局，可以在当地设置区域池，支撑区域内业务，再在香港地区或者新加坡设立全球中心池，管理各个区域池。多层池的优势在于分区域管理后能够部分克服银行结算和时差问题，区域池对于本地业务支撑效率更高，而中心池仅需专注于调配各个区域之间的资金盈缺即可，有效降低资金的全球频繁调度。

多层资金池账户体系如图16-6所示。

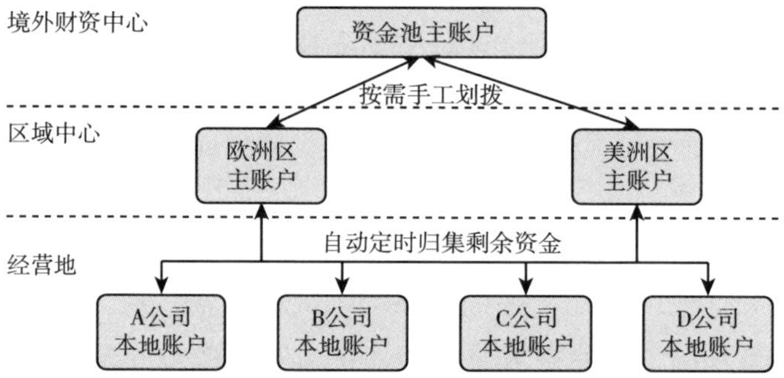

图16-6 多层资金池账户体系

4.实体资金池或虚拟资金池

实体资金池是将资金实质划拨至资金池中，资金真实离开成员单位经营地，划拨方式可以系统定时自动也可以手动，这取决于经营地的外汇管制要求。而虚拟资金池不发生资金的物理转移，而是通过额度共享方式，由合作银行提供综合利息优化，各个账户可以共享使用透支额度。虚拟资金池更适合多层资金池区域池和中心池之间的搭建，区域池通过归集所在地区的资金，在一定程度上可以实现内部的平衡，此时对于中心池而言，再逐笔集中区域池的资金已经没有实际意义了，因此可以采用虚拟资金池的方式，将资金实体留在区域池，中心池仅做记账上的处理，这样可以进一步节约财务费用。

（三）境外财资中心的组织架构

目前中国企业境外财资中心主要有财务公司设立和集团直接设立两种模式。

对于财务公司设立的模式，《中国银保监会非银行金融机构行政许可事项实施办法》明确了财务公司设立境外子公司的条件，包括海外成员单位数量要求、资产规模要求、经营状况要求、海外管理能力、监管评级等。但目前仅有中油财务公司经批准设立了香港子公司，尚无其他财务公司案例（中国财务公司协会，2020）。

对于集团直接设立的模式，由于财务公司和境外财资中心的职能相近，部分公司会考虑由财务公司协助筹备，甚至直接由财务公司负责后续管理（罗勇、华玉介，2019）。根据中国财务公司协会2020年开展的一项调查显示，财务公司参与筹建的比例超过20%。这种管理模式具有四方面优势：一是管理资源优势，财务公司有成熟的制度体系、组织架构、信息系统和专业人才，有助于财资中心快速起步、迅速铺开；二是金融专业优势，财务公司作为专业服务集团内的金融机构，具有丰富资金管理经验和金融业务专长，帮助企业更好利用境外财资中心这一平台；三是稳固的银企关系，财务公司与银行建立了良好的合作关系，可以协调合作银行积极参与境外财资中心的建设，而且财务公司主要与中资银行建立关系，这在当下国际环境中显得更加重要；四是资金跨境优势，境外财资中心对接到跨境资金池后，构建形成境内外货币一体化资金池，为企业司库建设筑牢基础。

（四）境外财资中心的选址与税收优惠考虑

境外财资中心的选址要综合考虑企业在全球的布局情况和落地国家的各种外在条件，比如宏观经济和政治环境是否稳定，法律体系是否健全，营商环境是否友好，是否有外汇管制、货币能否自由兑换、币值是否稳定，税收制度是否简单、是否有税收优惠，是否有足够多的专业人才，包括金融市场、交通通信、信息科技等在内的基础设施是否完善等（刘宇，2021）。根据安永在2019年的一项调查显示，新加坡是许多跨国公司成立境外财资中心的首选，其次是香港。一般而言，关注东亚市场的公司以香港为首选，希望服务更广泛的亚太区的公司则以新加坡为首选。不过对于中国企业而言，尤其是在香港有较多布局的企业，或许香港才是更好的选择。

税收问题是企业设立境外财资中心时需要考虑的非常重要的因素，尤其是部分地区会对财资中心提供税收优惠政策，如香港地区和新加坡（见表16-2）。以香港为例，2016年5月，香港税务局推出了《2016年税务（修订）（第2号）条例》，给予香港财资中心所得税减半的优惠政策。一是明确了享受减税政策的财资中心条件，包括经营实体在香港，在香港仅开展财资活动，或满足安全港规则，财资业务利润和资产占比不少于75%。二是明确了应税收入范围，包括向集团内公司提供融资服务产生的收入，运用集中资金开展投资运作产生的收益，为集团内公司提供金融服务获取的收入。三是明确了税前扣除范围，包括在香港之外获取的收入离岸免税，经营集团内融资业务产生的费用可以抵扣。四是明确申请方式，企业需以书面方式选择是否减税，而且一经选择，只要企业持续符合财资中心的条件，就不能撤回（施菁，2020）。

值得注意的是，根据应对税基侵蚀与利润转移（BEPS）行动计划，香港税务局会关注财资中心与成员单位间的关联交易定价的公允性，因此资金归集的转移定价以及财资中心提供的金融服务收费应参照市场价格合理设定，否则可能被要求补交税款。

表16-2　香港地区与新加坡财资中心税收优惠比较

项目	香港地区	新加坡
企业所得税	一般税率：16.5% 财资中心：8.25%	一般税率：17% 财资中心：8%
利息预提税	无	一般税率：15% 财资中心：对符合一定要求的关联企业借款免利息预提税
申请	在首次缴税时以书面方式选择	向新加坡经济发展局提出申请，并定期向新加坡经济发展局提交进度报告以供其审查
门槛条件	1.经营和管理实体在香港，且在香港仅开展财资活动 2.属于财资业务的利润和资产应不少于总利润和总资产的75% 3.参与资金集中管理的成员单位不少于4家，平均每月资金归集不少于4笔，每笔归集不少于25万等值港币	1.每年的营运开支达75万新元 2.雇佣至少3名专业人员 3.向3家或以上关联公司提供3种合资格财资服务

资料来源：庄树清，袁伟：《厘清海外财资中心“税事”》，《金融 & 贸易》2018年第3期。

四、境外资金一体化管理的基本步骤

企业从无到有建设全球资金管理体系是一项系统性工程，需要全面深入梳理企业现状，充分沟通协调集团内部利益和外部监管要求，调动人财物等各方面资源。

（一）前瞻规划，紧跟集团战略

近年来，面对复杂多变的国际形势，党和国家对企业“走出去”提出了“实行高水平对外开放，开拓合作共赢新局面”的总体要求。境外资金管理作为企业国际化运营环节中的重要一环，必须要前瞻布局、做好储备，紧跟企业集团国际业务战略规划，才不会在复杂的环境中失去先机，导致境外业务发展机遇被资金所掣肘。同时，考虑到全球资金管理的复杂性，前期准备和组织搭建的时间会更长，更需要提前规划方案，充分分析优劣势和可行性，选择适合企业战略发展方向的模式。

（二）梳理现状，借助专业力量

对中国企业而言，往往是先有国际业务，再考虑建设全球资金管理体系，在这种情况下，首要问题是梳理了解当前境外单位、境外业务的现状，包括区域分布、银行账户、币种需求、供应商和客户关系、资金流动等情况。考虑到境外复杂陌生的财税法环境，这一步骤一般需要聘请专业的外部团队协助企业进行梳理，包括但不限于管理咨询团队、银行服务团队、律师事务所、税务咨询团队等。这些中介机构除了能够帮助企业梳理现状外，还能协助制订全球资金管理体系建设方案，搭建账户和资金池架构，办理企业监管合规、组织架构设计、委托授权协议等法律相关事务，以及税收优惠、国际税务筹划等工作。

（三）夯实基础，优化现有架构

通过前瞻规划和现状梳理后，企业一般已经对于境外资金管理体系有了初步的设想，此时需要开始对“基础设施”进行调整优化，包括但不限于：一是调整优化账户体系，对使用频率低、功能重复的账户进行精简，开立新的用于资金归集的账户；二是打通信息系统，通过银行网银、银企直连等方式上线资金实时可视功能，对于没有系统或系统独立建设的成员单位，引入集团统一资金管理平台；三是组建人才团队，一方面从财务公司和境外单位财务条线选拔人员，另一方面也要考虑吸纳本土化人才，并深入调研境外人力资源相关的法律法规和文化（朱文娟、谢宗博，2017）。

（四）搭建平台，建设财资中心

当企业决定建设境外财资中心时，意味着其全球资金管理已经迈出了非常重要的一步。结合企业实际情况，在充分对比后，选定合适的财资中心设立地区，完成公司的注册登记、账户体系、治理结构、内控体系等建设。国有企业还需根据国资委等监管机构要求，履行相应的备案登记手续。

（五）整合资源，发挥资金效能

随着境外财资中心的搭建完成，企业除了开展资金的集中结算、集中管理、统筹调配外，还可以筹划进一步挖掘金融资源。依托境外财资中心开展境外债务融资、股权投资，为境外新设立的成员单位提供财税法相关咨询支持，开展金融衍生品业务对冲风险等，助力企业集团顺利出海。

17 第十七章 现金流与财务报表分析

一、企业现金流量

国际会计准则委员会（IASC）将现金流量定义为排除汇率变动对现金及现金等价物的影响后的现金等价物的流入或流出。我国会计准则将现金流量定义为企业因交易或其他事项而引起的现金增加或减少量。现金流入使企业现金增加，现金流出使企业现金减少，两者相抵后的差额构成了企业的现金净流量。

不同于围绕企业现金预算、短期流动性展开的传统资金管理，企业司库管理进行的是具有战略导向的广义的资金管理，从支持企业业务发展为目标转向以企业创造价值为目标。

（一）现金流量的性质

1.动态性

现金流量的动态性是由企业生产经营活动所决定的。第一，企业的经营活动、筹资活动和投资活动都会对企业现金流量产生影响，企业司库的现金流量会随着企业运营中产生的各项活动的发生呈现动态变化，表17–1、表17–2、表17–3分别为对企业司库现金流量造成影响的经营活动、投资活动、筹资活动，这些业务的发生会使现金流量发生动态的变化；第二，企业现金流量还会因企业所处的阶段不同而不同，一般而言，成长期企业现金流入和流出量都很大，而成熟期的企业现金流量一般呈现稳定的状态。

表 17-1　　经营活动产生的现金流量

经营活动产生的现金流量	销售商品、提供劳务收到的现金
	客户存款和同业存放款项净增加额
	向中央银行借款净增加额
	向其他金融机构拆入资金净增加额
	收到原保险合同保费取得的现金
	收到再保业务现金净额
	保户储金及投资款净增加额
	处置以公允价值计量且其变动计入当期损益的金融资产净增加额
	收取利息、手续费及佣金的现金
	拆入资金净增加额
	团购业务资金净增加额
	代理买卖证券收到的现金净额
	收到的税费返还
	收到其他与经营活动有关的现金
	购买商品、接受劳务支付的现金
	客户贷款及垫款净增加额
	存放中央银行和同业款项净增加额
	支付原保险合同赔付款项的现金
	拆出资金净增加额
	支付利息、手续费及佣金的现金
	支付保单红利的现金
	支付给职工及为职工支付的现金
	支付的各项税费
	支付其他与经营活动有关的现金

表 17-2　　投资活动产生的现金流量

投资活动产生的现金流量	收网投资收到的现金
	取得投资收益收到的现金
	处置固定资产、无形资产和其他长期资产收回的现金净额
	处置子公司及其他营业单位收到的现金净额

续表

投资活动产生的现金流量	收到其他与投资活动有关的现金
	购建固定资产、无形资产和其他长期资产支付的现金
	投资支付的现金
	质押贷款净增加额
	取得子公司及其他营业单位支付的现金净额
	支付其他与投资活动有关的现金

表 17-3　筹资活动产生的现金流量

筹资活动产生的现金流量	吸收投资收到的现金
	取得借款收到的现金
	收到其他与筹资活动有关的现金
	偿还债务支付的现金
	分配股利、利润或偿付利息支付的现金
	支付其他与筹资活动有关的现金

2. 差量性

现金流量是企业因交易或其他事项而引起的现金增加量或减少量，所以现金流量不是指企业司库某时刻现金的总库存量，而只是其现金量的变化量，前后现金循环流动中的差量额。由于现金流量的差量性，有些学者认为企业经营应当重点关注现金流量，因为会计利润仅仅是一个账面数据，易受人为因素的干扰与操纵，但现金流量则表现为企业实实在在的现金流入与流出，是企业现金流量的真实反映，从而体现出客观性（汤谷良等，2003）。同时，由于差量性的存在，实务中企业司库可以采取差量分析法对不同方案差额净现金流进行分析，通过比较净现值的大小为方案选择提供依据。

3. 时间性

时间性是指考虑货币的时间价值，在许多情况下现金流量的计算和使用需要考虑时间因素。货币时间价值是指一定资金在不同时点上价值量的差额，是经历了一定时间的投资和再投资后增加的价值。考虑货币时间价值后的贴现现金流量广泛应用于多方面决策，即将不同时点的货币资金换算到同一时间点上进行比较分析。

（二）企业现金流量管理的意义

现金流量管理是企业司库的重要职能之一，是现代企业管理中的重要一环，现金流动性作为企业资金运动的动态表现，可以综合反映企业生产经营的各个方面，具有重要意义。

1.企业现金流管理对报表使用者有着重要意义

财务报表的使用者既包括内部使用者，又包括外部使用者。内部使用者主要包括企业的经营者及员工，外部使用者主要包括投资者、债权人、供应商、客户、竞争对手、政府相关部门等。

从投资者的角度看，企业价值的最大化才能实现股东价值的最大化，由于企业资源所产生的未来现金流量折现值可以表示企业的价值，因此股东为追求企业价值最大化会充分关注企业创造现金流量的能力，现金流量与股价成正相关变动（CIB，2003）。

从经营者的角度看，企业现金流量的管理影响了资金流动性以及企业价值，对职业经理人的长期绩效与短期绩效都有联系，经营者有必要时刻关注企业现金流量。

从债权人的角度看，企业现金流是关乎企业能否偿付利息和本金的关键，因此债权人主要关注的就是企业的现金流动性以及偿债能力指标。

2.企业现金流管理可以提高决策水平

企业不同的发展阶段面对的经营环境各不相同，现金流量指标可以更加客观且直接地反映出企业的实际资金状况和经营水平，只关注账面的收入和利润而忽视现金流量指标，就有可能造成企业的盲目扩张，进而出现生存危机。现金流量管理的加强，不仅可以及时发现资金周转中的漏洞，并且能够与资产负债表、利润表相辅相成，对企业的偿债能力、盈利能力等做出客观公正的评价，从而有效降低企业财务风险，强化企业风险抵御能力。

3.企业现金流管理可以优化筹资结构

现金流量管理可以让企业在科学数据的支撑下，对筹资渠道、筹资形式、筹资成本控制、风险因素等问题做到心中有数，从而对企业资金的需求量做出相对准确的估计，进而保证企业司库合理安排筹资渠道、优化筹资结构，选择最佳筹资方案，得到一个“筹资合法、规模适当、取得及时、来源经济”的筹资方案。

4.企业现金流管理可以明确投资方向

项目的现金流量状况可以帮助企业去判断一个投资计划是否可行。现金流量管理可以帮助企业摸清现有的资金情况，预估未来现金流量走势，结合企业所处生命周期，将闲置资金合理调配，为制订投资计划的科学性提供保障。现金流状况往往是比盈亏状况更加值得关注的，若片面追求利润最大化，盲目扩大投资规模，将会误导企业对于投资方向的判断，一旦资金链断裂，将危及企业经营。

（三）企业现金流预测

现金流预测主要是通过提前确定现金流入和流出的时间、数额和地点来提高现金和流动性头寸的可见性。其最终目标是确定融资需求和流动资金使用量，并进行规划，以便使借款最小化，企业现金利用最大化。这样会降低资本成本和相关费用，提高盈余现金收益。

现金流预测是企业运营中极其重要的方面之一，司库是该过程的中心。企业司库管理进行的是具有战略导向的广义的资金管理，强调创造价值的理念（张庆龙，2021）。当管理层为实现整体财务目标而采取行动时，企业司库必须能够提供必要的资金和信息支持，并能够从财务和运营中识别风险，以更加全局的视野监控、预测、使用企业现金流。实现对全集团资金的集约管理和动态监控，提高资金流动性运营效率、降低资金成本、防控流动性风险。

企业现金流预测能力关乎企业的风险管理过程，预测能力越强，企业风险管理越稳健，预测的企业财务价值越准确。

企业司库现金流预测的基本流程如图17–1所示。预测流程设计的输入和影响因素来源于全球各个实体，包括业务单位、采购单位、财务部门、制造部门、人力资源部门等。在进行预测时，企业要保持团队正常运作，确保跨职能部门合作无间。

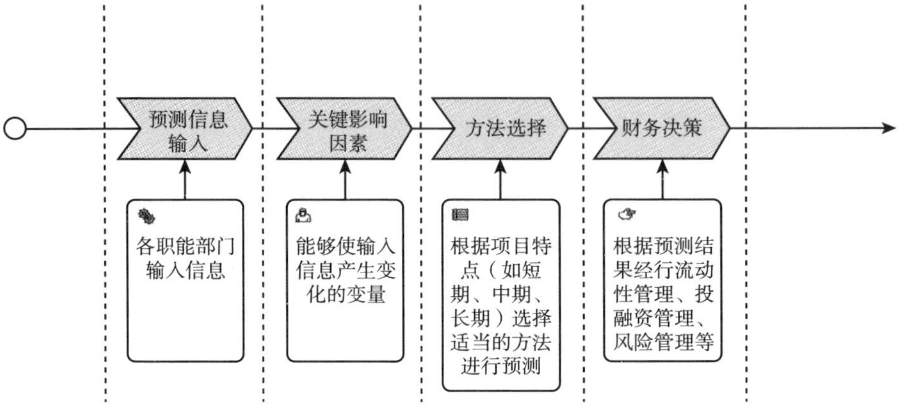

图17–1 基本预测流程

1.预测信息输入

企业司库实行现金流预测时需要的信息来源于多个职能部门，如图17–2所示。采购部门需要提供已签约订单及相应条款信息，销售部门需要提供订单及相应条款，制造部门及运营部门需要对存货状态进行盘点核对，人力资源部门需要出具职工工资表，财务部门负责提供应收应付账款的相关信息，确定现金流入流出的相关金额及时间等信息，企业司库结合上述部门提供的信息并结合公司内部战略目标及债券股息等状况，完成现金流预测关键信息的收集。

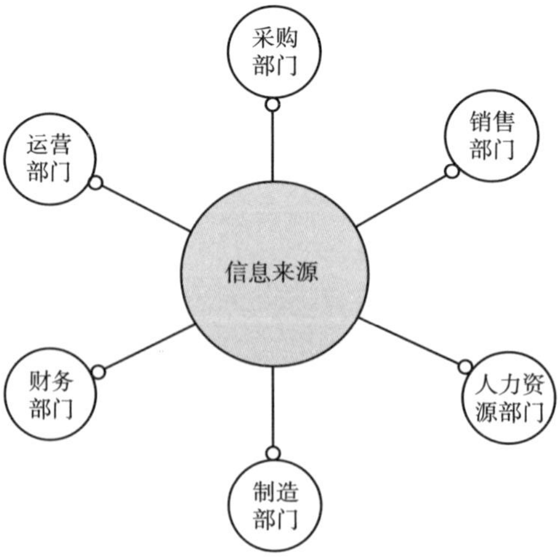

图17–2 关键信息来源

企业司库可以通过银企直联等方式进行资金集中结算，健全业务预算和资金预算的勾稽关系，增加预算分解和层级管控功能，促进资金管理参与经营发展全过程，实现业务控制预算、预算控制支付的现金流闭环管理，为管理者决策提供信息保障。

2. 关键影响因素

现金流预测的第二步就是分析关键影响因素，这些因素的影响程度主要根据企业和行业的特点而定。可以将这些影响因素分为企业内部影响因素和外部影响因素。

企业内部影响因素包括：第一，目标企业历史财务记录，依据企业的获利能力评估企业整体价值，可通过企业的资产负债表、利润表与成本表的有关数据及财务指标来分析企业的经营状况；第二，目标企业的管理团队，评估管理团队、经理人的业绩是否处于平均水平或高于或低于平均水平；第三，目标企业的市场状况，通过对目标企业的销售市场和客户进行分析，了解目标企业的市场表现及其原因，为预测目标企业的未来销售状况提供依据。

企业外部影响因素包括：第一，目标企业所在行业未来发展的状况，主要包括该行业未来的成长性、所处的行业发展时期、国际市场上该行业的发展趋势及国家政策对该行业未来发展的影响；第二，企业所处的社会环境，其包括了经济因素、政治因素、社会因素、技术因素、自然因素、文化因素等。

3. 方法选择（见图17-3）

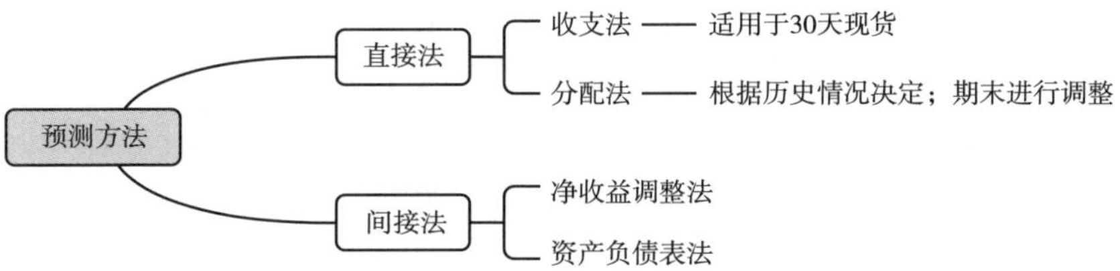

图17-3　预测方法分类

（1）直接法。

直接法是自下而上的预测方法，通常用于短期预测。这种方法更加适用于形成确定金额的现金流，而非远期预测。直接法包括了收支法及分配法。

其中收支法用于确定能够达到的最大的实际期望现金流，通过计算短期内实际现金流入与实际现金流出的差值得出净现金流，对实际的预期现金流进行测定；分配法则通常用于支票清算估计，根据支票清算的历史数据的统计分布来估计清算天数进行预测。

（2）间接法。

间接法是自上而下的预测方法，通常用于中期和长期预测。用于估计到达的现金流。间接法又可以分为净收益调整法以及资产负债表法。

净收益调整法是一种间接预测方法，首先计算未计利息、税项、折旧及摊销前的利润（EBITDA），然后逐渐在资产负债表项目下加上或者减去预测变化值，如存货、应收账款、应付账款、资产和其他项目，进行中期和长期预测。

资产负债表法是使用资产负债表的形式结合预编财务进行中期现金流预测的方法。该方法根据准确计算的所有其他输入的估计来纠正现金部分，但是要解释现金预测和实际银行余额之间存在的差额。

（四）企业现金流量表中的现金流信息

现金流量表是反映一定时期内（如月度、季度或年度）企业经营活动、投资活动和筹资活动对其现金及现金等价物所产生影响的财务报表。它详细描述了由公司的经营、投资与筹资活动所产生的现金流。作为一个分析的工具，现金流量表的主要作用是决定公司短期生存能力，特别是缴付账单的能力。它是反映一家公司在一定时期现金流入和现金流出动态状况的报表。其组成内容与资产负债表和损益表相一致。通过现金流量表，可以概括反映经营活动、投资活动和筹资活动对企业现金流入流出的影响，在评价企业的实现利润、财务状况及财务管理方面，能比传统的损益表提供更好的基础。

现金流量表着重体现公司资金的流入流出，现金流量表提供了一家公司经营是否健康的证据，一个正常经营的企业，在创造利润的同时，还应创造现金收益，通过对现金流入来源分析，就可以对创造现金能力做出评价，并可对企业未来获取现金能力做出预测。现金流量表所揭示的现金流量信息可以从现金角度对企业偿债能力和支付能力做出更可靠、更稳健的评价。企业的净利润是以权责发生制为基础计算出来的，而现金流量表中的现金流量是以收付实现制为基础的。通过对现金流量和净利润的比较分析，可以对收益的质量做出评价。投资活动是企业将一部分财力投入某一对象，以谋取更多收益的一种行为，筹资活动是企业根据财力的需求，进行直接或间接融资的一种行为，企业的投资和筹资活动和企业的经营活动密切相关，因此，对现金流量中所揭示的投资活动和筹资活动所产生的现金流入和现金流出信息，可以结合经营活动所产生的现金流量信息和企业净收益进行具体分析，从而对企业的投资活动和筹资活动做出评价。

二、企业财务报表分析

（一）财务报表分析目的

财务报表是随着商业社会对会计信息披露程度要求越来越高而不断发展的。一套完整的财务报表包括资产负债表、利润表、现金流量表、所有者权益变动表（或股东权益变动表）和财务报表附注。

财务报表的使用者主要包括企业的经营者和职工等内部使用者，也包括投资者、债权人、供应商、客户、政府相关部门等外部使用者，不同的使用者对财务报表的有不同的信息需求，因此从使用者需求的角度出发，财务报表分析的目的主要包括以下四个方面。

1.通过财务报表分析评估公司价值，保护投资者利益

财务报表是公司披露其基本信息的主要渠道，投资者是财务报表的主要使用者。公司从投资者那里获取资金，同时公布财务报表帮助投资者进行决策。这里的投资者指的是股权投资者，主要包括公司现有和潜在的股权投资者，他们又分为控股股东和中小投资者。控股股东能够决定公司的经营政策和财务政策，可以依法干预公司经营，在对经营层不满时，利用投票权更换经营管理者；而中小股东往往不能决定公司的经营政策与财务政策，当对公司经营不满时，往往靠卖掉手中的股份，以行使“用脚投票”的权利。

从保护投资者利益的角度讲，最重要的问题是要使投资者能够正确判断、

评估公司真正的内在价值。投资者往往借助投资顾问或证券分析师进行财务报表的分析，并利用估值模型对公司股票的内在价值做出评估和预测，判断股票价格是否偏离了实际价值，以帮助他们选择自己能够接受的风险、报酬和股利水平。

投资者在评价公司管理人员或对其进行激励时，也要使用财务报表信息，因为激励合同往往是以会计利润等业绩指标作为评价依据的。通过财务报表分析确定利润质量并据此适当调整利润指标，可以有效维护公司价值最大化，保护投资者利益。

2.通过财务报表分析评估信用风险，保护债权人利益

债权人包括公司的贷款银行以及其他金融机构、购买公司债券的单位与个人、公司的供应商、公司的管理者与员工、税务部门等。债权人最关心的是债权的安全，包括债权的到期收回和利息的偿付。因此，他们一是需要了解公司偿债能力的大小；二是需要了解债务者的收益状况与风险程度是否相适应。为此，他们应将偿债能力分析、盈利能力分析和现金流量分析相结合。更为专业的信用风险评估包括信用评级、债券评级等。财务报表分析是银行发放贷款、供应商制定信用政策以及税务部门进行税务检查不可缺少的工作步骤。

3.通过财务报表分析评价企业的经营管理状况，改善公司管理

公司经营者主要是指公司的经理及各分厂、部门、车间管理人员。从对公司所有者负责的角度来看，经营管理者关心的不仅是盈利的结果，还包括盈利的原因及过程，如资产结构分析、营运状况分析与效率分析、经营风险与财务风险分析、支付能力与偿债能力分析等。分析的目的是及时发现生产经营中存在的问题与不足，并采取有效的措施解决这些问题，使公司不仅利用现有资源更多地盈利，而且使公司的盈利能力保持持续稳定的增长，最大化公司价值。

4.通过财务报表分析发现公司舞弊及其他风险，强化公司外部监督

公司的外部监管是公司合法经营的重要保障，也是保利公司利益相关者利益的制度基础。公司舞弊或隐含重大风险，无论是对宏观经济还是对公司利益相关者都是极为有害的。财务报表分析是发现公司舞弊及其他风险的重要途径。

5.通过财务报表分析加快建设世界一流财务管理体系

2022年，国有资产监督管理委员会发布了《关于中央企业加快建设世界一流财务管理体系的指导意见》(以下简称《意见》),《意见》中指出要加强关键指标硬约束，实现质量第一、效益优先。通过分析企业财务报表，建立以资产负债率、净资产收益率、自由现金流、经济增加值等关键指标为核心的财务边界，科学测算投资、负债、利润、现金流等指标的平衡点，保持企业整体资本结构稳健、风险可控在控。通过关键指标分析推动财务管理机制变革，加快实现世界一流财务管理体系的建设。

(二)财务报表分析流程

企业财务报表分析并不是简单的财务指标计算，如图17-4所示，需要遵从科学合理的分析流程。

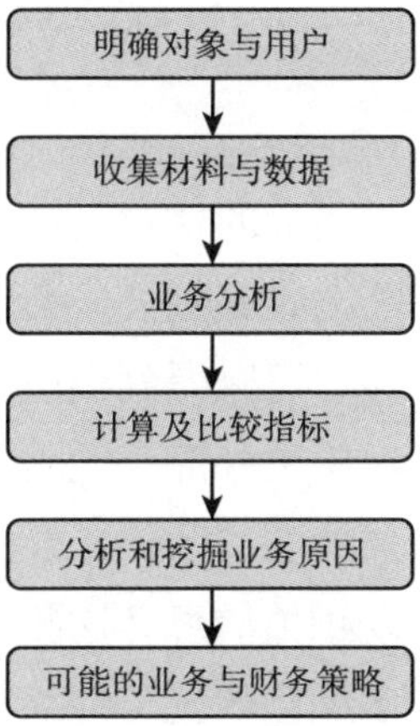

图17-4　财务分析流程

1.明确对象与用户

财务报表分析首先需要确定分析的对象。财务分析的目标通常包括本公司、企业竞争对手、供应商和客户。不同的分析对象，我们拥有的信息与分析侧重点是不同的。对本企业，分析人员拥有足够的详细信息分析出企业真实的经营情况，并侧重于对内部管理决策提出建议。对竞争对手，主要分析对手的业务与财务现状，以及未来可能采取的业务与财务策略，以便企业做出应对。对供应商，主要分析企业发展的可持续性，是否能够保证企业供应链的稳定。对客户，重点是分析经营稳定性以及偿债能力，能否保证企业按期收回货款。

财务报表分析还要明确是给谁用，不同用户的需求是不同的。通常用户有管理层、股东、银行等债权人和一般公众。对管理层，分析应主要围绕企业经营问题揭示与管理决策建议。对股东，由于股东主要关心其投资回报，分析一般侧重企业经营利润、资本结构与每股收益。债权人主要关心借款的安全性，所以，给银行等债权人的分析需着重说明企业经营的稳健性与长短期的偿债能力。对一般公众，主要说明企业经营的业绩增长、盈利能力和现金流状况等总体情况。

所以，进行企业财务分析与现金流分析，需要明确分析对象与用户，确定合适的分析方法，选择适当的财务指标、问题分析的侧重点和管理建议的方向。

2.收集材料与数据

针对不同的分析对象，分析所需的材料与数据来源大不相同。当分析对象是本企业时，分析人员通常有能力收集到公司所有现有的业务与财务数据，必要时还可以定制所需报表。同时，可以得到相应的业务人员的协助支持，使分析结果更加准确可靠。如分析对象是外部企业时，一般的数据来源包括公开的年度报告，企业三张财务报表及附注。此外，非常重要，同时也容易忽视的是市场的公开的企业重要经营活动相关信息。这些信息未必都很准确，但多个信息叠加可以反映、印证企业很多经营状况与经营决策信息。例如，企业大规模举债，并低价格增发股票时，通常是其现金流短缺的体现。一个企业签署大规模的借款额度并不一定是资金短缺的信号，而有可能是为业务大发展储备备用资金资源。

3.业务分析

企业的财务报表是业务经营结果的反映，所以，企业的财务报表分析是不可能脱离企业业务独立存在的。分析财务报表的目标是分析业务。不管分析的对象是谁，都需要深入了解目标企业的业务状况。对企业业务了解越深入，分析的结论才能越准确，也更有价值。

企业的业务信息至少需要包括以下主要内容：

（1）公司的基本信息。

（2）行业发展环境。

（3）国家与行业政策。

（4）公司业务基本情况。

主要包括主要产品品种、企业事业部、市场区域、重点经营国家状况。

（5）公司组织。

主要包括公司的组织架构、管理人员和员工情况。

（6）企业经营模式。

主要包括业务模式、供应商与客户分析、研发与创新。

4.计算财务指标及比较

为有效发现企业存在的问题，并能够进行比较分析，采用统一的财务指标分析是有效的手段。根据指标反映的含义不同，财务分析指标一般可分为企业发展能力指标、盈利能力指标、偿债能力指标、营运效率指标等几大类，将在下文“（三）基于现金流的财务报表指标分析”为读者详述。

5.分析和挖掘业务原因

财务报表与现金流分析的目的不是解析财务，而是分析、挖掘财务背后的业务经营问题，并为下一步的管理经营与财务决策提供支持，这也是财务分析的目标。例如，当某企业的经营性现金流为负数，通过财务分析，定位问题是产品盈利能力还是营运资金效率；如是产品毛利下降，原因是产品价格下降还是成本上升；如是成本上升，是企业采购价格上涨还是生产过程成本增长。如此类推，直至发现真正的业务经营原因，并为后续业务优化和改进提供方向。

6.制定业务与财务策略

根据财务分析与业务分析的结果，提出相应的业务改进建议与财务决策。通常这些建议是公司长期战略层面的发展要求，同时也是企业年度战略经营策略制定与调整的重要一环。

（三）基于现金流的财务报表指标分析

现金流对企业的生存与发展至关重要。W.H.Beaver（1966）提出，一个亏损的公司往往能再次盈利，但一个缺乏现金的公司却不大可能有第二次机会。高健（2004）认为企业存在的对基于现金流的财务指标的关注较基于资产负债表和损益表的财务指标少的现象是不合理的，应当采用合理的财务指标将现金流量表与资产负债表或利润表的重要项目关联起来，或是表示为现金流量表内各个项目之间的比例关系。赵燕（2018）通过对具体公司不同年份的财务报告进行分析和比较，认为增加了现金流量分析指标后的基于可持续增长率的杜邦财务分析体系能够更好地反映企业的财务状况和经营成果，同时也有助于企业更好地实现其可持续发展战略。

1.偿债能力比率

基于现金流的偿债能力比率是判断企业负债的安全性和短期负债的偿还能力的比率。偿债能力的大小在很大程度上反映了企业经营的风险程度。这类比率主要有流动比率、速动比率等。

（1）流动比率。

流动比率是流动资产除以流动负债的比值，反映企业的短期偿债能力。它不仅表示短期债权人债权的安全程度，同时又反映了企业营运资本的能力。其计算公式为：

流动比率＝流动资产 ÷ 流动负债

企业能否偿还短期债务，要看有多少债务，以及有多少可变现偿债的资产。流动资产越多，短期债务越少，则偿债能力越强。如果用流动资产偿还全部流动负债，企业剩余的是营运资金（流动资产－流动负债＝营运资金），营运资金越多，说明不能偿还的风险越小。因此，营运资金的多少可以反映偿还短期债务的能力。但是，营运资金是流动资产与流动负债之差，是个绝对数，如果企业之间规模相差很大，绝对数相比的意义很有限。而流动比率是流动资产与流动负债的比值，是个相对数，排除了企业规模不同的影响，更适合企业间以及本企业不同历史时期的比较。

（2）速动比率。

流动比率虽然可以用来评价流动资产总体的变现能力，但人们（特别是短期债权人）还希望获得比流动比率更进一步的有关变现能力的比率指标。考虑到存货的变现相对较慢，从流动资产中扣除存货部分，再除以流动负债的比值，就得到了速动比率。其计算公式为：

速动比率＝（流动资产－存货）÷流动负债

（3）现金比率。

现金比率是在企业因大量赊销而形成大量的应收账款、考察企业的变现能力时所运用的指标，其计算公式为：

现金比率＝（货币资金＋有价证券）÷流动负债

现金是指库存现金和银行存款，短期证券主要是指短期国库券。现金比率越高，说明变现能力越强，此比率也称为变现比率。

（4）现金债务总额比。

该比率反映企业用当年的现金净流量偿付债务的能力，现金债务总额比越高，说明企业偿债能力越好，企业的流动性风险就越小。但该比例也不应过高，持有现金的机会成本也应当考虑。其计算公式为：

现金债务总额比＝经营现金净流入÷负债总额

2.盈利能力比率

（1）销售净现率。

销售净现率，是企业经营现金流量净额与销售收入之间的比率。它是以当期主营业务资金回笼情况为基础分析企业获利能力，销售净现率越接近于1，说明资金回笼越快，应收款越少；反之，则会使筹集资金的成本增加，形成大量的坏账会加深企业的信用风险，增加企业经营风险。但是，销售净现率并不是越高越好，企业的信用政策、付款条件过于苛刻会限制企业的销售，从而会影响企业的盈利。其计算公式为：

销售净现率＝经营现金流量净额÷销售收入×100%

（2）净利润现金比率。

净利润现金比率是本期经营活动产生的现金净流量与净利润之间的比率。在评价企业的经营业绩和获利能力时若仅以利润作为衡量指标则不够全面，应该结合现金流量表所提供的现金流量信息，特别是对经营活动现金净流量信息进行分析。净利润现金比率越大，说明本期净利润中已实现的现金收入越多，企业的盈利质量就越高，可能出现现金短缺的流动性风险就越低。其计算公式为：

净利润现金比率＝经营现金流量净额 ÷ 净利润 ×100%

（3）股利发放率。

股利发放率是反映每股股利和每股收益之间关系的一个重要指标，是上市公司特殊的盈利指标。

其计算公式为：

股利发放率＝每股股利 ÷ 每股收益 ×100%

该指标反映每1元净利润有多少用于普通股股东的现金股利发放，反映普通股股东的当期收益水平。借助于该指标，投资者可以了解一家上市公司的股利发放政策。每股收益越高，说明每股获利能力越强，投资者的回报越多。每股收益越低，说明每股获利能力越弱。

3. 营运能力比率

（1）应收账款周转率。

应收账款周转率是企业在一定时期内赊销净收入与平均应收账款余额之比，是衡量企业应收账款周转速度及管理效率的指标。一般用应收账款周转次数和应收账款周转天数表示。应收账款周转次数表明应收账款一年中周转的次数，或者说明1元应收账款投资支持的销售收入。应收账款周转天数，也称为应收账款的收现期，表明从销售开始到回收现金平均需要的天数。

一般来说，应收账款周转率越高越好，表明公司收账速度快，平均收账期短，坏账损失少，资产流动快，偿债能力强。与之相对应，应收账款周转天数则是越短越好。如果公司实际收回账款的天数越过了公司规定的应收账款天数，则说明债务人拖欠时间长，资信度低，增大了发生坏账损失的风险；同时也说明公司催收账款不力，使资产形成了呆账甚至坏账，造成了流动资产不流动，这对公司正常的生产经营是很不利的。但从另一方面说，如果公司的应收账款周转天数太短，则表明公司奉行较紧的信用政策，付款条件过于苛刻，这样会限制企业销售量的扩大，特别是当这种限制的代价（机会收益）大于赊销成本时，会影响企业的盈利水平。

有一些因素会影响应收账款周转率和周转天数计算的正确性。首先，由于公司生产经营的季节性原因，使应收账款周转率不能正确反映公司销售的实际情况。其次，某些上市公司在产品销售过程中大量使用分期付款方式。再次，有些公司采取大量收取现金方式进行销售。最后，有些公司年末销售量大量增加或年末销售量大量下降。这些因素都会对应收账款周转率或周转天数造成很大的影响。投资者在分析这两个指标时应将公司本期指标和公司前期指标、行业平均水平或其他类似公司的指标相比较，判断该指标的高低。

（2）流动资产周转率。

流动资产周转率是指企业一定时期内主营业务收入净额同平均流动资产总额的比率，流动资产周转率是评价企业资产利用率的一个重要指标。通过对该指标的对比分析，可以促进企业加强内部管理，充分利用流动资产，如调动暂时闲置的货币资金用于短期的投资创造收益等；还可以促进企业采取措施扩大销售，提高流动资产的综合使用率。

在一定时期内，流动资产周转次数越多，表明以相同的流动资产完成的周转额越多，流动资产利用的效果越好。流动资产周转率用周转天数表示时，周转一次所需要的天数越少，表明流动资产在经历生产和销售各阶段时占用的时间越短，周转越快。生产经营任何一个环节上的工作得到改善，都会反映为周转天数的缩短。按天数表示的流动资产周转率能更直接地反映生产经营状况的改善，便于比较不同时期的流动资产周转率，应用较为普遍。

（3）固定资产再投资率。

固定资产再投资率反映经营活动所创造的现金净流量中用于再投资企业

的固定资产的比例。若企业固定资产投资支出超过了经营活动现金净流量，企业需要筹集一定数量的补充资金，可能就会存在流动性问题。其计算公式为：

固定资产再投资率＝再投资企业的固定资产 ÷ 经营活动现金流

4.现金流量比率

现金流量比率用于衡量企业经营活动所产生的现金流量可以抵偿流动负债的程度，其计算公式为：

现金流量比率＝经营活动产生的现金净流量 ÷ 期末流动负债

通过该比率分析，可了解维持公司运行、支撑公司发展所需要的大部分现金的来源，从而判别企业财务状况是否良好、公司运行是否健康。一般而言，公司现金流入以经营活动为主，以收回投资、分得股利取得的现金以及银行借款、发行债券、接受外部投资等取得的现金为辅，是一种比较合理的结构。

5.杜邦分析

杜邦分析是以净资产收益率为核心的财务指标，通过财务指标的内在联系，系统、综合地分析企业的盈利水平，具有很鲜明的层次结构，是典型的利用财务指标之间的关系对企业财务进行综合分析的方法。杜邦分析法就是利用几种主要的财务比率之间的关系来综合地分析企业的财务状况，是一种用来评价公司盈利能力和股东权益回报水平、从财务角度评价企业绩效的经典方法。

杜邦分析法中的几种主要的财务指标关系为：

净资产收益率＝销售净利率 × 资产周转率 × 权益乘数

净资产收益率＝资产净利率 × 权益乘数

资产净利率＝销售净利率 × 资产周转率

为便于读者理解上述财务公式，我们从Wind数据库获取了某上市公司A公司2020年的杜邦分析指标，如图17–5所示。

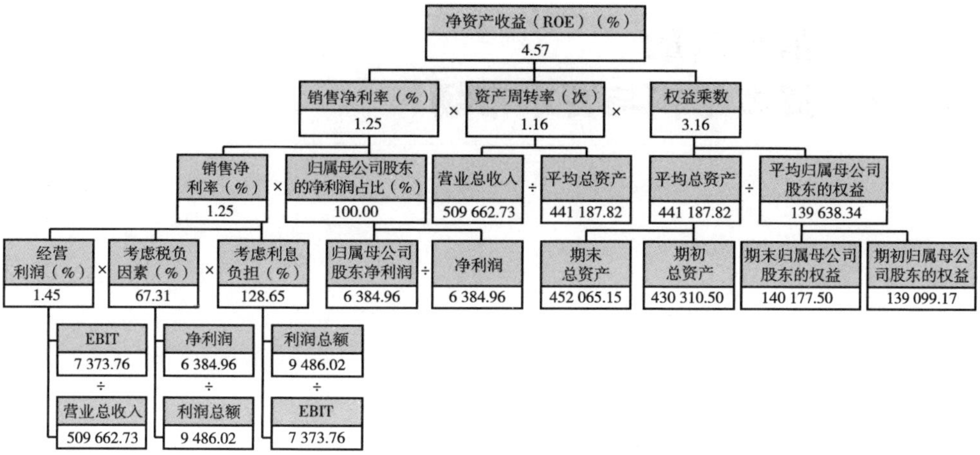

图 17-5　A公司2020年杜邦分析

杜邦分析法有助于企业管理层更加清晰地看到权益资本收益率的决定因素，以及销售净利润率与总资产周转率、债务比率之间的相互关联关系，给管理层提供了一张明晰的考察公司资产管理效率和是否最大化股东投资回报的路线图。

18 第十八章 资本结构与资本市场

司库作为企业的资金管理中心对企业金融资源进行全面管控，在服务企业投融资活动中发挥着重要作用。而融资管理作为司库的核心职能之一，要求司库利用其对资本市场的了解，通过多元化筹融资路径，为实现企业整体战略目标提供必要的长期资金支持，助力企业整体价值提升。

一、资本结构

司库为集团公司提供资本市场统一融资服务，除了保障资金供应以外，司库还应发挥其统筹管理的优势，降低企业资本成本、提高企业财务灵活性。为了实现该目标，司库需要通过恰当的多元化融资方式，构建合理的资本结构。

基于资产负债表的资本结构如图18–1所示。

资本结构是指企业在筹集资金时，通过债务融资、股权融资所取得长期资金之间的构成及其比例关系，即企业资本总额中长期债务资本和权益资本的比例。不同融资途径及其组合类型决定企业的资本结构，合理的资本结构能够帮助企业尽可能以最小成本取得融资、降低企业财务风险。此外，资本结构还会影响投资者和债权人对于企业的信心，这也间接影响了企业今后的融资能力。

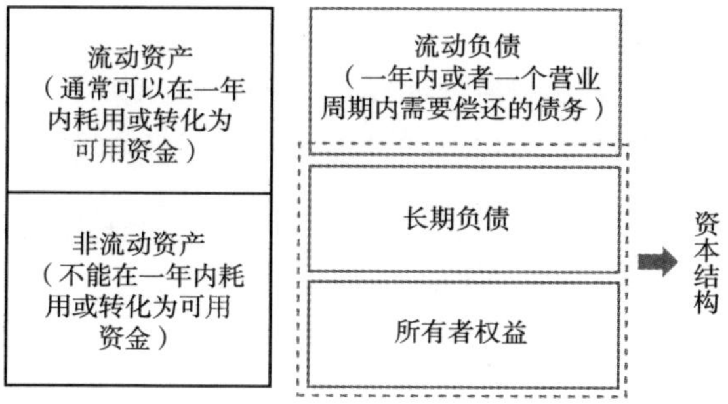

图18-1　基于资产负债表的资本结构组成

不同资金来源的组合配置产生不同的资本结构，并导致不同的资金成本及财务风险，进而影响到公司的价值。司库便是围绕这一问题进行研究，讨论如何优化资本结构，以指导企业的资金管理行为。随着我国金融体制改革不断深入和发展，司库在融资渠道和资金供给者的选择上也越来越灵活。司库在为集团企业进行融资时，应当利用其熟悉资本市场的优势，综合评估企业自身情况，为集团企业设定合理的资本结构、选择恰当的长期资本融资方式。此外，要充分发挥司库对资金进行集中管理的优势，司库可以利用其规模优势，在资本市场上为企业获得低成本的融资，优化企业的资本结构。

二、资本市场

（一）资本市场在司库体系中的作用

自改革开放以来，建立发展资本市场是我国加快推进社会主义现代化建设事业的一项重要举措。三十年间成就巨大，一是逐步建立了社会主义市场经济体制下资本市场制度架构；二是推动了现代金融体系建设；三是促进了企业改革和经营机制转换；四是有力支持了实体经济发展。对于司库体系来说，司库通过对资本结构的调整，控制实现集团企业内部资金管理，进而获得更高的资金使用管理效率。那么，资本市场作为主要投融资手段和途径，其对于司库体系行使调整资本结构职能的支撑作用是独一无二的。就资本市场的微观结构而言，基于IPO体系的证券性股权融资和基于银行体系的信贷性债务融资共同形成了“双重支持”的组合。鉴于大型国有企业集团在新时代中国特色社会主义市场经济体制中的独特定位，其资金来源中债务融资占比较高，特别是国有银行体系的信贷支持往往在上述组合中占据主要地位。然而，随着金融改革的不断发展，大型国有企业集团资金管理模式由分散走向集中，在规模、使用方式等方面的变化，将资本结构合理性问题提到一个新的高度，这就要求在司库管理的过程中，应多层次、多渠道利用资本市场，一方面把握好债务资本市场的稳定性，一方面利用好股权资本市场的灵活性。

（二）债务资本市场

目前在我国债务资本市场上，企业融资以间接融资为主，直接融资占比较低，其中银行作为中介的间接债务融资是债务资本市场上的主流。但随着国家不断采取措施，拓宽经济主体融资渠道，债券市场也越来越活跃。由银行间市场交易商协会推出的债务融资工具、国家发展改革委审核的企业债券以及证监会和交易所审核的公司债券使得债券市场种类更趋齐全，司库从债务资本市场进行长期资本融资的选择变得更加丰富。

债务融资经营能够降低企业的加权平均资本成本，同时债务带来的财务杠杆效应会放大企业权益资本收益率的变动幅度。因此，司库合理利用债务融资能够帮助企业自有资金获得更大的效用。不同的融资途径有各自的适用场景和限制条件，司库在资本市场中进行债务融资时也需要把握各种融资方式的特点选择适当的途径。

1.银行贷款

银行贷款是我国非金融企业最主要的融资方式之一。作为间接融资方式，贷款通过银行等金融中介机构进行，由银行吸纳社会上的储蓄资金，再贷给需要资金的企业。当前我国从事货币银行服务金融机构有商业银行、政策性银行、信用合作社、农村资金互助社等。

大型企业集团的司库通常会与银行建立银企合作关系，由于大型企业集团的经营状况较为稳定，具有较好的预期偿付能力和信誉，司库获得银行贷款也更为容易。相对其他股权融资渠道而言，银行贷款融资成本较低，申请手续相对简单，因此也是司库融资的主要资金来源之一。依据贷款用途的不同，银行中长期贷款业务主要分为流动资金贷款、固定资产贷款、项目贷款、并购贷款等。

（1）流动资金贷款。

流动资金贷款是指贷款人向企（事）业法人或国家规定可以作为借款人的其他组织发放的用于借款人日常生产经营周转的本外币贷款（中国银行业监督管理委员会，2010）。根据贷款期限的不同，流动资金贷款可以分为1年以内的临时贷款、短期贷款和1至3年的中期流动资金贷款。根据担保方式的不同，流动资金贷款可以分为信用贷款、抵押贷款、质押贷款和第三方保证贷款。根据使用方式的不同，流动资金贷款还可分为逐笔申请、审贷的周转贷款以及在银行规定的一定时间及限额内能够随借、随用、随还的循环贷款。

流动资金贷款是银行授信额度内较为普遍的贷款产品选择，其特点是贷款期限短、周转性强、手续简单、融资成本相对较低。在《流动资金贷款管理暂行办法》中对流动资金贷款的用途作出了限制，要求其不得用于固定资产、股权等投资。

流动资金贷款适合司库用于弥补生产经营过程中出现的临时性、季节性现金缺口，满足其流动资产循环中的资金需求，以保证正常的生产经营活动进行。

（2）固定资产贷款。

固定资产贷款是指贷款人向企（事）业法人或国家规定可以作为借款人的其他组织发放的，用于借款人固定资产投资的本外币贷款（中国银行业监督管理委员会，2009）。根据不同的资金需要，固定资产贷款主要分为基本建设贷款、技术改造贷款、科技开发贷款以及商业网点设施贷款。

一般而言，固定资产贷款金额较大，期限较长并且大部分采取分期偿还的方式。在贷款的使用方法上，一般是逐笔申请、逐笔审核。银行除了会要求企业提供必要的担保外，可能还会要求企业以项目新增的固定资产作为抵押担保。通过固定资产贷款，司库可获得长期稳定的大额资金，并且其贷款用途相对灵活，适用于固定资产项目的建设、购置、改造及相应配套设施的建设。

（3）项目贷款。

项目贷款通常用于建造一个或一组大型生产装置、基础设施、房地产项目或其他项目，也包括对在建或已建项目的再融资。项目贷款与传统银行贷款略有不同，项目贷款的借款人通常是为建设、经营该项目或为该项目融资而专门组建的企事业法人。简单来说，就是通常为需要融资的项目新建立一个项目单位来负责该项目的筹资、建造和经营管理，资金由银行直接提供给项目单位，还款资金来源也是该项目产生的收入。项目融资贷款一般需要设定抵押担保或质押担保，将符合抵押质押条件的项目资产或项目的预期收益等权利作为贷款担保。

虽然项目贷款的资金期限长、贷款数额大，但是项目贷款所取得的资金只能用于拟建项目的建设，不能另作他用。因此，项目贷款更适合司库用于预期现金流入稳定的大型建设项目融资，如能源开发项目、收费公路项目、通信设施项目、污水处理项目、矿藏资源开采项目等。

（4）并购贷款。

并购贷款是指银行向并购方企业发放或向其子公司发放、用于进行并购交易价款支付的贷款（中国银行业监督管理委员会，2015）。根据修订后的《商业银行并购贷款风险管理指引》规定，并购贷款的金额在全部并购交易价款中的占比不得大于60%，并且贷款的期限通常不得超过七年，借款企业需要提供足以覆盖并购贷款风险的担保。

对司库而言，并购贷款适用于通过认购新增股权、受让现有股权，或者承接债务、收购资产等方式以实现合并或实际控制已设立并持续经营的目标企业的交易行为。

（5）银团贷款。

银团贷款是一种通过银行财团和非银行金融机构进行资金筹集的方式，具体是指由两家或两家以上银行基于相同贷款条件，依据同一贷款合同，按约定时间和比例，通过代理行向借款人提供的本外币贷款或授信业务（中国银行业监督管理委员会，2011）。与单独银行贷款的资金规模限制相比，银团贷款由多家银行共同参与，可以为司库提供大额信贷资金。并且相对于与单独银行分别一对一签订协议，银团贷款能够简化筹资事务，可以帮助司库在较短时间内筹集大额资金。

2. 债券融资

虽然现在我国企业融资方式仍以贷款为主，但是直接融资比重正在快速增加。国家正不断地采取措施，促进货币市场和债券市场发展，拓宽经济主体融资渠道，司库可以选择的债权融资途径也越来越多样化。

与通过银行的间接融资不同，债券融资是没有金融中介机构介入的资金融通方式。在这种直接融资方式下，资金盈余单位与资金短缺单位之间通过直接协议，或在金融市场上购买资金需求单位所发行的有价证券，将货币资金提供给需要补充资金的单位使用。司库通过资本市场进行债务融资，一般会由银行、投行等组成承销商进行承销。

由于大型集团企业通常资信度较高，司库往往能够以低于同期贷款利率的利率水平通过债券获得融资，优良的资质使得司库的债券融资成本可能远低于银行信贷。同时，与银行信贷融资通常有许多限制性条款不同，司库通过发行债权筹集的资金相对而言在用途上的限制更少，司库使用时更加自由，相对而言也不容易受到银行信贷政策的影响，资金更加稳定。债券资本市场中有多种不同资金期限的融资途径，司库可以选择通过资金期限较长的债券融资进行长期资本补充，这些债券所筹集的资金通常要比通过银行融资期限更长，比银行信贷更适合司库用于满足长期资金需求。

当前我国的债券融资工具种类众多，根据监管机构的不同可分为三大类（见表18–1）。由中国银行间市场交易商协会（NAFMII）监管的非金融企业债务融资工具；由国家发展改革委（NDRC）监管的企业债；由中国证监会（CSRC）监管的公司债、企业资产证券化以及可转债。其中，司库在资本市场进行中长期债务融资时可以选择的债券融资工具主要包括中期票据、定向工具、资产支持票据、项目收益票据、企业债、公司债等。

表18–1　　国内资本市场常用中长期债券融资工具表

监管机构	债券融资工具
银行间市场交易商协会 非金融企业债务融资工具	中期票据、定向工具、资产支持票据、项目收益票据、并购债券
发展改革委	企业债券
证监会	公司债券、可转债、可交换公司债券

（1）中期票据。

中期票据（Medium-term Note，MTN）是指具有法人资格的非金融企业在银行间债券市场发行的，约定在一定期限还本付息的债务融资工具（中国银行间市场交易商协会，2021）。期限一般在1年以上。中期票据的发行实行余额管理模式，其待偿还余额最高不得超过企业净资产的40%。中期票据的发行无须担保，司库可以凭借自身信用发行，并且募集的资金没有指定用途。中期票据的发行规模很灵活，司库可以资金需要在通过注册后的两年有效期内，一次全额或分期发行不同金额、不同期限的中期票据。

（2）定向工具。

非公开定向债务融资工具（Private Placement Note，PPN）是指企业在银行间债券市场向债务融资工具专项机构投资人或债务融资工具特定机构投资人发行定向债务融资工具（中国银行间市场交易商协会，2016）。司库可以在两年的注册有效期内分期发行定向工具，其中注册后的6个月内应完成其首期发行。定向工具在非公开发行时，由发行人和投资人一对一协商确定利率、规模、期限等条款，灵活的非公开发行方案更能契合企业个性化需求。但是与公开发行债务融资工具相比，定向工具的流通市场相对受限，因此存在一定的流动性溢价，融资成本相对较高。

（3）资产支持票据。

资产支持票据（Asset-Backed Medium-term Notes，ABN）是指非金融企业为实现融资目的，采用结构化方式，通过发行载体发行的，由基础资产所产生的现金流作为收益支持的，按约定以还本付息等方式支付收益的证券化融资工具（中国银行间市场交易商协会，2017）。资产支持票据可以自行选择公开发行或定向发行。根据中国银行间市场交易商协会指引的规定，资产支持票据的基础资产可以是应收账款、信托受益权、租赁债权等财产权利，或者基础设施、商业物业等不动产财产或相关财产权利等，并且需要能够产生持续稳定、独立、可预测的现金流，以保证在资产支持票据的存续期内间覆盖支付票据收益所需的资金。

（4）项目收益票据。

项目收益票据（Project Revenue Note，PRN）是指非金融企业在银行间债券市场发行的，募集资金用于项目建设且以项目产生的经营性现金流为主要偿债来源的债务融资工具（中国银行间市场交易商协会，2014）。可用于发行项目收益票据的项目包括市政、公用事业、医疗、教育、交通等其他与城镇化建设相关并且能够持续产生稳定经营性现金流的项目。司库可以选择公开发行或非公开定向的发行方式。项目收据票据是特定用途融资工具，只能用于项目建设。发行规模一般取决于项目未来产生现金流的水平，项目收益也是票据主要的偿债来源。票据期限较长，可以涵盖项目的整个生命周期（包括项目的建设、运营与收益）。

（5）并购债券。

并购债券是为满足并购业务资金需求，并购方企业（即具有法人资格的非金融企业）在银行间债券市场发行的，约定在一定期限内还本付息的债务融资工具，并购债所筹集的资金用于支付并购对价。并购债的发行主要用于支持战略性的并购，支持有实力的大型企业集团进行兼并重组和行业整合。在实际发行中，除了对资金用途进行了规定外，注册发行流程与中期票据等普通债务融资工具没有本质区别。

（6）企业债券。

企业债券是指企业依照法定程序发行、约定在一定期限内还本付息的有价证券。一般企业债的发行方式主要是公开发行。随着2020年新证券法的发布，企业债的发行由核准制真正转变成注册制。首先企业债发行人向受理机构（中央国债登记结算有限责任公司）提出申请，由中央国债登记结算有限责任公司、中国银行间市场交易商协会作为审核机构，国家发展和改革委员会在法定时限内予以注册发行。与核准制相比，推行注册制之后取消了企业债券申报中的省级转报环节，企业债的发行周期大大缩短。

（7）公司债券。

公司债券是指公司依照法定程序发行、约定在一定期限还本付息的有价证券，公司债券可以公开发行，也可以非公开发行（中国证券监督管理委员会，2021）。公开发行的公司债券，由证券交易所负责受理、审核，并报至中国证监会进行注册；非公开发行的公司债券实行备案制。与企业债相比，公司债一次核准后可进行多次发行。《公司债券发行与交易管理办法》对于公司债所筹资金的用途进行了限制，如果司库通过公开发行公司债券筹集资金，则该项资金不能用于弥补亏损和非生产性支出。

（8）可交换公司债券。

可交换公司债券是指上市公司的股东依法发行、在一定期限内依据约定的条件可以交换成该股东所持有的上市公司股份的公司债券（上海证券交易所，2014）。该债券的持有者可以在将来的某个期间，按照条款规定用其所持有的债券换取债券发行人的股票。可交换债可以分为公开发行的可交换债与非公开发行的可交换债。可交换债的特殊之处在于，司库通过上市公司股票质押的方式为债券增信，并且内嵌债券持有者换股的权利。

（三）股权资本市场

我国多层次的股权资本市场目前主要由沪深交易所市场（包括沪深主板、科创板、创业板）、新三板（包括北交所、基础层、创新层）、四板市场（区域股权交易中心）等构成，目前大型集团企业的主要上市、交易场所集中在主板市场。

在股权资本市场进行融资通常有上市以及上市后的再融资两种途径。与债务融资相比，股权资本不存在还本付息的财务压力，对于所筹集资金的使用也没有特别限制，因此进行股权融资也是司库的主要融资方式之一。

不过，股权融资的资本成本通常要高于债务融资。由于投资者持有股权的收益风险高于债权，对于股权投资者通常会要求更高的投资报酬率。另一方面，股本利息是从税后利润中支付，不具备递减税款的作用，并且股票发行费用也相对较高。此外，司库利用股权融资筹集资金可能会使企业控制权结构产生变化，现有股东的控制权会被稀释，对企业的经营决策可能产生一定的影响。

1. 上市募集资金

（1）首次公开募股。

首次公开募股（IPO）是指企业通过证券交易所首次公开向投资者增发股票，以期募集用于企业发展资金的过程。通常，股票发行的过程先由发行审核委员会核准后取得中国证监会同意发行的批文，接下来刊登招股说明书、进行路演，按照发行方案发行股票，刊登上市公告书后在证券交易所完成挂牌上市交易。IPO可以为企业的持续发展获得长期稳定的融资渠道。通过股权融资帮助企业降低资产负债率，降低企业的财务风险，进而也更容易获得低成本的债务融资资金。但IPO也会要求企业对其详细经营信息进行公开。此外，支付各种上市费用也是一笔昂贵的开支，通过股票上市进行融资相对而言资本成本较高。

（2）借壳上市。

企业除了可以通过IPO即首次公开发行股票实现上市外，还可以通过借壳的方式实现上市。借壳上市是指上市公司的母公司（集团公司）通过将主要资产注入到上市的子公司中，来实现母公司的上市。通过对于取得控制的上市子公司的资源进行重新配置，实现集团公司间接上市。相比于IPO上市，借壳上市审核程序简单、审核周期短、审核标准较为宽松。但借壳上市本身不能为企业筹集大量资金，集团企业需要在借壳上市一段时间之后才能实施再融资以补充企业的资金需求。

2.股权再融资

上市集团的后续股权融资主要以再融资方式为主，上市公司通过配股、增发和发行可转换公司债券、发行优先股等方式在证券市场上进行直接融资。

（1）增发。

股票增发配售是已上市的公司通过指定投资者（如大股东或机构投资者）或全部投资者额外发行股份募集资金的融资方式，分为公开增发和非公开增发。公开增发股票的方式周期较长，需要经过有关部门层层审批。非公开增发涉及范围较小，相对于公开增发整个发行周期短一些，公司能够在更短时间内筹集资金。并且对于部分业绩达不到增发和配股要求的上市公司而言，通过非公开增发可以绕开对经营业绩的“硬性规定”，实现再融资（施燕，2011）。通过定向增发，企业可以融入资金以填补资金缺口，还可以帮助企业引进战略投资者，完善企业的治理结构。

（2）配股。

配股是指上市公司向原股票股东按其持股比例、以低于市价的某一特定价格配售一定数量新发行股票的融资行为（高金平等，2014）。依据公司法中的相关规定，上市公司在配售新股时，应当先在原有股东中进行，以保证原股东能够维持对公司的持股比例，在原股东不想参加配股时，原股东可以选择转让配股权。实际上配股是给原股东一种追加投资的选择，同时帮助公司融入资金。配股由于不涉及新老股东之间利益的平衡，因此操作流程较为简单，审批速度相对较快，发行难度也较低。

（3）可转债。

可转换公司债券是指嵌有股票转换权的公司债券，债权人可以在一定期间内按发行时规定的条件把其债券转换成公司发行的普通股。可转换公司债券同时兼具债券和股票的特点，可以看成是一种"递延的股本融资"。对公司而言，发行可转换公司债券能够帮助公司以较低的成本进行融资。由于具有转换权利，可转换债券利率一般会低于普通的公司债券利率，因此发行可转换债券能够以较低的融资成本取得资金。较低的利率水平加上债券利息的"税盾"作用，这种融资方式下公司的财务负担较小。配股和增发都会导致公司股本规模的即时扩张，而在股本规模的扩张可能会导致股价下跌。与配股和增发等融资方式相比，发行可转换债券在相同的股本扩张规模下能够融得更多资金，并且可转债转换成股票是在一个期间内发生的，对公司股价的冲击不会像配股和增发立即产生，有利于发行公司的股票价格稳定。但是可转债也有偿还风险，如果转股不成功，公司将面临巨大的"还本付息"的压力，可能会给公司财务状况带来影响。

（4）优先股。

优先股是指依照公司法，在一般规定的普通种类股份之外，另行规定的其他种类股份，其股份持有人优先于普通股股东分配公司利润和剩余财产，但参与公司决策管理等权利受到限制。

优先股按照约定的票面股息率向股东分配利润，在完成约定股息的支付之前，不得向普通股股东分配利润。当公司因破产、解散等原因而进行清算时，优先股股东对于清偿后的公司剩余财产享有优先清偿权（郑策等，2018）。优先股股东的权利范围较小，一般没有选举权和被选举权，对于公司的重大经营也没有决策权。

由于优先股没有规定最终到期日，实质上类似于一项永续性债务，但对于股利支付没有像债券那样严格的约束，同时公司也可以选择有利条件下收回优先股。因此，通过发行优先股进行融资财务灵活性较好。由于优先股无表决权，不影响普通股股东对企业的控制权，也可以避免普通股权益被稀释。

（5）回购。

股票回购是指上市公司利用现金等方式，从股票市场上购回公司本身已经发行在外的一定数额的股票，以实现公司减资或调整资本结构的目的。股票回购完成后，公司可以注销其所回购的股票，或者将回购的股票作为“库存股”保留。

回购股票在改变资本结构的同时，由于回购提高了股票价格，投资者的信心得以增强，有助于公司日后开展融资。同时，每股收益水平的提高也可以降低公司的经营压力。

三、资本结构管理策略

司库在进行融资决策时，一方面要合理加大债务资本融资，发挥财务杠杆的调节作用；另一方面也要防止债务资本过多带来偿债负担过大的风险。那么债务融资和股权融资到底该如何配比、资本结构如何优化也成为司库作为资金管理中心所需研究的问题。

（一）资本结构决策影响因素（见图18-2）

从理论上讲，资本成本是资本结构决策时的重要驱动力，企业设立司库作为资金管理中心的目的之一就是利用集中融资的规模优势，以更低的成本为集团运营补充资本，因此司库往往会首先考虑何种资本来源的成本更低。但除此之外，司库还需要对资金潜在的未来需求以及资金短缺的后果做出分析和判断，以应对不确定性和特殊事件可能带来的冲击。

在实际决策时，司库应根据资金缺口以及对企业财务状况的预期，考虑债务资本与股权资本保持何种比例，才能在满足业务发展需要的同时使企业资本成本最优、风险可控，并保留一定资金弹性以应对环境波动。

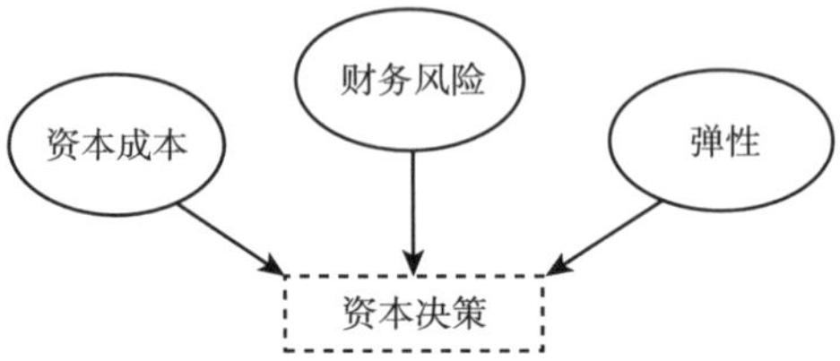

图18-2 司库资本结构决策的主要影响因素

1. 资本成本

企业传统的资金分散化管理不能充分发挥集团企业的规模经济效应，企业可能需要承担较高的融资成本。在司库的统筹融资管理模式下，司库更需要关注以什么样的资金筹措方案能够获取成本更低的资金，以帮助企业节约成本。

一般而言，债务融资的成本是要低于股权融资的，司库可以合理利用债务融资以降低资本成本。对于股权融资而言，投资者收益是不确定的，不会像债权人那样按期得到利息，股权融资的收益随着企业经营状况、盈利水平而变动。股权融资的资金来源对于企业来说是永久性的，而对投资者来说，与之相对应的是不确定的回收期。一旦企业经营状况不佳或者面临清算时，股权融资的投资者的清偿顺序是排在债权人之后的，还会要面临巨大的亏损风险，股权融资对投资者而言风险更大，为了弥补这种风险，投资者就会要求相对较高的必要报酬率。股权融资的成本，也就是投资者所获得的收益是在税后支付的。而债务融资的成本，也就是利息是在税前支付的，这种税收政策带来的差异也使得实际支付时债务融资资本成本是低于股权融资资本成本的。

2. 财务风险

在企业运营良好的情况下采取更多债务融资能够降低成本、增加所有者权益的回报率，可是一旦出现现金流紧张、银行信贷收紧等情况时，高额的利息支出也能会带来财务风险，而财务风险水平很大程度上会影响日后的融资能力，甚至使企业陷入财务困境。在进行资本结构决策时，司库应将财务风险也列入考虑因素。

一般来说，权益性融资带来的财务风险会低于债务融资的风险。在债务融资模式下，如果到期无法偿还债务，这个风险将由企业自身承担。债务融资对于企业的偿还是具有硬约束的，企业只有如期偿还债务才能持续经营下去，否则企业可能会面临信誉下降、不得不以资抵债的风险。相比之下，股权融资一旦投入，就成了企业的永久性资金，股东将与企业共担风险，没有负债融资带来的偿债风险。

在债务存续期间，对于大规模采用债务融资的企业来说还有无法付息的风险。司库需要按照约定的利率定期为其融得的资金支付利息，这不随企业经营情况的优劣而变化。一旦企业经营亏损时，现金流不足可能会导致司库无法按时付息。而对于股权融资来说，股权融资的投资方的收益是与企业的经营业绩、盈利情况挂钩的，在企业亏损期间，司库对于股权融资的投资方没有支付的压力。

在债务融资中，负债的风险还与其期限长短有关。长期负债的风险通常会低于期限较短的负债。长期负债在负债期内，利息费用通常是提前确定的，在对需要支付的利息有明确预期的情况下，司库可以更好地计划资金以满足利息支出，在较长的经营期内获得足够的收益以偿还债务。如果以短期负债满足长期的资金需求的话，则有可能出现因资金成本波动带来的不确定性，这种暂时无力偿还的风险有可能导致企业陷入财务困境。

3.资本结构弹性

企业的日常经营状况随时可能出现变化，司库需要衡量资本结构是否具有弹性以应对多变的环境情况。在企业经营过程中，可能需要根据市场等情况的变化而扩大或缩小经营规模，那么对应地，资本规模也要能够匹配，这时就要求资本结构具有一定的弹性以实现对资本规模的及时调整。对于资本规模的调整包括扩充资本和收缩资本，也就是新增融资和减少原有融资。但并不是每种融资方式都能够随时清偿或转让的，所以司库在进行资本决策时就需要考虑不同融资方式对资本结构弹性的影响。此外，司库也要保持一定的潜在筹资渠道，保证在现有资金外还具有筹资能力，这样一旦资本结构需要调整时，司库才有机动空间。

通常而言，股权融资的弹性较小，如果临时想通过所有者权益来调节资本结构，就需要增资或者减资，这往往不能一蹴而就。而与股权融资相比，债务融资就具有较好的弹性，出于债务融资到期偿还的特点，对于一些可以在负债期内随时清偿的长期负债，司库可以利用其特点灵活调整其债务规模，从而使企业的资本结构具有弹性。例如，短期债务期限短、流动性强，而可转换公司债券能将债务资本转换为权益资本，这类债务融资工具都能帮助司库保持资本结构更好的弹性。

然而成本、风险、弹性对资本结构的影响并不是同向的，比如风险低弹性好的资本结构，往往取得资金的成本就会相对较高。实际中很难找到使三者都达到最优的融资方式，因此在实际的资本结构决策中司库需要结合企业自身特点将多种融资方式优化组合，使其资本结构在成本、风险、弹性上达到相对优化的水平。

（二）资本结构优化策略

在进行资本结构决策时，除去对不同融资途径本身的成本、风险、弹性等因素的考量，企业自身的特点也会给资本结构策略带来差异。司库也应结合企业自身状况，从适配企业经营需求与实际状况出发，考虑企业资产流动性、行业特征、企业所处生命周期等因素对资本结构策略的影响，选择合理的资本结构策略。

1.资产流动性策略

流动比率是衡量企业偿债能力的指标，也就是评价企业利用流动资产来偿还流动负债的能力，企业流动比率高说明企业的流动资产对于所需偿还的流动负债的覆盖率高，表明企业有较为充足的流动资产可以在短时间内变现为货币资金，以便偿还企业的短期债务。通常情况下，相对其他融资方式来说，流动比率较高的企业往往更倾向于通过债务融资获取资金，而偿债能力较差的企业，其资金通常来源于股权融资。

同时，融资的类型也应与企业持有的资产相匹配。如果企业资产中流动资产比例较高，司库可以优先考虑调整灵活、融资成本较低的流动负债。如果企业资产里中长期或固定资产占比较大，司库则可以长期债务融资或者股权融资为主，这样可以弥补长期资产不易变现、短期偿债能力不足的缺陷。

2.行业策略

由于经营风险、产品需求和生产特点大体相近，加之各个行业的成长性、规模、盈利性等要素也有其自身的特点，因此同行业的企业往往其资本结构也具有一定相似规律。而行业之间的业务差异导致资金需求不同，因此司库在资本结构策略的选择时也要把握行业特点。

比如当前在房地产业、建筑业企业中债务融资占据着主导地位。房地产业、建筑业等资本密集型行业对固定资产的需求大，对于大体量资金的需求较大，为了填补资金缺口，往往通过债务融资的方式获取充足资金以支持企业的生产经营，因而这些企业的资产负债率往往也较高。与之相比，高新技术企业的人力资本需求更高，其资本结构就与资本密集型行业显著不同。其中信息传输、计算机服务和软件业作为高新技术产业的代表，是轻资产行业，这些企业的人力资本、技术专利等很难用于抵押以获得债务融资，而股权融资可以分担风险、激励创新，因此信息行业中则是股权融资占主导地位。

3.生命周期策略

企业处于不同的生命周期，其增长能力和盈利能力就会有差异，这影响着资金融出方融出资金的意愿，司库融入资金的渠道也受到企业所处发展阶段的约束。

处于成熟期的行业，企业通常能够有稳定的现金流入，在这种情况下，企业陷入财务危机的可能性较低，司库更容易通过债务融资补充资金。而处于成长期的行业，资金投入需求较大，未来现金流预期不稳定，其财务风险、经营风险较大，鉴于这种预期，债权人通常会对这些企业的借款施加更多的约束，这也限制了其负债融资的能力，司库可能更容易通过权益融资来获取资金。

19 第十九章 信用评级和银行信用管理

企业司库管理的职能一方面在战略规划下统筹所有金融资源，为确保资金安全，可以在一定范围内对集团下属企业进行信用评级，结果可作为资金流向参考依据，一定程度也可以把控信用风险；另一方面是银行等金融机构的关系管理，对金融机构关系进行整合，银行作为企业外部资金重要来源渠道，能够满足企业多少资金需求，提供多少贷款的第一步就是信用评级。

一、信用评级

信用评级结果通常会以得分或简明的符号表示，表明银行或评估机构对企业偿还债务能力及违约风险大小的评估，本质是对企业信用风险的综合评级，也是对企业后续信用风险管理的基础。

（一）信用评级的特点

1.客观性

信用评级的基础数据和资料必须真实准确，评级的程序和方法是科学、规范的，并不是根据评级机构的主观判断得到的结果，所以信用评级具有客观性的特点。

2.简洁性

评级结果以简洁的数字或字母符合表示，是对企业进行价值判断的简明工具。

3.时效性

信用评级是根据企业定量和定性信息进行分析，这些信息不是一成不变的，会受到宏观经济因素、行业因素、企业战略因素影响而不断变化，所以评级结果也不是一成不变的，需要定期对企业情况进行跟踪，及时调整评级结果。

4.专用性

信用评级的结果是对企业信用风险的评价，不是企业的全面评价，所以其评级结果适用有一定的专用范围。

5.可比性

评级方法和程序是科学规范的，评级机构对同行业的评级对象评估标准是同样的，可以反映评级对象在同行业中的地位，所以评级结果具有可比性。

（二）信用评级的类型

信用评级依照不同的划分标准，可以分为不同的类型，常见的分类方式有以下三种。

1.按评级期限划分，分为长期评级和短期评级

被评级的产品期限不同，评级内容会不同，比如长期债券评级时会更考虑宏观因素，因为其受宏观因素影响较大，短期债券评级会更考虑现金流等微观因素。但不论长期评级还是短期评级需注意评级的时效性。

2.按评级对象划分，分为主体评级和金融工具评级

主体评级是指将发行债券等产品的发行主体作为一个组织进行评级，主体评级还包括国家主权评级、企业评级、金融机构评级等。金融工具评级主要是对发行主体发行的特定金融工具进行的评级，如债券评级、短期融资券评级、优先股评级等。

3.按评估方式划分，分为公开评级和内部评级

公开评级一般由独立的信用评级公司进行评级，评级结果向社会公布，通常企业公开发行或在银行间市场发行债券的评级报告为公开评级。内部评级是指评级结果不向社会公布，由内部掌握，商业银行对借款人的信用评估，就属于内部评级的一种。

（三）信用评级的使用及最优评级

信用评级由独立的机构给出，不同的发展投资者会将信用评级结合他们自己的评估方法使用，以得到对发行人信誉更好的认识。

1.市场中介机构对信用评级的使用

中介机构主要有商业银行、投资银行、经纪商和其他机构，中介机构通常在评估对发行者进行信用延期和将发行人发展成客户时，使用信用评级作为交易对手风险的指标。

2.企业对信用评级的使用

使用信用评级作为他们供应链上重要环节的交易伙伴的信誉的指标，以此确定他们的供应和/或支付风险。

3.发行人对信用评级的使用

对发行人的信用评级越高，借贷成本会越低，信用评级是市场为他们的债务和定价提供的容量和流动性的代名词。

信用评级使用过程中会发现，由于每家公司特定的评定量表的差别，两个来自同一国家同一行业有相同评级的发行人可能会有与对方不同的借贷成本。最高的评级并不总是最优的，对一个公司来说，确定符合其长期发展计划的最优信用很重要，而不是总追求更好但是不可持续的评级。

最优评级是指发行人追求的评级应该是中期可持续并且能随时间推移而提高的。评级过程中主观因素的存在及预测和假设的作用表明未来哪些数字缺乏确定性。评级上升之后又迅速下降至最初评级，这样升级的效果还不如一致的评级对公司更有利，在公司有信心走高并且会保持一段时间时司库相信一致的评级也会上升。更高的评级带来的低成本的少数基点在降级发生时会面临风

险，因为降级事件在市场上对公司有消极影响。这当然只是一种观点，也有一些司库总是积极地追求高的评级。只要高评级可以持续，那高评级也是有利的。

（四）信用等级的划分及含义

评级的等级通常是字母或数字，表示方式有的采用5级，7级，9级或10级。有的用A、B、C、D、E或特级、一、二、三、四级表示，有的用AAA、AA、A、BBB、BB、B、CCC、CC、C表示，一般来说，长期债务时间长，影响面广，信用波动大，采用级别较宽，通常分为9级；而短期债务时间短，信用波动小，级别较窄，一般分为4级。

国际通行信用等级的为“四等十级制”评级等级（见表19-1表19-2和表19-3），从AAA（最高等级）逐步向下变化到D或者违约。我国评级机构的信用评级等级划分与国际评级机构的符号及含义基本相同。

表19-1 信用评级等级含义

类别	等级	含义	解释
投资级	AAA级	信用极好	企业的信用程度高、几乎无风险。该类企业具有优秀的信用记录，经营状况佳，盈利能力强，清偿支付能力强，基本不受不利经济环境的影响，违约风险极低
	AA级	信用优良	企业的信用程度较高，基本无风险。该类企业具有优良的信用记录，经营状况良好，盈利水平较高，有较强的清偿支付能力，受不利经济环境的影响较小，违约风险很低
	A级	信用较好	企业的信用程度良好，风险较小。该类企业具有良好的信用记录，经营处于良性循环状态，清偿与支付能力尚可，较易受不利经济环境的影响，违约风险较低
	BBB级	信用一般	企业的信用程度一般，稍有风险。该类企业的信用记录正常，但其经营状况、盈利水平及未来发展易受不利经济环境影响较大，违约风险一般
投机级	BB级	信用欠佳	企业信用程度较差，有一定风险。该类企业有资产和财务状况差，清偿与支付能力不佳，易受不利经济环境影响很大，有较高违约风险
	B级	信用较差	企业的信用程度差，有很大风险。该类企业偿债能力较弱，偿还债务的能力较大地依赖于良好的经济环境，违约风险很高
	CCC级	信用很差	企业信用很差，偿债能力不可靠。该类企业几乎没有偿债能力，存在重大风险和不稳定性，偿债能力低下违约风险极高

续表

类别	等级	含义	解释
投机级	CC级	信用太差	企业信用极差，没有偿债能力。该类企业已处于亏损状态，偿债能力极低，在破产或重组时可获得保护较小，基本不能保证偿还债务
	C级	信用极差	企业无信用。该类企业基本无力偿还本息，几乎完全丧失偿债能力
违约	D级	违约	企业已濒临破产，债务违约

注："AA"级至"CCC"级可加上加号（+）和减号（-）表示评级略高或略低于本等级。

表19-2　　中长期债券信用评级等级含义

等级	含义
AAA级	偿还债务能力极强，基本不受不利经济环境的影响，违约风险极低
AA级	偿还债务能力很强，受不利经济环境的影响较小，违约风险很低
A级	偿还债务能力较强，较易受不利经济环境的影响，违约风险较低
BBB级	偿还债务能力一般，受不利经济环境影响较大，违约风险一般
BB级	偿还债务能力较弱，受不利经济环境影响很大，有较高违约风险
B级	偿还债务能力较大地依赖于良好的经济环境，违约风险很高
CCC级	偿还债务能力极度依赖于良好的经济环境，违约风险极高
CC级	基本不能保证偿还债券
C级	不能偿还债券

表19-3　　短期债券信用评级等级含义

等级	含义
A-1	为最高级短期债券，还本付息风险很小，安全性很高
A-2	还本付息风险较小，安全性较高
A-3	还本付息风险一般，安全性易受不利环境变化的影响
B	还本付息风险较高，安全性易受不利环境变化的影响
C	还本付息风险很高，违约风险较高
D	不能按期还本付息

二、信用评级方法

信用评级的方法是指对企业定性定量信息进行分析并判断其信用等级高低

的技巧，贯穿分析评价的整个过程。不同的机构有不同的过程，大致可以总结为发起评级、初步分析、与发行人交流、最终分析、违约评级、机构管理层审核、通知发行人、公开发布等阶段。

评级方法按不同的标准也有不同的分类方法，本书根据评级过程中定性分析及定量分析的侧重点将评级方法分为以下3种。

（一）要素分析法

要素分析法主要是根据信用形成的要素进行定性分析并配合定量计算，通常是将影响企业的影响因素列明分析，为达到全面反映评级对象的情况，要将企业信用影响因素的各方面都包含不能遗漏。常见的要素分析法包含5C要素分析法、5P要素分析法、CAMEL分析法等。

1. 5C要素分析法

这种方法主要分析以下五个方面的信用要素：借款人品德（Character）、经营能力（Capacity）、资本（Capital）、资产抵押（Collateral）、经济环境（Condition）。

（1）借款人品德（Character）。

要求借款人必须诚实可信，善于经营。通常要根据过去记录结合现状调查来进行分析，包括企业经营者的年龄、文化、技术结构、遵纪守法情况，开拓进取及领导能力，有无获得荣誉奖励或纪律处分，团结协作精神及组织管理。

（2）经营能力（Capacity）。

要分析借款企业的生产经营能力及获利情况，管理制度是否健全，管理手段是否先进，产品生产销售是否正常，在市场上有无竞争力，经营规模和经营实力是否逐年增长，财务状况是否稳健。

（3）资本（Capital）。

企业资本往往是衡量企业财力和贷款金额大小的决定因素，企业资本雄厚，说明企业具有强大的物质基础和抗风险能力。因此，信用分析必须调查了解企业资本规模和负债比率，反映企业资产或资本对于负债的保障程度。

（4）资产抵押（Collateral）。

资产可以用作贷款担保的抵押品。有时申请贷款也可由其他企业担保。有了担保抵押，信贷资产就有了安全保障。信用分析必须分析担保手续是否齐备，抵押品的估值和出售有无问题，担保人的信誉是否可靠。

（5）经济环境（Condition）。

经济环境对企业发展前途具有一定影响，也是影响企业信用的一项重要的外部因素。信用分析必须对企业的经济环境，包括企业发展前景、行业发展趋势、市场需求、政策监管变化等进行分析，预测其对企业经营效益的影响。

2. 5P要素分析法

5P要素分析法包含：个人因素（Personal Factor）、资金用途因素（Purpose Factor）、还款财源因素（Payment Factor）、债权保障因素（Protection Factor）、企业前景因素（Perspective Factor）。

（1）个人因素（Personal Factor）。

主要分析：企业经营者品德是否诚实守信，有无丧失信用事例；还款意愿；借款人的资格必须是依法登记、持有营业执照的企事业法人，产品有市场，经营有效益，在银行开立基本账户，并具有可供抵押的资产或能提供担保人。还款能力包括企业经营者的专业技能、领导才能及经营管理能力。

（2）资金用途因素（Purpose Factor）。

资金用途通常包括生产经营、还债交税和替代股权三个方面。如果用于生产经营，要分析是流动资金贷款还是项目贷款，对那些受到国家产业政策支持、效益好的支柱产业要给予支持；对新产品、新技术的研制开发，要分析项目在经济和技术上的可行性，确保贷款能够收回。如果用于还债交税，要严格审查，是否符合规定。如果用于替代股权或弥补亏损，更应慎重。

（3）还款财源因素（Payment Factor）。

主要有两个来源，一是现金流量；二是资产变现。现金流量方面要分析企业经营活动现金的流入、流出和净流量，现金净流量同流动负债的比率以及企业在投资、融资方面现金的流入流出情况。资产变现方面要分析流动比率、速动比率以及应收账款与存货的周转情况。

（4）债权保障因素（Protection Factor）。

包括内部保障和外部保障两个方面。内部保障方面要分析企业的财务结构是否稳健和盈利水平是否正常；外部保障方面要分析担保人的财务实力及信用状况。

（5）企业前景因素（Perspective Factor）。

主要分析借款企业的发展前景，包括产业政策、竞争能力、产品寿命周期、新产品开发情况等；同时，还要分析企业有无财务风险，是否有可能导致财务状况恶化的因素。

3. CAMEL分析法

骆驼评估体系包括的五个部分为：资本充足率（Capital Adequacy）、资产质量（Asset Quality）、管理水平（Management）、收益状况（Earnings）、流动性（Liquidity），其英文第一个字母组合在一起即为“CAMEL”，因正好与“骆驼”的英文名字相同而得名。该方法主要应用于对金融机构的评级。

（二）综合分析法

综合评估法以定性分析为主，定量分析为辅，要求对评估对象作出全局性、整体性的评价，利用可观察到的评级对象特征变量计算出一个数值（得分）来代表债务人的信用风险。一般做法是根据各具体指标在评级总目标中的不同地位，给出或设定其标准权数，同时确定各具体指标的标准值，然后比较指标的实际数值与标准值得到级别指标分值，最后汇总指标分值求得加权评估总分。这种方法能够更好地反映企业未来的信用风险大小。因此，该方法目前使用广泛，代表了当今信用风险评估方法发展的主流方向。

其评估内容主要包括以下方面：宏观经济环境、行业状况、管理、资本结构、偿债能力、经营能力及经营效益能力、发展能力、信用状况等。

（1）宏观经济政策。主要包括区域影响、政策影响、环境影响，以及社会影响。

（2）行业因素。行业领先涉及技术、品牌、市场份额、知识产权数量、研发投入规模等。

（3）管理。管理的组成部分包括战略和质量管理，包括运营和商业策略、执行、背景和绩效记录。

（4）资本结构指标。如净资产与借款余额的比例、负债率、资本固化率等。

（5）偿债能力。流动比率、速动比例、利息保障倍数（现金流利息保障倍数）、担保比率等。

（6）经营能力及经营效益能力。经营能力主要包括主营收入现金率、应收账款周转率、存货周转率。经营效益能力包括主营收入利润率、销售毛利率、净资产收益率、总资产收益率等。

（7）发展能力。主营业务增长率、净资产增长率、固定资产成新率等。

（8）信用状况。贷款质量、付息质量、央行征信系统状况等。

（三）模型分析法

在评级机构的评级方法当中，若单独利用包含大量的定性分析的因素分析法，会导致主观判断较多。而模型分析法是运用数学的方法进行定性量化分析，运用被评级对象的实际数据对影响违约风险的因素进行分析，可以得出对宏观、行业、市场及企业财务与经营等方面信息的综合分析判断，从而发现一般规律并揭示风险。常见的评级模型包括Z评分模型、VaR模型。

1. Z评分模型

该模型是财务失败预警模型，最早是由阿尔特曼（1968）开始研究的。该模型通过五种财务比率将反映企业偿债能力的指标、获利能力的指标和营运能力的指标有机联系起来，综合分析预测企业财务失败或破产的可能性。一般而言，Z值越低，企业越有可能发生破产。此方法还可以用于债券评级、投资决策、银行对贷款申请的评估及子公司业绩考核等。根据企业类型可以分为上市公司、非上市公司、非制造业公司Z评分模型。

（1）上市公司Z评分模型。

$$Z_1=0.012X_1+0.014X_2+0.033X_3+0.006X_4+0.999X_5$$

其中，X_1=（流动资产－流动负债）÷总资产，X_2=留存收益÷总资产，X_3=息税前收益÷总资产，X_4= 优先股和普通股股权市值÷总资产账面价值，X_5=销售收入÷总资产

（2）非上市公司Z评分模型。

$$Z_2=0.717X_1+0.847X_2+3.107X_3+0.420X_4+0.998X_5$$

其中，X_1=(流动资产－流动负债)÷资产总额，X_2=未分配利润÷资产总额，X_3=（利润总额+利息支出）÷资产总额，X_4=权益÷负债总额，X_5=销售收入÷总资产

（3）非制造企业Z评分模型。

$$Z_3=6.56X_1+3.26X_2+6.72X_3+1.05X_4$$

其中，X_1=(流动资产－流动负债)÷资产总额，X_2=未分配利润÷资产总额，X_3=（利润总额+折旧+摊销+利息支出）÷资产总额，X_4=所有者权益÷负债总额

2. VaR模型

VaR 方法是在1994年由J.P.摩根提出的，也叫风险价值模型。是指在正常的市场条件和一定的置信水平上，计算出给定时间段内预期发生的最坏情况损失的风险评估方法。

三、银行信用评估过程

银行信用评级是银行在对客户授信之前对客户的财务状况、生产运营情况、贷款用途、偿还贷款能力以及贷款收益等项目进行综合考察分析后，对客户进行信用等级评定。评级后通常会对客户授予一定信用额度，在这个额度内向客户提供资金、透支等表内业务及票据承兑、保函等表外业务。

（一）银行信用评级的作用

银行信用评级的作用一是将评级结果作为银行向该客户提供资金等业务的依据，从而保证银行资金的安全性。二是保证银行资金的收益性。通过评级

结果比较判断客户风险大小，确定资本业务的收益率。三是简化贷款等业务程序，提高业务效率。银行根据评级结果在授信范围内开展业务，可以简化业务程序。

（二）银行信用评级的流程

银行会根据监管规定的要求结合自身风险防范和信贷管理需要出发，制定与监管规定的标准具有明确的对应和转换关系的内部信用评级制度，规范银行信用评级的组织架构、程序、方法及标准等内容。银行信用评级程序主要分为评级准备、资料收集、初评及审核、确定评级、告知结果、跟踪监测六个阶段。

1.评级准备

评级准备阶段主要包括客户申请、确定评级人员制订工作方案、向企业提供资料等环节。

客户向评估机构提出信用评级申请，双方签订评估协议书。协议书主要内容有签约双方的名称、评估对象、目的、双方权利和义务、评估费用等。

银行确定评估客户相关人员，制订项目评估方案，对评估工作内容、工作进度安排和评估人员分工作出规定。评估人员与受评公司进行沟通，要求提供相应有价值的资料。

2.资料收集

评估人员会向客户收集资料，资料通常会包括企业客户的营业执照、经审计的近三年财务报告及近期财务报表、管理方面的资料，掌握企业经营的详细数据和未公开资料。

评估成员会与客户的业务竞争情况、财务政策、业绩和未来战略等问题进行交流，以便对受评对象生产经营全貌建立感性认识，并进一步实地核实其生产经营现状、资产规模、在建项目等。

3.初评及审核

评估人员对收集到的资料进行保密处理，对客户企业战略地位、市场竞争力、管理水平、经营状况和发展前景、企业财务指标等定性、定量指标进行分析归纳和整理，提出初评意见。根据银行信用评级组织架构交审核人员进行进一步审核，通常由风险部门进行初评审核工作。

4.确定评级

评估人员向银行专业评级委员会提交报告，由评级委员会审定，决定信用评级报告的内容和结果。

5.告知结果

随后评级机构告知受评公司结果及理由，如受评公司无意见，评估结果以报告为准。如果受评公司不认同评级结果，可以提出重审并提交必要资料，重审结果可能随之改变。由于银行信用评级结果主要应用于内部使用，所以通常不会向社会公布。

6.跟踪监测

银行评级周期通常一年一次，但在信用等级有效期内，很可能会发生突发情况或相关企业信息变化，所以评估人员负责对受评公司信用状况和业务表现的跟踪监测，确保营运方向或业务政策的变动能及时传导到评级变动，保证业务资金的安全，应重点关注评级对象以下内容：

（1）外部政策和市场环境变化；

（2）组织结构、股权或公司高级管理人员变动；

（3）对外担保额度是否超过警戒线；

（4）财务收支能力发生重大变化；

（5）涉及诉讼、重大损失；

（6）其他会引起企业信用等级变化的情况。

（三）A银行信用评级案例

本部分内容以A银行为例，介绍其信用评级流程、评级内容及方法、评分等级划分。

1.评估流程

与普遍信用评级流程相同，A公司信用评级流程一是评级准备，客户向银行业务部提交申请，银行根据已建立的信用评级组织体系，开展信用评级工作。二是收集资料，银行业务部向客户收集基础资料，在此过程中，应对客户资料的真实性和有效性进行审核，确保后续评级依据的可靠性。三是初评及审核银行业务部根据收集的资料对客户进行定性和定量分析，提出初评意见对所涉及的相关数据及信息完整性负责，业务部进行初评后移交银行中台风险控制部门，根据客户资料及客户信用评级初评情况进行合规性核查。四是确定评级，根据银行信用评级组织架构，将信用评级初评和审核结果交银行评级决策机构审定，确定客户信用评级，为后续授信业务、贷款业务额度提供依据。五是跟踪监测，信用评级工作完成后，银行业务部门应在客户信用评级有效期内密切关注被评对象的信用状况、经营状况，做好贷后调查，如发现被评对象发生重大事项，应及时调整信用等级。

2.评级关注内容及方法

评级过程中，A银行信用评级重点关注客户一是企业战略地位、市场竞争力、管理水平、经营状况和发展前景等因素；二是企业财务指标，包括经济实力、偿债能力、盈利能力、运营能力、发展能力、资金流情况等因素。运用综合分析法对客户定性定量信息进行评级信用等级评级满分为100分，其中定性分析分值占60%，定量分析分值40%。具体评级内容如表19-4所示。

表19-4 A银行信用评级内容

	类别	分值	评价内容	分值
定性（60%）	市场竞争力	25分	企业战略实施情况	5分
			技术装备水平	6分
			行业壁垒	5分
			议价能力	9分
	管理水平	30分	领导素质	7分
			员工素质	4分
			组织制度	5分
			人事管理	4分
			生产管理	4分
			财务管理	6分

续表

	类别	分值	评价内容	分值
定性（60%）	经营状况	20分	应收账款质量	8分
			主营业务情况	7分
			产品多元化	5分
	发展情况	25分	行业地位	15分
			市场预期	10分
定量（40%）	经济实力	10分	实有净资产	10分
	偿债能力	30分	资产负债率	10分
			流动比率	5分
			速动比率	5分
			现金流量	10分
	财务效益状况	25分	净资产收益率	5分
			销售利润率	10分
			总资产利润率	10分
	资金营运状况	20分	存货周转率	10分
			应收账款周转率	10分
	发展能力	15分	总资产增长率	5分
			利润增长率	10分

3.评级等级划分

该银行对客户信用等级划分为AAA、AA、A、BBB、BB、B、C七个等级，风险逐级递增。具体定义为：

AAA级客户：客户的信用评估分值在85以上，经营实力和财务实力雄厚，具有很强的偿债能力和盈利能力，发展前景很好。

AA级客户：客户的信用评估分值在70—84，经营实力和财务实力强，偿债能力和盈利能力强，发展前景良好。

A级客户：客户的信用评估分值在60—69，经营实力和财务实力强，偿债能力和盈利能力较强，发展前景稳定，但具有潜在的经营风险和财务风险因素。

BBB级客户：客户的信用评估分值在50—59，经营实力和财务实力中等偏上，具有一定的偿债能力和盈利能力，发展前景基本稳定，但具有一定的经营风险和财务风险的因素。

BB级客户：客户的信用评估分值在40—49，经营实力和财务实力一般，偿债能力和盈利能力一般，具有较明显的经营风险和财务风险的因素，发展前景一般。

B级客户：客户的信用评估分值在30—39，经营实力和财务实力中等偏下，偿债能力有限，具有明显的经营风险和财务风险的因素，发展前景不稳定。

C级客户：客户的信用评估分值在30以下的。

四、信贷审查中的重点领域及银行关注焦点

（一）信贷审查重点关注领域

企业司库在对内部企业的评级参考及对接银行信用评级中，确保数据、观点、预期及企业绩效的透明度和准确性很重要，因为这关系到后续企业司库对下属企业的管理，和银行与企业下一步业务开展的规模，也关系到信用评级对企业的绩效等影响。

企业司库在对子公司进行判断时关注原则主要包括三项。

1.资料完整性及合规性审查

收集的资料应确保完整，查看关键性资料是否遗漏，相关决策是否合规。

2.经营管理状况审查

评价子公司整体经营方针和目标，是否符合集团整体的发展战略；评价子公司的经营风险，包括主营业务、多元化经营、主导产品的生产及销售等情况；判断企业发展前景，包括净资产、营业收入和利润总额的增长变化情况。

3.财务状况审查

下属公司财务数据信息作为信用评级依据占较大比重，应明确重点审查如

应收款项、存货、负债、所有者权益等科目所反映的情况，并分析数据形成原因，近两年财务是否有变动异常的情况。

在审查过程中也会关注现金流情况，因为它表明整体的财务状况以及保持和发展业务、偿还债务及抵御经济衰退的能力。评估现金流包括对过去和未来现金流的详细评估，季节性和偶发性影响，营运资金的使用，应收及应付款项，发行人参与提供流动性，闲置资金以及其他可能消耗现有现金流及未来增长的方面。现金流被看作偿还债务的主要来源，也关系到银行和企业信用评级后的进一步工作。

从企业来说提供给银行信息的原则为：

（1）平衡的透明度。决定向银行提供何种水平的透明度，什么程度的细节以便于银行获取所需要的信息。

（2）诚实。企业财务数据根据法律法规的要求，不能造假，财务数据能够反映企业一定重要信息，应如实提供银行。

（3）突出问题或潜在问题领域。在与银行沟通中，能够正视企业目前的问题，显示了公司的控制力和企业管理的能力和信心。如果过去存在问题，对这些问题进行的讨论以及企业现在对于这些问题的积极措施，相比于不主动披露问题的方式，更能够改善银行对企业的看法。

（4）优化需求。企业应在信用评级时明确自身对于资金的需求，一方面有利于银行对企业的评估，另一方面使银行了解企业资金需求，更有利于后续业务的开展。

（二）银行评级的存在的不足及措施

1.关注的焦点

（1）评级方法过于传统。

目前，银行主要采用评分法进行定量、定性评分，主观性较强，通常为拓宽客户渠道，打分时调节空间较大，一些风险模型应用较少，会导致评级结果未能全面反映企业风险情况，实用性、可操作性等不能适时进行调整，这在一定程度上大大降低了信用评级的准确性。

（2）评级数据管理不完善。

每一个环节都需要依托充足的数据支持，且数据需要保持相关性，评级体系才能运行成功。一些模型分析需5年以上的数据，要求历史数据必须保留，而目前银行评级数据只需近3年数据，数据支撑性不强，评级结果可验证性存在风险。

（3）跟踪评级机制不完善。

银行评级周期通常为一年，银行对于一年内企业情况变更跟踪不及时，一方面银行客户较多，新增客户工作量也在实时增加，对已进行评级客户情况关注精力较小；另一方面跟踪客户信息，搜索时间成本较大，无法及时跟踪更新企业变化。

2.措施建议

（1）提高评级人员专业能力。

应培养专业化的人才队伍，是信用评级体系建设重要的依托和保证，需要注重人员培养，实现运用多种模型进行风险分析，开展评级工作，多方面论证支持评级结果。

（2）完善信用风险管理数据库。

建立完善的基础数据库，确保企业信息和数据完整准确，做好收集整理工作，更好地为评级工作开展奠定基础，强化预警机制。

（3）建立跟踪信息系统。

应重视跟踪评级在评级流程中的作用，实时追踪企业信用信息的变化情况，提高风险识别能力。建立信息互联系统，采用信息化手段获取企业信息变更情况，及时提示更新，减少人员和时间的耗用，并与企业保持沟通联系，跟踪掌握企业的经营现状和信用情况。

20 第二十章 供应链金融服务管理

一、供应链金融概述

在我国，中小企业一直面临着融资难、融资贵的问题。其原因主要在于中小企业规模小、资产负债表不完整、企业信用水平低等劣势，造成其难以通过传统的借贷方式从银行获得资金。民间借贷又存在着成本高的问题。

如何解决这一问题？包括商业银行、财务公司等在内的各种金融服务机构亟须通过业务创新来解决这一问题，这就产生了供应链金融这一创新性的金融服务产品。目前供应链金融在我国正处于高速发展阶段，大型中央国有企业作为供应链中的核心企业，开展供应链金融服务具有重大意义。供应链金融服务可以有效化解上下游中小企业融资难问题，使产业链与金融链密切地联系协作，在资金、资本及人事上互相渗透，进入对方的领域中，激活整个“链条”有效运转，从而提高供应链核心竞争力，提高集团企业资金周转率，最终形成产融实体的经济现象，同时打造司库新的经济增长点。

王欣等（2019）认为，供应链金融，是指银行向客户（核心企业）提供融资和其他结算、理财服务，同时向这些客户的供应商提供贷款及时收达的便利，或者向其分销商提供预付款代付及存货融资服务。简而言之，就是银行将核心企业和上下游企业联系在一起提供灵活运用的金融产品和服务的一种融资模式。相比其他功能，融资功能是开展供应链金融的主要功能。供应链金融的实质是将资金流整合到供应链中，基于供应链的物流、信息流以及未来现金流，对供应链的企业提供融资等金融业务。供应链金融突破银行对企业贷款的传统方式，集上中下游企业为一体，以产业集群中核心企业的资金链为出发点，把供应链中的核心企业与供应链上的上下游企业实行信用捆绑，银行信用融入上下游企业的购销行为，增强其商业信用进而促进中小企业与核心企业建立长期战略关系，提升供应链竞争能力。周韵、刘国栋（2020）认为，供应链金融是通过对核心客户的依托，将真实的贸易背景作为前提，对应收账款进行质押登记、利用第三方的监管等专业手段，对物流、资金流和商流进行封闭管理或对物权进行全流程控制，以为供应链上的上下游企业提供全方位、及时性的金融产品和服务。供应链金融的本质其实是授信方式的创新与延伸，传统模式是将资金借给高信用的企业，并通过高信用的企业分享给产业链上下游信用相对较低的中小企业，新型模式的供应链金融是在产业升级和技术驱动下基于大数据对企业和交易进行画像，以交易为基础进行的授信模式。张雅静（2022）认为，供应链金融是一种以云计算、区块链、大数据等互联网技术为基础，充分利用国际金融、资本市场等手段，将实体企业上下游厂商对接起来，对公司材料供应、产品生产、市场销售及最终消费等环节有效提供的多方面多层次的金融服务新机制。

从上述定义来看，目前关于供应链金融尚无统一的定义，供应链金融的发展经历了从以商业银行为主导的供应链金融模式到以产业企业为核心、商业银行配合的供应链金融模式再到平台化的供应链金融模式三大阶段，并且开始逐步运用互联网的创新技术进行赋能。王欣等（2019）认为，以商业银行为主导的供应链金融阶段，商业银行是主要的推进主体，主导供应链金融，即由商业银行设计金融产品、评估和管理相应的风险。由企业主导、银行配合推动的供应链金融模式是由企业管理供应链运营，把握其上下游中小微企业的状况，并提出金融服务的对象和要求，商业银行参与评估，并直接提供流动性。该模式由于推进的主体就是产业企业，他们相对银行更了解产业的特质，且直接参与运营，尤其是参与供应链的组织和上下游的管理，因此更了解产业中中小微企业的状况。随着供应链金融创新实践的逐步发展，供应链金融的形式逐渐脱离以核心龙头企业为主导的供应链金融，转向以专业化的平台为中心的供应链金融，这就是供应链金融和互联网结合所形成的新的业务模式。互联网供应链金融有别于传统业务背景下和技术背景下的供应链金融，具体表现在结构、流程和要素等的变化上，也反映在整体目标、业务管理和系统要求的差异中。

按照国资委《关于推动中央企业加快司库体系建设进一步加强资金管理的意见》，中央国有企业的司库应加强供应链金融服务管理。有条件的企业要突出行业链长优势，合理借助上下游业务、资金等信息，发挥数据和服务支撑作用，引入优质金融资源，搭建供应链金融服务平台，精准对接供应链实体企业特别是中小企业在生产、流通、交易等各环节的金融需求，提供优质高效的供应链金融服务。要基于供应链真实业务场景，灵活运用各类金融产品依法合规盘活存量资金。要严控供应链金融业务范围，严禁提供融资担保，严禁开展融资性贸易业务和虚假贸易业务。

二、司库开展供应链金融服务的优势

从司库中的核心组织财务公司在开展供应链金融服务业务方面的优势，可以看到司库开展供应链金融服务方面的优势，甚至可以在集团层面更好地统筹金融资源，服务于供应链金融业务的开展。

（一）产业优势

财务公司依靠的企业集团大多是行业内的龙头企业，主要是中央企业或地方大型国有企业，产业整体规模大，产业链地位高，具有核心地位，控制力强，对上下游具有较强的话语权，具有开展供应链金融的天然优势。财务公司以集团公司为依托，连接上下游中小企业，整体掌握产业链企业大量的信息，同时通过与外部金融机构合作，发挥商业银行等金融机构结算优势，对交易链条进行统一管控，既有助于实现产业优势变现，也扶持了产业链上中小企业发展，营造互利共赢的产业生态。

（二）客户资源

财务公司依靠的企业集团往往具有完整的产业链生态体系，与上下游企业具有长期稳定的合作关系。这些企业信用资质较好，具有真实的贸易背景，是金融机构的优质客户。通过核心企业推荐，对积累的交易数据分析，可以快速识别目标客户，获客成本较低。

（三）风险控制

财务公司由于更贴近产业和企业，对产业整体风险和企业经营风险更为了解，将供应链金融与企业真实业务紧密结合，通过对信息流、物流、商流和资金流的有效控制，从贷款发放、资金支付到还款形成完整的资金闭环，确保贷款的资金流向与交易行为一致，做到还款来源明确，有助于防止资金被挪用。另外，核心企业信用风险也是开展供应链金融的主要风险之一，而财务公司与核心企业同属同一控制人，极大地降低了信用风险。依托集团公司，财务公司可对产业链整体风险进行防范；依托核心企业，财务公司可以对具体业务风险进行控制。

（四）信息共享

由于整体管控需要，以及信息化的快速发展，企业集团往往建立有完善的信息系统，包括采购、销售、财务等系统。系统中的核心信息，往往不会对外部机构开放，而财务公司作为内部人，具有获得信息的便利性。财务公司通过信息系统对接，可以完成信息流、资金流、物流的高度融合，通过获得的大量交易数据，分析交易规律，掌握融资需求，通过对客户信用的全面了解，提供个性化的金融服务，提高客户体验，增加客户黏性。

（五）封闭结算

财务公司具有结算功能，可以实现交易各环节的资金封闭结算，对资金支付及回款进行监控。封闭结算能确保资金用于正常的交易，回款来自正常的经营，并用于归还融资款，防止资金挪用。财务公司可通过对企业整体资金运转的分析，对企业的经营情况与还款能力进行掌握，从而降低业务风险。

（六）产融团队

财务公司作为集团内产融结合的重要平台，不仅管理层及员工大部分来自集团成员企业等产业一线，还培养了一批具有产业和金融双重专业背景的产融复合型人才。团队既熟悉成员企业的经营情况与信用状况，了解客户的资金需求，又能对业务开展中的风险进行有效把握，针对不同的业务模式和交易客户，设计有针对性的金融产品，有效解决客户融资问题，实现深化合作。

三、司库开展供应链金融的业务模式

做好供应链金融服务，成为金融机构服务于中小企业融资的重要使命，其金融需求得到满足对企业集团自身和成员单位的健康发展也至关重要。此外，这也是司库服务于实体经济的一种体现，这有利于彼此之间的良性互动，构建利益分享、多方共赢的价值体系，最终促进实体经济发展。目前来看，以财务公司为例，其可以开展的供应链金融业务主要包括两种业务模式。

（一）“一头在外”业务模式

目前财务公司可以开展“一头在外”的票据贴现和应收账款保理业务，向上下游企业提供金融增值服务，满足中小企业的融资需求。“一头在外”票据贴现业务是指供应链交易双方中一方为集团公司成员企业，另一方为集团外交易方，集团外交易方为取得资金，将其持有的未到期的商业汇票转让给财务公司，由财务公司从票面金额中扣除贴现利息后，将余额支付给该交易方的票据行为。这一业务模式充分体现了融资企业以及供应商的杠杆采购和批量销售为在供应链中各个节点的中小企业融资提供便利，能够显著解决中小企业在采购方面需要全额采购的资金压力，同时也能够显著降低金融机构贷款业务的风险。“一头在外”应收账款保理业务是指供应链交易双方中一方为集团公司成员企业，另一方为集团外交易方，集团外交易方将其持有针对成员企业的应收账款转让给财务公司，并在财务公司取得融资款项的行为。在这类业务模式中，核心大企业是债务企业，这一类企业的信用水平较高，并且与银行建立了稳定的长期信贷合作关系，为中小企业提供信用担保，当中小企业不具备还贷能力时，核心企业需要承担偿债责任。

（二）“两头在内”业务模式

在《中国银监会办公厅关于稳步开展企业集团财务公司延伸产业链金融服务试点工作有关事项的通知》（银监办发〔2016〕167号）出台前，财务公司仅能开展“两头在内”的票据业务，即产业链交易双方均为集团成员单位。“两头在内”票据业务一方面有效控制了风险，另一方面却也限制了财务公司金融功能的发挥。

四、供应链金融服务风险管理

供应链金融是司库以供应链核心企业为中心，为了解决供应链资金问题实施的一种金融解决方案。它一方面可以通过自身的信用为节点企业提供担保，另一方面对产业链内的物流资金流和信息流进行监管，是金融在供应链的变革和创新。供应链金融服务的风险存在于供应链金融业务流程中的各个环节，需要我们对存在的风险进行识别判断，找出风险的种类、诱因及其危害等，才能提出具有针对性的防范策略。具体来看，包括以下风险类型。

（一）管理风险

管理风险主要表现为如何处理供应链金融各个参与方之间的利益关系协同的不确定性，以及如何协调应对供应链各流程操作管理的不确定性。它集中体现为操作风险。操作风险是由于在业务流程中人为因素引发的风险，也是供应链金融业务中可控制、可识别的，并可以采取措施防范重要风险之一。它形成的原因源自人员素质不高、信息系统建设不完善与操作不当、内部监督管控措施不完善等内部因素所导致的风险。管理风险需要提升内部的风险管理能力，及时预警，并设计相应的指标体系，加强内部监督管理，不断完善供应链上的流程节点与风险点，采用相应的控制措施，预防风险的发生。

（二）信息不对称风险

一方面，我国的信用制度还发展得不够完善，而且一个产业链牵涉的企业非常分散且复杂，所以融资机构想要确定产业链内所有供销商的信用状况比较困难。另一方面，许多中小企业的公司治理、技术水平和规章制度还不完善，所以无法保障财务报表和业务管理的规范性。供应链金融作为中小企业承载的主体，存在着严重的信息不对称和信用风险。信用风险源自供应链上中小企业的信用状况不佳、业务能力较差，商品来源不明或资格不全等因素。信用风险的本质为债务人无法偿还贷款造成的风险。因此，许多专家认为，在供应链金融体系内，由于信息孤岛的存在，客观上积累了大量风险。消除供应链金融信息不对称风险首先要以集成的信息技术为基础，将供应链金融相关信息进行集成共享，消除信息孤岛，同时利用大数据运算出供应链金融所需要的有价值的信息，多方面消除信息不对称。

（三）市场风险

由于市场环境的复杂多变，供应链金融既要面临市场的系统性风险，也需要面临单个企业和产品的非系统性风险。市场风险源自外部，由于存在因市场价格变动而导致价值变化的风险，供需变化，潜在竞争者与进入者等因素会引发市场风险。正如“牛尾效应”的存在，下游产品单位价值的微小变化，会对上游产品的采购生产产生明显变化，最终影响整个供应链的健康发展，因此需要加强对整个供应链的综合研究和预判。这其中包括资金成本变动的风险、行业自身存在的变动风险等。市场风险的管理往往需要树立强大的风险管理意识和能力，关注市场的变化，构建基于大数据的供应链风险管理共享平台，研判风险，采取风险管理的策略。

（四）政策风险

供应链金融业务面临法律政策的环境和监管环境的不确定性，一旦这种不确定性发生，就会对供应链金融业务的开展及发展壮大产生风险。

21 第二十一章 司库风险管理概述

早在企业司库的概念产生之前，人们就已经充分意识到了风险管理的重要性。在西方，有着“不要把所有鸡蛋都放在一个篮子里”的谚语。在我国古代，也有着“积谷防饥”的典故。在英国企业司库协会（ACT）定义的企业司库职责中，风险管理也是司库五大职责之一。在司库产生的初期，由于集中化程度上的欠缺，企业司库主要面临的是局限在集团内部的个体风险，同时企业对资金的管理也仅限于资金的归集。随着经济全球化进程的加快以及数字化的普及，企业司库的集中化程度得以大幅度提高，同时金融资源在企业间的使用也更为灵活，因此企业司库的管理要更多地与企业战略相结合，因为司库风险管理一旦出现问题，企业集团的经营将受到巨大影响。

纵观全球范围内司库的发展历史，企业司库的兴起在极大程度上得益于科学技术的突飞猛进以及金融市场的繁荣，但复杂的投资环境在带来发展机会的同时，也增大了企业司库所面临的风险。例如，以美国为主导的布雷顿森林货币体系彻底瓦解后，美国经济陷入停滞与衰退，从而引起了大面积的全球经济危机，造成许多企业倒闭。司库的风险管理职能与资本市场是紧密相关的，正确地分析企业的外部环境给企业带来的机会和威胁并采取合理的手段管理这些风险是企业司库风险管理的关键。

一、司库风险类型

（一）风险的经典分类

1.新巴塞尔协议：商业银行风险

第一部《巴塞尔协议》（1975）针对国际性银行监督主体缺失的问题提出了“股权原则为主，市场原则为辅；母国综合监督为主，东道国个别监督为辅”的思路。2008年的次贷危机暴露了协议的缺陷，在2010年通过的《巴塞尔协议Ⅲ》中，巴塞尔委员会着重修改了原协议在风险管理方面的不足，在新巴塞尔协议中更加重视市场风险与操作风险的管理。

《巴塞尔协议Ⅲ》（2010）将各国商业银行面临的风险系统地分为八个部分，分别是信用风险、操作风险、市场风险、流动性风险、国家风险、声誉风险、法律风险以及战略风险。新巴塞尔协议首次将与银行内部控制相关的流动性风险、法律风险和声誉风险加入到框架考虑的范围内。

但也有学者认为，新巴塞尔协议对风险的控制仍存在不足。由于衍生工具的发展，不同风险之间存在着相互转化的可能，因此商业银行风险结构可能发生改变；同时，银行可以通过金融外包等手段降低个体风险，但系统性风险对银行业的影响仍未被清楚认知（崔炳文，2006）。

2.中国信托业协会：信托业风险

中国信托业协会（China Trustee Association）是经中国银行业监督管理委员会和民政部批准成立的中国信托业行业自律组织。

根据中国信托业协会发布的《中国信托业社会责任报告（2020—2021）》可以总结出，我国信托业面临的风险包括了非系统性风险和系统性风险。其中系统性风险是指由于外在不确定性、系统外部扰动导致的风险，如政策风险以及经济周期性波动风险；非系统性风险是指与市场波动无关的可分散的风险。

3.中国财务公司协会：财务公司风险

中国财务公司协会（China National Association of Finance Companies）是经中国银行业监督管理委员会和民政部批准成立的中国企业集团财务公司的同业自律性组织。中国财务公司协会为财务公司全面风险管理体系的构建提出的

《企业集团财务公司全面风险管理指引》（以下简称《指引》）认为：在银行业风险分类框架的基础上，财务公司所涉及的风险包括了信用风险、市场风险、操作风险、流动性风险、战略风险、声誉风险以及国家风险。《指引》主要围绕着信用风险、市场风险、操作风险、流动性风险的管理体系阐述了财务公司全面风险管理体系的框架。

4. COSO框架：全面风险管理

COSO于2004年颁布的《全面风险管理框架》（Enterprise Risk Management–Integrated Frame Work）（以下简称《框架》）提出了全面风险管理的概念。全面风险管理是基于企业风险的多元性及复杂性，使得企业意识到应当采用更加综合、动态的手段进行风险管理。《框架》所考虑到的风险不仅局限于财务方面（如技术、企业文化等），在融合了多种管理方法的基础上，提出了财务性风险和企业内控过程中的其他风险融合考虑、融合管理的观点。风险管理不再是局部性的管理，而是以管理投资组合的方式对企业面临的全方位风险进行管理。

5. ISO 31000：2018风险管理标准

ISO 31000：2018是国际标准组织于2018年发布的风险管理指南。按照ISO的建议，孤立的风险管理对于企业的意义不大，而应当与企业组织的全部管理活动整合成为企业经营管理的一部分。风险管理的范畴应当包括但不限于：战略和规划、公司治理、人力资本、合规、质量、健康与安全、业务连续性、危机管理和安全管理、组织抗风险能力、信息技术等方面。

（二）企业司库风险类型

企业司库的风险可能来自外部环境，也有可能源自企业自身。企业的外部环境是指存在于企业组织外部、非企业所控制的因素构成的，对企业经营活动有影响的系统，其可分为宏观环境和微观环境。宏观环境是指间接或潜在地对企业发生作用和影响的因素，如法律环境、经济环境、技术环境、社会环境等。微观环境是直接对企业经营活动发生影响的产业环境，如产业链上的相关企业的风险状况、资金状况以及信贷状况。同时，企业司库作为企业战略目标实现过程中的关键一环，其关注的范围还要包含企业自身资金状况以及信贷状况的风险程度。企业司库的风险管理需要围绕着企业的战略目标展开，将风险管理融入到流动性管理、投资管理、融资管理等日常的资金管理活动中。根据司库所处的环境因素，以及我国司库建设的主体集中在财务公司，我们将企业司库风险分为战略风险、财务风险、运营风险以及事件风险。

1.战略风险

企业在使用各种工具分析内外部因素时，其所识别防范的风险必然是影响企业战略实现的各种潜在因素，对于与企业战略无关的风险因素，成本效益原则使得企业不会花费额外的精力去处理。战略风险因素是指对企业发展战略目标、资源、竞争力或核心竞争力、企业效益产生重要影响的因素。

诺贝尔奖获得者罗伯特·西蒙将战略风险的来源和构成分成四个部分：运营风险、资产损伤风险、竞争风险、商誉风险。西蒙认为，在运营过程中严重的流程或产品失误会使运营风险转变成战略风险，对战略实施有重要影响的资产发生退化会使资产损伤风险转变为战略风险，竞争环境发生变化会使竞争风险转化为战略风险，而商誉风险是前三者综合的结果，企业商誉价值减少也会造成战略风险。Baird将企业战略风险根据内外部系统的层级特征划分为产业风险和企业风险两个层次，产业风险是指产业内所有企业都要面临的风险，而企业风险是指企业自身因素所决定的风险。并认为企业战略风险的来源有很多，包括创新能力、企业家精神、信息数量等（刘升福，2003）。

2.财务风险

财务风险是企业司库所需识别的核心风险，企业司库面临的财务风险不仅包括资金收支过程中的流动性风险，还包括了企业在金融市场上面临的市场风险、信用风险等。

（1）流动性风险。

流动性风险是指由于企业司库无法按照要求的时间、地点和形式为企业提供资金而给企业经营管理以及战略实现带来影响的风险。资金错配造成的任何延迟都会导致财务混乱，如果计划不周甚至会使企业的融资成本急剧增加。按照风险产生的原因，流动性风险可以被分为融资流动性风险以及市场流动性风险。

融资流动性风险主要是指企业司库在债务到期时，无法获取足够的现金流来偿还债务造成的风险。如在企业经营的过程中，常常使用“短贷长投”的方式节约资本成本，但在这种情况下，企业必须具有足够的能力以持续创造良好的经营活动现金流。否则，若企业出现资产盈利能力下降、经营活动现金流匮乏的情况，企业资金周转就会发生困难，从而造成流动比率下降，偿债能力恶化，陷入难以自拔的财务困境。因此，企业在降低资本成本的同时也要注重资金的流动性，避免企业陷入财务困境。

市场流动性风险是指企业司库在出售资产时，可能遭遇市价大幅下跌导致损失的风险。企业司库在评价市场流动性风险时要关注买卖价差和即时性两个度量指标：资产流动性可以用买卖差价来衡量，差价越小，资产的流动性越高；同时，企业司库也要关注及时性，即特定数量的资产按照规定的价格成功交易所需的时间。例如，原计划用于生产产品而储存的原材料或作为长期投资而持有的股票，如果因为急需现金而被迫中途卖出，势必要接受较低的价格，从而招致财务损失。

针对流动性风险，国资委在司库1号文件中要求：中央国有企业应加强负债率、带息负债结构、经营性现金流、债券余额比例、永续债及其他隐性债务规模等资金风险指标的监控，尤其对债务规模大、债券占比高、集中兑付压力大、生产经营困难、资金状况紧张、投资规模大的子企业应建立重点监测名单，并对企业债务到期设置预警提示，动态监测经营现金流和债务期限的匹配情况，根据资金缺口提前做好融资接续预案，防止发生流动性风险。

（2）市场风险。

市场风险是指由于基础资产市场价格的不利变动或者急剧波动而导致衍生工具价格或者价值变动的风险，基础资产的市场价格变动包括市场利率、汇率、股票、债券行情的变动。自布雷顿森林体系崩溃以来，全世界范围内浮动汇率制下金融产品价格的变动日益趋向频繁和无序。随着我国利率市场化进程的加速推进，企业司库的利率风险会越来越显现，而在过去全球经济一体化和当前逆全球化、中美两国货币政策分歧、新冠疫情大暴发的背景，汇率波动频繁使得企业司库在经营中必然会遭遇到汇率风险的冲击。具体来看：

①利率风险。利率风险是指由于利率的不利变动带来的收益或公司净现值减少的风险。利率风险的常见形式包括：收益变动风险、基准风险。收益变动

风险主要源于企业司库自身资产负债期限结构的不匹配。当司库经营处于“正缺口”状态时，即利率敏感性资产大于利率敏感性负债，收益将随着利率的上浮同方向变动，随着利率的下调利益同向减少；反之，当存在“负缺口”时，即利率敏感性资产小于利率敏感性负债，司库收益将随利率的变动反向变化。由于“缺口”[①]的存在，利率的波动极有可能造成企业的利率风险，在利率波动频繁的情况下若不及时识别应对风险，极有可能严重影响企业的生产经营。目前在我国，利率市场化不断推进，利率频繁变化且难以预计，从而使证券价格、企业净收益均发生波动，企业司库面临的利率风险会不断上升，正确识别利率风险应该成为企业司库管理的必须技能。基准风险也称为利率定价基础风险，是指企业司库在计算资产收益和负债成本时，采取的定价依据一般为不同的基准利率，进而造成资产和负债出现不同的变化幅度，引起基准风险的显著增加。在我国，大部分企业往往以国债利率进行某项贷款的定价，但在实际的吸收存款成本率方面，却会以Shibor（上海银行间同业拆放利率）为基准进行适当调整，当国债利率和Shibor利率的变化幅度出现差异时，往往会导致公司面临一定的基准风险。

②汇率风险。汇率风险是指由于汇率的变化造成企业价值发生变化的风险。这是企业司库面临最常见风险之一，尤其是对跨国公司来说，汇率风险往往是其面临的最大风险之一。汇率风险常见的表现形式有：经济风险、交易风险及转换风险。经济风险又称经营风险，指意料之外的汇率变动通过影响企业的生产销售数量、价格、成本，引起企业未来一定期间收益或现金流量减少的一种潜在损失。与交易风险和转换风险不同，经济风险的影响是长期的，它会影响企业的战略实现，因为经济风险不仅会影响企业在国内的经济行为和效益，而且会直接影响企业在海外的经营效果的投资收益。经济风险的大小主要取决于汇率变动对生产成本、销售价格以及产销数量的影响程度。交易风险是我国企业外汇风险中最主要的方面，是指企业运用外币进行计价收付的交易中，因外汇汇率的变动而蒙受损失的可能性。常见的交易风险包括：在企业采

---

①　浮动利率资产和负债的利率随市场利率的变化定期调整，因而又被称为“利率敏感性资产和负债”，由于不同的资产和负债对利率的敏感性不同，不能够完全匹配造成的差距被称为资产负债缺口。缺口大代表着利率变动时市场价值变动也大，给企业司库带来的利率风险也就越大；相反，缺口小带来的利率风险就小。

用外币计价进行商品劳务的进口和出口交易时，企业从合同的签订到交易活动实际办理货款结算的期间外汇汇率变化所产生的风险；在以外币计价的国际信贷中，债权债务未清偿之前存在的对外货币资本借贷的交易风险。转换风险又称会计风险或折算风险，指经济主体对资产负债表的会计处理中，将功能货币转换成记账货币时，因汇率变动而导致账面损失的可能性。转换风险在跨国公司司库的影响程度较一般企业更为复杂：一方面，当他们以记账货币入账时，需要将所使用的功能货币转换成记账货币；另一方面，当它向当地政府上报时，又需要将记账货币转换为功能货币。

根据国资委司库文件的要求，中央国有企业针对金融市场风险应严格防范，应注意加强金融投资、利率、汇率等风险管控，动态监测国内国际市场股票、债券、汇率、利率、大宗商品等重要价格参数变化情况，建立与业务相匹配的风险管理模型，定期评估对冲工具有效性，合理控制各类金融产品风险敞口，有效防范市场性风险。非金融类企业未经集团批准原则上不得开展股票、基金、理财以及金融衍生等高风险业务投资。

（3）信用风险。

作为企业司库面临的最主要的风险之一，信用风险是指由于交易对方不履行合约或无力履行合约而产生的风险。企业司库运行过程中将会面临很多种信用风险，本部分将围绕企业产业链展开，将信用风险分为信用违约风险、供应商信用风险、企业自身信用评级风险以及跨境风险。

信用违约风险也被称为交易对手风险，主要是指司库所面临的商业交易中由于交易一方的违约使得预期现金流量现值减少而遭受的风险。常见的信用违约交易方为企业的客户或顾客，一般来说，借款人经营中风险越大，信用风险就越大，风险的高低与收益或损失的高低呈正相关关系。同时，银行信贷违约风险缺口也是目前企业司库密切关注的内容，尤其是在2008年金融危机的影响下，雷曼兄弟等银行的破产也开始让很多企业慎重考察银行信用风险的程度。

供应商信用风险作为企业供应链风险中的一部分，越来越多地进入了信用风险管理领域。供应商作为企业经营的上游企业，通常不欠公司的钱，但供应商端的信用违约或恶化也将会削弱企业司库自身的融资能力，破坏供应链、损害企业运营，进而影响企业战略的实现。因此，企业司库应该将关注点转移到监控和解决供应商信用风险问题上。

信用评级风险是指由于信用评级机构对公司的评级意外下调带来的企业司库融资成本增加或难以从债券市场获取资金。虽然企业信用等级下调往往是商业风险、运营风险、财务风险或事件风险带来的结果，但由于事件本身是信用评级下调，因此它属于信用风险范畴。

跨境风险是指由于跨国企业的经营不时地牵扯到不同国家司法权的制度、经济制度以及道德问题，因此跨境经营的企业面临着更加严峻信用问题。以赫斯塔特风险为例，由于两个国家的支付体系在不同时间开始运作，因此就存在了交易的一方正执行了交易，但另一方却可能已经破产而无力交付用于补偿或冲销的货币的情况。

（4）投资风险。

投资风险是指投资主体为实现其投资目的而对未来经营、财务活动可能造成的亏损或破产所承担的危险。根据投资的性质和目的，投资可以大致分为项目投资、战略投资、风险投资、并购投资等。本节中讨论的投资主要是指企业进行的生产性资本投资，并根据投资期限的长短将投资风险分为短期投资和长期投资。

短期投资主要是以获得收益为目的，与企业短期的经营状况有关。对于财务状况良好的企业，往往都会有一定量的富余闲置资金，但闲置的资金不能够给企业带来收益或带来很少的收益，因此，在确保满足资金安全性与流动性要求的前提下，企业司库往往会通过短期投资提高企业闲置资金的使用效率，以实现一定的预期收益，但同时也为企业司库带来了短期投资风险。

在长期投资方面，往往企业司库采取的投资策略与企业战略紧密相关。以我国某企业为例，其主要有两方面的投资：一是生产性资本投资，如勘探开发业务、炼油化工设备、输油输气管道的建设以及销售网络建设等；另一方面是战略性资本投资，如购买印度尼西亚油田、购买哈萨克石油公司、购买母公司海外业务以及建设石油战略储备等（宋少洁，2008）。由于期限更长，影响长期投资项目的因素也更多，因此企业长期投资的风险往往要高于短期投资的风险。

3.运营风险

运营风险又被称为经营风险，是指与企业经营有关的不确定性。Rajiv Rajendra在其《企业司库操作实务》一书中，将经营风险要素分为：顾客需求变化、竞争者活动、企业定价调整、产品和销售渠道的过剩、资本支出超额、劳动纠纷、人员问题、兼并和收购。这些因素都可以通过影响企业经营造成企业资金的不确定性。对我国中央企业集团来说，运营风险应重点关注资金运营过程中的舞弊风险与合规风险。对此，国资委文件要求，针对资金舞弊风险，应要明确银行账户、资金、票据、网银、客户信用等关键要素的控制措施和控制标准，把申请、审批、执行等关键环节和管控标准、阈值等关键信息嵌入系统。要严格执行出纳和会计岗位分离，银行印鉴、网银密钥等支付介质要由不同人员分别保管等规定。要严格做好用户权限的审核审批，定期清理“僵尸账号”和“过期”权限，不得存在“超权限用户”。要定期修改支付密钥密码，工作交接时要立即修改，有条件的企业要利用生物特征识别等新技术手段进一步消除安全隐患。应将票据与银行预留印鉴分开保管，及时安全存放于保险柜，并定期由第三人监督盘点。要按月开展银企对账，已建立银企直联的企业要开展银企自动对账，由非出纳人员编制银行存款余额调节表，发现差异后要立即核实处理。要全面管控银行账户，避免资金体外循环，严禁设立任何形式的“小金库”。要定期开展内控流程和要求的穿行测试和检查评估，及时发现并堵塞管理漏洞。针对资金合规性风险，企业应当根据重要性原则，建立资金支出分级授权审批制度，严格支出范围和审批程序，对于大额资金事项要建立并严格执行“三重一大”集体决策和支付联签制度。在资金支付流程中嵌入合规性预警机制，从付款金额、付款频次、付款用途、付款对象等多维度设置预警参数和控制阈值，触及预警和控制条件的要再次核实后方可支付。要通过设置敏感信息筛查，对支付事项、支付对象是否合规进行审核和预警。应对大额对私支付、同一时期同一对象多次付款等异常支付进行审核和预警。有条件的企业要做好应收应付款项到期预警提示，避免应收未收或者拖欠民营企业和中小企业款项等问题。

4.事件风险

企业司库面临的事件风险包括“黑天鹅”事件和“灰犀牛”事件。“黑天鹅”事件是指会造成难以预测的具有重大影响的突发风险且会影响公司今后的战略发展的事件，而“灰犀牛”事件是指可以造成巨大影响且发生概率较大的可预测的潜在危机。企业司库面临的“黑天鹅”事件通常包括政治风险、破坏活动、罢工、诉讼等方面，“灰犀牛”事件则如2008年爆发的次贷危机以及2019年暴发的新冠疫情，由于风险被低估给企业造成了严重的后果。

二、司库风险管理组织体系及其职责

构建司库风险管理的组织体系是司库管理完善的重要内容。一个完善的司库风险管理组织体系包括：（1）良好的公司治理结构；（2）专业风险管理部门；（3）相应的职能部门。最重要的是要明确组织体系中所涉及的董事会、监事、经营管理层、风险管理部、稽核审计部以及其他业务与管理部门在实施风险管理中的职责。

（一）董事会风险管理职责

董事会是公司风险管理的最高决策机构，对风险管理的有效性向股东负责，主要履行以下职责：（1）确定公司风险管理总体目标、政策；（2）批准公司年度风险管理报告，定期获得关于风险水平和管理状况的报告；（3）批准审计委员会或稽核审计部提交的关于风险管理有效性评价的报告；（4）了解和掌握公司面临的重大风险及其风险管理现状，作出有效控制风险的决策；（5）决定公司风险管理和内部控制基本制度；（6）监督经营管理层对各项风险进行适当管理，确保其采取必要的措施有效地识别、计量、监测与控制风险；（7）督导公司风险管理文化的培育。

（二）风险管理委员会职责

公司在董事会下设立风险管理委员会。委员由熟悉公司主要业务流程或具备风险管理经验的董事、外部专家或其他人员担任，由董事长提名，董事会通过。风险管理委员会在董事会的授权下，主要履行以下职责：（1）审议公司风险管理总体目标、政策；（2）审议公司年度风险管理报告，获得关于风险水平和管理状况的报告；（3）审议公司重要业务的风险管理方案和重大风险管理应对策略；（4）审议公司风险管理组织机构设置及其职责方案；（5）审议公司风险管理和内部控制基本制度；（6）董事会授权的其他风险管理事宜。

（三）管理层风险管理职责

公司经营管理层对风险管理工作的有效性向董事会负责，主要履行以下职责：（1）根据董事会确定的风险管理战略及政策，负责制定风险管理的策略、程序和方法，定期审查并监督执行，全面掌握公司风险管理状况，定期向董事会提交风险管理报告；（2）明确各部门风险管理职责以及风险管理报告的路径、频率、内容，督促各部门切实履行风险管理职责，以确保风险管理体系的正常运行；（3）为风险管理配备适当的资源，包括但不限于提供必要的经费、设置必要的岗位、配备合格的人员、为风险管理人员提供培训、赋予风险管理人员履行职务所必需的权限等；（4）及时检查、修订并监督执行有关风险管理和内部控制制度，纠正内部控制存在的问题；（5）负责建立有效的风险管理考核评价机制。

（四）风险管理部门职责与职权

风险管理部门负责风险管理日常工作，主要履行以下职责：（1）研究提出风险管理政策、策略和基本流程；（2）研究提出公司风险管理体系建设方案，组织拟定和实施涵盖各项业务的风险管理制度、程序和方法；（3）组织公司开展风险识别工作，报告风险评估结果；（4）设立公司主要风险指标体系，指导相关部门进行风险监测，对风险进行提示；（5）组织制订重大风险管理方案，并协助实施；（6）研究提出公司风险管理报告；（7）分析公司风险管理体系有效性，提出改进方案；（8）协助开展公司风险管理培训，培育公司良好的风险管理文化；（9）组织协调公司全面风险管理的其他相关工作。

风险管理部门的职权主要包括：（1）要求公司财务管理部、其他业务部门报送财务报表及财务分析报告、公司经营分析简报及相关资料；（2）要求公司数据库对风险管理部开放，包括对财务数据和经纪业务、自营、资产委托管理交易数据查询权和实时监控权；（3）参加公司的有关业务会议，并可要求各业务部门提供有关经营管理的计划及其执行情况；（4）要求业务部门及时报告经营中存在或潜在的风险，各业务部门不得隐瞒不报；（5）要求有关人员说明情况以及向有关人员调查、询问并制作询问记录；（6）按照国家和公司的有关规定，对风险管理工作中有关单位和有关人员的违纪违规行为，提出处理意见；

（7）在职责范围内提出的建议和意见，经风险管理委员会或公司领导批准后，向公司相关部门下达执行通知；（8）根据实际工作情况，提出临时聘请有关外部专家参与风险管理工作的建议；（9）根据实际情况，对各业务部门执行风险管理制度情况和业务风险程度进行检查。

（五）业务部门风险管理职责

公司各业务部门是风险管理的第一道防线，主要履行以下职责：（1）建立健全本部门的风险管理内部控制措施，确保各项制度、程序和方法的实施；（2）开展本部门的风险识别分析与评估计量；（3）对本部门职责范围内的风险因素及风险指标进行日常监测；（4）研究制订本部门的风险管理方案，经批准后实施；（5）重大风险发生后，及时采取措施进行危机处理；（6）对风险监测、风险事件及处理结果进行及时报告，并定期提交本部门的风险报告；（7）配合风险管理部开展与风险管理相关的其他工作。

（六）稽核审计部门职责

稽核审计部门对公司当年重大风险事项的管控情况，以及公司风险管理体系的完整性、有效性进行审计评价、报告并跟踪整改。在公司风险管理体系出现重大变动或者存在严重缺陷的情况下，应扩大内部审计的范围和增加内部审计频率。公司可根据需要委托社会中介机构对其风险性质、水平及风险管理体系进行审计。

三、司库风险管理流程

风险管理一般流程包括风险识别、风险评估、风险应对、风险监督四个环节。

（一）风险识别

风险识别阶段的目的是厘清司库部门所面临的风险，并在使用一些风险识别方法自上而下地识别各种风险要素后，通过量化这些风险便于管理层确定需要集中精力管理的风险。风险识别的对象包括任何能够改变企业经营状况的事物，如市场风险、供应链要素、应收账款等资产负债表项目、流动性依赖、外汇管制、运营流程等。企业可以通过排查资产负债表等财务报表中的要素和现金流等识别出风险来源。司库部门除了要识别司库本身相关的风险外，还要参与到其他职能部门的风险识别过程中，因为部门之间的互动也可能滋生风险，尤其是那些为中央司库提供决策和相关风险管理所使用原始信息的偏远分部。为此，司库部门还需要针对面临的主要风险，通过持续收集相关内外部风险信息，包括政策法规变动、行业动态、成功或失败案例、先进风险管理技术方法等，对初始信息进行必要的加工整理，为各项业务管理和重要业务流程的风险评估提供必要的依据。应通过系统化的方法，识别风险的种类、性质和表现形式，并对识别出的风险因素采取定性或定量的方法进行分析。应以制度形式确定风险识别方法，建立动态的风险识别分析机制，并制作用于风险识别的统一文档、模板，并固化形成定期更新的风险清单，加以维护。

（二）风险评估

风险评估阶段司库部门的目标是评估或者量化在前一个阶段识别出来的风险，以便考察这些风险对企业运营的敏感性。司库部门应根据风险偏好，制定包括风险发生可能性以及影响程度的风险判断标准，并据此进行风险评估，划分风险等级。用于风险评估和风险水平评估的方法需要由司库团队和首席财务官（CFO）共同讨论，风险评估方法的选取需要列入企业政策中，并报批董事会。司库部门应针对不同类型的风险，选择适当的计量方法，逐步建立所需的风险计量模型。公司进行风险计量，应考虑风险评估的度量方法多种多样。对大多数企业而言，如果运用得当，简单易行的度量方法可能得到事半功倍的效果。风险评估要考虑风险的时间范围、客户范围、业务特点、成本与收益的关系、主要的财务参数、现有风险对冲策略以及企业财务状况。风险评估可采用以下两种方法。

1. 离散法

（1）因素敏感度分析。

敏感度分析描述了市场因素对企业价值的影响。该方法在度量与市场风险相关的方面尤其有用。考虑历史变动和未来情景后，因素敏感度会为企业决定关注哪些风险提供强有力的参考信息，风险的重要性为企业决定哪些风险需要对冲时提供参考。

（2）情景分析。

情景分析是用于预计企业在一段时间内不同情景下的财务绩效的分析方法。该分析可以是描述性情景，既描述市场因素的特定变动，也可以是数字性情景。描述性情景的主要优点就在于其包含两个以上市场因素的假设，且能够用一张表呈现出来；数字性情景通常包括两个要素，也可以通过调整扩展到三个因素。

（3）压力测验。

压力情境是指那些会给市场带来压力的特定情境，每一个压力水平必须有与其相关的特定假设，并且要经过司库管理委员会的正式批准，作为年度审查的一部分报批董事会。压力测试结果通常用于决定应急计划的重点，尤其是流动性的结果。触发水平可用于设定预警水平以便在该类情景实际发生之前对投资组合采取措施。企业应该评估各个情景和事件对企业财务的影响，并且根据以往压力事件总结经验教训。

2. 统计法

（1）风险值法。

风险值是一个度量市场因素变动引起企业价值、投资组合或者财务头寸的变动程度的工具。因此，司库部门或者投资组合经理要对企业或者投资组合在特定阶段遭受的最大损失额有一定程度的把握。企业司库可以将风险值作为度量风险的一般方法，用于评估现金流和流动性头寸。风险值的三个常用计算方法为历史比率法、方差–协方差法、蒙特卡洛法。

（2）现金流风险值法。

现金流风险值法关注的重点在现金流上。现金流风险值适用于那些主要目标是监控现金流和可预测性的企业，因为其对企业现金流在大多数情况下的变动程度有一定的把握。

（三）风险应对

风险应对的策略可以分为风险规避、风险降低、风险转移、风险接受四个方法。不同企业会因企业战略的不同而选择不同的风险应对办法，如追求企业价值较为稳定的企业可能更多地采用降低风险的风险应对策略，而追求公司价值最大化的企业往往会利用高风险的项目取得更高的收益。

1. 风险应对策略应用于风险管理可以将风险管理方法分为控制型风险管理方法和财务型风险管理方法。

其中控制型风险管理方法是通过改变引起意外事故和扩大损失的条件使风险损失降到最低，如风险规避；财务型风险管理的方法是通过将风险均匀地分布在一定时期内，减少随机性引起的财务上的巨大波动，如风险转移（李艳梅，2012）。

2. 风险应对策略应用于风险管理还可以将风险管理方法分为战术导向和战略导向。

根据《辞海》的解释，战术是指指导战斗的原则和方法，主要包括战斗的基本原则、战斗的方法和战斗的组织实施；战略是指全局性问题的谋划，在一定历史时期内具有相对稳定性，通过策略手段逐步实现。具体应用在企业中，战术是指企业短期内为实现特定结果结合具体环境实施的活动，而战略是具有长远性的企业远景、使命等全局规划和定位。需要注意的是，在企业司库风险管理的过程中，战略导向和战术导向并不是孤立的或非此即彼的，而是以相互结合的方式完成企业风险管理。

（1）战术导向。

目前我国有关战术风险管理的研究主要集中在税务、人力、信息系统等方面：有的学者认为企业应当构建一个税务风险战术管理子系统，让企业战略执行层通过企业税务风险战术管理子系统在日常经营活动策划层面对可能的税务风险进行有效的预警和控制（胡国强、吴春璇，2012）；还有学者认为企业应当关注人力资源风险，企业人力资源风险战术管理体系主要包括人力资源风险预警机制的建立、人力资源轮替机制的建立和人力资源负激励与行为矫正机制的建立（汤向东，2012）。

战术导向的风险管理在国外也有应用：斯坦福大学运作了许多外部资助的项目，所以其内部审计部门为可靠跟踪外部资助的交易和验证其合规性，通过采用ACL技术，跟踪资助研究账户发生的每笔交易，实现其战术性风险管理策略。

（2）战略导向。

战略风险管理涉及企业的管理层和公司的各个方面，因而战略风险管理是公司范围的管理（Christopher J，Clarke Andsuvir Varma，1999），需要用系统的方法和手段。战略导向的风险管理更多的是基于企业的长期发展提出的，目前我国针对战略风险管理的研究集中于战略预算管理、战略性供应链金融风险管理、衍生品市场战略风险管理等方面。企业应当系统构建基于财务风险防范的企业战略预算管理基本框架（薛绯，2013）；同时，企业金融供应链风险管理应当加强事前风险控制、事中风险控制以及事后风险控制，通过信息平台加强前后端的融合（张宇，2018）。

（四）风险监督

首先，完善集中事后监督管理体制，优化风险管理内部环境。COSO风险管理框架提出要将企业战略和风险管理战略紧密结合，以构建良好的风险管理内部环境。通过开发高度集中的前台会计核算系统为开发集中化、标准化、信息化的事后监督系统奠定基础，探索建立适应前台业务发展趋势的集中化、标准化的集中事后监督体制，实现顺畅的纵横向沟通反馈机制，提高风险管理监督效率。

其次，风险监督需要树立风险为本的监督理念。要将此理念融入到监督系统建设中，落实到日常监督工作中，由粗放型监督管理转变为集约化监督管理。实行风险导向和流程导向的监督，根据对象的风险程度，运用不同的监督流程，实施风险分类分层分级管理，投入不同的监督资源。

再次，选取合适的风险监督手段是完善风险管理机制的重要手段。风险监督手段有风险审计、偏差分析以及技术指标比较等方法：风险审计是企业内部审计师对风险程度及管理情况作出鉴别、评价，确保能为战略决策及战略目标的实现提供信息保证；偏差分析是在工程项目实施中使用较多的一种方法，是对项目进度和费用进行综合控制的一种有效方法，通过分析实际完成工作与计划完成工作之间的差异，可以得到进度偏差与成本偏差；技术指标比较是指通过技术经济指标的对比，检查计划的完成情况，分析产生差异的原因，达到监督的目的。

四、市场风险管理

（一）一般企业面临的市场风险

根据《中央企业全面风险管理管理指引》（2006），一般企业的市场风险至少要考虑以下几个方面：

（1）产品或服务的价格及供需变化带来的风险；

（2）能源、原材料、配件等物资供应的充足性、稳定性和价格的变化带来的风险；

（3）主要客户、主要供应商的信用风险；

（4）税收政策和利率、汇率、股票价格指数的变化带来的风险；

（5）潜在的进入者、竞争者、与替代品的竞争带来的风险。

（二）财务公司面临的市场风险

根据《企业集团财务公司全面风险管理指引》，市场风险分类为利率风险、汇率风险、股票价格风险、商品价格风险。

1.利率风险

（1）重新定价风险。

重新定价风险也称为期限错配风险，源于财务公司的资产、负债和表外业务的到期期限或重新定价期限之间所存在的差异。站在财务公司角度看，资产方为固定利率贷款，负债方为短期存款。当利率上升，财务公司负债成本重新定价速度快，资金成本迅速上升。资产方由于受合同条款限制，重新定价速度慢，资金收益上涨慢，财务公司的净息差甚至降为负数。

（2）收益率曲线风险。

收益率曲线风险也称利率期限结构变化风险，因重新定价的不对称性，引起收益率曲线的斜率和形态发生变化，而对财务公司的收益和内在经济价值产生的不利影响。若以5年期政府债券的空头头寸为10年期政府债券的多头头寸进行保值，但当收益率曲线变陡的时候，虽然上述安排已经对收益率曲线的平行移动进行了保值，但该债券组合的经济价值还是会下降。

（3）基准风险。

基准风险也称利率定价基础风险，由于利息收入和利息支出所依据的基准利率变动不一致，而对财务公司的收益和内在经济价值产生的不利影响。我国的货币利率定价市场化进程始于20世纪90年代，在2013年，中国人民银行正式建立了LPR实时集中形成报价和对外发布公告机制，到2019年，人民银行对外发布了关于LPR集中形成报价机制的正式公告，并在2020年全面运用LPR作为利率定价基准，这标志着我国LPR利率政策的全面实施，金融市场贷款利率机制得到了充分完善。在开展利率定价市场化改革前，存贷款利率未发生明显变化，但银行间市场流动性过剩，引起市场利率和票据利率大幅下降，导致部分财务公司净利息收入受到负面影响。

（4）期权性风险。

期权性风险源于财务公司资产、负债和表外业务中所隐含的期权性条款。当利率上升的时候，财务公司只能按合同给客户提供较低的固定利率。但是当利率下降的时候，客户却可能通过提前还贷的方式，重新获得较低利率。

2.汇率风险

（1）外汇交易风险。

外汇交易风险来源于两方面，一是为客户提供外汇交易服务而未能立即进行对冲的外汇敞口头寸，二是由于对外币走势有某种预期而主动持有的外币敞口头寸。

（2）外汇结构性风险。

由于资产、负债之间的币种不匹配而产生的风险。

3.股票风险

由于持有的股票价格发生不利变动而给财务公司带来损失的风险。

4.商品价格风险

由于持有的各类商品价格发生不利变动而给财务公司带来损失的风险。这里所持商品是指可以在二级市场上交易的某些实物产品，如农产品、矿产品和贵金属等。

（三）集团司库面临的市场风险

在企业集团司库背景下，大型集团面临的市场风险主要包括商品市场风险和金融市场风险。商品市场风险是指因市场变化、产品销售变化等原因导致价格下跌或者未能及时卖出自己商品的风险。金融市场风险包括外汇风险、利率风险、股票风险、债券风险等。由于金融市场风险在上述财务公司面临的风险中已说明，下面针对商品市场风险展开阐述。

在商品市场风险中，按照企业参与的市场类型，可以将风险分为供给市场风险、需求市场风险，以及市场变动对企业司库带来的风险。

1.供给市场风险

供给市场风险主要来自获取关键设备、主要原材料和人力资源的不确定性，包括供给数量和价格。例如，2020年第三季度和第四季度，玉米从1 900元/吨上涨到2 600元/吨，铝从11 000元/吨上涨到16 000元/吨，焦煤从1 270元/吨上涨到3 753.1元/吨，为国内众多企业带来了原材料价格风险。

2.需求市场风险

需求市场中消费者需求改变、产品更新换代、竞争程度加剧、销售渠道不畅以及品牌形象降低等都会增加市场风险的暴露。

3.市场变动对企业司库带来的风险

（1）营运资金风险。

在企业正常经营活动中，通过对成本费用支出和营业收入情况进行分析，如果生产出的货物未进行销售，必然会占用较多资金；货物处于闲置状态，企业还会为货物的存放消耗更多资金，致使经济收益迅速减少。为此，国资委要求企业清理压缩两金占用规模，盘活存量资产，提升资产效能。

国资委的“两金”是指各类应收款项和存货。其中：应收款项包括应收账款、长期应收款和其他应收款等。随着经济的持续发展，传统制造业盈利模式不断被颠覆，利润率一再下降，为了实现企业经营目标，多数企业在采取加大赊销力度，深度拓展市场方式来提高市场占有率的同时，也导致企业应收款项规模逐年增加，导致债权风险逐步加大。在企业司库背景下，加强“两金”压控管理，降低两金资本占比，可以保证资金链条的安全，实现企业提质增效。

（2）投资风险。

企业在运营过程中，未能科学制定未来导向，致使盲目跟从当前形势，各个项目进行投资，导致企业在正常运营中出现周转不到位、内部财务管理不妥善等问题，致使企业面临破产、经济损失惨重现象。企业司库承担着整个集团的现金流管理，应加强对投资的管理，特别是要根据企业所能承担的风险能力，设置风险偏好、价值准则和风险红线，确保企业整体风险可控。

（3）筹资风险。

资金是企业的生命线，合理的资金筹集策略可以促进企业快速发展，可以增加企业的所有者权益。反之，不合理的资金筹集策略，不仅会给企业造成沉重的负担，严重的还可能失去对企业的控制权。在企业司库背景下，必须认真识别筹资风险，还应该做好整个筹资的管理工作，防控和降低筹资风险，使筹资行为契合企业的需要，成为企业发展的助力。因此，面对复杂多变的市场风险，大型企业集团要统筹考虑商品市场风险和金融市场风险，通过识别和评估风险、控制风险、应对风险及监督改进等。遵循该路径进行风险管理，保证集团公司安全稳健运营。

（四）集团司库下市场风险管理

市场风险管理是一个识别、计量、检测和控制市场风险的全过程。一个完善的市场风险管理系统应具备以下要素：董事会和高级管理层的有效监控；完善的市场风险管理政策和程序；有效的市场风险计量、检测和控制体系；完善的市场风险内控机制；适当的市场风险资本分配机制等。

1.市场风险管理政策

在集团司库管理背景下，企业应当制定适用于整个集团的，既满足银保监会对于市场风险管理要求的，又符合企业发展规律的风险管理政策和程序，包括但不限于：（1）可以开展的业务，可以交易或投资的金融工具，可以采取的投资、保值和风险环节策略和方法；（2）能够承担的市场风险水平。企业应当根据自己的风险偏好、价值准则和底线，确保风险可控；（3）分工明确的市场风险管理组织结构、权限结构和责任机制；（4）市场风险的识别、计量、检测和控制程序；（5）市场风险的报告体系；（6）市场风险的管理信息系统；（7）市场风险的内控控制；（8）市场风险管理的资本分配；（9）对重大市场风险的应急处理方案等。

2019年，前银保监会印发了针对财务公司监管评级的通知，在原2015年中财协的行业评级《指引》基础上，明确了各项评级指标的量化要求。该文件旨在通过定性及定量分析对机构出具评定结果，未来在市场准入、监管措施以及监管资源配置等方面，对不同级别的财务公司实施分类监管政策。银保监会将监管评级结果分为四个等级，并明确规范了相应级别的机构所能开展的业务内容，如表21–1所示。

表21–1　　银保监会针对财务公司监管评级要求

监管评级		监管检查	业务发展
一级	1A	非现场监管；适当放宽监管周期；支持创新业务等试点项目	基本业务、企业债券、外汇业务、消费信贷、买方信贷、融资租赁、有价证券投资、衍生产品交易、发行金融债券、金融机构股权投资、ABS、设立境外子公司、产业链金融业务
	1B		
二级	2A	适当提高非现场检查频率；增加高管层会谈频度；强化新业务、高风险业务监管	基本业务、企业债券、外汇业务、消费信贷、买方信贷、融资租赁、有价证券投资（除股票）、衍生产品交易（仅限客户发起的远期及代课交易掉期）、发行金融债券
	2B		基本业务、企业债券、外汇业务、消费信贷、买方信贷、融资租赁、有价证券投资（除股票）
三级	3A	提高现场检查频率；加大现场检查力度；必要时约谈高级管理层；限制业务活动；加大高风险业务监管指导	基本业务、企业债券、外汇业务、有价证券投资（固收类）
	3B		基本业务
四级		持续监管关注；重点现场检查对象；限制开展高风险业务；责令立即整改；母公司增资；限制股东权利、限制分配红利等	基本业务

2.市场风险的管理体系

（1）限额管理。对市场风险实施限额管理。制定对各类和各级限额的内部审批程序和操作规程，按资产组合、金融工具和风险类别制定交易限额，根据业务性质、规模、复杂程度和风险承受能力设定、定期审查和更新限额。

（2）止盈止损策略。止盈止损策略包括止盈止损线和警戒线，止损警戒线应当高于止损线，止盈警戒线应当低于止盈线。

3.市场风险管理基本流程

（1）收集市场风险初始信息。

企业应当不断地收集与本企业相关的内外部初始信息，包括历史数据和未来预测，忽视市场风险、缺乏应对措施导致企业蒙受损失的案例，包括但不限于：①产品或服务的价格及供需变化；②能源、原材料、配件等物资供应的重组型、稳定性和价格变化；③主要客户、主要供应商的信用变化；④税收政策和利率、汇率、股票价格指数的变化；⑤潜在竞争者、竞争者及其主要产品、替代品情况。实践当中，企业通常利用第三方中介机构评级资料、wander数据库以及其他方式等手段，综合收集各种市场信息，为决策提供依据。

（2）进行风险计量与评估。公司面对所面临的市场风险进行计量和评估，可开发和使用风险价值等计量模型，对所承担的市场风险进行量化，并辅以缺口分析、久期分析、外汇敞口分析、敏感性分析、压力测试、情景分析等方法，前瞻性地分析公司面临的市场风险状况，必要时可利用专家的工作。

（3）制定风险管理策略。企业应当根据自身条件和外部环境，围绕企业发展战略，确定风险偏好、风险承受度、风险管理有效性标准，选择风险承担、风险规避、风险转移、风险转换、风险对冲、风险补偿、风险控制等适合的风险管理工具的总体策略。防止和纠正两种错误：一是忽视风险，片面追求收益而不讲条件、范围，认为风险越大，收益越高的观念和做法。二是为了单纯规避风险而放弃发展给予。

（4）提出和实施风险管理解决方案。①外部解决方案：利用投资银行、信用评级公司、保险公司、律师事务所、会计师事务所、风险管理咨询机构等专业机构，将有关的工作外包，可以降低风险，提升效率。②内部解决方案：通过加强内控岗位授权制度、内控报告制度、内控批准制度、内控责任制度、内部审计制度、内部考核评价制度、重大风险预警制度等，认真组织实施风险管理解决方案，确保各项措施落实到位。

（5）控制和缓释。

第一，提高市场预测的准确性。准确预测市场变化及其变动趋势对公司规避相应的风险，减少损失具有重要的作用，充分考虑市场上的各种因素，特别是供求力量，宏观环境变化等，加强市场预测的准确性，在市场风险防范中发挥作用。第二，建立黑白名单制度。根据公司自身发展情况以及与客户、供应商的合作情况，建立黑白名单制度，针对黑名单，严格限制交易。第三，严守止盈止损策略。对股票交易市场和其他货币市场投资每日进行检测，当投资浮动盈亏处罚止盈止损线时，要严格执行止盈止损策略。第四，制定风险应急管理预案。在市场风险剧烈变化时，根据风险实践的重要性水平，决定是否启动应急预案，各职能部门应严格按应急预案执行，风控或审计部门应定期评估预案的执行效果，并提出改进性意见。

五、流动性风险管理

（一）流动性风险的基本概念

1.流动性的定义

流动性是指企业集团司库在不影响日常经营或财务状态的情况下，能够以合理的成本及时获得充足资金，以满足资产增长或履行到期债务的能力。流动性的概念描述的是一种状态，是一个过程而非结果。流动性通常通过描述持有资产（包括金融资产等）变现的难易程度来进行表示，如果一种资产变现十分容易，那么就说明这种资产具有较强的流动性，也就是说，当一种资产可以在不损失任何价值的前提下不受任何限制地转变为现金资产（包括货币资金、银行存款及其他货币资金），那么就可以说这类资产属于流动性资产，其中现金资产作为特殊的流动性资产，是流动性最强的资产。

现金类资产（包括现金资产和随时可变现的短期投资）较强的流动性是以牺牲收益率为代价的，普遍存在收益率水平较低的特点，因此在实务管理中，为避免产生过高的机会成本，企业集团往往会尽可能地减少现金类资产的持有。与此同时，为了追求较高的资产收益，企业集团往往会将现金类资产通过投资转换为流动性较差或期限较长但收益率较高的资产，这类资产通过牺牲流动性而换来了较高的收益率。虽然所有的资产最终都可能会转换为现金资产，但是在企业集团存在现金资产现实需要，必须立刻转换非现金类资产时，往往会因为急于出售带来一定的损失。

企业司库管理研究流动性既来源于企业经营管理又区别于企业经营管理。目前国内外关于流动性的研究普遍认为，企业司库管理中的流动性可分为资产的流动性和负债的流动性两类。资产的流动性指的是企业集团能够按照适当合理的价格将其所持有的非现金资产快速转换为现金资产的能力，超强的资产流动性表现在企业集团能够以较低的成本实现高速的非现金资产变现；负债的流动性指的是企业集团在市场上能否根据需要快速获取资金的能力，企业集团为获取资金所需支付的代价越低获取资金所需的时间越短，则可以说明企业集团具有越强的融资能力，其负债的流动性越强。如果充分考虑企业集团司库的金融属性，流动性还应包含表外流动性，即企业集团司库通过期权、资产证券化等衍生金融工具获得资金的能力。

企业集团的流动性并不是越大越好，其需保持在一个合理范围内，具体来说就是企业集团要做到资产、负债期限结构的合理搭配，拥有的流动资产须保持在一定合理的数量范围内，同时也要保持一定的快速低成本的融资能力。

2.流动性的层级

企业集团的流动性管理基于集团的业务属性和业务范围，这就要求企业集团司库在考虑流动性是否充足这个问题时，区分拥有流动性的不同主体，分别进行流动性分析。根据主体不同，流动性可分为企业集团单体流动性、金融体系流动性、银行流动性和社会流动性。

企业集团单体流动性是指企业集团作为独立经营机构，以合理的成本及时获得充足资金，以满足资产增长或履行到期债务的能力。金融体系流动性是指银行体系流动性和银行参与的各个金融市场的流动性。银行体系流动性即各家商业银行拥有的可用于支付的资金总量，其他金融市场包括债券市场、票据市场、抵押贷款证券化市场（MBS）等。社会流动性是指整个社会（一个国家或国际上）的企业和个人拥有的可用于支付的货币总量。社会流动性可按照支付手段的便利程度分为M0、M1和M2。M0即流通于银行体系以外的现金；M1即“狭义货币”，由流通于银行体系以外的现金（M0）和银行的活期存款构成；M2即“广义货币”，由M1和企业定期存款和个人储蓄存款构成。移动支付时代下，传统意义的M0、M1和M2也在发生着变化，随着实际支付使用中微信、支付宝等移动支付的占比越来越大，其支付的便利程度成为实质上的M0，这对增强社会流动性起到了一定的作用。

需要注意的是这三个层级的流动性并非趋势一致。如M2金额很大，即社会流动性极为充分的情况下，可能会由于外汇流出、企业上缴财政资金、季节性资金流出等因素导致银行系统流动性处于紧平衡状态，如果在此种情况下，企业集团司库的资产负债配置结构过于激进，其流动性将首先受到冲击。同时，各个金融市场的流动性也并非完全一致。如次贷危机中，商业票据、MBS等金融市场的流动性几乎枯竭，但国债资产利率极低，其市场流动性非常强。

3.流动性风险

流动性管理对于企业集团司库管理极为重要，流动性并不是稳定不变的，它是一个不断变化的变量，企业集团开展正常的经营活动，用以维持运营灵活性所需的流动资产的数量每天都在变化，保持充足的流动资产可以避免发生流动性风险，维持企业集团正常稳定运营，但是维持过高的流动性会给企业集团带来较高的资金机会成本，增加持续稳定经营的压力。现金类资产和流动性往往是制约一个企业集团成长的重要因素，企业集团司库应通过优化现金类资产配置，将其与企业集团的投入需求及企业集团的实际情况相结合，来达到现金类资产配置和流动性的平衡。

因此，在企业集团司库管理中对流动性风险的定义是企业集团司库无法以合理价格变现资产或以合理成本及时获得充足资金，以应对资产增长或支付到期债务，从而可能损害其清偿能力的风险。在实务操作中企业司库管理的流动性风险类似于商业银行和企业集团财务公司的流动性风险，我们通常可以企业集团财务公司流动性管理和商业银行关于流动性风险的定义作为参考借鉴。2014年，中国财务公司协会印发的《企业集团财务公司全面风险管理指引》中将流动性风险定义为：流动性风险是指财务公司无法以合理价格变现资产或以合理成本及时获得充足资金，以应对资产增长或支付到期债务，从而可能损害其清偿能力的风险。2018年，中国银保监会印发的《商业银行流动性风险管理指引》中将流动性风险定义为：流动性风险是指商业银行无法以合理成本及时获得充足资金，用于偿付到期债务、履行其他支付义务和满足正常业务开展的其他资金需求的风险。

商业银行流动性风险包括资产流动性风险和负债流动性风险。资产流动性风险是指资产到期不能如期足额收回，进而无法满足到期负债的偿还和新的合理贷款及其他投资需要，从而给商业银行带来损失的风险。负债流动性风险是指商业银行过去筹集的资金特别是存款资金，由于内外因素的变化而发生不规则波动，对其产生冲击并引发相关损失的风险。

商业银行筹资能力的变化可能影响原有的筹融资安排，迫使商业银行被动地进行资产负债调整，造成流动性风险损失。这种情况可能迫使银行提前进入清算，使得账面上的潜在损失转化为实际损失，甚至导致银行破产。

企业集团司库管理的流动性风险也应包含资产流动性风险和负债流动性风险。企业司库资产流动性风险是指企业集团经营现金流入不足或短期投资资产到期不能如期足额收回，从而导致企业集团可用资金存量无法满足到期负债的偿还和新的合理投资的需要，从而给企业集团带来损失的风险。负债流动性风险是指企业司库管理过程中从企业集团各层级公司归集的资金特别是短期资金，由于内外因素的变化而发生不规则波动，对集团整体的资金运作产生冲击并引发相关损失的风险。

企业集团司库资产流动性风险与企业集团整体的经营风险密切相关，当企业集团面临较高的经营风险时，企业集团司库的资产流动性风险就会加剧，这时就需要通过对外融资来补足资产流动性风险带来的缺口，这里面融资策略起到了至关重要的作用。

企业集团司库负债流动性风险与企业集团整体的资金管理水平相关，考验的是企业集团整体的资金管理能力，企业司库负债流动性风险也可以通过短期融资策略来补足风险缺口。

由此可以看出，融资策略是企业集团司库管理流动性风险的重要补充。融资策略包括短期融资策略和长期融资策略。短期融资策略一般用来满足临时性资金需求，可以补足负债流动性风险带来的资金缺口。长期融资策略可以满足企业经营发展的需要，为企业资产流动性风险管理提供底板支撑。

（二）流动性风险影响因素

企业集团流动性风险通常受到外部环境和内部环境的双重影响。外部环境包括外部宏观经济环境、政策变化等因素，内部环境包括企业集团资本结构、资产负债结构、经营状况、管理水平等多种因素。为了避免流动性不足对企业集团司库管理带来重大影响从而给企业集团造成重大损失，企业集团在司库管理过程中需要准备足够充足的流动性，但过多的流动性也使企业集团面临较高机会成本，因此如何平衡流动性风险引发的损失和流动性过大带来的成本，是企业集团司库在开展流动性风险管理过程中需要考虑的重要问题。企业集团需要维持一个最佳的流动性水平取决于许多因素，在综合考虑企业集团所面对的内外部环境下，针对流动性风险的具体来源可以将流动性风险再细分为四类。第一类是由外部环境引发的系统性风险；第二类是由企业集团经营风险引发的流动性风险；第三类是由企业集团司库内部管理问题引发的技术型流动性风险；第四类是企业集团司库其他金融风险变化引发的流动性风险。

1.外部环境变化引发的系统流动性风险

外部环境指的是外部宏观环境，包括外部经济环境、政策环境、金融市场环境等。外部环境变化通常是连锁反应的，在外部经济环境平稳时期，央行会保持货币政策环境的稳定，金融市场环境也比较稳定，在此环境下，宏观货币流动性、融资流动性和市场流动性，这三者的组合可以实现良性的流动性循环，共同增进金融系统的稳定性。只要市场能够有效利用央行提供的流动性，并且金融体系借助融资流动性功能有效地加以分配，则可以实现流动性不受限制地在富裕者和缺乏者之间流转。但是当外部环境发生变化，如外部市场经济环境发生变化，经济环境的变化极易引发金融体系整体流动性不足，流动性不确定性增加，会诱发金融机构囤积流动性以预防未来难以预知的大量流动性提取需求，避免流动性危机，由此会给企业集团带来外部融资环境的改变。综合已有研究来看，流动性的正常流转是企业能获取必要融资流动性的关键环节。

外部环境变化产生的流动性影响因素主要表现为宏观因素、市场因素和季节因素。

（1）宏观因素。

宏观因素主要是指国家采取的货币政策。货币政策作为国家对经济宏观调控的重要手段，是驱动金融体系，进而影响企业集团流动性的根本因素。经济过热时，国家通常采取紧缩的货币政策，导致市场流动性相对收紧，企业集团的外部融资难度和成本随之增加，企业集团流动性风险也随之增加；经济衰退和经济危机时，国家通常采取宽松的货币政策，导致市场流动性相对宽松，能够在一定程度上缓解企业集团的外部融资压力。

（2）市场因素。

市场因素主要包括货币市场、债券市场、资本市场、外汇市场等金融市场以及企业集团及其供应链上下游产业链市场的变化对流动性产生的影响，其中货币市场还可细分为回购市场、拆借市场、票据市场等。通常情况下，各个金融市场的流动性与宏观因素的影响呈同向变动趋势。产业链市场因素对流动性的影响主要体现在产业链所处生命周期及其变化对企业集团流动性的影响，当企业集团产业链处于“明星”时期，企业集团业务迅速发展，需要大量的资金投入，其流动性风险相对高，当企业集团从“明星”发展到“现金牛”时期，资金充足，其流动性风险也随之下降。

（3）季节性因素。

在我国，季节性因素对流动性影响比较明显，主要表现为在国庆、春节等大型节假日，企业和个人资金使用量增加，导致银行体系流动性紧张。或企业月度性、季度性地向财政部门缴纳税款，由于央行经营国库，财政税款需要转移至中国人民银行，此部分流动性也从银行体系中转移到中国人民银行，导致银行体系流动性紧张。对企业集团来说，上述情况下的融资成本和难度将加大，流动性风险随之增加，企业集团司库需在季节性因素发生前增加存款准备，以应付流动性风险的加剧。

2.企业集团经营风险引发流动性风险

流动性风险是一种综合性风险，即使企业集团司库本身的流动性管理没有问题，但其承受的其他风险依然可能会影响到流动性，这其中经营风险对引发流动性风险的影响不容忽视。企业集团的经营风险带来的直接影响包括利润下滑甚至亏损、经营性现金流量不足、企业信用评级下调等，这些都给企业司库的流动性管理带来巨大压力，极易引发流动性风险。

3.企业集团司库内部管理问题引发技术型流动性风险

企业集团司库在开展资金集中管理的过程中，为企业集团内部资金提供方提供活期或短期存款服务，同时也为企业集团内部资金需求方提供缺乏流动性的贷款服务，在这一过程中实现流动性的转化和创造，把流动性较高的负债转化为流动性较低的资产，从而为整个企业集团创造流动性。这种“借短贷长”的司库管理模式不可避免地使整个企业集团的流动性受到冲击，最终集聚到企业司库管理能力上来，迫使企业司库管理产生流动性问题，诱发流动性危机。因此，资产与负债流动性不匹配的司库管理模式是导致企业集团流动性风险形成的根源。具体地说，技术上没能把握好现金流的时间节奏，致使资产负债结构错配，从而导致现金流入与现金流出不匹配，产生流动性风险。

对于从事国际业务的企业集团，特别是跨国企业集团来说，多种币种的资产负债期限结构增加了流动性风险管理的复杂程度。《商业银行流动性风险管理办法》（2018）中指出“商业银行应当按照本外币合计和重要币种分别进行流动性风险识别、计量、监测和控制”。《企业集团财务公司全面风险管理指引》（2014）中指出“开展外币业务的财务公司，还应关注其资产负债币种结构，对经常使用的主要币种的流动性进行单独分析”。对于企业集团来讲，企业集团司库也应按照本外币合计和重要币种分别进行流动性管理，对持有的外汇的总额和重要币种进行期限错配分析，严格控制外币资产复杂的错配期限。

4.企业集团司库其他金融风险变化引发的流动性风险

企业集团司库的流动性风险是信用风险、市场风险、操作风险、声誉风险长期积聚、恶化的综合作用结果。如果这些与流动性密切相关的风险不能及时得到有效控制，最终将以流动性危机的形式爆发出来。

企业集团司库的流动性风险与信用风险、市场风险、操作风险、声誉风险呈现出正相关关系，即流动性风险与信用风险的关系表现为承担过高的信用风险可能导致不良贷款及违约损失大幅上升，贷款收益显著下降，从而增加流动性风险；流动性风险与市场风险的关系表现为承担过高的市场风险（如投机行为）可能因错误判断市场发展趋势，导致投资组合价值严重受损，从而增加流动性风险；流动性风险与操作风险的关系表现为操作风险可能造成重大经济损失，从而对流动性状况产生严重影响，如法国兴业银行交易员违规交易衍生产品造成巨额损失，不得不接受政府救助；流动性风险与声誉风险的关系表现为任何涉及企业集团司库的负面消息都可能危及其声誉，进而削弱存款人（同业机构）和社会公众的信心并造成存款资金大量流失，最终使企业集团司库被动陷入流动性危机。

企业集团司库的流动性风险还会与信用风险和市场风险产生正螺旋效应，即表现为信用风险恶化导致流动性风险加剧，企业集团司库为了解决流动性问题，而将越来越多的贷款发放给高风险客户，进而信用风险进一步加剧，这种现象如滚雪球一样，两种风险呈螺旋状上升，2007年的全球金融危机正是上述风险效应下带来的流动性风险的迅速恶化。同样，流动性风险与市场风险亦可产生正螺旋效应，当企业集团司库由于判断错误导致投资失败时，往往想要弥补投资失败的成本，而超限额持有或投机更多的次级金融产品，以寻求其高额回报，这将加剧企业集团司库市场风险，进而给流动性风险管理带来更大的压力。

（三）流动性风险度量方法

2007年的次贷危机已使流动性风险成为金融机构特别是商业银行的核心风险之一，金融机构的流动性风险管理也随之更为成熟。企业集团司库天然地具有企业属性和金融属性两重属性，但在管理企业集团流动性风险上应更多地关注和发挥其金融属性。

1.我国商业银行的流动性风险管理

《巴塞尔协议Ⅲ》对银行业流动性监管提出了更高的要求。《巴塞尔协议Ⅲ》在流动性上的规定来自对2007年全球金融危机的观察。它引入了流动性覆盖率（Liquidity Coverage Ratio，LCR）和净稳定融资比率（Net Stable Funding Ratio，NSFR）两项重要指标，将流动性管理提升到新高度。此两项指标要求金融机构必须拥有充足的优质流动性资产，以更稳定的资金来支持业务发展以及妥善应对短期流动性压力。

从1975年第一个《巴塞尔协议》出台到2010年《巴塞尔协议Ⅲ》草案提出，以及到2013年1月发布《巴塞尔协议Ⅲ》新规定，其发展过程期间，协议的内容、方法、思想以及适用范围均在不断深化，从仅强调资本充足率到提高全面风险管理约束，社会和科技的迅猛发展也对金融监管提出了新要求。2012年5月，中国人民银行发布了《中国金融稳定报告（2013）》，报告认为，2012年我国宏观经济缓中趋稳，金融体系整体稳健，但面临的国内外环境十分复杂，经济金融平稳运行与隐忧风险并存。国际国内的金融行业发展开始逐步融合一致，面临新挑战。

2007年2月，中国银监会发布了《中国银行业实施新资本协议指导意见》，标志中国正式启动实施《巴塞尔新资本协议》的工程，但短期内中国银行业尚不具备全面实施《巴塞尔新资本协议》的条件。目前中国金融监管部门正在要求各银行分阶段实施更严格的《巴塞尔协议Ⅲ》资本要求。2011年8月，中国银监会发布的《商业银行资本管理办法（试行）（征求意见稿）》明确要求商业银行应当持续达到所规定的包含流动性覆盖率和净稳定融资比率在内的流动性风险监管指标最低标准。新巴塞尔协议的框架下，我国对商业银行流动性监管也进行了调整，《商业银行流动性风险管理办法》中指出“流动性风险监管指标包括流动性覆盖率、净稳定资金比例、流动性比例、流动性匹配率和优质流动性资产充足率。资产规模不小于2 000亿元人民币的商业银行应当持续达到流动性覆盖率、净稳定资金比例、流动性比例和流动性匹配率的最低监管标准。资产规模小于2 000亿元人民币的商业银行应当持续达到优质流动性资产充足率、流动性比例和流动性匹配率的最低监管标准”。

（1）流动性覆盖率。

流动性覆盖率监管指标旨在确保商业银行具有充足的合格优质流动性资产，能够在规定的流动性压力情景下，通过变现这些资产满足未来至少30天的流动性需求。

流动性覆盖率的计算公式为：

流动性覆盖率＝合格优质流动性资产 ÷ 未来30日的现金净流出量

合格优质流动性资产是指在流动性覆盖率所设定的压力情景下，能够通过出售或抵（质）押方式，在无损失或极小损失的情况下在金融市场快速变现的各类资产。未来30日的现金净流出量是指在流动性覆盖率所设定的压力情景下，未来30日的预期现金流出总量与预期现金流入总量的差额。流动性覆盖率的最低监管标准为不低于100%。

（2）净稳定资金比例。

稳定资金比例监管指标旨在确保商业银行具有充足的稳定资金来源，以满足各类资产和表外风险敞口对稳定资金的需求。净稳定融资比例用于度量银行未来1年内权益和负债类等稳定资金来源支持其表内外业务发展的能力。

净稳定资金比例的计算公式为：

净稳定资金比例＝可用的稳定资金 ÷ 所需的稳定资金

可用的稳定资金是指估算银行持续处于压力状态下，仍然有稳定的资金来源以供银行持续经营和生存1年以上。所需稳定资金即估算在持续1年的流动性紧张环境中，无法通过自然到期、出售或抵押借款而变现的资产数量。净稳定资金比例的最低监管标准为不低于100%。

（3）流动性比例。

流动性比例是最常用的流动性风险管理的金融监管指标，广泛使用于商业银行流动性风险计量评估。

流动性比例的计算公式为：

流动性比例＝流动性资产余额 ÷ 流动性负债余额

流动性比例的计算数据来自资产负债表，衡量的是商业银行一个月内流动性资产和流动性负债的匹配情况。通常情况下，流动性比例越高，流动性风险越低。但流动性比例没有考虑资产负债的质量，也没有考虑表外业务对流动性的影响，因此对流动性风险的敏感性不够高。流动性比例的最低监管标准为不低于25%。

（4）流动性匹配率。流动性匹配率监管指标衡量商业银行主要资产与负债的期限配置结构，旨在引导商业银行合理配置长期稳定负债、高流动性或短期资产，避免过度依赖短期资金支持长期业务发展，提高流动性风险抵御能力。流动性匹配率的最低监管标准为不低于100%。

流动性匹配率的计算公式为：

流动性匹配率＝加权资金来源 ÷ 加权资金运用

资金来源包括来自中央银行的资金、各项存款、同业存款、同业拆入、卖出回购（不含与中央银行的交易）、发行债券及发行同业存单等项目。来自中央银行的资金包括通过公开市场操作、常备借贷便利、中期借贷便利、再贷款等从中央银行融入的资金。资金运用包括各项贷款、存放同业、拆放同业、买入返售（不含与中央银行的交易）、投资同业存单、其他投资等项目。其中，其他投资是指债券投资、股票投资外的表内投资，包括但不限于特定目的载体投资（如商业银行理财产品、信托投资计划、证券投资基金、证券公司资产管理计划、基金管理公司及子公司资产管理计划、保险业资产管理机构资产管理产品等）。

流动性匹配率项目表如表21-2所示。

表21-2　　流动性匹配率项目表

流动性匹配率项目表	折算率（按剩余期限）		
	≤3个月	3-12个月	>1年
加权资金来源			
1.来自中央银行的资金	70%	80%	100%
2.各项存款	50%	70%	100%
3.同业存款	0%	30%	100%
4.同业拆入及卖出回购	0%	40%	100%
5.发行债券及发行同业存单	0%	50%	100%
加权资金运用			
1.各项贷款	30%	50%	80%
2.存放同业及投资同业存单	40%	60%	100%
3.拆放同业及买入返售	50%	70%	100%
4.其他投资	100%		

注：由银行业监督管理机构视情形确定的项目由银行业监督管理机构视情形确定7天以内的存放同业、拆放同业及买入返售的折算率为0%。

（5）优质流动性资产充足率。

优质流动性资产充足率旨在确保商业银行保持充足的、无变现障碍的优质流动性资产，在压力情况下银行可通过变现这些资产来满足未来30天内的流动性需求。优质流动性资产充足率的最低监管标准为不低于100%。

优质流动性资产充足率的计算公式为：

优质流动性资产充足率＝优质流动性资产 ÷ 短期现金净流出

优质流动性资产是指能够通过出售或抵（质）押方式，在无损失或极小损失的情况下在金融市场快速变现的各类资产。优质流动性资产的范围小于流动性覆盖率指标计算中的合格优质流动性资产。

对比上述流动性监管指标，流动性覆盖率和优质流动性资产充足率更多地关注银行的短期流动性风险，而净稳定资金比例和流动性匹配率更为鼓励银行减少短期融资，增加长期稳定资金来源。

企业集团财务公司作为管理企业集团资金的非银行金融机构，其流动性风险的复杂程度远低于商业银行。考虑到企业集团财务公司负债主要来源于企业集团成员单位的特点，目前中国银保监会对企业集团财务公司在流动性风险管理方面的监管指标仅为流动性比率。

2.企业集团司库流动性风险度量

参考《巴塞尔协议Ⅲ》框架下的流动性风险管理，企业集团司库管理流动性风险度量指标在一定程度上要与我国商业银行流动性风险管理趋同，但又存在着企业集团司库管理自身的特点，可以从短期现金流和长期资产负债结构两个角度入手。

（1）短期流动性风险度量。

①流动性比率。

流动性比率是最常用的财务指标，用于测量企业集团偿还短期债务的能力。

流动性比率的计算公式为：

流动性比率 = 流动资产余额 ÷ 流动负债余额

流动性比率计算数据来自资产负债表。一般说来，流动性比率越高，企业偿还短期债务的能力越强。流动性比率的高低通常与企业集团运营资金管理水平呈正相关关系，即企业集团运营资金管理水平越高，流动性比率越高。一般情况下，营运资金周转速度、应收账款周转速度、应付账款周转速度和存货周转速度是影响流动性比率的主要因素，导致流动性比率在不同行业之间可比性较低。

②超额备付金率分析。

超额备付金率是指企业集团司库为适应资金营运的需要，用于保证存款支付和资金清算的货币资金占企业集团司库货币资金总额的比率。

超额备付金率的计算公式为：

超额备付金率 =（在中国人民银行的超额准备金存款 + 库存现金）÷ 各项存款

考虑到企业集团司库的金融属性，其需仿照企业集团财务公司现行监管模式，向中国人民银行缴存准备金。超额准备金即企业集团司库在中国人民银行存款账户上的实际准备金超过法定准备金的部分。超额备付金率越高，企业集团司库的短期流动性越强，反之亦然。需要注意的是，由于超额备付金率涵盖范围较窄，仅是衡量企业集团司库流动性和偿债能力的短期指标，在分析企业集团司库流动性问题上，还需结合企业集团未来的现金流状况综合分析企业集团司库的流动性和偿付能力。另外，超额备付金率受企业规模影响较大，在企业集团规模大小存在显著差异时，缺乏可比性。

③优质流动性资产分析。

优质流动性资产是可以在无损失或极小损失的情况下轻易、快速变现的资产。优质流动性资产的特点是无变现障碍，即其没有用作任何交易的抵押、担保或信用增级工具。企业集团司库在流动性紧张，甚至是流动性压力严重的情况下，可以通过变现优质流动性资产来解决流动性缺口问题。

优质资产分析包含结构分析和总量分析。结构分析即分析优质流动性资产的构成及其占总资产的比重，判断其结构的合理性，总量分析即分析企业集团司库持有优质流动性资产的绝对数量，结合预计现金流分析，判断是否能有满足相应的流动性需求。对优质流动资产可以进行趋势分析和对比分析。趋势分析即通过分析单个企业集团司库不同时期的优质流动性资产结构和总量，得出企业集团司库覆盖短期流动性缺口能力的变化情况。对比分析即通过对比同行业同规模企业集团司库优质流动性资产的结构和总量，来分析单个企业集团司库流动性水平。

④现金流预测。

现金流预测是企业集团司库评估是否具有足够的现金头寸应对流动性风险的重要手段。现金流预测的目标主要是分析不同产品在未来不同时段的现金流入和流出，提前确定现金流入和流出的时间、数额和地点来提高现金和流动性头寸的可见性，最终通过对流动性头寸的规划实现借款最小化，资金使用效率最大化，降低资金成本，提高资金收益。这里所指的现金流预测更多地关注短期现金流动，应对的也是企业集团司库的短期流动性风险。现金流预测能力越强，企业集团司库的流动性管理越稳健。

对于短期的现金流预测，企业集团通常采用自下而上的预测方式，收支法是普遍使用的短期现金流预测方法之一。

净现金流=现金收入-现金支出

在现金收入方面，主要分析包括现销销售收入、赊销托收收入、其他收入、企业集团内部收入、使用对冲等金融工具对收入的影响等，在现金支出方面，主要分析包括采购成本及供应商付款条款变化影响、运营费用、工资、其他费用、税收、借款、利息、股息、企业集团内部支出、使用对冲等金融工具对支出的影响等。

（2）中长期流动性风险度量。

中长期流动性风险度量主要需关注中长期结构性分析，包括企业集团司库由于结构性的资产负债问题导致的中长期流动性风险，因而中长期流动性风险度量更侧重资产负债管理，维持一个强健的资产负债结构，有利于企业集团司库保持稳定的流动性结构，预防流动性危机的发生。

①存贷比。

企业集团通常采用资金集中管理和使用，统筹调配企业集团内部单位之间的资金富余和不足，来提升企业集团整体资金使用效率。企业集团司库作为企业集团资金集中管理的职能单位，通常在企业集团内部建立“短借长贷”的资产负债期限结构，来实现企业集团内部的资金平衡。正常范围内的“短借长贷”被认为是可控性较强的流动性风险，在企业集团司库借入流动性时，需在资金成本和可获得性之间作出艰难选择。借入流动性通常被认为是企业集团司库降低流动性风险的“最具风险”的应对方法。

存贷比对企业集团司库来讲是指企业集团司库对成员单位发放贷款余额与吸收成员单位存款余额的比例。需要说明的是企业集团司库在发挥其金融属性功能时，对其成员单位的全部借款均属于贷款性质。对于企业集团司库而言，企业集团成员单位存款的稳定性通常较强，而贷款的流动性与投资、同业拆借等资产相比其流动性相对较弱。存贷比的实际上是在衡量稳定资金来源支持流动性较弱资产扩张的能力，直接反映企业集团司库的资产负债结构。

存贷比的计算公式为：

存贷比＝各项贷款余额 ÷ 各项存款余额

目前中国银保监会对商业银行存贷比的要求是存贷比应当不高于75%，企业集团司库对存贷比的管理也可参考这个标准。值得一提的是，存贷比指标在计算时是按照存贷款余额的时点金额，因而企业集团司库在使用存贷比对流动性风险进行监测时，除关注月末时点指标情况外，还应对月度日均指标进行计算，即将存贷比分子、分母中的余额替换为月度日均金额，通过月度日均比例与期末比例的比较，对企业集团司库流动性进行进一步分析，若二者差异过大，则企业集团司库的流动性风险也相对较大，甚至会被认为可能存在“冲时点”粉饰期末比例的现象。

②资产负债率。

资产负债率是企业经营使用最广泛的财务风险管理指标之一，反映资产对债务的偿还保障程度和债务对资产的资金支撑程度。企业集团司库应制定合理的资产负债水平，明确资产负债管理限额。过高的资产负债率，往往会给集团司库带来更大的流动性风险，但在分析资产负债率水平时，还要具体分析，有时候资产负债率低是因为行业增长放缓，企业集团采取了收缩战略。对于较高的资产负债率，也不能一概而论，我们从资产负债率的计算上分析一下。

资产负债率的计算公式为：

资产负债率＝负债总额 ÷ 资产总额
＝（无息负债＋有息负债）÷ 资产总额
＝无息负债 ÷ 资产总额＋有息负债 ÷ 资产总额

无息负债是指不需要支付利息的负债，一般包括合同负债、应付票据和应付账款等，有息负债是指需要支付利息的负债，一般包括银行借款、发行债券等。有息负债率即有息负债在资产总额中的占比，相对整体资产负债率，对分析企业集团司库流动性更有意义。如果一个企业集团的整体资产负债率较高，但有息负债率很低，则说明其大部分负债属于无息负债，即属于占用上下游环节资金，流动性风险不一定高。但如果企业集团有息负债率比较高，那么企业集团司库就要警惕流动性风险较大的可能性，采取积极做好流动性风险的应对准备。

③流动性期限缺口分析。

流动性期限缺口分析又称期限错配分析，在企业集团司库通过短期存款去支持长期贷款时，就会出现期限错配。期限错配的程度越大，企业集团司库潜在的流动性风险就越大。流动性期限缺口分析是常见的流动性风险计量手段，是指以合同到期日为基础，按特定方法测算未来各个时间点到期的资产和负债，并将两者相减获得的差额。流动性期限缺口分析表中（见表21–3）横向结构是不同的时间段，纵向结构是资产负债项目，每个单位格表示在该时段上的到期金额。资产方的资金流入减去负债方的资金流出即特定时间内的流动性缺口金额。当资产到期多于负债到期时，出现合同资金流入，在没有滚动和新业务的时候，企业集团司库有富余资金可供发放贷款和投资，当资产到期少于负债到期时，出现合同资金流出，需采取措施补充流动性头寸。

表21-3 流动性期限缺口分析表

20X1年12月31日	剩余期限								未定期限	总计
	次日	2日至7日	8日至30日	31日至90日	91日至1年	1年至5年	5年至10年	10年以上		
资产总计:										
现金										
存放中央银行款项										
存放同业款项										
拆放同业										
买入返售资产										
各项贷款										
投资(债券、股票等)										
持有同业存单										
其他有确定到期日的资产										
其他没有确定到期日的资产										
负债合计:										
向中央银行借款										
同业存放款项										
同业拆入										
短期借款										
卖出回购款项										
与金融机构的交易										
与央行的交易										
各项存款										
长期借款										
发行债券										
发行同业存单										
其他有确定到期日的负债										
其他没有确定到期日的负债										
到期期限缺口										
累计到期期限缺口										

在进行流动性期限缺口分析时,除上述绝对指标外,流动性缺口率、流动

性匹配率和核心负债比例都是常用的相对指标。其中流动性缺口率反映的是企业集团司库各期限的流动性缺口与相应时间段到期的资产总额的比例；流动性匹配率反映的是企业集团司库加权资金来源与加权资金运用的比例，加权权重比例可参考中国银保监会流动性匹配率计算中所用资产负债加权权重；核心负债比例反映是企业集团司库核心负债占总负债的比重，核心负债包括活期存款中稳定沉淀的部分、剩余期限90天以上的定期存款和剩余期限90天以上的债券。

流动性期限缺口分析的缺点是假设资产负债到期后不再展期，也无新业务发生。这个假设与企业集团持续经营假设有较大出入，实践中发现，不能准确地评估存款贷款的到期续作行为以及新业务行为，导致企业集团司库的合同期限错配经济含义不够明确，操作意义受限。

在规划资金头寸，应对流动性期限缺口时，企业集团司库应控制资产的到期日结构，特别是控制与负债的期限错配程度。流动性的到期日管理通常用来应对中长期的结构性流动性风险。企业集团司库在管理资产时还应考虑对资产变现能力的管理。资产的变现能力取决于信用质量，企业集团司库应加强进入流动性组合资产的最低评级。同时，流动性组合资产应避免过度复杂的结构性产品，集中在简单透明，易于估值的产品。低信用等级债券和结构性债券的市场变现能力在流动性危机中会快速下降。

④集中度管理。

集中度管理分为融资集中度管理和资产集中度管理。融资集中度的管理是企业集团司库流动性风险管理的重要部分。融资集中度是指企业集团司库对融资交易对手、金融工具类型、地区分布等集中程度的管理。如果企业集团司库的融资来源过度集中，那么单一客户、单一因素的变化，就可能造成企业集团资金的大量支出，引发流动性风险。

企业集团司库的存款资金来源主要为吸收成员单位的存款，其存款相对稳定，存款集中度属于内部融资集中度。在分析存款集中度时，企业集团司库需更多地关注存款金额较大的客户，通过历史数据分析及企业集团内部信息沟通，预测大客户对企业集团司库融资的影响。相对内部融资集中度，企业集团司库应更多地关注外部融资集中度，如银行借款、同业拆入等，如果外部融资集中度过高，企业集团司库可能面临对某些外部融资的依赖性过高的问题，一旦融资交易对手发生变化，将对企业集团的稳定资金来源产生重大挑战。较为常见的融资集中度指标有最大十家存款比例、最大十家同业融入比例。最大十家存款比例即最大十家存款客户存款合计占存款总额的比例，最大十家同业融入比例即最大十家金融机构交易对手同业拆借、同业放款、卖出回购款项之和占负债总额的比例。

同样，资产也需要进行集中度管理。资产组合过度集中，容易出现资产不好变现的困难。企业集团司库应当建立多层次的流动性储备作为流动性风险缓冲。流动性储备一般分为三级：一级流动性储备，即超额备付金和库存现金。二级流动性储备，即交易账户中的流动性投资组合，如国债。三级流动性储备，即全部交易账户、部分持有待售组合、票据资产等。

（3）流动性风险监测和管理。

①流动性风险限额管理。

中国银保监会在《商业银行流动性风险管理办法》中指出“商业银行应当建立流动性风险限额管理制度。企业集团司库同样也应该建立其自身的流动性风险限额管理。风险限额是确保风险带来的损失不会超过企业集团司库的承受能力，是企业集团司库流动性管理的底线。风险限额明确了企业集团司库控制流动性风险的最高水平，为流动性风险管理提供了风险参考基准。

流动性风险限额的制定要根据企业集团业务规模、性质、复杂程度、可承受的流动性风险水平和外部市场发展变化情况来确定。企业集团司库应建立流动性风险限额体系，包括流动性缺口限额、负债集中度限额、企业集团内部融资和交易限额等。企业集团司库应至少每年对流动性风险限额进行一次评估，必要时进行调整。

②流动性风险的监测和报告。

企业集团司库应对各项流动性指标进行监测，建立短期风险预警和中长期风险预警两类预警机制。流动性风险报告是流动性风险监测和风险信息交流的常用工具，能够将复杂的风险管理信息清晰地传递给企业集团司库管理层。流动性风险报告可分为日报、周报、月报、季报和年报。流动性风险日报是资产负债管理日报的一部分，一般包括资产负债各产品项目的余额变动，超额备付金率、存贷比、净融入（融出）金额、企业集团司库资金头寸和反映市场流动性的宏观经济指标，如回购利率、国债利率、外币市场利率等。流动性日报通常由计划财务部编制，报送给企业集团司库分管领导、资金结算部和金融市场部。流动性周报的汇报范围为每周的企业集团司库周例会，周报除日报内容外，会增加周末时点的流动性期限缺口及短期现金流预测情况。流动性月报和季报是更为全面的流动性风险分析报告，通常包括头寸分析、流动性期限缺口分析、流动性压力测试等，汇报对象为企业集团司库资产负债管理委员会。流动性年报是企业集团司库年度流动性管理分析报告，报告对象为董事会风险管理委员会。年报内容最为全面，通过全年流动性水平变动分析，对流动性管理进行全面分析。

③流动性风险压力测试和应急管理。

中国银保监会《商业银行压力测试指引》中指出，压力测试是一种风险管理工具，分析假定的、极端但可能发生的不利情景对银行盈利能力、资本水平和流动性的负面影响，用于对单家银行、银行集团和银行体系的脆弱性作出评估判断并采取必要的改进措施。

对于企业集团司库来讲，流动性风险压力测试对管理流动性风险同样重要。流动性风险的承压指标是企业集团司库的支付能力，即企业集团司库是否有能力在资金严重流失的情况下，保持足够的流动性头寸，维持企业集团的正常经营。企业集团司库应定期开展压力测试，涵盖短期情形和长期情形，并利用压力测试了解企业集团司库可能出现的流动性不足，确保当前的流动性水平与企业集团司库的风险承受能力相一致。企业集团司库应制订流动性应急计划，明确流动性危机下企业集团司库董事会、高管层及各部门的权限、职责和工作流程，定期开展应急演练，以确保应急计划的可操作性和可执行性。

六、司库风险管理的发展趋势

（一）新技术在司库风险管理中的应用日趋丰富

英国企业司库协会（ACT）发布的《Cash Management 2021》提出企业

司库需要更新的四项支付创新中包含了支付基础设施、应用程序编程接口（API）、非接触式快速支付以及中央银行数字货币（CBDC）。通过完善实时结算制度（RTGS）的基础设施以达到国际支付标准（ISO 20022），个人支付将带有额外的标记（如法人机构标识符），从而促进更好的可追溯性，并突出显示支付链中的不同方；企业还可以通过开放银行所基于的API接口的应用改善支付流程，更好地为企业司库提供海外运营公司和子公司现金余额的可见性，使他们能够当日对海外现金余额采取行动；紧跟电子货币的趋势，关注支付格局的快速变化，尤其是数字货币的增加将会对支付管理产生根本性的影响；新冠疫情暴发后，各国都经历了封锁的阶段，加快了企业数字支付的使用，现金的使用相对减少。由于商业信心下降，去年经济活动的放缓导致整体支付量下降；然而，数字支付的增长是显著的。根据UK Finance的《2021年英国支付市场报告》，2020年英国超过一半的支付是通过卡进行的，现金支付与上一年相比下降了35%。在英国，非接触式支付占所有支付的比例从2018年的19%上升到2020年的27%。此外，快速支付也有所增加。根据英国金融的《2021年英国支付市场》报告，通过快速支付（或银行内部清算）处理的远程银行支付数量增长了21%，略低于30亿英镑。到2020年，10笔B2B支付中有4笔是通过Faster Payments或其他远程银行进行的。

（二）智能化成为司库风险管理的新方向

张庆龙（2021）在《下一代财务：数字化与智能化》一书中指出，智能财务可以在司库资金管理中使用，人工智能可以运用算法和投资组合优化理论模型，为企业司库提供投资决策信息参考，同时还可以根据金融市场的波动形成预判，对资产组合及其配置提供改进建议。人工智能的应用使得企业更加关注外部金融资源，并能大大提高企业投融资、运营管理能力，使企业司库从管理决策导向进一步走向战略支持导向。

（三）金融衍生品被作为对冲风险的常用工具

以外汇期权为例，杰里米·亚当（Jeremy Adam）认为“远期期权型风险的介入能够增加对冲持续的时间”，通过购买外汇期权而不是外汇远期合约，企业能够选择是否行使它。但更重要的是，通过使用期权，公司拥有资产，降低了卖方的交易对手风险，并抵消了现有外汇远期对冲的投资组合风险。由于期权不会吞噬信用额度，公司可以在其认为合适的时候执行新的对冲。这意味着，如果机会出现，企业司库可以足够灵活地利用有利的利率。此外，这些好处来自业务的已知最大成本——溢价的价格。

除外汇期权外，企业常用来对冲风险的金融衍生品还包括远期合约、期货合约以及掉期合约。

企业司库风险管理一定是结合企业战略展开的，从风险的识别到风险分析、风险应对的过程都应当围绕企业整体展开。随着市场的逐步发展，企业司库的风险来源不断变广，但应对风险的方式也不断更新，风险管理将在企业司库职能中愈发重要。

22 第二十二章 银行关系管理

银行作为企业外部资金的重要来源，为企业提供多样化的服务，在企业司库系统建设中发挥核心供应商的角色。因此，银行关系管理成为企业司库人员需要关注的问题。企业司库在面对数量较大的银行时，如何结合业务需求，选取一定的指标制定个性化的筛选标准，从而挑出最适合自身的银行开展业务，同时进行后续关系评价，将是企业司库提高资金运营效率、维持银行关系良好持续发展的关键。

一、企业司库与银行关系的主要特点

（一）企业对银行的合作需求分阶段多元化

企业对银行分阶段需求的变化如图22-1所示。

随着企业的不断发展壮大和企业司库的系统建设，企业对银行的需求不再局限于传统的资金结算及信贷业务。银行提供的服务应能满足企业司库管理的各方面需求：一是服务于企业司库的资金集中管理职能，为企业集团各单位提供账户开立、资金收付交易的服务，提供账户签约、银企直连的系统功能；二是为企业集团各单位提供丰富的企业融资产品，包括传统的信贷业务、票据业务及产业链供应链融资等；三是服务于企业国际化经营战略，为企业提供外汇类账户、国际结算、跨境资金池等国际业务；四是助力企业搭建司库系统功

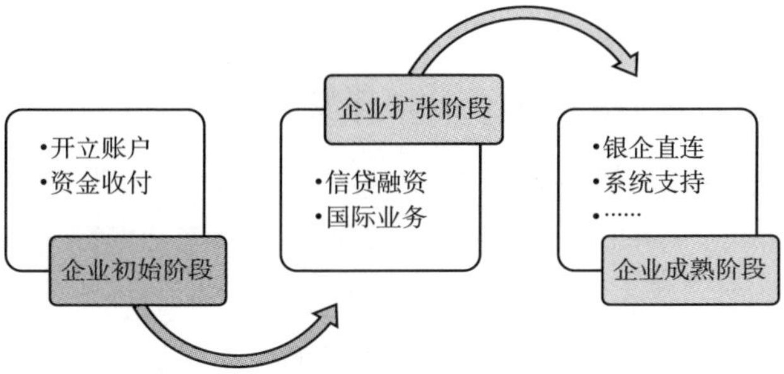

图22-1 企业对银行分阶段需求的变化

能，为企业司库提供功能模块建设、风险管理的系统服务。目前多数银行均有司库系统相关技术产品，可配合企业需求定制司库体系，并提供风险管理方面的数据支持。此时银行提供的产品是信息化的，已深入企业内部管理，远超出传统信贷范围。

（二）企业与银行的合作关系复杂化

企业在初始发展阶段，通常会集中有限的资源与少数银行建立合作关系。此时企业主要追求与银行关系的持续和稳定，能够获得银行的支持对企业至关重要，企业对于产品种类的要求和成本价格的敏感度均较低。此时的银行关系较为集中。但随着企业规模增大、实力增强，企业不再将业务局限于少数银行，银行对企业的合作意愿也逐步升高，此时企业与银行的合作关系更加强调“双向选择”：一是企业更加关注银行提供的产品种类和价格成本，银行关系趋于广泛、分散；二是企业逐渐意识到对银行的选择，会给企业的资本成本、资本管理政策等内部管理造成影响。

二、银行关系管理建设目标

（一）整合金融资源，提高企业配置效率

企业通过集团司库层面系统地管理银行关系，将分散在各成员单位的金融资源进行汇总整合，提升企业金融资源的配置效率。通过统筹银行关系管理，一方面引入银行长期限、低成本的资金，降低企业融资成本，更好地服务企业主业发展；另一方面通过与银行的战略合作，在原有业务基础上，引入综合性、创新型、个性化金融服务，挖掘并满足企业更深层面需求，实现多层级、

全主体覆盖，提升企业的价值创造能力。

（二）发挥银行优势，助力企业司库发展

企业司库通过系统管理银行关系，将内部资源与外部银行资源互联互通，打通内外金融资源，畅通协作渠道，密切协同，更好地发挥各自优势。越来越多的调查研究表明，企业与银行的合作会给企业资本管理决策，甚至经营决策造成影响，说明银行对企业的作用远不局限于提供外部资金。企业司库可通过与银行总部的战略合作，将银行系统的能力纳入企业司库系统建设中，获取银行信息系统支持，做强企业司库。

（三）加强风险管控，防范银行金融风险

企业银行关系的管理将协助企业风险管理，防范银行“暴雷”等极端业务风险，守住集团整体不发生系统性金融风险的底线。近年来，随着包商银行破产被接管，以及渤海银行客户存款被质押事件，企业逐步认识到将资金存入银行并不是万无一失、高枕无忧的，银行本身的内部风险也存在给企业造成资金损失的可能性。因此，企业应通过树立风险意识，加强银行关系管理来做好内部风险防控。

三、企业与银行关系管理现存问题

（一）缺乏系统管理银行关系的意识

目前企业与银行业务的开展，通常是靠企业基层业务人员与银行客户经理对接完成。这种关系模式一方面存在业务分散、关系不稳定的缺点，容易随着双方人员的流动而发生变化。另一方面这种模式将企业与银行的关系局限于基础业务层面，银企关系的发展将在一定程度上受客户经理的能力及水平制约。

针对以上问题，系统的银行关系管理需要企业从管理决策层面树立意识：

一是形成“总对总”层面的业务对接关系。将业务人员与客户经理、银行支行的个人关系上升到由企业集团、企业司库对接地区分行、银行总行。

二是建立多角度的银行关系管理结构。由企业司库、企业集团及各单位的管理人员、业务人员、财务资金人员组成银行关系管理的结构，赋予每方相应

的选择、评价银行的权限和权重，共同管理银行关系。

（二）尚未建立明确有效的筛选机制

目前企业在选择银行开展业务时，企业往往没有一个系统的、客观的、量化的指标体系来挑选银行。通常是靠业务人员对银行的熟悉程度、个人资源条件，甚至是管理层个人好恶来开展。这样既难以防范银行带来的风险，同时也容易滋生企业内部与银行之间的舞弊行为，造成企业资金损失。

针对以上问题，可通过建立系统的筛选合作银行的方法进行合作银行的筛选，筛选方法有两种：名单制和积分制。名单制将介绍筛选名单的方法、筛选银行指标体系及如何分类推进银行业务合作；积分制将介绍评价打分相关内容、相关用于积分的指标及如何运用软件提高积分制管理的效率。

四、银行关系管理的实施

（一）企业集团合作银行定位

根据中国银保监会统计数据，商业银行主要分为大型商业银行、股份制商业银行、城市商业银行、农村金融机构（含农村商业银行、农村银行、农村信用社）、民营银行、外资银行等。

如同客户或供应商管理一样，企业可根据银行的业务实力与重要性，对银行实施分类管理。一般可设为，战略性合作银行、一般性合作银行、特殊性合作银行。对战略性合作银行，企业与银行进行存款、贷款、结算、衍生品交易等全方位的合作，建立良好的合作关系，当企业遇到资金困难，银行能够给予全力的支持；对一般性合作，根据银行的业务特点，进行部分优势业务的合作；对于特殊性合作银行，当需要时，企业与其进行单笔业务、一次性的合作。例如，保理融资操作，银行通常需要企业开立账户，接收保理融资款。当跨国企业集团建立全球银行关系管理时，上述章节中阐述的筛选因素依然适用，但需要根据业务发展的实际情况进行不同程度的考虑。再如，跨国企业集团的主要业务集中在单个或个别一些地区，那么应当优先考虑在相应地区的银行关系管理，可以适当针对相应地区的商业银行加以权重，方便开展业务。如果跨国企业集团的主要业务均匀分散在数个地区，那么可以考虑针对每个地区的事业部或办事处分别开展区域性的银行关系管理，总部统筹管理，分部授权执行。

（二）银行关系管理的主要流程

银行关系管理的主要流程如图22-2所示。

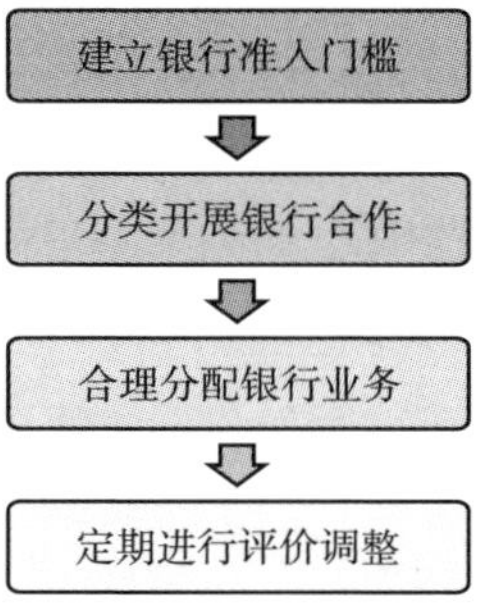

图22-2　银行关系管理流程

1.建立银行准入门槛

企业司库在选择银行开展业务时，需受限设立基本的合作银行准入门槛。此阶段主要考虑银行自身资质水平。根据企业业务发展和地区分布情况，将规模较小、业务种类较少、近期爆发风险事件的银行排除在外，作为银行关系管理的初筛和首个风险防线。

2.分类开展银行合作

在此阶段，企业司库结合自身业务需求及不同银行的业务特点、对企业的支持情况，确定筛选指标并赋予权重，如银行的业务能力、信用承诺、财务实力、区域覆盖率和客户关系等，来选择可以展开合作的银行，并采用一定的方式，如名单制管理方式、积分制管理方式等，将可合作的银行进行业务分类和排名，以开展后续具体的业务合作。

3.合理分配银行业务

在实际业务开展中，企业司库应合理分配集团整体在银行中的业务。企业司库应结合银行能力、银行报价、银行对企业的支持力度等，在同一业务对应的合作银行类别里选择多家银行开展合作。一是避免“将所有鸡蛋放在同一个篮子里”的风险集中情况发生，二是避免业务过于集中某几家银行，过于密切的合作虽能在一定阶段内享受价格及服务优势，但也容易导致企业被银行“裹挟”，在远期关系中丧失业务中的议价权。

4.定期进行评价调整

企业司库将定期对合作银行的服务质量进行多维度的评价和考核。企业与银行间的关系并不是一成不变的，企业对银行的选择将随着企业业务、银行质量等动态变化。因此，定期对银行的贡献进行评价至关重要。企业须制定评价服务质量的多重维度，包括服务费率、服务差错率、对企业需求响应速度、银行对企业的风险敞口、银行对企业的支持力度等。对于服务质量较差的、出现严重内控风险的银行，则考虑调整业务量或排除合作名单，选择新的银行进行合作。

（三）银行关系管理的筛选方式

1.名单制管理方式

名单制管理方式是指企业司库通过选取一定的指标体系，筛选出一定数量的银行作为企业司库合作银行名单，并根据企业业务需要，对合作银行分类开展合作。名单制管理方式的特点包括：一是合作对象明确，通过建立指标体系，明确企业集团的合作范围，方便集中管理银行关系；二是具备一定灵活性，在分类推进银行合作时，给予各单位一定的选择空间，根据自己的实际情况具体开展银行业务；三是量化筛选标准，使得企业可以较为客观地评价、选择银行。

（1）建立指标体系（见表22-1）。

表22-1　　筛选银行指标体系

	银行自身能力指标	对企业的支持指标
定量指标	➢规模类：资产规模、资本充足率 ➢风险类：不良贷款率、银行评级	➢给企业集团的授信额度 ➢现存业务量情况
定性指标	➢是否按要求信息披露 ➢是否发生过重大风险事件（可作为一票否决指标）	➢对集团内困难企业的支持 ➢对历史关系的考虑（历史服务情况）

在制定筛选银行指标体系时，主要考虑企业自身需求和银行自身资质这内外两个方面。同时为丰富指标体系，包含更多的考量维度，将定性和定量指标相结合。

在银行自身资质方面，主要强调银行抵御风险能力。银行资产规模一定程度上反映银行抵御风险的能力，筛选指标以银行资产规模为基础；参考央行宏观审慎评估体系及商业银行同业信用评级指标体系引入资本充足率、不良贷款率指标；参考巴塞尔新资本协议中银行业必须满足的信息披露要求的条款引入信息披露情况作为风险指标。

在企业自身需求方面，主要考量银行是否能满足企业的业务需求以及对企业的贡献和支持力度。在满足企业业务需求上考虑给企业集团的授信额度和现存业务量；在企业贡献度上主要考虑银行对困难成员单位的支持力度和往期历史关系、合作情况。

根据表22-1所示，在每个模块确定指标体系后，企业司库将根据每个模块的重要性进行排序，并配比一定的权重。同时也可设立部分具有“一票否决权”的指标，如该银行近期发生过重大暴雷事件，说明其内部风险管理机制极度缺乏，应将该银行纳入合作名单之外，若干年后再重新评估考虑。

（2）确定准入名单。

在明确筛选指标后，由企业司库牵头，组织企业集团管理层面、业务执行层面、集团与成员单位各层级进行银行的打分和筛选。从政策性银行、大型商业银行、股份制商业银行、城市商业银行、农村金融机构（含农村商业银行、农村银行、农村信用社）、民营银行、外资银行等范围内确认一定数量的企业司库合作银行名单。需要注意的是，名单整体数量不宜过多，否则企业司库精力过于分散，无法达到银行关系统筹管理的初衷。

名单确立后，企业司库应严格要求企业内单位，禁止企业集团在名单外银行开展业务。同时，企业合作银行清单应至少于每年进行一次重新评估：一是对评估指标进行重新评估确认；二是重新对银行进行评估打分，对名单进行增减变更、动态调整。

（3）分类推进银行业务合作。

在确定企业司库银行合作名单后，根据企业集团的业务需要，将企业司库银行合作名单分进行分类，本书分三类进行示例（见表22-2）。

表22-2　银行业务分类表

银行类别	主要业务范围
一类银行	全面推动全方位战略业务，司库牵头与总行对接
二类银行	一类银行的有效补充
三类银行	聚焦专业化、个性化业务需求（如外汇、同业等）

一类银行聚焦战略合作、全面推进，为企业司库重点战略合作对象。企业集团将优先选择一类银行开展包括账户、授信、业务的全方位战略合作。与一类银行进行合作的特点包括：一是司库与此类银行总行进行对接，形成自上而下的银行业务管理架构，统谈集团整体业务合作；二是建立完善的比价机制，各行根据集团及成员单位业务需求提供合作方案，择优开展具体业务；三是分级推进落地，司库协调银行，以司库或各成员单位为主体推进业务落地；四是将一类银行作为企业司库体系系统建设的有力支持，一类银行可参与到企业司库内部管理框架中。一类银行的特点是资本实力雄厚，业务产品种类全面，各有特色；管理体系完善有效，风险内控体系健全。一类银行将是集团公司全面金融合作的重要渠道，主要为政策性银行、大型国有商业银行。

二类银行有效补充、展现特色，作为一类银行的补充，是企业司库合作主力军中的第二梯队。企业司库在与二类银行开展合作时，一方面可以开展账户、资产、负债以及中间业务，作为一类银行同类业务的强大补充力量；另一方面企业司库根据成员单位业务需求，在了解各行业务特色、产品政策及价格优势的基础上，结合银行自身特色优势，推动二类银行内部产品创新及定制化，择优与二类银行开展业务合作，如积极推动参与企业集团债券承销、投资等各类业务。二类银行主要是除一类银行以外的中大型股份制商业银行。该类银行特点为资本实力较为雄厚，市场化程度较高，具有一定的创新种类产品，同时与大型企业集团具有较为强烈的合作意愿。

三类银行发挥专业合作、突出个性，区别于上述一、二类银行服务于企业集团内部各单位，三类银行主要针对企业集团的专项业务需求，展开有针对性的合作。例如，提供专业化的境外业务及满足外汇账户、资金管理需求；再如，为企业集团财务公司，提供以同业合作为主的相关金融服务。三类银行不宜全面铺开，仅有需求的成员单位在风险可控的前提下进行对接。原则上企业集团内的其他单位不建议与三类银行展开业务合作。三类银行主要以城市商业银行、部分农村金融机构、外资商业银行为主。此类银行的特点是规模相对较小，资本实力较为一般，相较于一、二类银行风险略高，但其部分产品存在一定价格优势，渠道多元，因此在合作时需企业司库严加管控。

在将银行进行分类后，企业集团内各单位可根据自身需求开展业务。同时建议由企业司库统筹管理业务分配情况，对业务分配比例给出意见，避免风险伴随业务过度集中。

2.积分制管理方式

积分制管理是指把积分制度用于对银行关系的管理，用积分来衡量银行关系对于企业集团的价值，反映和考评银行关系的综合表现，然后再把合作方向、合作力度与积分制度挂钩，并向获得高积分的银行倾斜，从而达成企业集团有序科学的管理银行关系，为企业获得更大的效益。

积分制管理的定义，简单地说，就是用积分对银企合作综合表现进行全方位的量化考核，并用软件记录且永久性使用，积分制管理的具备以下特点：

（1）有利于形成健康双赢的合作文化。

通过嘉奖合作顺利、服务优异的商业银行，激励商业银行进一步增强合作的动力与积极性。前期合作不顺利的银行也会努力获得积分，争取更多的服务范围和更深的合作程度，总体上帮助企业获得更好的商业银行服务，拿到更好利率的产品。

（2）有利于解决管理中的各项难题。

积分制管理可以广泛进行使用，凡是银企合作中的各项大小问题都可以与积分制相挂钩，通过间接进行信用积分目标管理的方式，提高银企合作效率，辅助解决银企关系管理中的难题。

（3）有利于实现评分过程公开公平。

积分制管理涉及银行服务评价的优化及改善部分，因此一般建议将积分制度及评分标准向商业银行公开，便于商业银行提高服务水平，也促使银行关系管理过程公平公开，更加透明。

可以用作积分评价的指标（见表22–3）举例如下：

①基于规模与绩效：例如，总资产越大的商业银行抵御风险的能力越强，年度绩效表现越好的商业银行抵御风险的能力越强。

②基于行为或风险：资本充足率、计息负债成本率、不良贷款率等指标都可以用于衡量商业银行抵御风险的能力以及业绩的稳定能力。

③基于服务与反馈：商业银行服务水平可以采用企业相关部门及人员客观打分的方式作为积分评价。根据各大商业银行提供的服务水平，如上门服务次数、送回单的次数等情况，商业银行的信息系统服务情况，发现系统错误后的响应速度、问题的解决速度及配合企业集团进行系统功能上线测试的程度等，综合企业办事人员的主观评价打分共同决定。

④基于风险事件及负面舆情：商业银行的风险事件已有定论的可以作为负向扣分处理，负面舆情可以根据事件的性质、金额、影响程度酌情进行负向扣分处理。出现影响本单位的风险事件甚至可以采取“一票否决”“熔断机制”，直接叫停企业集团与该商业银行的单项或全面合作。

表22–3　　积分评价指标释义表

积分评价指标	释义
基于规模与绩效	总资产越大的商业银行抵御风险的能力越强，年度绩效表现越好的商业银行抵御风险的能力越强
基于行为或风险	资本充足率、计息负债成本率、不良贷款率等指标都可以用于衡量商业银行抵御风险的能力以及业绩的稳定能力
基于服务与反馈	可以采用企业相关部门及人员客观打分的方式作为积分评价。根据各大商业银行提供的服务水平，综合企业办事人员的主观评价打分共同决定
基于风险事件及负面舆情	商业银行的风险事件已有定论的可以作为负向扣分处理，负面舆情可以根据事件的性质、金额、影响程度酌情进行负向扣分处理，甚至可以“一票否决”“熔断机制”叫停合作

上述积分指标的目的是确保企业对于银企关系合作的情况有全面的了解。为此，集团司库必须考虑受银行影响的相关机构、银行发挥重要作用或者直接负责的项目和银行操作或者发挥重要作用的流程等。因此积分制管理便于上下一致，由司库操作人员与管理人员的打分结合评价，确保对于银行关系管理评价的客观与公平性。

需要注意的是，企业集团绝不应该只局限于与单家商业银行的“套牢”关系，也不应与高积分的商业银行进行一对一的单一合作，积分制度的应用可以采用设置标准线的方式，对于积分在标准线上的商业银行可以考虑进行同范围的合作。多样化的银行选择也有利于在具体业务中获取较优的报价与附加值，为企业集团整体获得最优效益提供相应的帮助。

积分管理虽然原理简单，由于要形成一个管理体系，因而又成为非常复杂的管理工作。但企业集团可以考虑建设或引入“积分制管理软件”，能够帮助复杂的工作变得十分简单，一部分固定积分可以由软件根据时间线自动生成，或者根据银行与企业集团之间的合作广度、深度自动提取数据进行生成。同时，日常大量的加分、减分录入系统，软件也可以进行主动自助的分类、分时间、分阶段汇总排位，一般来说，使用积分制管理软件进行记录不需要配备专职人员进行计算管理，只需要配有兼职人员，使用部分工作时间就能完成银行关系管理积分的计算。甚至部分先进的企业采用RPA流程机器人，实现“人机协同”共同计算积分评价，这样不仅大大节省了人力工作量，也提高了公司的信息化管理程度，避免了工作流程的错误、舞弊或低效的情形。

在积分制管理体系中，全方位量化考核和持续应用是积分制管理的精髓。重点在于强化积分结果的应用，例如，月度考核结果作为年度评价、对照标杆和持续改进的依据；每季度组织一次评价，采取动态对标分析的形式进行，就本季度内银企合作开展情况、存在的问题、改进的方向进行交流研讨，确保持续改进。

五、合作绩效评价

通过上文所说的合作银行选择方案确定了合作银行之后，在进行一段时间的合作后，司库应当进一步实施合作后的评估及结果应用。此部分主要包括三个工作流程。

（一）合作过程审查

合作过程审查是一个持续的过程，但是为了设置一个良好的沟通合作先例，刚开始合作一年后，首次审查过程要极其详细和频繁。尽量全面地考虑影响因素并具体实施评价。

（二）积极反馈

必须将实施后审查的结果与改进建议一并反馈给商业银行，包括合作顺利的商业银行和合作有障碍的银行。

（三）文档记录的保存

合作过程的审查及反馈都需要将内容过程详细地记录在文件中并完整保存。必要时可以进行回溯检查或核对。

司库要注意设定银行合作绩效评价的基准，并对银行合作关系定期进行持续的评价及审查。这是因为银行合作关系的评价决定着司库未来的合作方向、合作力度和合作广度，司库要精细设计银行合作关系的评价体系，在定期（如每年度或每半年度）的合作中获取真实的反馈信息，以便实现企业集团与银行合作关系的持续良好发展。

合作银行名单制或积分制管理体系需经企业集团的管理层定期决策评估，集团司库应当建立年度后评估机制，每年对名单或积分体系进行跟踪管理，对规模指标、安全性指标以及业绩指标进行评估，并依据评估结果对名单或积分体系提出延续或调整建议。延续或调整方案，经企业集团管理层集体决策后生效。

除了固定的年度评价以外，若某银行在业务合作期间突然爆发负面舆情，也需要临时启动银行关系管理的评价工作。例如某银行突然被媒体曝出违规挪用储户的资金用于向无关联第三方发放贷款，在事件尚无定论之时，与该银行合作的企业集团应当高度关注舆情信息，及时跟踪，若涉及金额过于重大时，应出于谨慎的考虑，提早考虑将账户资金予以转出，避免资金损失的风险。一旦负面事件有了确定的结论，应考虑企业集团与该银行后续的合作关系是否受此事件影响，而该考虑应当在银行评价打分时有所体现。下面提供一些指标供读者参考。

企业集团可以结合实际管理情况，综合考虑存款利率水平、金融服务成本节约、服务质量评价、收入贡献等四大类要素实现本单位银行合作关系效益最大化（见表22-4）。

表22-4 参考指标分类及释义

参考指标分类	释义
产品利率水平	各银行对本单位提供各类产品优惠利率服务情况
金融服务成本节约	各银行提供的优惠或减免的各项金融服务费用给本单位带来的成本节约金额
服务质量评价	指通过财务服务质量等指标对各银行提供的服务质量进行评价
收入贡献	指各银行使用本单位各项产品或服务带来的收入

“产品利率水平”要素评价各银行对本单位提供各类产品优惠利率服务情况。这一项也是银行合作关系中最直接的内容。

“金融服务成本节约”要素是指各银行提供的优惠或减免的各项金融服务费用给本单位带来的成本节约金额。金融服务费用主要包括上门收款费用、代收手续费、托收手续费、批量代扣手续费、POS刷卡手续费、银行汇款手续费和其他金融服务费用等。企业集团可以根据本地区合作银行的同类金融服务费用的平均水平设定“金融服务成本节约”要素的基准值。如该银行提供的金融服务价格低于基准值，则按照差额确定成本节约金额；如该银行提供的金融服务价格高于或等于基准值，则成本节约金额为零。

“服务质量评价”要素是指通过财务服务质量等指标对各银行提供的服务质量进行评价。财务服务质量评价包括银企系统支撑服务、营收资金归集服务、日常财务服务等方面。

“收入贡献”要素是指各银行使用本单位各项产品或服务带来的收入。“收入贡献”要素分为直接贡献和间接贡献两类。直接贡献包括各银行直接使用本单位各项产品或服务所产生的集团产品收入贡献。间接贡献是指通过银行支撑或协助带来的其他客户（如校园市场、企业市场等）使用本单位各项产品或服务所产生的收入贡献。

企业集团可根据实际经营管理需要选择加权计算法、阶梯计算法或其他方法分别计算银行关系管理评分，完成综合收益评价。

选择加权计算法的单位应设定每项要素对应的权重，并根据权重占比计算银行关系管理的评价结果。

选择阶梯计算法的单位应设定各项要素的级别，按照要素的优先级排序依次判断。在排序优先的要素评价结果计算出的银行占比相同的情况下，考虑下一级要素评价结果并计算出银行关系管理的评价结果。

企业集团银行关系评价中涉及的计算方案的选择及变更、评价要素及评估项目内容设定、评价频次应经企业集团管理层会议审批。建议可以每年对银行关系评价体系进行评估，确定后不应经常变动。

当获得了评价结果后，我们需要进一步根据评价结果作出相应的决策和应用。

我们应当根据企业集团的实际情况，来考虑评价结果的应用方式。例如，我们根据企业集团目前的管理需求，选择一个标准作为基准，在银行关系管理评价中获得较好结果的、高于标准的商业银行，可以考虑适当上调合作层级或加大合作力度；在银行关系管理评价中获得较差结果的，略低于标准的商业银行可以考虑给予适当时间的“察看”机会，继续进行相应业务的合作；对于在银行关系管理评价中获得较差结果且远低于标准的商业银行，应认真考虑降低评级，减少合作甚至暂停合作的措施。

企业集团应当密切关注经济和金融形势的变化，做好合作银行风险评估工作，及时了解各合作银行的运营状况、服务能力、偿付能力和抗风险能力及其变化情况。例如，建立突发风险动态调整机制，若发现危及资金安全或影响业务合作的情况，要及时采取资金保全措施保证资金的安全完整，并及时调整与该银行的业务合作。

随着时代的发展，银行作为企业司库建设中对接的外部机构中最重要的角色，企业司库需要认识到未来银企合作不仅限于业务办理以及资金往来，在解决方案、业务咨询等方面也将逐步凸显其重要性，因此银行关系管理将愈加关键，银行的选择对企业在全球范围内获得财务成功将更加重要。

23 第二十三章 司库外包管理

司库外包作为一种探讨，在我国实施的可能性并不大，但是为了丰富司库知识的范畴，本章我们还是作为一种介绍，提供给读者。在我国正如财务共享服务中心不可能外包一样，司库外包给第三方的可能性几乎为零，除非当我们看到越来越多的财务共享服务外包中心出现时，司库的外包将成为一种可能。目前来看，如果说司库外包，也最多是将司库更多的统收统支业务及结算业务，外包给本集团的财务共享服务中心去完成。即便是这样，如何将财务共享服务中心与司库相互联系，在我国当前司库建设的初级阶段与部门壁垒不断加深的情况下，仍是个认知上的难题。

一、司库外包的含义

外包是指企业为维持组织核心竞争能力，将企业的某些业务或者活动委托给专业从事该类业务或者活动的公司，以此来实现企业目标，降低企业成本，提升企业竞争力。外包有信息技术外包、人力资源外包、物流外包和财务外包等（Gary Hamel，1990）。

什么是司库外包？基于网络司库技术的发展使公司能够有效且安全地将其司库活动外包。随着司库的发展，司库部门面临着规模、成本、重复和复杂性等问题。其实司库的很多活动和职责是可以外包的，尤其是基于司库网络技术的发展使公司能够有效且安全地将其司库活动外包。企业可以将不擅于管理、基础且附加价值较低的职能部分外包给居于行业领先水准的专业机构代为处理，从而达到效率和效益双赢。例如，企业的外汇交易、内部贷款、存款转账、现金池管理、内部净额结算、中台部门报告、后台交易确认等。

如今，国内的银行也先后推出了最新产品，为国内企业对司库外包的需求作出了反应。2014年，深圳市司库金融投资服务有限公司的成立，为国内企业提供了金融咨询服务。而且近两年国内公司纷纷效仿，迅速成立了性质相似的财务公司，其经营业务范围也逐渐扩展到司库外包，对司库外包提供了发展的空间。

二、司库外包的动机

企业进行司库外包的动机主要概括为降低成本、提高效率与核心竞争力、改善企业决策质量、提高财务信息的可靠性、节约时间和资源等。通常，实行司库外包的企业或部门通常发展更为迅速，如果不外包，随着公司内部人员的增加、司库中心工作人员的工作强度也会逐渐增大、司库部门变得臃肿。从司库人员的角度，不论是新员工还是原有的财务人员调到司库部门都需要一定的培训和适应。

（一）减少支出

首先，企业通过司库外包可以降低软硬件的资本支出，利用专业机构的手段对司库数据进行统一的管理，有效地提高管理水平。它降低了企业维护系统的日常费用、运营费用等费用支出。是司库外包能够让司库部门“瘦身”，不仅减少了企业的人力成本也减少了员工休假、福利等费用。

其次，对于较大的司库部门，将特定的管理任务或后台和中台操作的某些职责外包更为常见。这为组织内部腾出了资源，使其专注于更多增值的活动，如政策的制定、银行关系或新的投融资项目等。

最后，对于较小的司库部门，可能会有其他变革的触发因素。例如，财务系统的成本可能是一个绊脚石，团队可能开始承担额外的责任，或者可能很难实现必要的内部控制，如因职责分离所产生的控制需求。

（二）改善企业司库及其决策的质量

从司库的核心职能，即交易管理、资产负债表和流动性管理和风险管理等三个职能，企业司库具有战略导向，强调创造价值的使命。在我们原有的资金和资本上改善我们的资金利用率和资本效益，达到创造价值的目的。企业司库的外包是为了能够改善企业司库的组织结构，更好地发挥司库的战略金融资源配置与理财、风险管理职能，从而达到提高决策质量、高效完成企业战略的目的。

其实司库外包非常重要的一点是能够接触到具有专业知识的服务提供商，由经验丰富的专业人员来完成相关外包服务。如果出现问题，服务提供商可以派出专业团队与企业共同探讨，并采用最新的方法来优化业务流程，提高业务质量，为决策者提供更准确有效的数据。

（三）提高核心竞争力

企业的核心竞争力就是企业的决策力，是企业长期形成的、支撑企业过去、现在和未来竞争优势，并使企业在竞争环境中能够长时间取得主动的核心能力。

随着市场的发展，企业不仅要追求利益最大化而且还要在日益增强的竞争中找到自己的优势。作为一个企业，资源具有一定的有限性，提高管理、效率、效益等不可能同时全部完成。这就使企业将有限的精力专注于自己的核心领域，集中发展和管理核心部门，突出主营业务优势，占据更大的市场份额。

司库外包能够突出企业的主业。企业可以借用外部机构的专业优势来实现和挖掘外包流程的增值潜力。将非主业的业务外包给服务提供商，能够有效提升企业的核心竞争力。

（四）节约时间和资源

企业发展中资源的充分利用非常重要。司库是个综合性部门，在数据处理方面更多的是重复性和复杂性的工作，不仅浪费大量时间而且消耗人力、物力和财力。会引发臃肿和乏力持续在司库内部扩展，这样不仅会降低司库职能的效率而且对于企业也是个棘手的问题。

司库外包是再好不过的解决方法。外包能够使得司库的成长和企业的成长相匹配，做到现有的司库部门和外包的司库职能共同为企业发展提供前进的动力。

（五）提高运营的可扩展性

在市场中，随着时间的推移，用户的需求越来越多样，产品需要不断地更新迭代，企业也需要调整生产的产品与市场的需求，并使之相吻合。于是需要核心人员作出更新、开发和创新，把大量的资源投入到此类任务中。

这种挑战要落实到各个部门，需要各个部门的协调配合。在司库部门需要司库团队对企业的未来发展作出战略性的决策，需要把更多的有限的精力耗费在未来的可持续发展中。因此司库部门的职能和工作量的“瘦身”是必要的。

（六）学习和实践先进技术

司库外包商在经营过程中的经验和专业人员是企业所欠缺的。通过司库的外包，企业可以将其与外部团队合作过程中的经验实践到内部司库所用。从而，随着司库外包商不断地完善周到服务，企业内部的司库部门的专业性也逐渐上升，因此达到企业组织架构的升级。

在司库外包之前企业要确定其司库外包的动机，要从始至终对司库外包进行成本效益分析。主要考虑外包是否会为企业提供所需要的规模经济，并能够让公司专注于其核心业务；同时，司库外包应该能使资源配置问题得到解决，即考虑司库外包是否会减少企业对劳动力的需求，是否减轻企业内部管理流动性所需的基础设施的费用。所以在选择阶段，无论多么小的缺点，企业都应放在显微镜下观察。

如果没有明确的业务案例借鉴，那么公司财务领导不应该试图司库外包。如果司库外包不能够满足企业的需求，而且有可能失去对重要职能的控制的时候就不应该将司库外包。因此在决定司库外包之前应当先找到外包能带来的利益。

总结以上司库外包的动机，其实就是企业为了受益于外包商的专业知识和规模经济。如果数据处理能够自动化，并且将增值较低的财务活动与司库部门分开，那么就可以将更多的人力和物力投入到相关的战略问题中。然而，很明显，司库外包并不是解决所有问题的办法。有时客户认为司库的外包会导致缺乏控制或缺乏信息与沟通。

三、司库外包的风险

司库外包的风险是指企业在司库外包的过程中，由于市场环境的不确定性、外包项目本身的难度以及企业自身能力的制约，致使外包活动不能取得预期的成果或失败而造成各种损失的可能性。企业司库外包面临如网络攻击、技术中断、供应商故障和财务故障等风险。司库外包风险不可能完全消除，但是通过风险分析，可以最大限度地预防和控制。司库外包风险包括如下几个。

（一）委托代理问题

委托代理关系是指在市场交易中，由于信息不对称，处于信息劣势的委托方与处于信息优势的代理方，相互博弈达成均衡用合同反映的关系。按照詹森（Jensen）和威廉·麦克林（William Meckling）定义，委托代理关系其实是一个契约，根据这个契约，一个或多个行为主体雇用另一些行为主体为其提供服务，并根据其提供服务的数量和质量支付相应的报酬。

企业在选择外包服务商时无法真正了解外包服务商与企业利益相关信息如社会信誉、服务质量、经营水平、可靠性等。这样就会产生委托代理问题。企业作为一个信息劣势的一方，如果选择了并不如意的外包商，企业不但无法达到预期的水平，而且有可能由于服务商有意或无意地泄露商业机密，给企业带来更大的损失。

（二）过度依赖

企业为了减少成本可能会减少司库人员，而这对于企业自身司库人员的培养方面是不利的，一旦外包商要求提高服务价格、降低服务质量或突然中断服务，都有可能将企业陷入十分被动的局面。如果企业是行业的龙头企业还不会很被动，但是对中小微企业来说，完全阻碍了发展，使得企业的运行情况也发生了些许变化。外包商如果不能根据企业发展水平来作出适当的调整，那么企业的发展就肯定会受其制约，如果企业更换服务商，那就必将增加额外的转换成本。这样司库外包就会得不偿失，因此选对外包商是外包中不可忽略的一点。

（三）降低企业的控制力

企业的司库通常都被称作企业的生命血液，是企业管理层的核心组成，有助于实现企业领导力。

将司库的职能外包出去，从某些方面是有风险的。因为企业与外包商的条款并不能完整有效地体现所有义务和权利，而且在外包过程中外包商全程对接客户，在某些方面外包商的信息获取优先于企业，可能会使企业的信息渠道受损、不能很好地了解市场情况、不能很好地控制企业的资金等，降低企业的控制力，从而可能出现外包商损害企业利益的现象。

（四）信息安全风险

司库作为核心部门，从现金流的管理到决策风险管理，无不涉及商业机密。企业将这一部分外包出去，可能会有数据被截取、篡改、丢失和泄露的风险。而且外包商使用的软件也有可能有不可逆的系统风险，导致信息的丢失，给企业带来非常严重的损失。

对于以上的风险，企业方面，为了规范外包商的行为，必须要与外包商建立较为严格的权责分明制度，用信息化手段来保证商业秘密不被轻易泄露、窃取和篡改。企业也应当明确司库外包的范围，对于较为机密和重要的信息，应当选择内部人员进行管理，以此来规避商业信息的泄露风险。外包商方面，应当对关键员工进行有关的专项培训，了解高效的保密措施并与员工签订保密协议书，按照合同要求对外包内容保密，确保信息不泄露。

在司库外包的许多情况下，企业可能会明显感受到失去了对企业司库的控制。但不管是什么原因，与外包商的充分沟通是必不可少的，保持良好的沟通和纪律将有助于管理司库外包，并且对外包商的信任能够预防司库外包的风险。

四、司库外包模式

司库外包主要有三个模式：代理模式、应用服务提供商（ASP）模式和业务服务提供商（BSP）模式。企业根据自身的发展阶段和发展战略选择合适的外包模式。

企业可以雇佣一个应用服务提供商（ASP），该提供商提供司库部门所需的技术，并负责所有的后台功能，如果希望充分利用司库外包的优势，还可以提供一个业务服务提供商（BSP）。业务服务提供商模式将提供所有应用程序服务提供商模式（ASP）提供的功能以及所有的前台业务，给司库充分的自由空间，最大限度地减轻司库部门的负担。

企业一旦决定实施司库外包，就对外包模式进行探索，选择适合自己的外包模式。外包模式的选择可能取决于外包商在企业区域或所在位置提供的服务。企业除了要考虑要对比每个模式的优缺点外，还要考虑上述所提到的司库的作用，要慎重考虑司库外包到底能不能给企业带来效益和效率的平衡。

（一）代理模式

代理模式是指外包商要接受客户的指导并且按照涉及范围相对较窄的服务协议执行交易。这种模式以相对较低的外部成本提供服务，然而司库部门的内部成本会相对高。

（二）应用服务提供商（ASP）模式

应用服务提供商（Application Service Provider）（闫荣平等，2015），通常是一些第三方的服务公司，他们在企业外包服务中提供软件部署、软件管理和软件维护等服务。通过广域网络，向云端的客户提供软件的计算能力。

选择应用服务提供商模式的企业，通常没有自己的硬件和软件系统，统统租用外包商的；企业只需提供自己的业务数据，就可以得到相应的结果和报表。外包商将司库管理系统（TMS）作为一种服务提供给客户，使企业能够维护其自身的前台、中台和后台部门。

（三）业务服务提供商（BSP）模式

业务服务提供商（BSP）模式会给客户提供前台、中台和后台部门服务，并且根据服务协议灵活运营。一个完全的业务服务提供商（BSP）模式会有相对较高的契约成本，但是具有解放司库部门稀缺资源的优点。

企业需要的司库部门是专业性的，在效率、成本、管理等方面都能够给企业带来效益的部门，但是随着业务的复杂化，内部司库部门越来越臃肿，效率越来越低。因此需要将企业司库的部分职能外包，在此过程中企业司库会在与外包商交流成长，学到外包商的专业性，从而降低成本。

在企业外部市场环境中司库代理机构的成立、外包商的专业性以及国家政策支持都能够起到促进司库外包发展的作用。从技术水平和时代的前沿角度看，在数字经济时代、信息化的趋势下，司库外包不仅能使司库“瘦身”，还能提高企业整体效率，对企业战略决策也有一定的影响。

五、司库外包的流程

司库外包是企业和外包商的博弈。从企业的角度来讲，追求需求最大化、成本最小化和效益最大化的。在现有的市场条件下遵守基本法律法规，既能满足企业的需求还能满足外包商的利益需求。在这场博弈中通过数次的协调和经商，使两者都愿意去遵守最后的决定。

外包并不是一个灵丹妙药，可能是中断或复杂的过程，更有可能外包商标准化的产品不能够满足企业个性化问题，从而导致企业不能全方面地解决司库部门中存在的问题。因此，企业会外包责任但永远不只是责任。这意味着，如果外包流程效率低下，可能还会使公司暴露于不必要的风险中。因此企业想从外包中获益，仍是一个重大挑战，需要不断地管理所有相关各方的需求。这应该是外包项目所有阶段中（需求规范、项目部署和上线阶段）的首要解决的事项，企业不仅要管理“外部”关系（即外包商和公司之间），还要管理公司内部关系。

要司库外包能够获得成功，首先应得到董事会的全力支持，董事会负责验收最终结果。其次，司库外包是公司长期战略中的一个关键步骤，因此应该进行与收购或撤资相同严格的尽调调查。最后，选择合适的合作伙伴也是至关重要的。首选的合作伙伴必须深入了解司库业务和基于web的服务交付相关的系统问题，比如如果司库外包是业务服务提供应商（BSP）模式就要求外包商必须有明确分开的前中后办公室操作。

企业司库外包首先对企业自身的分析，主要包括：需求分析、同行分析、风险分析；其次是外包商对企业的分析，外包商分析企业的需求、服务质量要求等；再次确定具体战略合作；最后是企业对外包商的后续复查。

（一）企业自身分析

1.内部环境分析

企业自身内部环境分析是进行司库外包的核心要素，从司库部门素质、年龄、工资等方面决定是否司库外包，并且确定外包是否对企业本身有益。具体来说，司库外包是否能够提高人员的素质；能否降低人工成本；能否提高技术进步；能否提高效益和效率等，只有当达到对企业本身的最大效益的时候才应该选择司库外包。

2.外部环境分析

（1）同行分析。

主要是看市场，司库外包是否已经成熟，如果成熟了或者已经有过先例的话，尽量多跟成功实施外包的同行进行交流，讨论外包的关键要素如预算支出等并吸取经验教训。尽可能降低寻找交易对象的成本和合作伙伴的风险。

（2）相关法律法规的完善性。

在司库外包过程中不免会发生承包方和外包方之间，双方利益并不一致的情况，而且委托代理问题也是个常态。因此有一个完善的法律法规体系监督外包活动是很有效的降低风险的方法。因此在相关的法律法规充分建立起来的情况下，外包才是适当的、合理的。

（二）选择外包商

在进行外包商选择的时候应该从司库外包的动机出发，结合外包商的服务质量、经验、社会信誉、经营水平等因素。外包并不是一个很容易逆转的决定，所以在选择外包商时，必须采取极端的谨慎和尽职调查，不能盲目地选择。

对于快速增长期的企业，需要确保外包商有过向类似企业提供外包服务的经历。确保外包合作伙伴充分了解企业的业务需求；能够根据行业认可的独立基准来跟踪业务的价值，并且有充分的经验和资源能够有效地管理来自不同客户的竞争需求。企业也希望通过司库的外包能够获得专业知识和技术，以帮助持续管理内部司库业务，并提供司库管理的战略决策方案。

因此从以下方面考虑选择外包商：

（1）社会信誉与服务质量。在外包方面尽量跟成功实施外包的同行进行交流。寻求成功经验的同时可以在选择外包商的时候降低信息搜寻成本。

对于跨国公司的司库外包，因各国的财务准则、法律标准、文化等存在差异，对外包商的能力有较高要求，若不能合理地处理这些差异可能会使司库外包无法正常地进行。

（2）经验与经营水平。外包服务更依靠外包商的专业性和技术，因此要求外包商有丰富的外包经验。而且对外包商所占的市场份额和规模地位也会有严格的要求。

（三）具体战略合作

1. 外包企业需要向关系银行提供详细的授权，每项授权都明确列出外包商授权的确切范围，以及最低通知期限和责任条款。

2. 在起草合同时，需要给予外包伙伴书面通知，规定对特定银行的最大贷款额度、最大资金流动量、按货种划分外汇对冲金额和衍生品的使用等。

3. 外包合作伙伴的系统接口与客户总账的总账接口也很重要，因此所有的信息都会自动实时传递。

企业根据预估的交易量、服务质量要求、修改后的流程等，制定项目价格。在企业和供应商之间不断的博弈中，产生合理的价格并签订合同。

4. 全面实施。签订合同以后企业授权给供应商执行交易，并由法律部门对该授权进行审查。其他相关文件如管理协议、信息安全、系统和系统访问、人员和信托等，也要给予授权。供应商要根据职位描述开展雇佣过程，将企业的外包职位授权给外包商，但是将关键监管职位要由企业参与决定。对于采购系统和基础设施项目，在供应商所在地安装运行。外包商对雇佣的员工进行培训，进而熟悉采购的系统和基础项目。最终试运行期间没有问题，就可以进入正常运行阶段。

（四）后续审查

企业的司库外包，不是外包责任，因此企业对外包商的审查是一个持续且重要的过程，为了设置一个好的先例，在刚开始的几个季度的审查过程要极其详细和频繁。

后续审查不仅仅是为了审查外包商的工作状况，更多的是企业与外包商的交流，从而达到信息传递的及时性。企业要及时地反馈给外包商最新的信息，能够促进外包商和企业之间的合作效率。

六、司库外包的监督

外包合作伙伴在外包过程中应受到监管，客户确保信息安全避免风险，即使所选择的合作伙伴只充当代理，但选择过程一旦完成，财务主管将需要建立明确和详细的控制机制。

在前面讲到司库外包的风险，在司库外包过程中积极地跟外包商的沟通和协调是非常重要的，能够有效降低风险。企业不应该觉得将司库部门的职能外包出去就能轻松一身，而是更加警惕外包商的动作，对提供的信息有准确的判断。此外，外包商的服务是根据企业需求而量身定制的，企业不会强迫外包商提供一套“一刀切”的服务和价格。外包商应当认识并理解，虽然在同一行业内的企业司库外包但是其外包要求非常不同的。

因此在监督外包商的时候应当注意以下内容。

（一）监督外包服务商

1.从一开始就明确列出外包合作伙伴为企业提供的关键服务，并根据需求进行竞争投标，以确保选择的外包合作伙伴是最符合企业要求的，并要求外包商完善与司库外包发展相匹配的制度和配套措施。

2.企业跟外包商的服务水平协议要明确。规定双方预期的角色和职责，要明确服务的范围、服务的级别、截止日期等，并且对企业的外包项目进行记录、报告、规划应急计划等。

3.基于公认基准来测量性能。适当的基准将取决于所提供的服务，但这应该能够与您的外包合作伙伴协商，并定期审查，以确保持续的适当性和有效性。

（二）对外包商提出要求

1.加强服务的创新

任何行业，技术的创新是发展的核心。外包商也要根据服务模式的改变，创新外包模式，并特别要注重改善司库外包服务产业化的业务。在小微企业群，司库外包的实施是从需求到运营的整个过程，外包商必须通过自己的品牌信任度和公信力在市场中站稳脚步。

2.完善服务的功能

随着信息化的发展，为了提供更便捷、更实用的司库综合服务，外包商要朝着更高技术方向发展，信息化软件的功能和服务应该向更加方便实用的方向看齐，提供在线分析、预测、决策等功能。此外，外包商还须加快软件的开发，加快便捷的自定义功能和在线制定服务的速度，使企业能更好地根据业务特征与需求，搭配信息化软件和服务，提高工作效率。

但是市场中，外包商的过度标准化意味着，他们对不断变化的业务需求没有反应，而这种较慢的反应，可能会影响公司支持新业务机会的能力。因此为了确保外包商遵守与公司的协议，在服务水平协议（SLA）中应包含一个管理服务变更的程序。最重要的是，一开始就花时间确保外包商了解公司的目标，并与公司文化相契合，这将减少不必要的风险和公司与外包商之间关系破裂的可能性。然而，尽管上述措施能增加公司和外包供应商之间成功合作的可能性，但也不能排除有失败的可能性。因此，谨慎的做法是在服务水平协议（SLA）中包括争端解决程序，甚至包括终止程序。

3.保障服务的安全应用

外包商应当使用分级控制和流程化管理的方法来防止客户的数据和程序被盗，将安全问题降到最低，如将互联网技术运营人员分为普通人员和特殊人员。普通人员只能负责司库外包服务的日常运行维护，而不能参与其他关于主机和后台的操作；特殊人员虽能够踏进机房与登录主机，但在操作过程中将受到普通人员全方位的监控。这样分工合作、互相监督的制度能够保证用户在一个安全的环境下使用司库外包服务。

4.增强从业人员的商业秘密保护意识

外包商应该把用户放在云中的数据当成机密信息，对企业员工特别是关键员工进行有关的专项培训，了解高效的保密措施。此外，还应该与其员工签订保密协议书，确保信息不泄露。协议中应明示一系列违约责任和侵权责任，包括违反合同窃取、使用他人商业秘密等。

（三）政府及相关管理部门发挥好社会监督职能

在企业司库外包的过程中，政府和相关部门充当社会监督的责任。因此，政府及互联网监管部门和财政税务系统在鼓励互联网技术介入企业财务的同时，还要加强对服务供应商的监管，并及时制定与技术服务水平相适应的制度规范。

1.由政府带头加快司库平台的建设

国家应当在现有的条件下提倡国有企业加强司库管理，政府应该从当前情况着手，经由政策引导、扩大财政投入、创造环境、开展培训等，从而渐渐将司库管理扩展到民企和中小微企业中。也应该跟进司库建立的步伐，出台相关的政策来应对司库外包的风险。支持企业司库综合服务工作、推动企业的司库化、扩大技术运用范畴，让更多的企业群参与其中，政府在这个过程中应发挥带头的作用。

2.对服务供应商加强监管

企业的核心数据可能会通过外包商的信息化处理后都能够留存下来，这是要求企业保证在一定程度不损害企业的利益，政府也应考虑资质审查机制，同时还必须对取得资质的外包商进行定期的检查，对违规行为及企业制定严厉的惩罚机制。

3.加快相关法规及标准的制定

一项工程的成功建设必须有法律的保护与带领，司库的建设和司库外包的建设也不例外。因此需要国家制定相关标准、维护市场健康秩序的同时，建立相应的对司库外包商的资质审查的云端平台。

（四）企业自身方面

目前，我国企业对司库的了解水平不一，缺乏相关的专业人才，实施过程较为复杂。因此，要加强对企业司库的相关分析和试行方案。使企业看到司库外包给企业本身带来的美好前景。企业应当尽量选择较有能力、信用较好、拥有较高技术水平和保密措施充分的外包商。另外，用户在租用安全可靠的软硬件的时候尽量采取可靠、安全的加密技术与措施来预防相关数据泄露。

七、司库外包的趋势

司库外包需要企业管理层有强烈的实施意愿。由于允许外部人员运行一个重要职能对管理层来说是很难接受的，正如上述的司库外包的风险，管理者不愿意将关系到生死的控制权交由外包商。但是司库外包并不意味着失去了控制权，而是将司库能够更好地发挥作用，是一种价值的传递，管理者必须要意识到这一点。然而，许多财务领导者要么担心哪些职能可以安全地外包，要么担心外包得太远，削弱他们的部门，并最终影响他们自己。所以只有具备了勇气才能使外包实施下去。

虽然现在有司库外包商正逐渐建立，但是专业、效率、效益全部兼顾的司库外包商需要更长的时间。国外在司库外包方面比我国发展得快，所以更多的是借鉴而不是搬过来照抄，不过随着企业对超高效率和核心竞争力的不断追求，市场化的步伐逐步赶上需求，越来越多的企业考虑外包，随着价格、控制和资源越来越合理，外包市场会越来越规范，风险会越来越小，外包会逐渐成为一种趋势。

24 第二十四章 企业司库未来发展趋势

在新一代信息技术与数字经济发展的大背景下，国资委相继发布了推动中央企业司库管理体系建设以及世界一流财务管理体系的政策指导意见，技术与政策为大型中央国有企业管理升级注入了新的活力，使司库进入发展“快车道”，打造世界一流的司库管理和财务管理体系成为可能。在新的时代背景下，司库体系建设不是原有资金集中管理的修修补补，也不是在财务公司核心系统里的不断叠加，而是站在集团统筹的视角，将资金管理与企业生命周期相结合，在重构资金等金融资源、提升运营管理模式、利用新技术赋能等方面实现升级，切实提升财资经营的能力和绩效，实现国有企业高质量与可持续发展。

中央国有企业司库体系的建立与传统资金管理体系有很大不同，其本质上是资金运营管理模式的一种创新。根据《2021—2022年中国企业司库报告》的调查统计，资金集中管理模式创新，司库运营管理模式创新，“业务、财务、资金”的融合创新成为当前企业司库管理最主要的三项创新内容。

第一，资金集中管理模式创新是企业司库管理创新的重点任务。对于资金的集中管控，监控并统筹安排包括资金在内的各类金融资源，当前实现这一目标的主要手段是在集团层面建立现金池。而随着票据等资产在企业中受到的关注度越来越高，构建票据池平台、资产池平台，以及构建基于内部银行机制的金融池平台已成为企业金融资源管理的重要途径。

第二，司库运营管理模式创新是企业司库管理创新的关键挑战。司库运营管理模式主要是从集团整体层面来看，不同构成主体组织架构的设计和职责权限的划分，即统筹总部、财务部门、财务公司、资金中心等各类管理主体，共同构成协同运作的司库运营管理机制。国资委关于加快司库体系建设的指导意见也指出，要建立起统筹、实施和执行的三层管理组织体系，以及明确的管理协同机制。当前，已经有部分中央企业逐渐明确集团财务部门、财务公司、境外财资公司的分工和协同模式，统一境内外司库管理和金融服务，这有利于整合与协调金融资源，打通企业自身乃至产业链上下游的资金等金融资源，推动产业生态的协同发展，实现战略价值提升。

第三，“业务、财务、资金”的融合创新已经成为企业司库管理创新的主旋律。业财资的融合，可以推动司库人员走出财务部门、走进业务部门，基于自身掌握的财资数据与专业分析能力，为管理层与业务部门提供分析和决策支持，从而提升司库管理的价值创造能力。目前很多企业都在推动成立财务BP或者是业务BU的形式，促进司库人员融入业务部门，发挥他们在司库、数据方面的专业优势。

当然，创新远不止这些。随着数字信息技术快速演进、金融支付手段更新迭代，以及企业数字化转型升级和创新发展加快，司库还会出现更多的发展趋势。对这些趋势的研判有利于企业在规划司库建设的方案时，从顶层设计的高度考虑未来适合于本企业的司库规划。为此，本文将结合《2021—2022年中国企业司库报告》的部分研究成果，从运营模式升级、技术深化应用、组织人才建设三个维度，提出中央企业司库未来的发展趋势。

一、运营模式升级维度下的企业司库未来发展趋势

上文指出，司库体系是对传统资金管理模式的一次升级，同时超越了原有的资金集中管理范畴，实现了资金运营模式的升级。本书认为，在运营模式升级维度下，企业司库未来将实现管理理念、运营机制和报告机制三个方面的转变。

（一）司库管理理念将从“财会视角”转向“金融视角”

企业金融资源管理是一个复杂的体系，传统的资金管理基于“财会视

角”展开，对货币资金存量分配和现金流量进行管理，这只是其中最直接的一个方面，但并非全部。未来，在司库管理理念上，将由原来的财会视角转为“金融视角”，由管资金变为管金融资源，资金的属性也逐步由“财务”转向“金融”。

我国金融市场在近年来取得了长足发展，无论是金融市场机制的完善程度，还是各类金融产品的复杂程度都得到了极大提升。对企业司库管理而言，作为管理对象——资金等金融资源，需要重新厘清其内涵与外延，重构金融资源配置的逻辑，最大化地进行资金配置及利用。近二十年来相关研究也逐渐丰富和完善了金融资源的内涵，为司库管理理念从“财会视角”向“金融视角”转变提供了理论基础。崔满红（1999）指出，除了货币资金以外，金融商品、金融体制等也是金融资源存在的主要形式；何风隽（2005）从权力的角度考虑金融资源，认为金融资源是在金融交易的过程中形成的权力的集合；陆家骝（2011）进一步丰富了金融资源的内涵，认为金融资源的表现形式包括货币资产及相应规则、财务意识，以及与金融相关的管理体系，只要是构成某个经济体金融体系的均可以视为金融资源；王竹泉（2019）分别从宏观和微观的角度考虑金融资源的构成。从宏观上来看，金融资源涵盖整个金融体系，或称为金融生态，其中包括相关的金融管理制度、各类运行中的金融机构，及其所提供的多样化的金融工具等，这类资源对企业的发展具有战略性意义；从微观上来看，金融资源通常是指企业的货币资金、各类金融资产和金融负债等。

金融资源理论的丰富和外延的扩大，将直接丰富企业司库体系的建设内容。企业将不在拘泥于传统的资金管理，而是在更广泛的金融资源的范畴下考虑司库体系的职能设计。从实务上看，未来企业将更多地在司库体系中纳入战略相关和金融资源配置类的业务。在“金融视角”管理理念下，决策支持、资产负债表管理、金融资源统筹配置、金融资源成本和风险管理将成为职能建设的重点。

（二）司库运营机制将从“内部视角”转向“外部视角”

金融资源的配置是企业与外部不断交互的过程，打造高效且高质量的全球化司库运营体系，企业还需持续坚持“开放”。近几年，随着金融新基建的稳步建设，无论是基于云计算、大数据的司库线上管理，还是资金跨境调拨与互联互通都正迈向更高水平。司库运营不再仅限于集团内部、境内机构货币资金的调拨与分配，更在于整个企业乃至全球范围内的金融资源配置，即由“内部视角”逐步转向“外部视角”。特别是在世界一流财务管理体系的建设背景下，应更注重司库的全球化发展。归纳起来，司库运营机制呈现出以下三个方面的发展趋势：

第一，从境内向境内外一体化发展，强化外汇风险管理。国资委要求中央企业在司库体系中纳入对境外资金的管理，推动境内外、本外币一体化，将金融资源配置和调度的范围扩展到全球范围内。在跨境资金管理，尤其是外汇管理方面，大型集团企业将持续聚焦国际发展趋势，优化外汇风险管理，并运用新兴科技建立动态的敞口管理、风险预警和管控策略。在汇率波幅逐渐加大的背景下，对于国际业务占比较高的企业而言，建立有效的外汇风险管理尤其是构建外汇风险的动态管理能力显得越发重要。成功的外汇风险动态管理能力，是能够利用有效工具，对组织资源与能力进行有效管理、构建、整合和重构，从而应对快速变化的环境。

第二，交易处理和运营越来越多被外包、强化预测和业务洞察。随着财务的数字化转型、业务结构和工作重点的调整，越来越多的企业将基础和标准化的交易处理和运营进行外包。司库的角色也随之改变，从以往司库职能的集中支付等操作技能，转向更关注业务洞察和赋能能力。司库职能将重点逐渐转移到业务决策支持、经营沙盘规划、复杂预测和风险管控工作。

第三，将内部资源与外部生态进行互联打通，强化产融生态构建。司库产融生态的构建是一项系统性的工程，司库体系建设打通了企业内部资金流、产业链的资金流和资本市场，并呈现出精细化、集约化、数字化、智能化的特征。在企业内部，司库管理是做好资金等金融资源的基础保障。在企业外部，企业经营主要涉及四条链：供应链、产业链、价值链和生态链。从司库体系建设的理念出发，企业将内部资源与外部生态相联通，提升供应链、产业链的各个交易场景数字化、智能化。

（三）司库报告机制将从“静态视角”转向“动态视角”

传统资金或司库管理是一种基于过去的事后机制，在对业务反馈的报告环节提供来自过去一定时期资金情况的静态报告。在市场瞬息万变的今天，这种报告机制已经不能满足业务发展的需要。对此，未来司库报告机制将从“静态视角”转向“动态视角”。在“静态视角”下，司库在前期的资金计划和预算编制环节一般较为粗放，难以为资金过程管控提供具体的项目指标。而在业务开展过程中，又是基于被动的交易记录，事后的风险评估生成相应的报告，这种在事后某一节点生成的静态报告对于资源配置和风险防控显然具有滞后性。在“动态视角”下，司库管理应该介入资金流动的全过程，并实现过程的实时控制，起到事前资金规划和前瞻性风险预估的作用。换言之，此时的司库报告已经不再是传统意义上定期提供的报告，甚至已经逐渐淡化了定期报告的概念，转而变成一种内嵌于资金业务流程当中的预测、分析与决策模型，可以实现在资金流转过程当中的反馈与控制。

为了实现向“动态视角”的转变，司库体系建设需要通过搭建司库管理数字平台，加强业务洞察。实现实时控制具有两大难点：（1）数据范围广。由于司库职能范围较广，过程控制涉及的数据范围也较广，如资金头寸、市场利率、汇率、金融机构授信额度、期限、融资需求、风险敞口等，并需要根据各类数据计算不同口径下的融资成本。这些数据通常具有不同的来源，有的甚至是企业外部的数据，因此对系统数据的整合要求较高。（2）数据处理时效性强。要实现对资金需求的快速调配和风险的及时评估与应对，司库管理数字平台需要具备较强的数据处理能力，依赖传统的数据传递模式乃至手工录入将很难达到要求。面对上述难点，就需要司库走出管理后台，一方面借助流程再造的方式，辅以统一的数据标准、虚拟集中的数据平台，打通业务、财务和IT部门之间的业务流、资金流和数据流，另一方面积极部署各类智能分析技术，通过以数智化技术集群构建司库数字平台，实现运营分析效能的提升，通过形成现金流、汇率实时报告及预测的形式，以“动态视角”实现对资金业务的持续跟踪。

二、技术深化应用维度下的企业司库未来发展趋势

国资委在指导意见中对司库信息系统的设计提出了相关要求，包括系统功能的完备性要求、数据的互联互通要求、新一代信息技术应用要求、数据治理与数据中心建设要求等。在这些要求下，未来的司库系统应具有资金可视化、

金融资源可控、风险识别与预警、具备决策分析四个方面的能力，这些要求和能力可以被总结为司库管理的“数字化转型”，或打造“数字化司库”。从建设定位上看，数字化司库将成为数字化企业的重要组成部分，建设数字化司库的过程也将推动企业整体层面的数字化转型；从建设内容上来看，未来企业司库数字化转型的核心是内外数据的联通和智能技术的运用。

（一）司库数字化转型的三大趋势

数字经济发展背景下企业的数字化转型已经不是一个新鲜的话题，财务数字化转型也在如火如荼地进行当中。随着各类政策的不断推出以及数字技术的持续赋能，我国企业司库建设已正式进入数字化转型的快车道。与数字化企业的基本逻辑一致，数字化司库本质上也是利用数据和新一代数字技术，配合各种金融工具，实现企业金融资源的优化配置，它以数字化、智能化的思维实现了传统金融资源管理的逻辑重构，主要表现为司库管理要素、管理场景和管理工具的数字化三大趋势（董兴荣，2022）。

首先是司库管理要素的数字化。当前，数据已经作为一种与劳动力、土地、资本等要素并列的生产要素，写入我国政府文件当中。对数据要素获取与分配的重要程度甚至已经超过了传统的生产要素。司库管理的对象除了资金等金融资源外，就是数据，而且两者相辅相成。一般而言，企业司库管理的主要对象包括账户、资金、票据、发票、回单等要素。当司库要素实现全数字化后，企业司库管理的关键职责将转变为对司库数据的采集、治理、挖掘和分析。通过人工智能、机器学习、高级分析等技术的运用，企业能够实现对司库数据的结构化和标准化处理，促进司库数据的高效流转和有效使用，打造司库管理全流程的数字化环境。

其次是司库管理场景的数字化。企业需要将数字化思维逻辑融入司库设计与规划思路中，并进一步借助数字技术对企业司库进行场景创新与流程重组。《2021—2022年中国企业司库报告》调研结果显示，基于统一结算的多银行司库平台、基于多渠道场景的收付款运营平台成为司库体系建设的底座和首要创新点。企业可以运用多银行司库管理平台实时掌握整体资金状况，更加有效地调剂各公司资金冗余与短缺问题，促进资金的高效流动与集中归集，充分发挥资金规模优势，有效降低融资成本与防范资金风险，确保集团整体利益最大化。同时，基于司库管理场景出发，其他司库系统平台的创新在于打造各类小而精的应用平台，从而实现统一结算、资金计划与预算管理、现金流预测等具体应用，为具体的司库业务场景赋能。

最后是司库管理工具的数字化。基于司库管理体系的数字化升级以及业财资一体化的要求，企业司库借助数字化技术的赋能，为企业集团提供统一、高效、互通的司库数字平台。在运用数字化工具的过程中，需要从技术选择、部署方式、应用方式三个维度加以考虑：（1）在技术选择上，当前5G、人工智能、云计算、大数据等技术已经不再是空中楼阁，甚至已经有专门针对司库管理的应用产品，但企业还是应根据自身信息系统建设基础和数据治理情况，以及最紧迫的业务需求，选择最能产生效益的技术优先部署，不可盲目追求“最新”“最高级”而忽略实际需求与承受能力；（2）在部署方式上，企业应重视供应商选择和软件、硬件产品的选择工作，需要结合实际问题和需求，与供应商进行充分沟通，注重提高系统的适应性和可扩展性，避免上线简单统一的模块化产品；（3）在应用方式上，应与具体业务相结合，实现自动化或数据分析两大应用方向。司库系统以自动化技术简化银行账户、资金结算、票据管理等操作类业务，释放人力；以数据分析、智能算法加强风险预测、提升决策有效性，赋能智力；以API、数据库等技术形成业务、数据闭环，补充监管合规要求，实现穿透监测，减少损耗。

（二）内外数据贯通将成为司库数字化主基石

数字经济时代下，数据要素市场将成为竞争的新蓝海，以数据流通为例的新贸易范式也正在崛起。据联合国《2021年数字经济报告》预计，2022年全球数据流通总量将超过2016年前的所有历史数据流通量的总和，且国际数据流量主要集中于“北美——中国”以及“北美——欧洲”两大主要渠道。跨境数据流通是当下全新的全球经济往来形式，也是全球一体化、相互依存的新的展现模式。报告还指出，2021年，中国与美国数据利用价值位居世界前两名，且两国合计拥有全球50%的超大型数据中心，中国在数据要素市场已占领了“一亩三分地”。

由此可见，数据的在企业数字化转型的背景下具有相当强的战略重要性。企业数字化转型的真正内涵是需要构建完善的数据能力，而数据能力的构建首先要实现的数据的融合。以往，由于企业内部职能部门的分工，以及信息系统的分散建设，导致数据之间存在明显的孤岛现象，对司库管理系统的建设也是如此。因此，在司库体系建设过程中应重视内外数据的贯通，企业应从明确数据贯通范围、部署数据贯通技术、关注数据安全与价值三个方面入手：

（1）明确数据贯通范围。

《2021—2022年中国企业司库报告》调研发现，企业在司库数据管理创新中，第一要务便是实现业财数据打通（78.29%）（如图24-1所示）。业财融合是数字化时代下企业财务管理转型的核心议题。企业要充分借助数字化技术与工具，建立标准化接口以彻底打破业务和财务的条线壁垒，贯通业财流程与数据，从而解决数据时效性不足、业财数据不畅通的问题。同时，司库管理的数字化转型，需要企业打造敏锐的数据资产运营力及强大的财金资源整合力。这不仅要打通企业内部业务、财务、资金等数据，还需要与外部生态伙伴如银行、政府、科技公司等进行系统连接，实现数据联动，并借助大数据与人工智能形成算力，全面释放数据价值，提升司库支持决策效能。正因如此，实现企业与银行、政府等外部机构数据互通（70.95%）成为企业司库在数据管理方面的第二大创新实践。

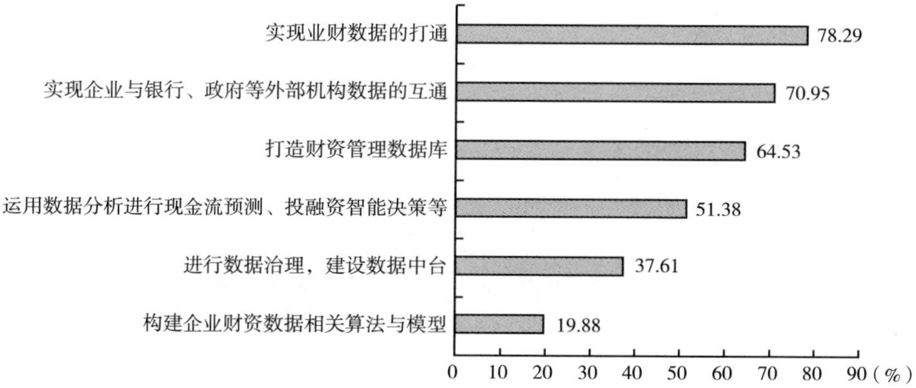

图24-1 企业司库数据管理的创新实践

（2）部署数据贯通技术。

数据的贯通有赖于技术手段实现，调研结果还显示，打造财资管理数据库

（64.53%）成为司库数字化的下一个关键举措。将沉淀的内外数据通过标准化处理，可以为企业多种数据应用场景提供相同的语言。传统的数据库管理技术更多关注数据的存储和接口调用，在数字化司库的要求下，需要建立对数据全生命周期的管理体系，从数据产生、数据采集，再到数据的清洗与整合都需要相应的标准、技术和模型来实现。

（3）更加关注数据安全与价值。

根据国资委的政策要求，中央企业需要对数据管理的全过程采取保护措施，加强数据资产安全管理。可见，保障数据安全成为企业司库数字化的重要任务之一。企业可通过数据备份、传输加密、数据加密、物理隔离以及防火墙等手段降低数据资产的安全风险。企业在数字资产治理过程中需要尽可能保障数据的真实性、完整性、准确性、数据成本等影响数据资产质量价值的因素。未来，企业司库将重点关注数据安全与质量，开展常态化、规范化的数据资产管理，致力于打通企业数据融通“最后一公里”，充分释放数据资产价值，助力企业在数字经济时代中进一步提升竞争优势，实现高质量发展。

（三）运用智能技术打造自动化的业务运作流程

在实现数据治理与互联互通的基础上，企业司库将充分利用智能技术提高司库体系的运作效率，并从中挖掘数据的价值。在部署应用智能技术之前，企业应明确想要达成的目标。整体而言，智能技术的作用可以总结为自动化，自动化又进一步衍生出提高效率、管控风险、辅助决策等多项功能。实现智能技术融入企业司库业务流程，可以将司库人员从高重复性的工作中释放，在提升工作准确度的同时使其能有更多精力用于资金运营分析与企业价值创造。例如，企业可将RPA、OCR等智能技术运用于资金管理流程中，一方面实现资金可视化、提升资金决策时效性；另一方面可以减少资金运营成本、降低资金操作风险。此外，通过在资金运营流程中利用智能技术内嵌风险监控节点来实现自动化的资金风险识别与预警，以及通过搭建数据驱动的资金经营分析模型，为企业风险管理、经营管理等过程提供智能化决策支持。基于以上思路，本文将列举两项关键技术与业务场景，说明如何运用智能技术打造自动化的业务运作流程（董兴荣等，2022）。

（1）智能路由与资金均衡和融通。

在网络工程中，“路由”通俗而言就是连接信息发出点到终点所经过的路径，或者说是线路的选择。在资金管理中有两项业务涉及路由的概念，一是资金支付与结算过程中，选择出款和入款渠道的线路；二是在信贷融资过程中，将资金需求匹配到合适的融资渠道当中。在传统模式下，以上业务的线路选择往往是人工匹配的，存在效率低下、结果并非最优的问题。现在，在智能技术的帮助下产生了“智能路由”应用，它可以基于数据的分析由系统自动作出最优线路的选择。例如，在资金支付结算中综合判断支付方式、收费情况、渠道可用性的因素，选择最优的线路，以提高支付成功率，降低结算网关成本；或者在信贷双方根据成本、风险等因素进行优化匹配，实现借贷双方的利益最大化。

（2）数据平台与资金监管和分析。

传统的数据可视化应用和决策支持系统都有“管理驾驶舱”的应用，它是将各类指标的实时情况以可视化的形式反映在同一个界面当中，以便管理者据此作出决策。基于管理驾驶舱的理念以及数据的进一步整合和智能技术的应用，企业可建立起囊括各类综合控制指标的“司库数据平台”。司库数据平台通过对接内部财务和业务信息系统、在外部对接金融机构和上下游供应商系统，实现大量数据的集成，并根据管理需求进行调用，实现资金监管和分析的作用。例如，司库数据平台可以通过地图可视化的方式，实时展现当前时点资金在不同地区、板块、成员单位之间的分布情况，并进行相应的预测和估计，帮助管理者作出投融资、资金调拨等决策。

未来，智能技术将进一步深入企业司库运营流程中，以超自动化为技术发展目标，在赋能企业司库价值创造的同时帮助司库更好地适应数字时代中企业快速成长的应变需求。

三、组织人才建设维度下企业司库未来发展趋势

前面我们已经论证了司库体系建设需要统筹各类关键要素，作为一项系统性工程来看待。除了上文的运营模式和技术应用之外，还需要讨论未来司库在

组织体系、管理模型和人才建设维度下的发展趋势。

（一）强化顶层设计，推进组织体系不断完善和职能拓展

组织体系的不断完善有利于协调司库组织架构中的内部关系，实现“1+1>2”的效果，以支持司库管理目标的实现。从目前的发展趋势来看，中央企业在设计和选择司库管理体系的过程中具有一定共同性。《2021—2022年中国企业司库报告》调研结果显示，企业司库组织体系的主要模式包括建立财务共享服务中心，集团层面建立司库或库务部，以及建立区域性或全球性财资中心。其中，受调研企业中有57.8%选择在集团层面专门设置司库部门，或称为库务部，履行金融资源集中管控和配置的职责。这也进一步印证了司库体系的建设不是在原有资金集中管理或财务公司管理模式下的补充，而是上升的集团整体层面的组织架构变革。与此同时，在受调研企业中有56.57%建立了区域性或全球性财资中心，占比同样超过了半数。可见在我国企业迈向世界一流企业的进程中，同样需要借助全球化司库的力量实现不同国家和地区范围内的金融资源统筹调配。当然，是否建立全球性财资中心取决于企业的业务经营范围，对于没有海外业务的企业而言，可以考虑根据国内业务分布情况，划分大区，建立国内区域性财资中心。

（二）明确发展路径，结合企业发展阶段构建匹配的管理模型

在以往的系列文章论述中，我们基于ITSM成熟度模型，划分了企业司库管理成熟度的3大阶段和相应的5个成熟度等级，分别是流程集中阶段的交易型和管控型司库，业务调整阶段的运营型和金融型司库，以及战略整合阶段的战略型司库。从组织维度看司库未来发展趋势，我们认为，随着企业业务经营的不断发展，数字技术等应用手段的不断成熟，企业司库将变成以价值创造为目的、支撑公司战略和业务运营、资金高效运营和金融资源统筹管理的“战略家”。在战略型司库这个目标引领下，企业司库由幕后走到幕前，充分融入到业务管理中，发挥自身的数据优势与专业能力，为企业战略目标实现和业务运营提供战略决策支持，成为企业战略决策的“先行者”。

（三）建设人才队伍，培养司库人才综合化和数字化胜任能力

从上文分析可以看到，中央企业司库未来发展与传统的资金集中管理和财务公司发展模式均有很大不同，不仅强调职能上的扩展，更突出数据治理与智

能技术的应用。要实现向数字化司库的转型，最终的落脚点都在“人才”上。司库体系的建设，无论是运营模式的转变还是新兴技术应用的实现，对于企业而言都是前所未有的，需要在跨界领域人才的支持下完成转型。建设司库人才队伍主要面临两大问题，一是需要“什么样”的人才，二是这样的人才“从哪来”。

对于第一个问题，目前理论界和实务界已经达成了共识，即司库人才应是“综合化”与“数字化”兼备。对理想司库人才的描述通常为“知金融、善财务、懂业务、强数据”的复合型人才，所具备的能力应包括战略思维、数据运营能力、数字化工具运用能力、技术创新能力等多项核心技能。然而，企业在明确司库人才选择标准时应避免进入一个误区，即对于金融、财务、业务和技术的要求均同时具备。这样的人才即便存在也是凤毛麟角，同样也不一定能够满足企业司库建设的要求。企业应将司库建设人才按照不同的管理层次进行划分，如司库管理型人才、司库业务型人才和司库技术型人才。其中，司库管理型人才侧重于整个司库体系建设的规划，将司库体系建设与企业整体战略目标相联系，这是决定司库体系建设发展方向的关键。正因如此，《2021—2022年中国企业司库报告》的调研结果显示战略思维（63.61%）成为未来企业司库人才首要的必备技能；司库业务型人才应具备将原有的金融、财务、业务知识与新兴技术结合起来的“技术亲和力”，可以敏锐地挖掘业务执行过程中利用技术实现优化的场景，最终确保司库职能向战略决策和风险管控转变。但这类人才不一定需要精通技术，对于技术的应用与落地实施，可以交由司库技术性人才来完成。总而言之，管理型、业务型和技术型人才共同构成了司库综合人才需求，但各自的侧重点不同，三方需要发挥自身优势，相互协作，共同实现司库体系的转型。

对于人才“从哪来”的问题，未来司库人才发展的趋势应是“外部吸收”与“内部培养”相结合的方式。上述复合型人才并非没有，但可能更多地存在于金融、咨询行业以及相关金融科技公司。企业可积极寻求外部合作，实现外部前言理念和技术的输入，在此过程中注重内部人才的选拔与培养，全过程参与项目建设，将外部供应商的长期沉淀下来的能力与自身实际运营情况相结合，为未来培育骨干人才。

参考文献

[1] 拉吉夫·拉金德拉.企业司库操作实务[M].秦荣生，张庆龙，译.北京：电子工业出版社，2019.

[2] 高英杰.信用评级理论与实务[M].北京：中国金融出版社，2016：11—13，51—62.

[3] 李伟民.金融大辞典[M].哈尔滨：黑龙江人民出版社，2002：11.

[4] 王擎.金融市场学[M].成都：西南财大出版社，2016.

[5] 岳虹.财务报表分析[M].北京：中国人民大学出版社，2009：3—8.

[6] 张静.中国金融前沿问题研究[M].北京：中国金融出版社，2008.

[7] 邹瑜，顾明.法学大辞典[M].北京：中国政法大学出版社，1991.

[8] 陈锐，魏津瑜.基于ITIL的IT服务管理模型研究[J].情报杂志，2008（09）：23—26.

[9] 崔鸥.构建司库型财务公司的基本思路[J].财务与会计，2018（12）：68—69.

[10] 丁淑芹，崔文斐.大数据视角下实施财务共享服务探析[J].财务与会计，2017（3）：41—42.

[11] 田高良，陈虎，孙彦丛，刘扬."大智移云物"背景下的财务转型研究[J].财会月刊，2019（20）：3—7.

[12] 董兴荣，杨妮妮，姚顺意，李菲，吴乐意.产业链+财资：财资赋能全产业链经营和企业金融管理效能[J].财富风尚|财资中国，2018（05）：18—40.

[13] 高翠芳.浅谈财务信息化的网络安全风险防范[J].中国总会计师，2020（04）：62—63.

[14] 高建，汪剑飞，陈强.重视基于现金流的财务指标[J].财会通讯，2004（14）：46—48.

[15] 高金平，荣建琳.资产重组相关专业名词释义与规范［J］.注册税务师，2014（05）：24—27.

[16] 高明宇.经营性营运资金管理效率对企业绩效的影响分析［J］.现代商贸工业，2019（10）：98—100.

[17] 郝雨时，周格旭.从国际视角看我国信用评级市场的发展及完善［J］.浙江金融，2021（10）：60—67.

[18] 呼婷婷.网络环境下财务信息系统安全问题分析及防范［J］.国外电子测量技术，2017，36（03）：74—77.

[19] 胡国强，吴春璇.企业税务风险管理系统：研究综述与框架构建［J］.会计之友，2012（31）：65—69.

[20] 姬广林.我国跨国企业跨境资金集中管理的模式选择——基于北京123家企业集团的调查［J］.上海金融，2017（05）：28—34+9.

[21] 季全. 工程项目的BOT融资风险管理分析［J］. 知识经济，2019（01）：68—69.

[22] 贾富华.集团公司资金集中管控的价值及实施方案分析［J］.中企业改革与管理，2017（21）：121.

[23] 黎慧玲，张金隆. IT服务管理能力成熟度模型研究［J］.统计与决策，2014（10）：177—180.

[24] 李乐，铁昆.企业集团财务公司数据治理探索实践［J］.中国管理信息化，2021，24（17）：89—91.

[25] 李萌昕.基于TOGAF的框架研究［J］.经济技术协作信息，2015（33）：18—19.

[26] 李小彦.基于企业集团财务公司票据池自建与管理研究［J］.煤炭经济研究，2017，37（10）：81—84.

[27] 罗勇，华玉介.企业集团设立境外财资中心的思考［J］.财务与会计，2019（06）：81—82.

[28] 李玉利.探究财务信息化的网络安全风险防范［J］.网络安全技术与应用，2021（01）：114—116.

[29] 李政臻. 浅析商业特许经营权与经营风险［J］. 法制与社会，2015（10）：97—98.

［30］廖筱燕.中国石油与跨国企业的全球司库管理比较［J］.国际石油经济，2019，27（12）：78—83.
［31］刘升福.企业战略风险管理理论综述［J］.现代管理科学，2003（12）：31—32+23.
［32］刘士佳.浅析国有企业集团下的“现金池”管理［J］.中国集团经济，2018（7）.
［33］刘宇.关于境外财资中心建设的目标及路径探讨［J］.有色矿冶，2021，37（02）：62—65.
［34］陆兴凤，曹翠珍.利益相关者视角下的企业财务大数据治理［J］.财会月刊，2022（01）：39—47.
［35］穆林娟，赵楠.轻资产运营特征及其面临的风险分析［J］.商业会计，2015（17）：23—25.
［36］秦毅新.现金流量管理在企业经营中的重要意义［J］.中国集体经济，2022（02）：135—136.
［37］沙延江.如何运用现金流量表进行财务分析［J］.中国管理信息化（会计版），2007（04）：61—63.
［38］上海票据交易所.五载耕耘谱华章 砥砺求索启新程——上海票据交易所成立五周年座谈会在沪举行［J/OL］.2021.
［39］施菁.中国香港财资中心税收优惠及税务风险防范研究［J］.纳税，2020，14（09）：15+17.
［40］石善晶.大数据背景下企业财务风险预警存在的问题及解决措施探讨［J］.企业改革与管理，2019（15）：161—173.
［41］宋少洁.如何加强中国石油企业财务风险管理［J］.会计之友（中旬刊），2008（02）：25—26.
［42］汤谷良，李晓明，孙晓清.公司经理的价值取向：账面盈利还是现金流量［J］.商业会计，2003（01）：31—33.
［43］汤向东.企业人力资源风险管理体系的构建研究［J］.佳木斯教育学院学报，2012（09）：421—422.
［44］汤志刚.制造业“两金”压控管理解析［J］.财经界，2017（26）：27—28.

［45］唐忠良.企业集团资金集中管理财务公司模式研究［J］.财会通讯，2013（33）：111—113+119.
［46］汪武超，詹佳燃.新时期票据业务的风险变化趋势及其管控［J］.上海立信会计金融学院学报，2017（04）：73—79.
［47］王婧婧.基于云会计下以智库为基础搭建企业司库的问题探讨［J］.中国注册会计师，2017（05）：111—114.
［48］王增业.跨国公司司库管理经验及启示［J］.国际石油经济，2015，23（03）：89—93+112.
［49］王增业.司库管理：资金管理升级版［J］.北京石油管理干部学院学报，2014，21（02）：11—16.
［50］卫伟.基于客户信用评级系统的银行信贷管理分析［J］.价值工程，2018，37（06）：93—94.
［51］吴家任.信用评级在企业价值评估中的运用探讨［J］.商讯，2021（24）：125—127.
［52］武剑.利率市场化进程中的利率风险管理［J］.财经科学，2003（02）：58—63.
［53］新华社.《票据学》首发，现场专家共论商票如何服务实体经济［J/OL］.2021
［54］徐静.关于加强国有企业资金管理的若干思考［J］. 2012.
［55］徐翔.商业汇票代理贴现业务的法律风险和合规风险分析［J］.上海金融，2013（09）：90—91+118.
［56］徐莹.企业集团司库体系建设探析［J］.财会通讯，2012（26）：64—66.
［57］闫成海，杨军，李东启.财务公司的主要风险及其控制措施［J］.国际商务财会，2017（07）：15—19.
［58］杨立华.我国商业银行利率风险管理探析［J］.市场论坛，2006（02）：76—77.
［59］杨利萍.司库在集团企业资金管理中的运用［J］.中国商论，2020（10）：107—108.
［60］姚长辉.商业银行流动性风险的影响因素分析［J］.经济科学，1997（04）：21—26.

［61］叶苑群.财务共享服务中心建设风险分析及其防控探讨［J］.当代会计，2017（11）：36—37.
［62］殷建红，张瑞君.企业集团司库管理信息系统浅析［J］.财务与会计，2010（11）：32—34.
［63］袁磊，郭亚雯.智慧司库解决方案——多业态集团型企业资金集中管理实践［J］.财务管理研究，2019（01）：19—33.
［64］袁琳，余欣怡，仝旭.巴塞尔协议Ⅲ与财务公司风险管理［J］.北京工商大学学报（社会科学版），2013，28（03）：81—86.
［65］袁琳，张伟华.集团管理控制与财务公司风险管理——基于10家企业集团的多案例分析［J］.会计研究，2015（05）：35—41+94.
［66］张皓如.农村商业银行信贷客户内部信用评级问题研究——以苏南农村商业银行为例［J］.现代商贸工业，2021，42（34）：77—79.
［67］张凯.我国财务公司的起源与发展取向［J］.辽宁经济，2007（12）：56—57.
［68］张庆龙，张延彪.企业司库管理体系建立的内外部驱动因素——基于组织身份变革和资源基础理论视角［J］.财会月刊，2022（03）：26—31.
［69］张庆龙，董兴荣.全球司库管理：历史与现实的梳理［J］.中国注册会计师，2015（7）：29—33.
［70］张庆龙，李天龙.财务人员如何向企业司库人员转变——司库系列文章之三［J］.中国注册会计师，2015（05）：39—41.
［71］张庆龙，王增业.以财务公司为基础搭建企业司库问题探讨［J］.中国注册会计师，2016（3）：102—105.
［72］张庆龙，于梅.企业司库人员的胜任能力框架研究——企业司库系列文章之二［J］.中国注册会计师，2015（03）：31—35.
［73］张庆龙，袁琳.企业司库在企业集团中的角色定位与职责范围——企业司库系列文章之一［J］.中国注册会计师，2015（01）：24—27.
［74］张庆龙.我国企业内部审计职业通用胜任能力框架设计研究——基于问卷调查的分析［J］.会计研究，2013（01）：84—91+96.
［75］张瑞君，于涛.中国企业集团司库体系构建的战略思考——以中国石油天然气集团公司的实践为例［J］.财务与会计，2010（07）：37—39.

［76］张亚军，张金隆，陈江涛. IT服务管理研究述评及未来展望［J］.情报杂志，2013，32（06）：95—99.
［77］张宇.我国银行供应链金融风险管理与探究——基于博弈分析角度［J］.技术经济与管理研究，2018（01）：72—76.
［78］赵常利.中油财务公司在大司库项目下的资金管理研究［J］.2013.
［79］赵燕.基于可持续增长率的杜邦财务分析体系重构［J］.会计之友，2018（06）：28—32.
［80］赵永峰.基于资金效率导向企业资金管理模式改造研究［J］. 2018.
［81］赵玉琴.企业集团资金集中管理——“收支两条线”应用［J］.经济研究导刊，2013（26）.
［82］证券公司集合资产管理业务实施细则（试行）［J］. 中华人民共和国国务院公报，2008（35）：41—48.
［83］郑策，全颖. PPP项目资本金融资中的“优先股”模式探讨［J］.清华金融评论，2018（09）：89—92.
［84］中国农业银行新疆分行信贷管理部课题组.新形势下对深入做好信贷审查审批工作的思考［J］.农银学刊，2015（05）：4—7.
［85］中国人民银行长沙中心支行、郴州市中心支行课题组，肖杰.基于COSO风险管理视角下央行事后监督防范会计风险探讨［J］.金融会计，2014（03）：56—62.
［86］周骏，黄嵩，张俊超.财务公司还是结算中心？——企业集团资金集中管理模式的角度［J］.上海金融，2020（02）：64—70.
［87］周萌.浅析企业筹资方式与筹资风险［J］.现代营销（经营版），2021（10）：22—24.
［88］周小莉，王珊珊.基于搭建企业集团司库视角的集团财资管理探究［J］.财税审计，2018（3）：163—165.
［89］朱文娟，谢宗博.境外财资中心的设立流程及完善建议［J］.财务与会计，2017（16）：47.
［90］庄曙芬.企业信息系统内控管理的财务风险管控［J］.财经界，2020（11）：143—144.
［91］丁娜.司库管理视角下企业集团资金集中管理体系建设研究［D］.首都经

贸大学，2018.
[92] 何婷. 论我国财务公司的经营现状、运营模式与风险管理 [D]. 辽宁师范大学，2013.
[93] 胡静. 白酒行业供应链融资产品优化研究 [D]. 西南财经大学，2011.
[94] 李艳梅. 我国财务公司的风险管理问题研究 [D]. 财政部财政科学研究所，2012.
[95] 刘娅. 企业现金流量预警系统研究 [D]. 西南财经大学，2009.
[96] 刘远昌. 商业银行理财产品组合设计与风险管理研究 [D]. 南昌大学，2009.
[97] 乔晓晶. 我国煤炭上市公司资本结构特征及其影响因素研究 [D]. 山西财经大学，2013.
[98] 乔雅. 企业信用评级影响因素研究 [D]. 华北电力大学(北京)，2021.
[99] 施燕. 后股改时期定向增发对上市公司业绩影响的实证研究 [D]. 上海交通大学，2011.
[100] 王冠男. A银行国际贸易融资组合产品设计研究 [D]. 大连海事大学，2017.
[101] 魏静. 公司财务风险中的外汇风险管理 [D]. 复旦大学，2013.
[102] 武晓洁. 中国企业集团司库管理模式的优化研究 [D]. 北京，北京化工大学，2012.
[103] 肖丹. 偿二代下寿险业务产品组合研究 [D]. 西南财经大学，2016.
[104] 薛绯. 基于财务风险防范的战略预算管理评价与优化研究 [D]. 东华大学，2013.
[105] 尹兰兰. 面向财务决策系统的数据建模和抽取研究 [D]. 首都师范大学，2013.
[106] 张文. 中国财务公司金融功能研究 [D]. 武汉大学，2010.
[107] 张文涛. C银行长治分行客户信用评级体系优化研究 [D]. 桂林理工大学，2021.
[108] 张子超. 我国企业集团财务公司风险管理研究 [D]. 武汉科技大学，2008.
[109] 2020—2021中国司库报告——数字化时代的智慧财务与卓越司库 [R]. 财资中国，西湖财资研究院，2021.

[110] 财资中国，西湖财资研究院.2021—2022年中国司库报告[R].2022.6.
[111] 崔满红.金融资源理论研究(八)：理论体系[J].城市金融论坛，1999(11)：9—14.
[112] 何风隽.中国转型经济中的金融资源配置研究[D].西北大学，2005.
[113] 陆家骝.现代金融分析：范围、路线和范式转换[J].金融教育研究，2011，24(02)：3—13.
[114] 王竹泉.企业资金配置优化的概念框架[J].财务与会计，2019(21)：30—33.
[115] 董兴荣，姚顺意，丁梅琴.数字进化+中国司库——数字经济下的金融资源管理和数智化司库体系[J].财富风尚·财资中国，2022(07)：24—35.
[116] 联合国贸易和发展会议.2021年数字经济报告[R].2021.
[117] 董兴荣，姚顺意，丁梅琴.金融资源+司库体系——数智时代下的司库业务经营与金融资源管理[J].财富风尚·财资中国，2022(08)：32—40.
[118] 张庆龙，方汉林，董兴荣.中央国有企业司库未来发展趋势分析[J].财会月刊，2022(19)：32—37.
[119] 张庆龙，方汉林.保守抑或激进：中央企业司库体系建设的路径选择[J].财会月刊，2022(17)：24—29.
[120] 张庆龙，方汉林.数智化企业司库管理信息系统平台构建[J].财会月刊，2022(15)：33—40.
[121] 张庆龙.中央企业司库管理体系建立的基础条件分析——基于SWOT模型[J].财会月刊，2022(13)：24—31.
[122] 张庆龙，张延彪.企业集团财务公司现状分析——基于2016—2021年数据[J].财会月刊，2022(11)：56—65.
[123] 张庆龙，张延彪.企业司库管理体系建设的成熟度分析[J].财会月刊，2022(09)：36—42.
[124] 张庆龙，方汉林.企业司库管理体系设计的关键要素分析[J].财会月刊，2022(07)：26—33.
[125] 张庆龙，方汉林.中外企业司库管理：比较与启示[J].财会月刊，2022(05)：20—24.

［126］张庆龙，张延彪.企业司库管理体系建立的内外部驱动因素——基于组织身份变革和资源基础理论视角［J］.财会月刊，2022（03）：26—31.

［127］张庆龙，张延彪.财务转型视角下的企业司库管理研究［J］.财会月刊，2022（01）：34—38.

［128］J. J. Cusick，A Survey of Maturity Models from Nolon to DevOps and Their Applications in Process Improvement［J］. arXiv preprint arXiv 1907.01878（2019）.

［129］Polak P，Masquelier F，Michalski G. Towards treasury 4.0/The evolving role of corporate treasury management for 2020［J］. Management：Journal of Contemporary Management Issues，2018，23（2）：189-197.

附件：《关于推动中央企业加快司库体系建设进一步加强资金管理的意见》

司库体系是企业集团依托财务公司、资金中心等管理平台，运用现代网络信息技术，以资金集中和信息集中为重点，以提高资金运营效率、降低资金成本、防控资金风险为目标，以服务战略、支撑业务、创造价值为导向，对企业资金等金融资源进行实时监控和统筹调度的现代企业治理机制。为推动中央企业进一步加强资金管理，全面提升财务管理精益化、集约化、智能化水平，加快培育具有全球竞争力的世界一流企业，现提出如下意见。

一、充分认识司库体系建设的重要意义

财务管理是企业管理的中心，资金管理是财务管理的核心。近年来，中央企业认真落实国资委资金管理工作要求，资金集中度和管理效率不断提升、资金保障能力不断增强，为企业持续健康发展提供了有力支撑。但随着数字信息技术快速演进、金融支付手段更新迭代，以及企业转型升级和创新发展加快，企业传统的资金管理模式已难以适应管理能力现代化和国资监管数字化的新要求。在立足新发展阶段、贯彻新发展理念、构建新发展格局、实现高质量发展的重要时期，中央企业要充分认识加快推进司库体系建设的必要性和紧迫性，主动把握新一轮信息技术革命和数字经济快速发展的战略机遇，围绕创建世界一流财务管理体系，将司库体系建设作为促进财务管理数字化转型升级的切入点和突破口，重构内部资金等金融资源管理体系，进一步加强资金的集约、高效、安全管理，促进业财深度融合，推动企业管理创新与组织变革，不断增强企业价值创造力、核心竞争力和抗风险能力，夯实培育世界一流企业的管理基础。

二、准确把握司库体系建设的总体要求

司库体系建设是一项系统工程，涵盖管理制度、管理机制、信息系统等要素。中央企业要坚持系统观念，明确工作目标、加强顶层设计、把握工作原则、改进管理模式，推进司库体系不断完善和持续优化，实现对资金等金融资源“看得见、管得住、调得动、用得好”。

（一）分类确定工作目标

要根据行业特点、发展阶段、管理水平，科学确定司库体系建设阶段目标和重点任务，力争2023年底前所有中央企业基本建成“智能友好、穿透可视、功能强大、安全可靠”的司库信息系统，所有子企业银行账户全部可视、资金流动全部可溯、归集资金全部可控，实现司库管理体系化、制度化、规范化、信息化。司库体系建设尚在起步的企业，要抓紧制订司库体系建设方案，修订司库管理制度，构建司库管理机制，在2022年底前初步建成能够上线运行的司库信息系统，实现境内企业银行账户和资金流动的信息动态归集和穿透监测。司库体系建设已有基础的企业，要进一步完善司库管理制度和管理机制，提升司库管理水平，2022年底前全面上线具备境内企业银行账户、资金集中、融资统筹、资金预算、资金结算、票据管理、应收款项清收、借款和融资担保等管理功能的信息系统，实现资金信息动态反映、资金业务全面监控；积极拓展风险智能预警、供应链金融服务等高级管理功能，并逐步将境外资金等金融资源纳入司库信息系统，实现境内外本外币一体化管理，具备在全球范围内统一配置和调度资金等金融资源的能力。司库体系建设较为成熟的企业，要充分利用司库信息系统与其他信息系统互联互通形成的数据资源，建立集团统一的数据仓库和数据集市，借助智能化信息技术深度挖掘数据价值，推动管理决策链、生产经营链、客户服务链更加敏捷高效，进一步增强战略决策支持深度、经营活动分析精度、财务风险管控力度，努力实现世界一流水平的司库管理。

（二）科学制定总体规划

要结合企业发展战略、行业特点、业务布局和资金管理模式，按照国资监管数字化智能化提升专项行动要求，以“统一规划、全面规范、系统集成、安

全高效、集约精益”为指导，从建设目标、管理机制、制度规范、信息系统、实施路径等方面做好司库体系建设顶层设计和中长期规划，加强组织、流程、数据、技术、人才等要素统筹和协同创新，推动司库体系建设高标准起步、高水平设计、高质量建设、高效率运行。

（三）牢牢把握工作原则

要坚持效益性原则，把资金等金融资源作为运营要素，通过专业化管理实现价值提升。要坚持安全性原则，通过制度流程化、流程信息化，建立健全司库管理的内控机制，持续提升司库信息安全水平。要坚持合规性原则，尊重子企业独立法人地位，确保司库管理符合法律法规和监管规定要求。要坚持智慧性原则，注重信息技术创新与管理模式创新的融合，充分发挥互联网、云计算、大数据、人工智能、区块链等现代信息技术对司库管理的赋能作用。要坚持协同性原则，注重科学统筹各方要素，平衡“破”与“立”的关系，既保证高起点起步，又避免重复建设和管理震荡，提升司库体系建设效率。

（四）不断优化管理机制

要围绕资金等金融资源的管理流程，梳理明确集团总部各部门、总部财务部门与财务公司、资金中心等管理平台在司库管理中的职能边界和职责权限，通过建立总部统筹、平台实施、基层执行“三位一体”的司库管理组织和“统一管理、分级授权”的司库管理模式，形成“分工明确、职责清晰、协同高效”的管理机制。集团财务部门负责制定司库管理战略和政策，统筹协调司库管理工作并开展监督考核；财务公司、资金中心等管理平台要发挥资金归集、资金结算、资金监控和金融服务等作用；子企业负责资金等金融资源的具体运用。

三、切实加强资金等金融资源的有效管理

中央企业要把银行账户、票据管理、资金结算等操作类业务和资金集中、债务融资等运营类业务作为司库管理的重点，纳入信息系统，固化管理要求、规范操作流程，实现穿透监测。有条件的企业要进一步将战略及资源配置类业

务纳入司库体系，增强供应链金融服务、战略决策支持和境外资金管理等能力，全面提升资金等金融资源的管理水平。

（一）加强银行账户统一管理

应将子企业银行账户的开立、变更、注销纳入集团统一管控，实施线上分级审批和系统台账管理。明确银行账户开立标准和合作银行准入名单，合作银行范围外开立账户需由集团总部审批。要严格控制银行账户数量，定期开展低效、无效银行账户清理，已无明确用途的账户应在三个月内及时销户。要努力实现银行账户银企直联全覆盖，自动实时监控银行账户余额、交易明细和资金流向，及时掌握资金状况和异常变化；暂未实现银企直联的账户，要报集团备案，实行账户余额限额管理，利用其他方式实现对资金的动态监控。

（二）加强集团资金集中管理

要以财务公司、资金中心等作为资金集中管理平台，按照“依法合规、公允定价”的原则，建立跨账户、跨单位、跨层级、跨区域的“资金池”，及时做好子企业资金的定期归集，力争做到按日归集，有条件的企业做到逐笔归集；对上市公司、金融企业和监管账户的资金归集要符合有关监管要求。

（三）加强资金预算约束管理

要按照“量入为出、以收定支”的原则做好集团资金预算安排，维护资金链安全和资金整体平衡；子企业要细化资金预算与业务计划的衔接，建立年度预算确定总盘、月度计划滚动调整的资金动态管控机制，有条件的企业可细化至按周管控，有效控制资金头寸，提升资金使用效率。要严控预算外项目支出，做到“有预算不超支，无预算不开支”，确有需要的预算外支出要履行相应的审批程序，加强资金预算执行情况的分析、监控与考核，强化预算刚性约束。

（四）加强债务融资严格管理

集团要根据债务风险管控要求，对年度融资总额和银行授信资源进行统一管理，合理安排债务融资品种和期限结构，有效控制带息负债规模，防止期限错配、短贷长投。要充分发挥集团整体信用优势，加强银行关系管理，加大统筹融资力度，开展融资利率市场化竞价，多渠道、多品种、多方式降低融资成本，努力实现带息负债综合融资成本率不高于同行业平均水平。要利用集团“资金池”加强子企业之间的资金余缺管理，防止资金低效配置导致存贷双高。

（五）加强资金结算规范管理

要依托财务公司、资金中心等建立集团电子结算平台，统一对外接口，实现业务结算全流程线上审批和电子结算，逐步减少银行网银支付和支票、现金的使用，有条件的企业要结合“资金池”实现统一对外结算。要规范资金结算审批标准和权限，完善前端业务发起、在线流转审批、自动核算校验的结算流程，实现业财信息共享和合规管控。

（六）加强票据使用高效管理

要依托信息系统建立集团统一的“票据池”，实现票据开立、接收、背书、贴现、兑付的线上管理，积极推动与票据交易所、银行等机构系统实现直联，力争实现票据信息的动态采集、可视监控和兑付预警。应将票据纳入资金计划管理，充分利用票据参与结算，提高票据使用效率。有条件的企业可在做好风险控制和内部转移定价的基础上，探索开展集团内部电子票据的统筹使用，进一步提高票据周转效率。

（七）加强应收款项清收管理

集团要加强对供应商和客户债权债务等关键信息的统一管理，推动子企业健全供应商和客户信用体系，严格资信审查、信用评级和准入管理，明确各等级供应商和客户预付、赊销账款的期限和比例，严禁违规垫资或变相垫资。要监测供应商和客户信用状态变化，动态调整信用等级并及时在集团内共享，将失信企业纳入黑名单并采取相应的风险管控措施。要进一步加强集团子企业债权债务的核对和处理，重点做好对同一企业应收、应付款项的清理。要建立应收款项清收责任制和配套激励约束机制，对逾期应收款项要及时采取必要法律保全措施，依法处置抵债资产，尽快回笼资金，减少损失。

（八）加强借款与融资担保管理

应将借款和融资担保纳入信息系统统一管理。严禁对集团外无股权关系企业提供借款，金融子企业在批准业务范围内开展的对外借款除外；对子企业借款要综合评估风险收益审慎开展；原则上对金融子企业和未纳入合并范围的参股企业不得提供借款，确有必要的需经集团董事会批准。融资担保要严格执行《关于加强中央企业融资担保管理的通知》（国资发财评规〔2021〕75号）规定。

（九）加强境外企业资金管理

境外业务规模较大的中央企业要逐步将司库管理延伸到境外企业。开展境外企业银行账户的开立、注销的统一管理，通过境外银企直联等方式，力争实现对银行账户的全球动态监控。已经停止开展业务的境外企业、办事处、项目部等机构的银行账户要及时清理。开展境外资金集中管理，在符合属地外汇管制条件下，力争按国别或者地区对资金进行集中管理和统筹调度。有条件的企业要建立境内外货币一体化“资金池”。开展境内外企业资金预算的全面管理，实现全球资金统一调度。有条件的应将境外企业纳入集团资金结算统一平台，依托境外机构力争实现统一审核、统一支付。

（十）加强供应链金融服务管理

有条件的企业要突出行业链长优势，合理借助上下游业务、资金等信息，发挥数据和服务支撑作用，引入优质金融资源，搭建供应链金融服务平台，精准对接供应链实体企业特别是中小企业在生产、流通、交易等各环节的金融需求，提供优质高效的供应链金融服务。要基于供应链真实业务背景，灵活运用各类金融产品依法合规盘活存量资金。要严控供应链金融业务范围，严禁提供融资担保，严禁开展融资性贸易业务和虚假贸易业务。

（十一）加强战略决策支持管理

要不断增强和完善司库信息系统功能，全面挖掘数据价值，对资金头寸、融资成本、利率汇率等进行多维度、全方位的分析研判，及时识别风险隐患。要开展关键业务和历史记录的大数据分析，总结资金收支波动的规律，优化资金预算管理；要根据各金融机构授信额度、利率和期限，结合集团各类融资需求，优化债务融资方案；要充分利用业务系统数据建立从资金后端到业务前端的全流程分析模型，实现资金分析场景化、动态化和智能化，为企业重大经营投资活动提供决策支持。

四、不断强化资金管理的风险防控

中央企业要把防范资金风险作为资金管理的重中之重，按照“统一管理、分级授权”“不相容岗位分离和事权、财权分离”的原则，通过信息系统固化和规范资金管理内控流程，全面防范资金舞弊风险、合规性风险、流动性风险和金融市场风险。

（一）严格防范资金舞弊风险

要明确银行账户、资金、票据、网银、客户信用等关键要素的控制措施和控制标准，把申请、审批、执行等关键环节和管控标准、阈值等关键信息嵌入系统。要严格执行出纳和会计岗位分离，银行印鉴、网银密钥等支付介质要由不同人员分别保管等规定。要严格做好用户权限的审核审批，定期清理“僵尸账号”和“过期”权限，不得存在“超权限用户”。要定期修改支付密钥密码，工作交接时要立即修改，有条件的企业要利用生物特征识别等新技术手段进一步消除安全隐患。应将票据与银行预留印鉴分开保管，及时安全存放于保险柜，并定期由第三人监督盘点。要按月开展银企对账，已建立银企直联的企业要开展银企自动对账，由非出纳人员编制银行存款余额调节表，发现差异后要立即核实处理。要全面管控银行账户，避免资金体外循环，严禁设立任何形式的“小金库”。要定期开展内控流程和要求的穿行测试和检查评估，及时发现并堵塞管理漏洞。

（二）严格防范资金合规性风险

要根据重要性原则，建立资金支出分级授权审批制度，严格支出范围和审批程序，对于大额资金事项要建立并严格执行“三重一大”集体决策和支付联签制度。在资金支付流程中嵌入合规性预警机制，从付款金额、付款频次、付款用途、付款对象等多维度设置预警参数和控制阈值，触及预警和控制条件的要再次核实后方可支付。要通过设置敏感信息筛查，对支付事项、支付对象是否合规进行审核和预警。应对大额对私支付、同一时期同一对象多次付款等异常支付进行审核和预警。有条件的企业要做好应收应付款项到期预警提示，避免应收未收或者拖欠民营企业和中小企业款项等问题。

（三）严格防范资金流动性风险

要加强负债率、带息负债结构、经营性现金流、债券余额比例、永续债及其他隐性债务规模等资金风险指标的监控，尤其对债务规模大、债券占比高、集中兑付压力大、生产经营困难、资金状况紧张、投资规模大的子企业要建立重点监测名单，并对企业债务到期设置预警提示，动态监测经营现金流和债务期限的匹配情况，根据资金缺口提前做好融资接续预案，防止发生流动性风险。

（四）严格防范金融市场风险

要加强金融投资、利率、汇率等风险管控，动态监测国内国际市场股票、债券、汇率、利率、大宗商品等重要价格参数变化情况，建立与业务相匹配的风险管理模型，定期评估对冲工具有效性，合理控制各类金融产品风险敞口，有效防范市场性风险。非金融类企业未经集团批准原则上不得开展股票、基金、理财以及金融衍生等高风险业务投资。

五、扎实推进司库信息系统的建设开发

司库信息系统是司库管理的重要支撑。中央企业要依据《“十四五”国资监管信息化建设规划》，遵照国资国企在线监管系统总体架构和标准规范，加强集团统筹，做好司库信息系统的规划设计、软硬件开发、运行维护和安全保密等工作，通过建立集成、智能、可靠的信息系统，实现资金等金融资源的集约、高效和安全管理。

（一）做好信息系统设计

要充分借鉴国内外先进司库建设经验，从系统设计、软件开发、硬件配置、数据结构等方面，科学制定建设规划，实现管理功能的全覆盖和应用拓展；全面整合已有资金、核算等财务管理信息系统，统一系统登录“入口”，加快与生产等业务信息系统兼容互通、数据共享，推动与子企业财务等信息系统联接贯通、信息穿透，实现全集团“一张网、一个库、一个池”，对内覆盖集团境内所有单位，力争覆盖境外单位，对外连通金融机构和监管部门，打通各应用系统壁垒，确保数据流转实时准确、高效顺畅，消除信息孤岛和数据烟

囱，实现全过程信息监控和全级次穿透式监管。

（二）做好信息系统建设

要加大5G、大数据、云计算、物联网、区块链、人工智能等现代信息技术在司库信息系统建设中的创新应用力度，做好软、硬件产品选型和系统实施商选定工作，确保技术先进、架构科学、功能强大、运行可靠、安全可控。要按照中央企业云计算应用工作要求，努力推动系统上“云”，实现与国资监管云的互联互通。要切实抓好系统的运行和应用管理，并根据出现的新情况、新问题、新需求持续改进优化，增强系统的兼容性、适应性和扩展性。

（三）做好信息系统安全

在司库信息系统规划设计、建设实施和运行维护全过程中要贯彻安全保密要求，严格执行国家信息安全保密规定及技术规范，做到保密工作与信息系统同步规划、同步设计、同步实施。要做好系统集中部署、分级应用、内外网络隔离、数据集中存放和异地灾备管理，持续提升网络和信息安全水平。对于涉及国家秘密和关键敏感信息的企业，应当按照有关规定选择司库系统开发、项目实施和运行维护的单位，并签订保密协议，做好保密工作。系统在投入使用前要委托第三方开展安全性、可靠性、稳定性、功能性、兼容性测试，要严格遵守有关安全保密规定，确保通过国家有关部门的安全保密测评。要加强数据资产安全管理，对数据的收集、存储、加工、使用等行为采取必要的保护措施。

（四）做好信息数据管理

要结合数据中心和数据中台建设，建立司库信息系统数据管理机制，规范数据标准，加强数据治理，确保数据同源，打通数据壁垒，激活数据价值。要以国家相关数据标准为基础建立数据字典，明确数据编码规范。新建系统的企业应对单位、资产、账户、供应商、客户、会计科目等主数据实施集团统一编码，已有系统的企业要逐步统一集团内数据标准，并与国资委监管数据要求相衔接。要建立数据仓库和数据集市，管理资金关键数据，为高效分析决策提供可靠的数据支撑。

六、全面做好司库体系建设的工作保障

中央企业要围绕司库体系建设的总体目标，从组织领导、经费安排、人才队伍、考核评价、监督问责等方面，全面加强工作保障，形成集团合力，确保司库体系建设顺利推进、取得实效。

（一）加强组织领导

应将司库体系建设作为“一把手”工程，主要负责人要高度重视，亲自部署、亲自推进。集团总会计师或分管财务工作负责人作为直接负责人要抓好组织实施，财务部门负责牵头落实。要建立包括财务、风控、信息等多部门的协同联动机制，制订具体实施方案，明确目标、细化措施、压实责任，强化人员和资金保障，加强人员培训和人才队伍建设，确保司库体系按时建成、高效运行并不断完善。

（二）强化考核评价

要加强对司库体系建设的评价和管理效果的考核。根据司库体系建设目标，对企业的司库信息系统和资金管理情况进行评价，加大对银行账户可视率、可归集资金集中度、带息负债综合融资成本率等资金管理关键指标的考评力度，推动资金管理水平持续提升。

（三）严格监督问责

要依托司库管理体系，对企业资金运行和安全风险等情况进行监测，并按照要求编报监测报告；定期对企业资金使用的合法合规性、资金内控有效性、信息系统安全性等开展监督检查。对违反相关规定、未履行或未正确履行决策和审批程序、岗位工作职责等情形造成资金损失的，严格按照有关规定对相关责任人开展责任追究工作。对挪用、诈骗、贪污等违法违纪行为，依法移送司法机关处理。要切实履行资金管理责任，发生重大资金损失案件要按照重大经营风险事件报告程序及时向国资委报告。